KOMPENDIEN DER SOZIALEN ARBEIT

Sie arbeiten sich in ein neues Sachgebiet ein und benötigen rasch zuverlässige und umfassende Informationen? Sie möchten die wesentlichen Fakten zu Konzepten, Fällen, Arbeitsfeldern und Anwendungsgebieten der Sozialen Arbeit wissen, Good Practice-Beispiele kennenlernen und Handlungsempfehlungen für die Praxis erhalten? In der Reihe erscheinen Werke mit direktem Praxisbezug. Die Bände richten sich an Professionals, Berufseinsteiger:innen und -umsteiger:innen sowie an Studierende, gerade auch mit Blick auf Praxissemester und Anerkennungsjahr.

Christopher A. Schmidt | Annette Rabe

Recht für die Kindheitspädagogik

2., aktualisierte und erweiterte Auflage

Onlineversion
Nomos eLibrary

Die Deutsche Nationalbibliothek verzeichnet diese Publikation in
der Deutschen Nationalbibliografie; detaillierte bibliografische
Daten sind im Internet über http://dnb.d-nb.de abrufbar.

ISBN 978-3-7560-0069-2 (Print)
ISBN 978-3-7489-1484-6 (ePDF)

2., aktualisierte und erweiterte Auflage 2023
© Nomos Verlagsgesellschaft, Baden-Baden 2023. Gesamtverantwortung für Druck
und Herstellung bei der Nomos Verlagsgesellschaft mbH & Co. KG. Alle Rechte, auch
die des Nachdrucks von Auszügen, der fotomechanischen Wiedergabe und der Über-
setzung, vorbehalten. Gedruckt auf alterungsbeständigem Papier.

Vorwort

Das vorliegende Lehrbuch soll den Studierenden der Kindheitspädagogik helfen, in kompakter Form die für Ausbildung und Praxis wichtigen Rechtsgebiete zu erschließen.

Inhaltlich orientiert sich die Auswahl der Themen an den Modulhandbüchern der Hochschulen, die ein Studium der Kindheitspädagogik anbieten.

Durch die Verweise auf Rechtsprechung und Literatur wird es den Studierenden ermöglicht, einzelne Themen zu vertiefen, etwa im Zusammenhang mit der Anfertigung von Bachelor- und Masterarbeiten.

Für den Alltag sind nicht nur die zahlreichen Praxishinweise, sondern auch das umfassende Stichwortverzeichnis eine Hilfe.

Soweit eine Bezugnahme auf das Recht der Bundesländer erfolgt, werden exemplarisch die Regelungen der vier größten Länder dargestellt (Baden-Württemberg, Bayern, Niedersachsen und Nordrhein-Westfalen).

Die zweite Auflage berücksichtigt u.a. die weitreichenden, durch das sog. Kinder- und Jugendstärkungsgesetz geschaffenen Änderungen des SGB VIII, die Reform des Vormundschaftsrechts, die Wohngeldreform und das Bürgergeld-Gesetz. Daneben wurden neue Tendenzen in Rechtsprechung und Literatur ebenso wie Erfahrungen aus der Lehre und Praxis berücksichtigt.

Esslingen a. Neckar und Ludwigsburg, Mai 2023　　　　　　　　　　C. S./A. R.

Vorwort

Bearbeitet haben

Christopher Schmidt   Einführung
                        Verfassungsrecht
                        Vertrags- und Haftungsrecht
                        Familienrecht
                        Kinder- und Jugendhilferecht
Annette Rabe   Wichtige existenzsichernde Sozialleistungen
                        Arbeitsrecht

Inhalt

Vorwort	5
Abkürzungsverzeichnis	11
I. Einführung	15
1. Rechtsquellen	15
2. Rechtsgebiete	16
3. Fallbearbeitung	17
4. Juristische Literatur	19
II. Verfassungsrecht	23
1. Grundrechte	23
a) Funktionen	24
b) Einschränkbarkeit	25
c) Schranken und Schranken-Schranken	25
d) Einzelne Schutzbereiche	26
2. Staatsorganisationsrecht	30
a) Staatszielbestimmungen	30
b) Gesetzgebungskompetenzen	30
III. Vertrags- und Haftungsrecht	33
1. Vertragsrecht	33
a) Zustandekommen von Verträgen	33
b) Primär- und Sekundäransprüche	35
c) Kindertagesstätten- und Kindertagespflegeverträge	35
2. Deliktsrecht	37
a) Deliktsfähigkeit	37
b) Haftungstatbestände	37
IV. Familienrecht	41
1. Elternschaft	41
a) Abstammung	41
b) Minderjährigenadoption	46
2. Elterliche Sorge	54
a) Gegenstand	54
b) Inhaltliche Vorgaben für die Ausübung elterlicher Sorge	59
c) Gemeinsame Sorge von Vater und Mutter	61
d) Beteiligung Dritter	69
e) Ausübung des Wächteramts durch Familiengerichte	71
3. Umgangsrecht und Umgangspflicht	80
a) Eltern	81
b) Großeltern und Geschwister	85
c) Sonstige enge Bezugspersonen	86
d) Leibliche, nicht rechtliche Väter	86
4. Abänderung gerichtlicher Entscheidungen	87
5. Beistandschaft	88

6.	Vormundschaft und Pflegschaft	89
	a) Vormundschaft	89
	b) Ergänzungspflegschaft und Zuwendungspflegschaft	95
	c) Pflegschaft für ein ungeborenes Kind	96
	d) Zusätzliche Pflegschaft und Pflegschaft der Pflegeperson	96
7.	Grundzüge des Verfahrensrechts	97

V. Kinder- und Jugendhilferecht 101

1.	Überblick	101
2.	Träger der Jugendhilfe	102
	a) Öffentliche Träger	102
	b) Freie Träger	103
	c) Zusammenarbeit	103
3.	Leistungen und andere Aufgaben	104
4.	Grundsätze der Aufgabenerfüllung	106
	a) Wunsch- und Wahlrecht	106
	b) Beteiligung von Kindern und Jugendlichen	108
	c) Grundausrichtung der Erziehung	108
	d) Beratung von Adressaten	109
	e) Sozialdatenschutz	110
5.	Schutz vor Kindeswohlgefährdung	114
	a) Jugendämter	114
	b) Freie Jugendhilfe	118
	c) Regelungen für Berufsgeheimnisträger	119
6.	Frühe Hilfen	122
7.	Hilfen in besonderen Lebenslagen	123
	a) Beratung in Fragen der Partnerschaft, Trennung und Scheidung	124
	b) Ausübung von Personensorge und Umgangsrecht	125
	c) Gemeinsame Wohnformen für Mütter bzw. Väter und Kinder	127
	d) Betreuung und Versorgung von Kindern in Notsituationen	129
	e) Unterbringung zur Erfüllung der Schulpflicht	130
8.	Tageseinrichtungen und Tagespflege	131
	a) Gemeinsame Vorgaben	132
	b) Tageseinrichtungen	134
	c) Kindertagespflege	140
	d) Beratung bei Inanspruchnahme von Tagesbetreuung	146
	e) Ansprüche auf Förderung	146
	f) Elternbeiträge	150
9.	Hilfe zur Erziehung	151
	a) Voraussetzungen	152
	b) Regelbeispiele	153
	c) Hilfeplanverfahren	163
10.	Eingliederungshilfe	165
	a) Voraussetzungen	165
	b) Form der Leistungsgewährung	166
	c) Exkurs: Eingliederungshilfe nach dem SGB IX	168
11.	Verwaltungsverfahren und gerichtliche Kontrolle	169

Inhalt

VI. Wichtige existenzsichernde Sozialleistungen für Kinder und ihre Familien — 173

1. Elterngeld — 174
   a) Elterngeldberechtigte — 175
   b) Basiselterngeld und Elterngeld Plus — 175
2. Kindergeld und Kinderfreibetrag — 178
3. Kinderzuschlag — 179
4. Unterhaltsvorschuss und Unterhaltsausfallleistung — 180
5. Wohngeld — 181
6. Bürgergeld, Grundsicherung für Arbeitssuchende — 186
   a) Überblick über die einzelnen Leistungen des SGB II — 187
   b) Leistungsberechtigte Personen — 187
   c) Einzelne Leistungen zur Sicherung des Lebensunterhalts — 193
7. Sofortzuschlag — 205

VII. Arbeitsrecht — 207

1. Überblick — 207
   a) Individualarbeitsrecht — 208
   b) Kollektivarbeitsrecht — 208
   c) Arbeitsschutzrecht — 210
   d) Arbeitsgerichtsbarkeit — 211
2. Begriff des Arbeitnehmers — 211
3. Abschluss des Arbeitsvertrages — 211
4. Kündigung des Arbeitsverhältnisses — 214
5. Arbeitszeugnis — 216
6. Exkurs: Tarifvertrag des öffentlichen Dienstes (TVöD) VKA — 218
   a) TVöD – Allgemeiner Teil (AT) und Besonderer Teil (BT) — 219
   b) Eingruppierung — 220
   c) Stufenzuordnung — 230
   d) Tabellenentgelt und weitere Entgeltbestandteile — 231
   e) Umwandlungstage — 234
   f) Regenerationstage — 234
   g) Vorbereitungs- und Qualifizierungszeiten für Beschäftigte im Erziehungsdienst — 236

Literaturverzeichnis — 239

Stichwortverzeichnis — 245

Bereits erschienen in der Reihe KOMPENDIEN DER SOZIALEN ARBEIT — 261

Abkürzungsverzeichnis

a.A.	anderer Auffassung
Abs.	Absatz
a.E.	am Ende
AG	Amtsgericht
AG-KJHG	Erstes Gesetz zur Ausführung des Kinder- und Jugendhilfegesetzes (NRW)
AGSG	Gesetz zur Ausführung der Sozialgesetze (Bay.)
AGSGB IX	Gesetz zur Ausführung des Neunten Buches Sozialgesetzbuch (BW)
AG-SGB IX NRW	Ausführungsgesetz zum Neunten Buch Sozialgesetzbuch (NRW)
AGVwGO	Gesetz zur Ausführung der Verwaltungsgerichtsordnung (Bay.)
Alt.	Alternative
Anm.	Anmerkung
AöR	Archiv des öffentlichen Rechts (Zeitschrift)
ArbG	Arbeitsgericht
Art.	Artikel
ASD	Allgemeiner Sozialer Dienst
AT	Allgemeiner Teil
Aufl.	Auflage
AVBayKiBiG	Kinderbildungsverordnung (Bay.)
AVR	Arbeitsvertragsrichtlinien
AWO	Arbeiterwohlfahrt
BAG	Bundesarbeitsgericht
Bay.	Bayern
BayObLG	Bayerisches Oberstes Landesgericht
BayKiBiG	Bayerisches Kinderbildungs- und -betreuungsgesetz
BeckOGK	beck.online.GROSSKOMMENTAR
BeckOK	Beck'sche Online-Kommentare
BeckRS	Beck-Rechtsprechung
BEEG	Bundeselterngeld- und Elternzeitgesetz
Begr.	Begründer
Beschl.	Beschluss
BetrVG	Betriebsverfassungsgesetz
BGB	Bürgerliches Gesetzbuch
BGB-Gesellschaft	Gesellschaft bürgerlichen Rechts
BGBl.	Bundesgesetzblatt
BGH	Bundesgerichtshof
BGHSt.	Entscheidungen des BGH in Strafsachen (Sammlung)
BKGG	Bundeskindergeldgesetz
BNotO	Bundesnotarordnung
BSG	Bundessozialgericht
BT	Besonderer Teil
BT-Drs.	Bundestagsdrucksache
Bürgergeld-V	Bürgergeld-Verordnung
BVerfG	Bundesverfassungsgericht
BVerfGE	Entscheidungen des BVerfG (Sammlung)

Abkürzungsverzeichnis

BVerfGG	Bundesverfassungsgerichtsgesetz
BVerwG	Bundesverwaltungsgericht
BVerwGE	Entscheidungen des BVerwG (Sammlung)
BW	Baden-Württemberg
BZRG	Bundeszentralregistergesetz
bzw.	beziehungsweise
DNA	Desoxyribonukleinsäure (Erbgut)
d.h.	das heißt
DÖV	Die Öffentliche Verwaltung (Zeitschrift)
DRK	Deutsches Rotes Kreuz
DS-GVO	Datenschutz-Grundverordnung
DVO	Durchführungsverordnung
ebd.	ebenda
eG	eingetragene Genossenschaft
EGMR	Europäischer Gerichtshof für Menschenrechte
Einl.	Einleitung
EMRK	Europäische Menschenrechtskonvention
ErfK	Erfurter Kommentar zum Arbeitsrecht
ESchG	Embryonenschutzgesetz
EStG	Einkommensteuergesetz
f.	folgende
FamFG	Gesetz über das Verfahren in Familiensachen und in den Angelegenheiten der freiwilligen Gerichtsbarkeit
FamRB	Familien-Rechtsberater (Zeitschrift)
FAZ	Frankfurter Allgemeine Zeitung
ff.	fortfolgende
FK	Frankfurter Kommentar zum SGB VIII
FPR	Familie Partnerschaft Recht (Zeitschrift)
gem.	gemäß
GewO	Gewerbeordnung
GG	Grundgesetz
ggf.	gegebenenfalls
GK-SGB VIII	Gemeinschaftskommentar zum SGB VIII
GmbH	Gesellschaft mit beschränkter Haftung
GVG	Gerichtsverfassungsgesetz
Hrsg.	Herausgeber
Hs.	Halbsatz
i.d.R.	in der Regel
IfSG	Infektionsschutzgesetz
info also	Informationen zum Arbeitslosenrecht und Sozialhilferecht
i.S.d.	im Sinne der/des
i.S.v.	im Sinne von
i.V.m.	in Verbindung mit
JAmt	Das Jugendamt (Zeitschrift)
JGG	Jugendgerichtsgesetz
JurionRS	Online-Rechtsprechungssammlung Jurion
JuS	Juristische Schulung (Zeitschrift)
JustG NRW	Justizgesetz Nordrhein-Westfalen
JVEG	Justizvergütungs- und -entschädigungsgesetz
JW	Juristische Wochenschrift (Zeitschrift)

KassKomm	Kasseler Kommentar
KiBiz	Kinderbildungsgesetz (NRW)
KiTaG	Kindertagesbetreuungsgesetz (BW)
KiTaVO	Kindertagesstättenverordnung (BW)
KJHG	Kinder- und Jugendhilfegesetz
KJSG	Kinder- und Jugendstärkungsgesetz
KKG	Gesetz zur Kooperation und Information im Kinderschutz
krit.	kritisch(-er/-e/-es)
KSchG	Kündigungsschutzgesetz
KVJS	Kommunalverband für Jugend und Soziales Baden-Württemberg
LG	Landgericht
lit.	Buchstabe
LKJHG	Kinder- und Jugendhilfegesetz für Baden-Württemberg
LKV	Landes- und Kommunalverwaltung (Zeitschrift)
LPartG	Lebenspartnerschaftsgesetz
LPK	Lehr- und Praxiskommentar
MüH	Münchener Handbuch zum Arbeitsrecht
MüKo	Münchener Kommentar
m.w.N.	mit weiterem Nachweis/weiteren Nachweisen
NachwG	Nachweisgesetz
Nds.	Niedersachsen
Nds. AG SGB VIII	Niedersächsisches Gesetz zur Ausführung des Achten Buchs des Sozialgesetzbuchs und zur Niedersächsischen Kinder- und Jugendkommission
Nds. AG SGB IX/XII	Niedersächsisches Gesetz zur Ausführung des Neunten und des Zwölften Buchs des Sozialgesetzbuchs
NJG	Niedersächsisches Justizgesetz
NJOZ	Neue Juristische Online Zeitschrift
NJW	Neue Juristische Wochenschrift (Zeitschrift)
NJWE-FER	Neue Juristische Wochenschrift, Entscheidungsdienst Familien- und Erbrecht
NJW-RR	NJW-Rechtsprechungs-Report (Zeitschrift)
NKiTaG	Niedersächsisches Gesetz über Kindertagesstätten und Kindertagespflege
Nr.	Nummer
NRW	Nordrhein-Westfalen
NVwZ	Neue Zeitschrift für Verwaltungsrecht
NVwZ-RR	NVwZ-Rechtsprechungs-Report
NZA	Neue Zeitschrift für Arbeitsrecht
NZFam	Neue Zeitschrift für Familienrecht
NZS	Neue Zeitschrift für Sozialrecht
öAT	Zeitschrift für das öffentliche Arbeits- und Tarifrecht
OLG	Oberlandesgericht
OVG	Oberverwaltungsgericht
PAS	Parental Alienation Syndrome
PStG	Personenstandsgesetz
RBEG	Regelbedarfs-Ermittlungsgesetz
Red.	Redakteur
RG	Reichsgericht

Abkürzungsverzeichnis

Rn.	Randnummer
Rz.	Randziffer
s.	siehe
S.	Seite, Satz
SaRegG	Samenspenderregistergesetz
SchKG	Schwangerschaftskonfliktgesetz
SchwbAwV	Schwerbehindertenausweisverordnung
SGb	Die Sozialgerichtsbarkeit (Zeitschrift)
SGB	Sozialgesetzbuch
s.o.	siehe oben
sog.	sogenannt(-er/-e/-es)
SRa	Sozialrecht aktuell (Zeitschrift)
StGB	Strafgesetzbuch
StPO	Strafprozessordnung
SuE	Sozial- und Erziehungsdienst
TPG	Transplantationsgesetz
TVG	Tarifvertragsgesetz
TVÖD VKA	Tarifvertrag für den Öffentlichen Dienst, Vereinigung der kommunalen Arbeitgeberverbände
TVÜ-VKA	Tarifvertrag zur Überleitung der Beschäftigten der kommunalen Arbeitgeber in den TVöD und zur Regelung des Übergangsrechts
TzBfG	Teilzeit- und Befristungsgesetz
u.a.	und andere, unter anderem
UG	Unternehmergesellschaft
UhVorschG	Unterhaltsvorschussgesetz
UN	United Nations (Vereinte Nationen)
v.	vom/von
v.a.	vor allem
Var.	Variante
VBVG	Vormünder- und Betreuervergütungsgesetz
Verf.	Verfasser
VG	Verwaltungsgericht
VGH	Verwaltungsgerichtshof
vgl.	vergleiche
VKA	Vereinigung der kommunalen Arbeitgeberverbände
VwGO	Verwaltungsgerichtsordnung
VwV	Verwaltungsvorschrift
WoGG	Wohngeldgesetz
WoGV	Wohngeldverordnung
z.B.	zum Beispiel
ZAT	Zeitschrift für Arbeitsrecht und Tarifpolitik in kirchlichen Unternehmen
ZfJ	Zentralblatt für Jugendrecht (Zeitschrift)
ZfL	Zeitschrift für Lebensrecht
ZKJ	Zeitschrift für Kindschaftsrecht und Jugendhilfe
ZKM	Zeitschrift für Konfliktmanagement
ZRP	Zeitschrift für Rechtspolitik

I. Einführung

> **Zusammenfassung**
>
> In diesem Kapitel sollen Sie, liebe Leserinnen und Leser, zunächst eine Einführung in das juristische Arbeiten bekommen. Dabei geht es um grundlegende Fragen:
>
> - Was sind die **Rechtsquellen**, mit denen wir arbeiten?
> - Welche **Rechtsgebiete** können wir unterscheiden? In welchem Verhältnis stehen diese zueinander?
> - Was bedeutet **Gutachtenstil**?
> - Welche Gattungen juristischer **Literatur** gibt es? Wofür sind diese nützlich?
>
> Wenn Sie das Kapitel durchgearbeitet haben, sollte es Ihnen möglich sein, diese Fragen zu beantworten.

1. Rechtsquellen

Quellen des geschriebenen, also **positiven Rechts**, haben wir auf der Ebene der Europäischen Union ebenso wie auf Bundesebene, Landesebene und in den Kommunen, also in den Kreisen und Gemeinden.

Beim **Europarecht** unterscheiden wir das sog. primäre vom sekundären Unionsrecht. Primäres Unionsrecht beinhaltet die zwischen den Mitgliedsstaaten der EU geschlossenen Verträge, zu denen Gleichbehandlungsgebote bzw. Diskriminierungsverbote zählen. Sekundäres Unionsrecht beinhaltet dagegen Verordnungen und Richtlinien, wobei die Verordnungen unmittelbar gelten, während Richtlinien durch den nationalen Gesetzgeber umgesetzt werden müssen.

Auf **Bundesebene** ist das Grundgesetz die Bundesverfassung. Daneben gibt es eine Vielzahl einfacher, vom Bundestag beschlossener Gesetze. Beispiele sind das Bürgerliche Gesetzbuch (BGB), das Sozialgesetzbuch (SGB) und das Strafgesetzbuch (StGB). Zuletzt gibt es Rechtsverordnungen als mittelbares Bundesrecht. Diese werden aufgrund gesetzlicher Ermächtigung durch Ministerien erlassen. Ein Beispiel ist die Straßenverkehrsordnung (StVO).

Ähnlich sieht es auf **Landesebene** aus. Auch dort gibt es eine Landesverfassung, z.B. die Verfassung des Landes Baden-Württemberg, einfache Gesetze, z.B. das Schulgesetz und Rechtsverordnungen.

Zusätzlich verorten wir auf Landesebene das **Kommunalrecht** als sog. mittelbares Landesrecht. Hierbei handelt es sich um Satzungen, die von der kommunalen Vertretungskörperschaft (Gemeinderat oder Kreistag) beschlossen werden.

Europarecht, Bundesrecht und Landesrecht stehen allerdings nicht gleichwertig nebeneinander. Vielmehr besteht einen **Normenhierarchie**, nach der das Europarecht dem Bundes- und Landesrecht vorgeht und Bundesrecht Landesrecht „bricht".[1]

Auch auf derselben Ebene sind nicht alle Normen im Rang gleich. So geht das Verfassungsrecht einfachen Gesetzen vor. Diese haben wiederum Vorrang vor Rechtsverordnungen und kommunalen Satzungen.

2. Rechtsgebiete

Mit dem Recht werden Sachverhalte aus einer **Vielzahl von Bereichen** geregelt: Der Käufer schuldet den Kaufpreis, der Dieb kann bestraft werden und der Bedürftige hat einen Anspruch auf Sozialleistungen. Der Bürger kann dem Staat Grundrechte entgegenhalten, der Bundestagsabgeordnete ist Vertreter des ganzen Volkes und sorgeberechtigte Eltern können für ihre Kinder entscheiden. Die Reihe ließe sich fortsetzen.

Wenn wir die Rechtsgebiete systematisch ordnen, können wir zunächst zwischen dem öffentlichen Recht und dem Privatrecht unterscheiden.

Öffentlich-rechtliche Rechtsbeziehungen zeichnen sich dadurch aus, dass auf wenigstens einer Seite der Staat oder ein sonstiger Hoheitsträger beteiligt ist, und zwar gerade in seiner Eigenschaft als solcher (neuere Subjekts- oder Sonderrechtstheorie).[2] Das Erfordernis der Beteiligung „in dieser Eigenschaft" folgt daraus, dass sich auch der Staat dem Regime des Privatrechts unterordnen, also auf dem Gebiet des Zivilrechts handeln kann: wenn etwa der Landkreis für das Jugendamt Kopierpapier kauft.

Zum öffentlichen Recht zählen damit z.B.

- das Verfassungsrecht,
- das Sozialrecht,
- das Schul- und Hochschulrecht,
- das Polizeirecht,
- das Kommunalrecht und
- in einem weiteren Sinn das Strafrecht.

Demgegenüber regelt das **Privatrecht** die Rechtsbeziehungen zwischen rechtlich gleichgestellten Rechtssubjekten.

Beispiele für Rechtsgebiete, die im Privatrecht verortet werden, sind

- das Vertragsrecht,
- das Familienrecht,

---

[1] Auf die Solange-Rechtsprechung des BVerfG zum Verhältnis von Bundes- und Europarecht (NJW 1987, 577 = BeckRS 1986, 729) sowie auf die durch die Föderalismusreform geschaffene Ausnahme des Art. 84 Abs. 1 S. 2 GG, nach der Landesrecht Vorrang vor Bundesrecht haben kann, soll an dieser Stelle nicht weiter eingegangen werden.
[2] Vgl. Wolff AöR 76, 205 (205 ff.); Grüneberg/Grüneberg, Einl. Rn. 2 m.w.N.

- das Erbrecht und
- das Arbeitsrecht.

Für die Praxis der **Kindheitspädagogik** ist öffentliches Recht ebenso von Bedeutung wie Privatrecht. So werden wir uns z.B. mit Verfassungsrecht und Sozialrecht, aber auch mit Vertragsrecht, Familienrecht und Arbeitsrecht befassen.

3. Fallbearbeitung

In Studium und Praxis müssen Sie **konkrete Fälle** bearbeiten. Sie haben also einen Lebenssachverhalt und eine rechtliche Fragestellung.

> **Beispielfall:**
> Der 3-jährige Martin kommt mit Hämatomen am ganzen Körper in den Kindergarten. Auf Befragen erklärt er, seine Eltern würden ihn jeden Abend „verhauen". Nach weiteren Ermittlungen steht fest, dass Martins Angaben zutreffen. Die sorgeberechtigten Eltern sind auch nicht bereit, ihr Verhalten zu überdenken. Ihr Credo ist vielmehr: „Wer sein Kind liebt, der züchtigt es."
> Hat das Familiengericht die Möglichkeit, einen Eingriff in das Sorgerecht vorzunehmen?

In einem ersten Schritt gilt es nun herauszufinden, auf welche Vorschriften es ankommen könnte. Hierbei handelt es sich um sog. **Rechtsgrundlagen**. Das gilt im öffentlichen Recht ebenso wie im Privatrecht.

Rechtsgrundlagen, die einen Anspruch regeln, werden als **Anspruchsgrundlagen** bezeichnet, Rechtsgrundlagen, die dem Staat erlauben, in geschützte Rechtspositionen einzugreifen, werden als **Eingriffsgrundlagen** bezeichnet.

Ein **Beispiel** für eine Anspruchsgrundlage aus dem öffentlichen Recht ist § 27 Abs. 1 SGB VIII, der die Voraussetzungen der Gewährung von Hilfe zur Erziehung regelt. Ein Beispiel für eine Anspruchsgrundlage aus dem Privatrecht ist § 1684 Abs. 1 BGB, der Eltern ein Umgangsrecht mit ihren Kindern gewährt. Eingriffsgrundlagen finden sich z.B. in § 42 Abs. 1 S. 1 SGB VIII für die Inobhutnahme von Kindern und Jugendlichen durch das Jugendamt sowie – für den o.g. Beispielfall – in § 1666 Abs. 1 BGB, der im Falle einer Gefährdung des Kindeswohls Maßnahmen des Familiengerichts erlaubt.

> **Praxishinweis:**
> Anders an der Hochschule werden Sie in der Praxis oft erst den Sachverhalt **ermitteln** müssen. Sie haben dann z.B. Hinweise auf eine Gefährdung des Kindeswohls, denen Sie nachgehen müssen, bevor Sie beurteilen können, ob eine solche Gefährdung tatsächlich vorliegt. Möglich ist auch, dass die Beteiligten unterschiedliche Angaben machen – und unklar bleibt, wer die Wahrheit sagt und wer nicht.

Wenn Sie die Rechtsgrundlagen kennen, ist zu prüfen, ob deren Voraussetzungen vorliegen. Diese Prüfung erfolgt mithilfe des **Gutachtenstils**. Zweck des Gutachtenstils ist die Vermeidung von Fehlern.

I. Einführung

Kommen **mehrere Rechtsgrundlagen** in Betracht, ist jede Rechtsgrundlage gesondert zu prüfen.

Sie beginnen dabei mit dem **Obersatz**. Dieser wird im Konjunktiv formuliert und enthält unter Nennung der in Betracht kommenden Rechtsgrundlage die Fallfrage.

> **Obersatz im Beispielfall:**
>
> Das Familiengericht könnte den Kindseltern nach § 1666 Abs. 1, 3 Nr. 6 BGB das Aufenthaltsbestimmungsrecht und das Recht zur Antragstellung auf Hilfe zur Erziehung für Martin entziehen.

Nach dem Obersatz folgt der **Bedingungssatz**. Hier werden die Voraussetzungen der Rechtsgrundlage benannt. In den meisten Fällen können diese dem Gesetz entnommen werden.

> **Bedingungssatz im Beispielfall:**
>
> Das setzt voraus, dass das körperliche geistige oder seelische Wohl des Kindes gefährdet würde. Weiter dürften die Eltern nicht gewillt oder nicht in der Lage sein, die Gefahr abzuwenden und müsste die in Aussicht genommene Maßnahme verhältnismäßig sein.

Im dritten Schritt müssen die im Bedingungssatz genannten Voraussetzungen definiert werden. Hierbei handelt es sich um den sog. **Definitionssatz**. Hat die Rechtsgrundlage mehr als eine Voraussetzung, so genügt es, wenn zunächst ein Tatbestandsmerkmal definiert wird.

Wenn kein Fall einer **Legaldefinition** vorliegt, das Tatbestandsmerkmal also nicht durch das Gesetz selbst definiert wird, müssen Sie die Definition in Klausuren bzw. mündlichen Prüfungen auswendig kennen; bei Hausarbeiten und in der Praxis können Sie Literatur zu Rate ziehen.

> **Definitionssatz im Beispielfall:**
>
> Eine Gefährdung des Kindeswohls liegt vor, wenn eine gegenwärtige oder zumindest unmittelbar bevorstehende Gefahr für die Entwicklung des Kindes abzusehen ist, die bei ihrer Fortdauer eine erhebliche Schädigung des körperlichen, geistigen oder seelischen Wohls mit hinreichender Wahrscheinlichkeit voraussehen lässt.[3] Dabei ist der Maßstab des § 1631 Abs. 2 BGB zu beachten, wonach Kinder ein Recht auf gewaltfreie Erziehung haben und körperliche Bestrafungen unzulässig sind.

Im Anschluss an den Definitionssatz folgt die **Subsumption**. Diese ist Kernstück des Gutachtens.

---

[3] MüKoBGB/Lugani BGB § 1666 Rn. 50 m.w.N.

> **Subsumption im Beispielfall:**
>
> Nachdem die Kindseltern erklärt haben, sie seien nicht bereit, ihr Verhalten zu überdenken, muss davon ausgegangen werden, dass sie Martin ohne ein Eingreifen des staatlichen Wächters weiter schlagen würden. Hiermit kann jederzeit gerechnet werden, so dass die Gefahr gegenwärtig ist.

Ein entsprechendes elterliches Verhalten ist nicht nur vor dem Hintergrund der Wertung des § 1631 Abs. 2 BGB unzulässig, sondern führt zudem zu Verletzungen, die Martin bereits in der Vergangenheit aufgewiesen hat. Diese können als erhebliche Schädigung des körperlichen Wohls verstanden werden. Darüber hinaus haben regelmäßige Schläge psychische Auswirkungen. (...)

Im Beispielfall würden nun noch weitere Definitionen bzw. Subsumptionen folgen, nämlich in Bezug darauf, ob die Eltern gewillt bzw. in der Lage sind, die Gefahr abzuwenden und ob die im Obersatz genannten Maßnahmen verhältnismäßig sind.

Zuletzt folgt der **Ergebnissatz**. Dieser ist ein Spiegelbild des Obersatzes, allerdings im Indikativ.

> **Ergebnissatz im Fallbeispiel:**
>
> Folglich wird das Familiengericht den Kindseltern nach § 1666 Abs. 1, 3 Nr. 6 BGB das Aufenthaltsbestimmungsrecht und das Recht zur Antragstellung auf Hilfe zur Erziehung entziehen.

4. Juristische Literatur

Die Rechtswissenschaft ist eine **Geisteswissenschaft**, zugleich aber eine hermeneutische Disziplin. Entsprechend wichtig ist die Arbeit mit Literatur.

So gibt es zunächst **Lehrbücher**, worunter in diesem Sinn sowohl Skripte als auch Kurz- und Großlehrbücher gefasst werden. Skripte werden zumeist für den rein studentischen Bedarf abgefasst. Sie sollen die Studierenden auf Prüfungen vorbereiten, genügen aber i.d.R. nicht wissenschaftlichen Ansprüchen und werden deshalb z.B. in Abschlussarbeiten oder sonstigen Abhandlungen nicht zitiert. Das ist bei Lehrbüchern anders.

Insbesondere für die Praxis sind **Kommentare** von Bedeutung. Diese gibt es zu nahezu allen Gesetzen. Sie enthalten mehr oder weniger ausführliche Informationen zu den einzelnen Paragraphen bzw. Artikeln eines Gesetzes. Meist haben Kommentare mehrere Verfasser, die sogenannten Kommentatoren, die jeweils verschiedene Vorschriften kommentieren. Kommentare geben einen schnellen Zugang, wenn man Informationen zur Auslegung bestimmter Normen und der dazu ergangenen Rechtsprechung benötigt. Ihre Nutzung setzt allerdings ein gewisses Grundverständnis voraus, für das Lernen eignen sie sich kaum.

Monographien sind Abhandlungen zu einzelnen Themen. Sie haben einen wissenschaftlichen Anspruch und werden oft als wissenschaftliche Qualifikationsarbeiten verfasst (Dissertationen, Habilitationen).

I. Einführung

Kürzere wissenschaftliche und sonstige Beiträge können als **Aufsätze** in Fachzeitschriften oder **Sammelbänden** veröffentlicht werden.

Entsprechend der unterschiedlichen Literaturgattungen haben sich jeweils eigene **Zitierstandards** herausgebildet, die einen schnellen und unkomplizierten Zugang ermöglichen.

So werden **Lehr- und Handbücher** wie üblich in das Literaturverzeichnis aufgenommen und unter Nennung des Verfassers bzw. Herausgebers und der Seitenzahl bzw. (falls vorhanden) der Randnummer (Rn.) zitiert. Sollen von einem Verfasser mehrere Werke zitiert werden, so kann zur Unterscheidung das Erscheinungsjahr oder der Titel angegeben werden (z.B. „Schmidt Familienrecht Rn. 136"). Nichts anderes gilt für Monographien.

Kommentare werden in das Literaturverzeichnis grundsätzlich unter dem Namen des Begründers oder Herausgebers aufgenommen, z.B. „Soergel, Hans Theodor (Begr.): Kommentar zum Bürgerlichen Gesetzbuch mit Einführungsgesetz und Nebengesetzen, Band 2/2, 14. Aufl., Stuttgart 2023 (zit.: Soergel/Bearbeiter)". Zitiert werden Kommentare unter Angabe von Vorschrift und Randnummer (Rn.), Randziffer (Rz.) bzw. Anmerkung (Anm.), z.B. „Grüneberg/Götz BGB § 1684 Rn. 1". Eine Angabe der Seitenzahl wäre unüblich. Gegebenenfalls können die in den Kommentaren oft enthaltenen Zitiervorschläge genutzt werden.

Aufsätze aus juristischen Fachzeitschriften werden ebenfalls in das Literaturverzeichnis aufgenommen (z.B. „Schmidt, Christopher: Entwicklungsunterstützende Maßnahmen der Kinder- und Jugendhilfe: Abgrenzung zu Leistungen nach dem SGB II und III, in: ZKJ 2014, 464 ff."). Als Nachweis bspw. in Fußnoten wird lediglich folgendes angegeben: Name des Verfassers, Titel der Zeitschrift mit Erscheinungsjahr, Seitenzahl, auf welcher der Beitrag beginnt und dahinter in Klammern die Seitenzahl, auf der sich die konkrete Fundstelle befindet (z.B. „Schmidt ZKJ 2014, 464 (465)"). Ebenso wird aus Sammelbänden zitiert, nur dass dort anstelle des Titels der Zeitschrift die Angaben zum betreffenden Werk treten.

Nicht zur Literatur im engeren Sinn zählen **Gesetze und Gesetzsammlungen**. Sie finden in Literaturverzeichnissen keine Erwähnung. Werden Gesetze oder sonstige Vorschriften zitiert, dann entspricht es wissenschaftlichem Arbeiten, dies stets möglichst genau zu tun, also unter Angabe von Absatz (Abs.), Satz (S.), Nummer (Nr.), Buchstabe (lit.), Alternative (Alt.) bzw. Variante (Var.). Nicht unüblich ist dabei, für den Absatz römische, für den Artikel bzw. Paragraphen und den Satz dagegen arabische Zahlen zu verwenden (z.B. „§ 42 Abs. 1 S. 1 SGB VIII" oder „§ 42 I 1 SGB VIII"). Allgemein übliche Abkürzungen von Gesetzen oder Verordnungen wie SGB VIII, JGG oder VwGO werden ohne weitere Erläuterung genutzt. Bei unbekannteren Rechtsquellen empfiehlt sich, die Bezeichnung des Gesetzes und das Datum seiner Bekanntmachung zunächst auszuschreiben; ggf. kann zusätzlich in Klammern oder in einer Fußnote die Fundstelle angegeben werden (z.B. „BGBl. I, S. 554).

Auch **Entscheidungen von Gerichten** (Urteile und Beschlüsse) werden nicht in das Literaturverzeichnis aufgenommen. Soweit die Entscheidung in einer Zeitschrift abgedruckt wurde, genügt es, die entsprechende Fundstelle anzugeben. Gleiches gilt für Entscheidungssammlungen der Gerichte. Will man dem Leser das Auffinden erleichtern, können mehrere solche Fundstellen aufgeführt werden; sie werden dann durch „=" verbunden. Möglich ist auch, das Datum der Entscheidung und das gerichtliche Aktenzeichen aufzuführen. Während bei Entscheidungssammlungen der Band (z.B. „BVerwGE 39" oder „BVerfGE 12"), die erste Seite der Entscheidung und in Klammern die Seite angegeben wird, auf die konkret verwiesen werden soll, also etwa „BVerwGE 89, 110 (112)", empfiehlt sich bei Zeitschriften hinter deren Titel das Erscheinungsjahr anzugeben, also „BGHSt. 45, 378 (379) = NJW 2000, 1348 (1349)". Unveröffentlichte Entscheidungen können unter Angabe von Entscheidungsart, Entscheidungsdatum und Aktenzeichen zitiert werden. Sind diese in juristischen Datenbanken wie Juris enthalten, erfolgt zusätzlich ein entsprechender Vermerk (z.B. „VG München, Beschl. v. 09.09.2015, M 24 S 15.3187, juris").[4]

Reflexionsfragen

1. Welche Rechtsquellen kennen Sie? Wie lassen sich diese ordnen?
2. Was ist der Unterschied zwischen öffentlichem und Privatrecht? Welche Beispiele kennen Sie?
3. Was ist der Gutachtenstil? Aus welchen Bestandteilen besteht eine gutachterliche Prüfung?

---

[4] Entscheidungen aus den Datenbanken Beck-online und Jurion können mit dem BeckRS- bzw. JurionRS-Zeichen angegeben werden.

II. Verfassungsrecht

> **Zusammenfassung**
>
> Das Grundgesetz enthält Grundrechte, auf die sich die Bürger berufen können, (objektive) Staatsziele und Staatsorganisationsrecht.
> Am Ende dieses Kapitels kennen Sie für die Kindheitspädagogik wesentliche **Grundrechte** und **Staatszielbestimmungen**. Weiter können Sie begründen, woraus sich die Zuständigkeit für **Gesetzgebung** bzw. **Finanzierung** in den Arbeitsbereichen der Kindheitspädagogik ergibt.

1. Grundrechte

Die Grundrechte ergeben sich aus **Art. 1 ff. GG**. Hierbei handelt es sich im Wesentlichen um

- den Schutz der Menschenwürde (Art. 1 Abs. 1 GG),
- die allgemeine Handlungsfreiheit (Art. 2 Abs. 1 GG),
- das Recht auf Leben, körperliche Unversehrtheit und Freiheit der Person (Art. 2 Abs. 2 GG),
- die Gleichheit vor dem Gesetz (Art. 3 GG),
- die Glaubens-, Gewissens- und Bekenntnisfreiheit (Art. 4 Abs. 1 GG),
- das Recht auf ungestörte Religionsausübung (Art. 4 Abs. 2 GG),
- das Recht auf Kriegsdienstverweigerung (Art. 4 Abs. 3 GG),
- die freie Meinungsäußerung bzw. Medienfreiheit (Art. 5 Abs. 1, 2 GG),
- die Kunst- und Wissenschaftsfreiheit (Art. 5 Abs. 3 GG),
- den Schutz von Ehe und Familie (Art. 6 Abs. 1 GG),
- das Elternrecht (Art. 6 Abs. 2, 3 GG),
- den Schutz- und Fürsorgeanspruch von Müttern (Art. 6 Abs. 4 GG),
- die Gleichstellung ehelicher und unehelicher Kinder (Art. 6 Abs. 5 GG),
- Rechte im Zusammenhang mit dem Schulwesen (Art. 7 GG),
- die Versammlungsfreiheit (Art. 8 GG),
- die Vereinigungsfreiheit (Art. 9 GG),
- das Brief-, Post- und Fernmeldegeheimnis (Art. 10 GG),
- die Freizügigkeit (Art. 11 GG),
- die Berufsfreiheit bzw. das Verbot von Zwangsarbeit (Art. 12 GG),
- die Unverletzlichkeit der Wohnung (Art. 13 GG),
- das Eigentum und das Erbrecht (Art. 14 GG),
- das Verbot von Ausbürgerung bzw. Auslieferung (Art. 16 GG),
- das Asylrecht (Art. 16a GG),
- das Petitionsrecht (Art. 17 GG) sowie
- das Recht auf effektiven Rechtsschutz (Art. 19 Abs. 4 GG).

II. Verfassungsrecht

Aus dem Grundrechtskatalog wurden in **richterlicher Rechtsfortbildung** weitere Rechte entwickelt, und zwar v.a.

- das Recht auf Gewährleistung eines menschenwürdigen Existenzminimums (Art. 1 Abs. 1 i.V.m. Art. 20 Abs. 1 GG),
- das allgemeine Persönlichkeitsrecht und das daraus entwickelte Recht auf informationelle Selbstbestimmung (Art. 2 Abs. 1 i.V.m. Art. 1 Abs. 1 GG),
- das Recht auf ein faires Verfahren (Art. 2 Abs. 1 i.V.m. Art. 20 Abs. 3 GG) und
- das zuletzt Recht auf schulische Bildung (Art. 2 Abs. 1 i.V.m. Art. 7 Abs. 1 GG).[5]

Außerhalb des Grundrechtskatalogs bestehen **grundrechtsgleiche Rechte**, die in Art. 93 Abs. 1 Nr. 4a GG zusammengefasst werden. Hierbei handelt es sich um die in Art. 20 Abs. 4, 33, 38, 101, 103 und 104 enthaltenen Rechte, also das Widerstandsrecht, staatsbürgerliche Rechte, das Wahlrecht und die sog. Justizgrundrechte.

a) Funktionen

Die Grundrechte lassen sich zum einen nach ihrem **Hauptzweck** unterscheiden in Freiheitsrechte, Gleichheitsrechte und Teilhaberechte.

Die meisten Grundrechte sind **Freiheitsrechte**; Beispiele dafür sind die Glaubens- und Gewissensfreiheit des Art. 4 Abs. 1 GG und das Recht auf freie Meinungsäußerung in Art. 5 Abs. 1 GG. Diese Rechte zielen v.a. auf ein staatliches Unterlassen ab.

Daneben bestehen **Gleichheitsrechte**. Ein Beispiel dafür ist Art. 3 Abs. 1 GG. Denn danach sind alle Menschen vor dem Gesetz gleich. Gleichheitsrechte können den Staat ebenso zu einem Unterlassen wie zu einem Tätigwerden verpflichten, und zwar jeweils in Relation zu dem staatlichen Handeln in anderen Fällen.

Auch **Teilhaberechte** wie das Gebot effektiven Rechtsschutzes in Art. 19 Abs. 4 GG können den Staat zu einem Tätigwerden verpflichten.

Jenseits dieser Einteilung lassen sich verschiedene **Funktionen** unterscheiden.

Die klassische und nach wie vor wichtigste Funktion von Grundrechten liegt darin, dass diese als **Abwehrrechte gegen den Staat** verstanden werden (sog. status negativus). Der Grundrechtsträger kann vom Staat verlangen, verfassungswidrige Eingriffe in das jeweilige Grundrecht zu unterlassen.[6]

Das Gegenteil davon liegt in der Funktion als **Leistungs- bzw. Teilhaberechte** (status positivus). Hier geht es nicht um die Freiheit vom Staat, sondern um die „Freiheit durch den Staat". Beispiele sind die Sicherung des Existenzminimums

---

[5] Vgl. BVerfG NJW 2022, 167 (169 f.) = BeckRS 2021, 36492.
[6] Michael/Morlok, Grundrechte, Rn. 492 ff.; Voßkuhle/Kaiser JuS 2011, 411 (411); Ramsauer JuS 2012, 769 (770).

und der Anspruch auf Teilhabe an einem bestehenden Kontingent an Studienplätzen.[7]

Daneben haben Grundrechte eine Funktion als **Mitwirkungsrechte** (status activus). Man kann in diesem Zusammenhang von einer „Freiheit im Staat" bzw. einer „Freiheit für den Staat" sprechen. Ein Beispiel ist das Wahlrecht des Art. 38 Abs. 2 GG.[8]

Objektiv-rechtlich sind Grundrechte als **Grundentscheidungen** des Verfassungsgebers zu verstehen, die in andere Rechtsgebiete ausstrahlen. Insbesondere wertungsoffene Begriffe des einfachen Rechts müssen im Licht der Grundrechte ausgelegt werden.[9] Auf diese Weise wirken Grundrechte nicht nur zwischen Staat und Grundrechtsträger, sondern mittelbar auch unter Privaten.

Weiter können Grundrechte staatliche **Schutzpflichten** begründen oder als **Einrichtungsgarantien** fungieren. Ein Bespiel für eine staatliche Schutzpflicht ist Art. 1 Abs. 1 S. 2 GG, wonach es Verpflichtung aller staatlichen Gewalt ist, die Menschenwürde zu schützen. Beispiele für Einrichtungsgarantien sind Ehe, Eigentum und Erbrecht (Art. 6, 14 GG).[10]

b) Einschränkbarkeit

Grundrechte können nicht **schrankenlos** gewährt werden.

Das ergibt sich teilweise bereits aus den entsprechenden Normen des Grundgesetzes. Beispiele sind Art. 2 Abs. 2 S. 3, Art. 5 Abs. 2 und Art. 10 Abs. 2 GG. Insoweit spricht man von einer Einschränkbarkeit bzw. einem **Schrankenvorbehalt**.

Doch auch Grundrechte, für die ein ausdrücklicher Schrankenvorbehalt nicht besteht, finden ihre Grenzen in **verfassungsimmanenten Schranken**, v.a. in entgegenstehenden Grundrechten Dritter und in Staatszielbestimmungen.

> **Beispiel:**
> Die Kunstfreiheit (Art. 5 Abs. 3 S. 1 GG) ist ihrem Wortlaut nach nicht einschränkbar. Dennoch hat ein Künstler kein Recht darauf, im Rahmen einer Inszenierung ein Kind zu töten. Denn das Kind hat seinerseits ein Recht auf Leben und körperliche Unversehrtheit (Art. 2 Abs. 2 GG).

c) Schranken und Schranken-Schranken

Wird ein Grundrecht durch Gesetz oder aufgrund eines Gesetzes (z.B. im Wege einer Polizeiverordnung) eingeschränkt, so ist die **Schranke** darauf zu prüfen, ob sie ihrerseits rechtmäßig ist. Man spricht insoweit von **Schranken-Schranken**.

Zu den Schranken-Schranken gehört zunächst die **formelle Verfassungsmäßigkeit** des Gesetzes, also die Frage, ob das Gesetz formell richtig zustande gekommen ist.

---

[7] Voßkuhle/Kaiser JuS 2011, 411, 411 f.; Michael/Morlok, Grundrechte, Rn. 525 ff.
[8] Voßkuhle/Kaiser JuS 2011, 411, 412; MSKB/Bethge BVerfGG § 90 Rn. 94.
[9] Maunz/Dürig/Herdegen GG Art. 1 Abs. 3 Rn. 74.
[10] Voßkuhle/Kaiser JuS 2011, 411 (412).

II. Verfassungsrecht

So ist im Fall eines Bundesgesetzes erforderlich, dass eine Gesetzgebungsbefugnis des Bundes (und nicht der Länder) besteht, ferner muss das Gesetz im ordnungsgemäßen Verfahren beschlossen worden sein, z.b. mit der vorgeschriebenen Mitwirkung des Bundesrats.

Materiell verfassungsmäßig ist ein Gesetz, wenn es nicht gegen höherrangiges Recht verstößt. Zu prüfen sind hier u.a. das Verbot des Einzelfallgesetzes gem. Art. 19 Abs. 1 S. 1 GG und die Wesensgehaltstheorie des Art. 19 Abs. 2 GG.

Schwerpunkt der Prüfung der materiellen Verfassungsmäßigkeit ist oft der Grundsatz der **Verhältnismäßigkeit**. Dieser erfordert,

- dass ein **legitimer Zweck** verfolgt wird,
- dass das eingesetzte Mittel **geeignet** ist, den erstrebten Zweck zu fördern,
- dass es zudem **erforderlich** ist, also kein milderes aber ebenso wirksames Mittel besteht, und
- dass es in einem **angemessenen** Verhältnis zu dem erstrebten Zweck steht.

Die Angemessenheit wird auch als Verhältnismäßigkeit im engeren Sinn, als **Zweck-Mittel-Relation** und als **Übermaßverbot** bezeichnet.

d) Einzelne Schutzbereiche

aa) Menschenwürde

Nach Art. 1 Abs. 1 GG ist die Würde des Menschen unantastbar. Sie zu achten und zu schützen ist Verpflichtung **aller staatlichen Gewalt**. Diese Verbürgung bringt den höchsten Wert des Grundgesetzes und des ihm zugrundeliegenden Staatsverständnisses zum Ausdruck.[11]

Ein Verstoß gegen die Menschenwürde liegt nach der **Objektformel** dann vor, wenn der Mensch zum bloßen Objekt staatlichen Handelns gemacht würde.[12]

> **Beispiele:**
>
> Folter, Sklaverei, Leibeigenschaft; grausame, unmenschliche oder erniedrigende Strafen, Beobachtung und Abhörung des Kernbereichs privater Lebensgestaltung[13]

bb) Gewährleistung eines menschenwürdigen Existenzminimums

Aus dem Zusammenspiel von Art. 1 Abs. 1 GG mit dem Sozialstaatsprinzip des Art. 20 Abs. 1 GG leitet das *BVerfG* ein **Grundrecht** auf Gewährleistung eines menschenwürdigen Existenzminimums ab. Dieses sichere „jedem Hilfebedürftigen diejenigen materiellen Voraussetzungen [...], die für seine physische Existenz und für ein Mindestmaß an Teilhabe am gesellschaftlichen, kulturellen und politischen

---

11 Hömig/Wolff/Antoni GG Art. 1 Rn. 1; Jarass/Pieroth/Jarass GG Art. 1 Rn. 2.
12 Dürig AöR 81, 117 (127); weitergehend BeckOK GG/Hillgruber GG Art. 1 Rn. 13. Der Schutz der Menschenwürde kommt dabei schon dem werdenden Leben im Mutterleib zu, vgl. BVerfGE 39, 1 (41f.); Jarass/Pieroth/Jarass GG Art. 1 Rn. 9 m.w.N.
13 Jarass/Pieroth/Jarass GG Art. 1 Rn. 11a.

Leben unerlässlich sind", bedürfe aber „der Konkretisierung und stetigen Aktualisierung durch den Gesetzgeber, der die zu erbringenden Leistungen an dem jeweiligen Entwicklungsstand des Gemeinwesens und den bestehenden Lebensbedingungen auszurichten" habe. Dem Gesetzgeber stehe dabei ein Gestaltungsspielraum zu.[14]

cc) Allgemeine Handlungsfreiheit

Nach Art. 2 Abs. 1 GG hat jedermann das Recht auf freie **Entfaltung seiner Persönlichkeit**, soweit er nicht die Rechte anderer verletzt und nicht gegen die verfassungsmäßige Ordnung oder das Sittengesetz verstößt.

Die damit geschützte allgemeine Handlungsfreiheit erfasst **jedes menschliche Verhalten** ohne Rücksicht darauf, welches Gewicht der Betätigung für die Persönlichkeitsentfaltung zukommt.[15]

> **Beispiele:**
> Taubenfüttern, Reiten im Walde[16]

dd) Allgemeines Persönlichkeitsrecht

Auch das allgemeine Persönlichkeitsrecht wird aus Art. 2 Abs. 1 i.V.m. Art. 1 Abs. 1 GG abgeleitet.[17] Es schützt die **engere Lebenssphäre** sowie die Einhaltung ihrer Grundbedingungen, insbesondere die Verfügungsgewalt über die Darstellung der eigenen Person, die soziale Anerkennung und die persönliche Ehre.[18]

Ein Teilbereich des allgemeinen Persönlichkeitsrechts ist das Recht auf **informationelle Selbstbestimmung**, aus dem sich die Befugnis ergibt, selbst über die Preisgabe und Verwendung persönlicher Daten zu bestimmen.[19]

> **Beispiele:**
> Geschützt wird die Offenlegung sexueller Kontakte ebenso wie das Recht auf Kenntnis der eigenen Abstammung. Weiter umfasst sind der Umgang von Eltern und Kind, die Entwicklung des Kindes zur Persönlichkeit und der Jugendschutz.[20]

ee) Gleichheit vor dem Gesetz

Nach Art. 3 Abs. 1 GG sind alle Menschen vor dem Gesetz gleich. Für das Verhältnis von **Frauen und Männern** zueinander ergibt sich das auch aus Abs. 2 S. 1.

---

[14] BVerfG NZS 2010, 270 (270 ff.) = BeckRS 2010, 47937; Schnath NZS 2010, 297 (297 ff.).
[15] BVerfG NJW 1994, 1577 (1578) = BeckRS 1994, 120184.
[16] BVerfG NJW 1980, 2572 (2573) = BeckRS 1980, 109012; BVerfG NJW 1989, 2525 (2525) = BeckRS 1989, 694.
[17] BeckOK GG/Lang GG Art. 2 Rn. 72; Jarass/Pieroth/Jarass GG Art. 2 Rn. 39.
[18] Jarass/Pieroth/Jarass GG Art. 2 Rn. 39 m.w.N.
[19] BVerfG BeckRS 1983, 107403.
[20] Hömig/Wolff/Antoni GG Art. 1 Rn. 12; Jarass/Pieroth/Jarass GG Art. 2 Rn. 48, jeweils m.w.N.

Auf das Alter kommt es hierbei nicht an, so dass bereits Mädchen und Jungen erfasst sind.

In Abs. 3 enthält die Norm schließlich **Diskriminierungsverbote**: Niemand darf wegen seines Geschlechts, seiner Abstammung, seiner Rasse,[21] seiner Sprache, seiner Heimat und Herkunft, seines Glaubens, seiner religiösen oder politischen Anschauungen bevorzugt oder benachteiligt werden. Wegen einer Behinderung darf niemand benachteiligt werden, das Verbot einer Bevorzugung besteht insoweit nicht.

ff) **Glaubens-, Gewissens- und Bekenntnisfreiheit**

Art. 4 Abs. 1 GG schützt die Freiheit des Glaubens, des Gewissens sowie des religiösen und weltanschaulichen Bekenntnisses.

Dabei umfasst die Vorschrift die Religionsausübung im privaten Bereich, das sog. **forum internum**, ebenso wie die Freiheit, nach den eigenen Überzeugungen zu leben und zu handeln, das **forum externum**.[22]

Neben der sog. positiven wird auch die **negative Glaubens- bzw. Bekenntnisfreiheit** geschützt. Diese umfasst das Recht, bestimmte Wertungen nicht zu teilen und von fremden Glaubensbekundungen frei zu bleiben. So ist es Sache der Eltern, ihren Kindern von ihnen für richtig gehaltene religiöse bzw. weltanschauliche Überzeugungen zu vermitteln und sie von für falsch gehaltenen Überzeugungen fernzuhalten.[23]

> **Praxishinweis:**
>
> Vor diesem Hintergrund dürfte eine Unterweisung in **Sexualkunde** in Tageseinrichtungen für Kinder bereits wegen fehlender Grundlage im Gesetz unzulässig sein. Aber auch in Schulen verstößt eine „Sexualpädagogik der Vielfalt" welche über eine bloße Toleranz hinaus die Akzeptanz vielfältiger sexueller Verhaltensweisen zu vermitteln sucht, gegen das Verbot der Indoktrination. Denn die Schule muss jeden Versuch unterlassen, die Schüler mit dem Ziel zu indoktrinieren, ein bestimmtes Sexualverhalten zu befürworten oder abzulehnen.[24]

gg) **Meinungsfreiheit**

Die Meinungsfreiheit wird durch Art. 5 Abs. 1 S. 1 Hs. 1 GG geschützt. Nach dieser Vorschrift hat jeder Mensch das Recht, seine Meinung in Wort, Schrift und Bild frei zu äußern bzw. zu verbreiten. Für ein demokratisches Gemeinwesen ist die Meinungsfreiheit von **herausragender Bedeutung**.

Dies darf allerdings nicht darüber hinwegtäuschen, dass der **Staat grundrechtsverpflichtet**, nicht grundrechtsberechtigt ist. Staatliche Organe dürfen zwar nach Maßgabe entsprechender Kompetenznormen Meinungen äußern, auf die Mei-

---

21 Zur aktuellen Diskussion um den Begriff „Rasse" vgl. Kutting/Amin DÖV 2020, 612 (612 ff.).
22 Hömig/Wolff/Wolff GG Art. 4 Rn. 2. Vgl. aktuell z.B. zur (zulässigen) Kritik an Homosexualität Hillgruber, FAZ v. 21.2.2014, S. 7.
23 BVerfG NJW 1995, 2477 (2478) = BeckRS 1995, 22219; Hömig/Wolff/Wolff GG Art. 4 Rn. 10.
24 Vgl. BVerfG NJW 1978, 807 (810) = BeckRS 1977, 105993; Winterhoff, S. 87.

nungsfreiheit können sie sich aber nicht berufen.[25] Das gilt auch für Lehrer, Erzieher und Kindheitspädagogen, die in Schule bzw. frühkindlicher Bildung tätig sind.

hh) Ehe und Familie

Ehe und Familie stehen gem. Art. 6 Abs. 1 GG unter dem besonderen Schutz der staatlichen Ordnung. Unter „**Ehe**" ist dabei anders als im einfachen Recht nur die Verbindung eines Mannes mit einer Frau zu verstehen,[26] unter „**Familie**" jede Gemeinschaft von Eltern und Kindern.[27]

Unvereinbar mit Art. 6 Abs. 1 GG sind alle Regelungen, welche die Ehe bzw. Familie schädigen, **stören** oder sonst beeinträchtigen könnten.[28]

ii) Elternverantwortung

Nach Art. 6 Abs. 2 S. 1 GG sind Pflege und Erziehung der Kinder das **natürliche Recht** der Eltern und die zuvörderst ihnen obliegende Pflicht. Über die Betätigung der elterlichen Verantwortung, die ein Recht im Interesse des Kindes ist[29] und die auf dem Gedanken beruht, „dass in aller Regel den Eltern das Wohl des Kindes mehr am Herzen liegt als irgendeiner anderen Person oder Institution",[30] wacht gem. Art. 6 Abs. 2 S. 2 GG die staatliche Gemeinschaft.

Unter „**Pflege und Erziehung**" ist zum einen die Sorge für das körperliche Wohl, zum anderen aber auch für die geistig-seelische Entwicklung einschließlich der religiösen und weltanschaulichen Erziehung zu verstehen. Weiter sind Bildung und Ausbildung umfasst.[31]

Eingriffe in das Elternrecht lassen sich im Einzelfall durch das staatliche **Wächteramt** rechtfertigen. Diesem sind aber seinerseits Grenzen gesetzt. So dürfen Kinder nach Art. 6 Abs. 3 GG gegen den Willen der Erziehungsberechtigten nur dann auf Grund eines Gesetzes von der Familie getrennt werden, wenn die Erziehungsberechtigten versagen oder die Kinder aus anderen Gründen zu verwahrlosen drohen. Auch wird der Staat nicht durch jedes Versagen und jede Nachlässigkeit berechtigt, „die Erziehungsbefugnis der Eltern einzuschränken oder gar auszuschalten" Es gehört „nicht zum Wächteramt, gegen den Willen der Eltern für eine bestmögliche Entwicklung des Kindes zu sorgen".[32] Die Verfassung nimmt damit in Kauf, „dass Kinder durch den Entschluss der Eltern wirkliche oder vermeintliche Nachteile erleiden, die im Rahmen einer nach objektiven Maßstäben betriebenen Begabtenauslese vielleicht vermieden werden könnten".[33] Unzulässig

---

25 Jarass/Pieroth/Jarass GG Art. 5 Rn. 14.
26 Vgl. Schmidt NJW 2017, 2225 (2227) m.w.N.
27 BVerfG NJW 1989, 2195 (2195) = BeckRS 1989, 5513.
28 BVerfG NJW 1990, 175 (175) = BeckRS 1989, 110355; BVerfG NJW 1957, 417 (418) = BeckRS 1957, 104668. Zur Verfassungswidrigkeit einer Abschaffung des Ehegattensplittings vgl. Schmidt ZRP 2017, 134 (134 ff.).
29 Jarass/Pieroth/Jarass GG Art. 6 Rn. 41 m.w.N. Zur Diskussion um Kinderrechte im Grundgesetz vgl. Kirchhof NJW 2018, 2690 (2690 ff.).
30 BVerfG NJW 2013, 847 (849) = BeckRS 2013, 47057.
31 Jarass/Pieroth/Jarass GG Art. 6 Rn. 42 f.; Hömig/Wolff/Antoni GG Art. 6 Rn. 15 m.w.N.
32 BVerfG NJW 2003, 2004 (2005) = BeckRS 2003, 30301512; BVerfG NJW 1982, 1379 (1381) = BeckRS 1982, 2032.
33 BVerfG NJW 1982, 1379 (1381) = BeckRS 1982, 2032.

wäre z.B. die bildungspolitisch bzw. sozialstaatlich motivierte Einführung einer Kindergartenpflicht.[34]

2. Staatsorganisationsrecht

a) Staatszielbestimmungen

Die Werteordnung des Grundgesetzes wird neben den Grundrechten maßgeblich durch die Staatszielbestimmungen geprägt. Sie stellen **objektiv-staatliche Pflichten** dar, nicht subjektive Rechte der Bürger. Zweck der Staatszielbestimmungen ist die „Rechtfertigung des Staates durch dessen Leistungen".[35] Zugleich können sie Grundlage für die verfassungsrechtliche Rechtfertigung der Einschränkung von Grundrechten sein.[36]

Staatszielbestimmungen sind

- das Demokratieprinzip (Art. 20 Abs. 1, 2 S. 1 GG),
- das Rechtsstaatsprinzip (Art. 20 Abs. 2, 3 GG),
- das Bundesstaatsprinzip (Art. 20 Abs. 1 GG),
- die Republik (Art. 20 Abs. 1 GG),
- das Sozialstaatsprinzip (Art. 20 Abs. 1 GG),
- das gesamtwirtschaftliche Gleichgewicht (Art. 109 Abs. 2 GG),
- die Verwirklichung eines vereinten Europas (Art. 23 Abs. 1 GG),
- die Gleichberechtigung von Männern und Frauen (Art. 3 Abs. 2 S. 2 GG),
- der Schutz der natürlichen Lebensgrundlagen (Art. 20a GG) und
- der Tierschutz (Art. 20a GG).

Dabei haben die in Art. 20 GG genannten Staatsziele ein besonders hohes Maß an Verbindlichkeit. Denn sie stehen gem. Art. 79 Abs. 3 GG ebenso wie die Menschenwürde unter **Ewigkeitsgarantie**. Immer wieder sind neue Staatsziele in der Diskussion, z.B. aktuell die Generationengerechtigkeit und eine familienfreundliche Gesellschaft.[37]

b) Gesetzgebungskompetenzen

Die Zuständigkeit von Bund bzw. Ländern für die Gesetzgebung wird durch Art. 70 ff. GG geregelt. Danach besteht ein **Regel-Ausnahme-Verhältnis** zugunsten der Länder: Diese haben gem. Art. 70 GG das Recht der Gesetzgebung, soweit nicht nach Maßgabe der Art. 71 ff. GG eine Bundeszuständigkeit besteht. Allerdings sind die Bundeszuständigkeiten so umfassend, dass das Regel-Ausnahme-Verhältnis faktisch umgekehrt ist.

Die Bundeszuständigkeit kann dabei entweder als ausschließliche oder als konkurrierende Gesetzgebungsbefugnis bestehen.

---

[34] Beaucamp LKV 2014, 344 (345 f.); Salaw-Hanslmaier ZRP 2013, 143 (144 ff.).
[35] Michael/Morlok, Staatsorganisationsrecht, Rn. 46.
[36] Sachs, S. 421 f. m.w.N.
[37] Vgl. dazu Kirchhof NJW 2018, 2690 (2692 f.).

Im Bereich der **ausschließlichen Gesetzgebung** des Bundes sind Landesgesetze grundsätzlich unzulässig, Art. 71 GG. Die Gegenstände der ausschließlichen Bundesgesetzgebung ergeben sich im Wesentlichen aus Art. 73 GG. Für die Praxis der Kindheitspädagogik haben sie indes keine besondere Bedeutung.

Das ist bei der **konkurrierenden Gesetzgebung** anders. Hier bleibt nach Art. 72 Abs. 1 GG die grundsätzliche Befugnis der Länder zur Gesetzgebung bestehen, solange und soweit der Bund von seiner Gesetzgebungszuständigkeit nicht Gebrauch gemacht hat.[38] Die Gegenstände konkurrierender Bundesgesetzgebung ergeben sich im Wesentlichen aus Art. 74 Abs. 1 GG. Relevant für den Bereich der frühkindlichen Bildung sind hiervon v.a. die Zuständigkeiten für das bürgerliche Recht (Art. 74 Abs. 1 Nr. 1 GG) sowie für die öffentliche Fürsorge (Art. 74 Abs. 1 Nr. 7 GG).

Zum **bürgerlichen Recht** zählen u.a. die Regelungen des Familienrechts. Der Begriff der **öffentlichen Fürsorge** umfasst nicht nur abhelfende Maßnahmen wie Leistungen der Grundsicherung bzw. der Sozialhilfe nach dem SGB II und SGB XII, sondern auch vorbeugende (präventive) Maßnahmen mit dem Ziel, eine weitere Fürsorge überflüssig zu machen.[39] Auch die öffentliche Jugendhilfe fällt deshalb unter Art. 74 Abs. 1 Nr. 7 GG.[40] Etwas anderes gilt dann, wenn mit einer Maßnahme vorrangig bildungspolitische Ziele verfolgt werden. Denn nach der Kompetenzordnung des Grundgesetzes gehört das Bildungswesen zur grundsätzlichen Zuständigkeit der Länder.[41]

Eine Einschränkung erfährt die Gesetzgebungsbefugnis aus Art. 74 Abs. 1 Nr. 7 GG durch die **Subsidiaritätsklausel** des Art. 72 Abs. 2 GG. Danach hat der Bund das Gesetzgebungsrecht nach Art. 74 Abs. 1 Nr. 7 GG nämlich nur, wenn und soweit die Herstellung gleichwertiger Lebensverhältnisse im Bundesgebiet oder die Wahrung der Rechts- bzw. Wirtschaftseinheit im gesamtstaatlichen Interesse eine bundesgesetzliche Regelung erforderlich macht. Die Herstellung gleichwertiger Lebensverhältnisse setzt voraus, dass sich die Lebensverhältnisse in den Ländern in erheblicher Weise auseinanderentwickelt haben oder sich eine derartige Entwicklung konkret abzeichnet.[42]

So bestehen z.B. im Bereich des Jugendhilferechts nicht nur **Landesgesetze**, welche die Verwaltung betreffen,[43] sondern auch hinsichtlich der Erbringung von Leistungen.

---

38 Auf die Möglichkeit abweichenden Landesrechts gem. Art. 72 Abs. 3, 4 GG wird hier nicht eingegangen.
39 Maunz/Dürig/Uhle GG Art. 74 Rn. 172 ff.
40 So auch die Begründung des Regierungsentwurfs zum KJHG, BT-Drs. 11/5948, S. 46.
41 Vgl. Maunz/Dürig/Uhle GG Art. 74 Rn. 188, wonach bei Maßnahmen, die „doppelgesichtig" seien, also sowohl unter Art. 74 Abs. 1 Nr. 1 zu subsumieren seien als auch eine ausschließliche Gesetzgebungszuständigkeit der Länder beträfen, deren Schwerpunkt maßgeblich sei.
42 BVerfG NJW 2015, 2399 (2400) = BeckRS 2015, 48647.
43 Dazu vgl. Art. 84 GG.

II. Verfassungsrecht

Beispiele

sind in Baden-Württemberg das Gesetz über die Betreuung und Förderung von Kindern in Kindergärten, anderen Tageseinrichtungen und der Kindertagespflege (Kindertagesbetreuungsgesetz – KiTaG) und das Kinder- und Jugendhilfegesetz (LKJHG).

Reflexionsfragen

1. Welche Funktionen haben die Grundrechte? Welches Verhalten ist grundrechtlich geschützt?
2. Was ist der Unterschied zwischen Grundrechten und Staatszielen?
3. Welches Verhältnis besteht hinsichtlich der Gesetzgebungskompetenz zwischen Bund und Ländern?

III. Vertrags- und Haftungsrecht

> **Zusammenfassung**
>
> In diesem Kapitel soll auf das Zustandekommen von **Verträgen**, auf vertragliche Primär- und Sekundäransprüche und auf die Pflicht zum **Schadensersatz** aus unerlaubter Handlung eingegangen werden.
> Dabei liegt der Schwerpunkt zum einen auf den für Minderjährige geltenden Spezialvorschriften, die z.B. die **Geschäfts-** bzw. **Deliktsfähigkeit** betreffen. Daneben wird auf Vorschriften eingegangen, die für die Praxis der Kindheitspädagogik eine besondere Bedeutung haben, etwa die **Haftung** von Aufsichtspflichtigen.

1. Vertragsrecht

a) Zustandekommen von Verträgen

aa) Angebot und Annahme

Verträge sind mehrseitige Rechtsgeschäfte. Sie kommen dadurch zustande, dass mindestens zwei einander entsprechende **Willenserklärungen** vorliegen, die als Angebot bzw. Annahme bezeichnet werden.

> **Beispiel:**
>
> Max sagt zu Cora, sie könne sein Auto für 500 Euro erwerben. Hierin liegt ein Angebot. Cora sagt erfreut „ja". Das ist die Annahme.

Die Willenserklärungen müssen **wirksam** sein, um Rechte bzw. Pflichten zu begründen.

bb) Rechts- und Geschäftsfähigkeit

So kann ein kleines Kind zwar bereits Träger von Rechten und Pflichten sein. Denn mit Vollendung der Geburt ist der Mensch **rechtsfähig**, wie § 1 BGB klarstellt.[44] Davon zu unterscheiden ist aber die Geschäftsfähigkeit, also die Frage, ob der Betreffende rechtsgeschäftlich Rechte bzw. Pflichten zu begründen vermag.

Geschäftsunfähig ist nach § 104 Nr. 1 BGB u.a., wer das siebente Lebensjahr noch nicht vollendet hat. Die Willenserklärung ist dann nichtig, § 105 Abs. 1 BGB.

Anders ausgedrückt: Kinder von bis zu sechs Jahren können rechtsgeschäftlich keine Rechte und Pflichten begründen. Für sie kann nur der gesetzliche Vertreter handeln. In der Regel sind das die Eltern, ggf. auch Vormünder oder Ergänzungspfleger.[45]

---

[44] Verfassungsrechtlich wird bereits das ungeborene Kind geschützt, weshalb nach der Rechtsprechung des BVerfG (NJW 1993, 1751 ff. = BeckRS 1993, 120804) der Schwangerschaftsabbruch grundsätzlich für die ganze Dauer der Schwangerschaft als Unrecht angesehen werden muss.
[45] Näher dazu unter IV. 2. a) cc) bzw. IV. 6.

III. Vertrags- und Haftungsrecht

Minderjährige, die das siebente Lebensjahr vollendet haben, also zwischen sieben und 17 Jahre alt sind, gelten gem. § 106 BGB als **beschränkt geschäftsfähig**.[46]

Wer in der Geschäftsfähigkeit beschränkt ist, kann ohne Einwilligung seines gesetzlichen Vertreters nur solche Verträge abschließen, durch die er lediglich einen rechtlichen Vorteil erlangt, § 107 BGB. Die Betonung liegt dabei auf dem Wort „lediglich": Sobald durch den Vertrag auch der Minderjährige verpflichtet wird, ist die Einwilligung des gesetzlichen Vertreters erforderlich.

> **Beispiel:**
>
> **Lediglich rechtlich vorteilhaft** ist i.d.R. die Annahme eines Geschenks, während selbst der Kauf zum „Spottpreis" die Verpflichtung zur Kaufpreiszahlung enthält.

Schließt ein in der Geschäftsfähigkeit beschränkter Minderjähriger ein nicht lediglich rechtlich vorteilhaftes Geschäft ohne die erforderliche Einwilligung seines gesetzlichen Vertreters ab, so ist der Vertrag zunächst **schwebend unwirksam**.[47] Er entfaltet keine rechtlichen Wirkungen.

Der gesetzliche Vertreter kann nun entscheiden, ob er den Vertragsschluss genehmigt oder die **Genehmigung** verweigert. Erteilt er die Genehmigung, so wird der Vertrag voll wirksam, verweigert er die Genehmigung, ist der Vertrag endgültig unwirksam, § 108 Abs. 1 BGB. Ob der Vertragspartner den Vertrag bis zu der Genehmigung widerrufen kann, bestimmt sich nach § 109 BGB.

Ein nicht lediglich rechtlich vorteilhafter Vertrag, den ein beschränkt geschäftsfähiger Minderjähriger ohne die Einwilligung seines gesetzlichen Vertreters schließt, gilt allerdings als von Anfang an wirksam, wenn der Minderjährige die ihm obliegende Leistung mit Mitteln bewirkt hat, die ihm zu diesem Zweck oder zur freien Verfügung von dem gesetzlichen Vertreter oder mit dessen Zustimmung von einem Dritten überlassen worden sind, § 110 BGB. Wichtigster Anwendungsfall ist ein dem Minderjährigen gewährtes **Taschengeld**, weshalb § 110 auch als „Taschengeldparagraph" bezeichnet wird. Dass die Leistung des Minderjährigen „bewirkt" sein muss, bedeutet im Regelfall, dass der Minderjährige bereits bezahlt hat.

> **Beispiel:**
>
> Ein achtjähriges Kind bekommt von seinen Großeltern mit Zustimmung der sorgeberechtigten Eltern 10 Euro für die Kirmes. Das Kind kauft sich davon Fahrscheine für ein Karussell, die es sogleich bezahlt.

Die beschränkte Geschäftsfähigkeit endet mit der **Volljährigkeit**, also gem. § 2 BGB mit Vollendung des 18. Lebensjahres. Ab diesem Zeitpunkt ist man voll geschäftsfähig, kann also sämtliche Verträge wirksam abschließen. Eine gesetzliche

---

46 Zur unbeschränkten Geschäftsfähigkeit bei Betrieb eines Erwerbsgeschäfts bzw. Dienst- oder Arbeitsverhältnissen vgl. §§ 112 f. BGB.
47 Zu einseitigen Rechtsgeschäften vgl. § 111 BGB.

Vertretung durch die Eltern, Vormünder oder Ergänzungspfleger ist nicht mehr möglich.

b) Primär- und Sekundäransprüche

Verträge können zu unterschiedlichen Ansprüchen, also Rechten und, damit korrespondierend, Pflichten führen. Das gilt zunächst für **Primäransprüche**, also vertraglich vereinbarte Leistungen. Hierunter fallen die Hauptleistungspflichten, wegen derer der Vertrag geschlossen wurde, aber auch Nebenleistungspflichten und Schutzpflichten.

> **Beispiele für Hauptleistungspflichten:**
>
> - Beim Kaufvertrag muss der Verkäufer den Kaufgegenstand übergeben und das Eigentum hieran verschaffen, der Käufer muss den Kaufpreis zahlen und die gekaufte Sache abnehmen (§ 433 BGB).
> - Beim Mietvertrag muss der Vermieter den Gebrauch der Mietsache gewähren, der Mieter muss den vereinbarten Mietzins zahlen (§ 535 BGB).
> - Beim Dienstvertrag muss der Dienstverpflichtete die vereinbarten Dienste leisten, der Dienstberechtigte die Vergütung gewähren (§ 611 Abs. 1 BGB).

Anders als die Primäransprüche bestehen **Sekundäransprüche** im Fall von Leistungsstörungen, also wenn z.B. der Verkäufer einen anderen als den versprochenen Gegenstand liefert, zu wenig oder zu spät leistet. Sekundäransprüche können auf Nacherfüllung, auf Schadensersatz sowie, im Falle des Rücktritts, auf Rückgewähr erbrachter Leistungen gerichtet sein.

c) Kindertagesstätten- und Kindertagespflegeverträge

Bei **privat betriebenen Tageseinrichtungen** für Kinder sowie in der **Kindertagespflege** besteht ein zivilrechtlicher Vertrag zwischen den Sorgeberechtigten und dem Träger der Einrichtung bzw. der Tagespflegeperson. Dieser soll im Folgenden näher beleuchtet werden.

> **Praxishinweis:**
>
> Daneben bestehen bei Tageseinrichtungen i.d.R. vertragliche Beziehungen zwischen dem freien Träger der Einrichtung und dem örtlichen Träger der öffentlichen Jugendhilfe.[48]

aa) Vertragsparteien

Vertragspartner von Kindertagesstättenverträgen sind einerseits die **Träger der Einrichtung**, andererseits die **Sorgeberechtigten** des Kindes. Die Träger sind meist christliche Kirchen bzw. einzelne jüdische Gemeinden als Körperschaften des öffentlichen Rechts, eingetragene Vereine, Gesellschaften mit beschränkter Haftung

---

48 Zum örtlichen Träger der öffentlichen Jugendhilfe s. unter V. 2. a).

III. Vertrags- und Haftungsrecht

(GmbH) bzw. Unternehmergesellschaften (UG), teilweise auch Stiftungen oder eingetragene Genossenschaften (eG).[49]

Im Fall selbständiger **Tagespflegepersonen** sind diese Vertragspartner der Sorgeberechtigten.

bb) Vertragstyp und Vertragspflichten

Sowohl Kindertagesstätten- als auch Kindertagespflegeverträge sind **Dienstverträge** gem. §§ 611 ff. BGB.[50]

Vertragliche **Hauptleistungspflichten** sind seitens des Trägers die erzieherische Betreuung, seitens der Sorgeberechtigten die Zahlung der vereinbarten Vergütung. **Nebenleistungspflicht** des Trägers ist die Beaufsichtigung der Kinder, Nebenleistungspflicht der Sorgeberechtigten i.d.R. die Kooperation.

Einer ggf. geregelten Besuchs- oder **Inanspruchnahmepflicht** kommt v.a. eine Appellwirkung im Sinne einer pädagogisch sinnvollen Gestaltung der Betreuung zu. Die Eltern dazu zu zwingen, ihr Kind tagtäglich in eine Einrichtung zu bringen, würde deren Erziehungsrecht und dem Kindeswohl widersprechen.[51]

Da die Verträge eine **Schutzwirkung** zugunsten des Kindes entfalten, kann dieses bei Verletzung vertraglicher Schutz- und Obhutspflichten Schadensersatzansprüche geltend machen, und zwar auch bei einer durch eine nicht hinreichende Beaufsichtigung ermöglichten Verletzung durch andere Kinder. Der Schadensersatz kann ein Schmerzensgeld nach § 253 Abs. 2 BGB einschließen.[52]

cc) Beendigung des Vertrags

Kindertagesstätten- und Kindertagespflegeverträge werden, soweit es nicht um eine (ergänzende) Betreuung schulpflichtiger Kinder geht, i.d.R. **befristet zum Schuleintritt** geschlossen, und zwar auch dann, wenn der Vertrag ausdrücklich auf unbestimmte Zeit läuft. Das ergibt sich aus einer interessengerechten Auslegung.[53]

Unabhängig von vertraglichen Vereinbarungen besteht zudem ein **Sonderkündigungsrecht**, und zwar nach der zunächst für Schulverträge entwickelten Rechtsprechung spätestens zum Ende des Schuljahres, im ersten Vertragsjahr auch zum Halbjahresende. Dieses Kündigungsrecht steht nicht nur den Sorgeberechtigten, sondern ebenso den Trägern der Einrichtungen bzw. Tagespflegepersonen zu. Insoweit ist allerdings zu prüfen, ob die Kündigung vor dem Hintergrund der Nachteile für das Kind gem. § 242 BGB rechtsmissbräuchlich und daher unwirksam ist.[54]

---

49 BeckOGK/Cremer/Wegricht BGB § 311 Rn. 873 f.
50 So für Kindertagesstättenverträge BeckOGK/Cremer/Wegricht BGB § 311 Rn. 910 m.w.N.
51 BGH NJW 2016, 1578 (1583) = BeckRS 2016, 4747; BeckOGK/Cremer/Wegricht BGB § 311 Rn. 980.
52 BeckOGK/Cremer/Wegricht BGB § 311 Rn. 921; zur Schutzwirkung bei einem Säuglingsheim vgl. bereits RG JW 1919, 38 (38).
53 BeckOGK/Cremer/Wegricht BGB § 311 Rn. 917; zu einem Privatschulvertrag vgl. BGH NJW 2008, 1064 (1065) = BeckRS 2008, 2384.
54 Vgl. BeckOGK/Cremer/Wegricht BGB § 311 Rn. 923 und 925.

2. Deliktsrecht

Anders als vertragliche Ansprüche setzen Ersatzpflichten aus Delikt keine übereinstimmenden Willenserklärungen, sondern eine **unerlaubte Handlung** voraus.

a) Deliktsfähigkeit

Entsprechend ist die Geschäftsfähigkeit nicht Voraussetzung deliktischer Haftung. Entscheidend ist vielmehr die sog. **Deliktsfähigkeit**. Diese wird durch § 828 BGB geregelt.

Nach § 828 Abs. 1 BGB sind Kinder unter **sieben Jahren** grundsätzlich[55] nicht aus Delikt haftbar. Dasselbe gilt nach § 828 Abs. 2 BGB für Kinder zwischen sieben und zehn Jahren hinsichtlich Verkehrsunfällen, die sie nicht vorsätzlich herbeigeführt haben.[56]

Soweit eine Haftung nicht gem. § 828 Abs. 1, 2 BGB ausscheidet, ist nach Abs. 3 darauf abzustellen, ob der Minderjährige die zur Erkenntnis der Verantwortlichkeit erforderliche **Einsicht** hat. Bei Fahrlässigkeitsdelikten ist zu prüfen, ob die Sorgfaltspflichtverletzung für den Minderjährigen vermeidbar war. Insoweit sind alterstypische Verschiedenheiten zu beachten, etwa „der Spieltrieb, der Forschungs- und Erprobungsdrang, der Mangel an Disziplin, Rauflust, Impulsivität und die Neigung zu Affektreaktionen".[57]

b) Haftungstatbestände

Von den Haftungstatbeständen der §§ 823 ff. BGB soll im Folgenden auf vier Vorschriften eingegangen werden, die allgemein bzw. im Kontext frühkindlicher Bildung eine besondere Bedeutung haben.

aa) Verletzung absoluter Rechte

Wer vorsätzlich oder fahrlässig das Leben, den **Körper**, die Gesundheit, die Freiheit, das Eigentum oder ein sonstiges Recht eines anderen widerrechtlich verletzt, ist dem anderen nach § 823 Abs. 1 BGB zum Ersatz des daraus entstehenden Schadens verpflichtet.

Ein „sonstiges Recht" i.S.d. § 823 Abs. 1 BGB ist nur ein solches, das ebenso wie die anderen in der Vorschrift genannten Rechte absolut geschützt ist (**absolute Rechte**). Das erfordert, dass es sich um ein Recht mit Ausschließlichkeitscharakter handelt, das eine von jedermann zu beachtende Rechtsposition begründet.[58]

> **Beispiele aus dem Familienrecht:**
> Sorgerecht, Umgangsrecht, räumlich-gegenständlicher Bereich der Ehe.[59]

---

55 Zur Billigkeitshaftung nicht deliktsfähiger Kinder bzw. Jugendlicher vgl. § 829 BGB.
56 Zum Vorsatz s. unter b) aa).
57 MüKoBGB/Wagner BGB § 828 Rn. 10 m.w.N.
58 Grüneberg/Sprau BGB § 823 Rn. 11.
59 Schmidt, Familienrecht, Rn. 209.

Vorsatz bedeutet Wissen und Wollen der Verwirklichung des Tatbestands.[60] Fahrlässig handelt gem. § 276 Abs. 2 BGB, wer die im Verkehr erforderliche Sorgfalt außer Acht lässt.

Die mit dem Wort „widerrechtlich" vorausgesetzte **Rechtswidrigkeit** ist bei einer Verletzung der geschützten Rechtsgüter grundsätzlich gegeben. Etwas anderes gilt dann, wenn der Täter gerechtfertigt ist. Als Rechtfertigungsgründe kommen dabei v.a. Einwilligung sowie Notwehr und Notstand gem. §§ 227 f. BGB in Betracht.

Zuletzt muss ein Schaden entstanden und die Rechtsgutsverletzung hierfür **kausal** sein. Das setzt zumindest voraus, dass die schädigende Handlung nicht hinweggedacht werden kann, ohne dass der Schaden entfiele (sog. conditio sine qua non).[61]

bb) Haftung für den Verrichtungsgehilfen

Wer einen anderen zu einer Verrichtung bestellt, ist nach § 831 Abs. 1 BGB zum Ersatz des Schadens verpflichtet, den der andere in Ausführung der Verrichtung Dritten rechtswidrig zufügt. Die Ersatzpflicht besteht nicht, wenn der Geschäftsherr bei der Auswahl des Verrichtungsgehilfen, bei dessen Überwachung und ggf. Anleitung die im Verkehr erforderliche Sorgfalt beachtet hat bzw. der Schaden unabhängig davon entstanden wäre. Die Norm begründet damit einen Anspruch des Geschädigten gegen den **Geschäftsherrn** wegen dessen Auswahl-, Ausrichtungs- oder Überwachungsverschuldens.[62]

Verrichtungsgehilfe ist, wer von den Weisungen des Geschäftsherrn abhängig ist. Entscheidend dafür ist zum einen eine die organisatorische Stellung und zum anderen, dass der Geschäftsherr die Tätigkeit jederzeit entziehen, beschränken bzw. nach Zeit und Umfang bestimmen kann.[63]

> **Beispiele:**
>
> Angestellte Tagespflegepersonen, **Erzieher** bzw. **Kindheitspädagogen** in Tages- und Heimeinrichtungen (Geschäftsherr jeweils der Arbeitgeber), nicht jedoch selbständige Tagespflegepersonen oder der Träger der Einrichtung gegenüber Leistungsempfängern.

Die Haftung setzt voraus, dass der Verrichtungsgehilfe ein Delikt i.S.d. §§ 823 ff. BGB begangen hat, und zwar **in Ausführung**, nicht nur bei Gelegenheit der Verrichtung. Dafür muss ein innerer Zusammenhang zwischen den übertragenen Aufgaben und der Zufügung des Schadens bestehen, wie es unproblematisch bei Unachtsamkeiten der Fall ist.[64] Ein solches Delikt kann durch Unterlassen begangen werden (z.B. unzureichende Aufsicht).

---

60 MüKoBGB/Wagner BGB § 823 Rn. 47.
61 Zu weiteren Zurechnungskriterien (Adäquanz, Schutzzweck der Norm) vgl. MüKoBGB/Oetker BGB § 249 Rn. 103 ff.
62 Jauernig/Teichmann BGB § 831 Rn. 1.
63 BGH NJW-RR 2014, 614 (615) = BeckRS 2014, 1562 m.w.N.
64 MüKoBGB/Wagner BGB § 831 Rn. 30 m.w.N.

cc) Haftung des Aufsichtspflichtigen

Wer kraft Gesetzes oder Vertrag zur **Aufsicht über Minderjährige** verpflichtet ist, hat nach § 832 BGB den Schaden zu ersetzen, den der Minderjährige Dritten rechtswidrig zufügt. Das gilt nicht, wenn der Aufsichtspflichtige seiner Aufsichtspflicht genügt hat oder der Schaden auch bei gehöriger Aufsichtsführung entstanden wäre.

Eltern haften damit nicht für ein Verschulden des Kindes, sondern für **eigenes Verschulden**.[65] Das gleiche gilt für private Dritte wie z.B. für Kindergärten. Haftbar ist dort zunächst der Träger, der einen Vertrag mit den gesetzlichen Vertretern des Kindes geschlossen hat. Der Träger kann allerdings im Rahmen von Dienst- bzw. Arbeitsverträgen die Aufsichtspflicht teilweise auf seine Mitarbeiter überwälzen.[66]

Ob die Aufsichtspflicht verletzt wurde, kann nur anhand des **Einzelfalls** beurteilt werden. Dabei ist der Erziehungsauftrag zu Selbständigkeit und sozialer Teilhabe zu beachten.[67]

> **Praxishinweis:**
>
> Wenn Kinder in einer **größeren Gruppe** (z.B. auf dem Außengelände einer Kita) zusammen spielen, besteht ein erhöhtes Risiko. Dem ist dadurch Rechnung zu tragen, dass eine **engmaschige Kontrolle** jedes Kindes im Abstand von wenigen Minuten sichergestellt ist. Die bloße Anwesenheit mehrerer Aufsichtsführender genügt hierfür nicht.[68]

dd) Amtshaftung

Wird durch einen Amtsträger in Ausübung des ihm anvertrauten **öffentlichen Amtes** die einem Dritten gegenüber obliegende Amtspflicht verletzt, so haftet für den daraus entstehenden Schaden nach § 839 Abs. 1 BGB i.V.m. Art. 34 GG der Staat. Fällt dem Amtswalter kein Vorsatz, sondern nur Fahrlässigkeit zur Last, ist zusätzlich Voraussetzung, dass der Verletzte nicht von Dritten Ersatz erlangen kann.

Entsprechend kann z.B. eine **Stadt** oder ein **Landkreis** in Anspruch genommen werden, der als örtlicher Träger der öffentlichen Jugendhilfe eine Kindertageseinrichtung betreibt, wenn die dort tätigen Fachkräfte die Aufsichtspflicht verletzt haben und dadurch ein Schaden entstanden ist. Denn Fachkräfte einer solchen Einrichtung sind in Ausübung eines öffentlichen Amtes tätig.[69] Das gilt erst recht für Beschäftigte in öffentlichen Schulen.

---

65 Der Satz „Eltern haften für ihre Kinder!" mag auf jeder Baustelle zu finden sein, ist aber falsch.
66 MüKoBGB/Wagner BGB § 832 Rn. 19.
67 Auf die Aufsichtspflicht von Eltern wird im Rahmen der elterlichen Sorge eingegangen, vgl. dazu IV. 2. a) aa) (2).
68 OLG Köln NVwZ-RR 2000, 75 (75) = BeckRS 1999, 30060417.
69 So BGH NJW 2013, 1233 (1233) = BeckRS 2013, 591, dagegen noch ausdrücklich offen gelassen von OLG Köln NVwZ-RR 2000, 75 (75) = BeckRS 1999, 30060417.

III. Vertrags- und Haftungsrecht

Die **Maßstäbe** der Haftung entsprechen weitgehend der Haftung des Aufsichtspflichtigen nach § 832 BGB.[70]

> **Reflexionsfragen**
>
> 1. Wovon hängt ab, ob Kinder wirksam einen Vertrag schließen können?
> 2. Was verstehen Sie unter Kindertagesstätten- bzw. Kindertagespflegeverträgen?
> 3. Welche Formen der Haftung aus Delikt sind für Fachkräfte der frühkindlichen Bildung besonders relevant?

---

70 Dazu s.o. unter cc).

IV. Familienrecht

> **Zusammenfassung**
>
> In diesem Kapitel beschäftigen wir uns zunächst damit, wie eine **Elternschaft** (rechtlich) zustande kommt. Dafür gibt es zwei Wege: das Abstammungs- und das Adoptionsrecht.
> Die Elternschaft führt zu **Rechten und Pflichten**, deren wichtigsten im persönlichen Bereich die elterliche Sorge und der Umgang mit dem Kind sind. Die elterliche Sorge wird meist durch die Eltern gemeinsam ausgeübt, kann aber auch durch einen allein oder durch Dritte (Vormünder, Pfleger) ausgeübt werden.
> Nicht Gegenstand dieses Buchs sind die Pflichten von Verlobten, Ehegatten und anderen **Erwachsenen** untereinander.[71]

1. Elternschaft

Elternschaft kann auf Abstammung oder auf Adoption beruhen.

Das **Abstammungsrecht** entspricht weitgehend der biologisch-genetischen Abstammung, nutzt dabei aber vertypte Tatbestände. Entsprechend können Kinder kraft Abstammung nur eine Mutter und einen Vater haben.

Demgegenüber führt die **Adoption** zu einer Elternschaft kraft gerichtlicher Entscheidung. Im Wege der Adoption haben Kinder ein oder zwei Elternteile, die verschieden- oder gleichgeschlechtlich sein können.

a) Abstammung

aa) Mutterschaft

Mutter eines Kindes ist die **Frau**, die es geboren hat, § 1591 BGB.

Dies gilt unabhängig davon, ob das Kind von der Frau, die es geboren hat, genetisch abstammt. Ein Auseinanderfallen von Mutterschaft nach § 1591 BGB und genetischer Mutterschaft ist denkbar in Fällen der in Deutschland nach § 1 Abs. 1 Nr. 1 EschG verbotenen **Leihmutterschaft** bzw. **Embryonenspende**. Ein Frau-zu-Mann-Transsexueller, der ein Kind geboren hat, ist Mutter des Kindes, eine Mann-zu-Frau-Transsexuelle, mit deren Samen ein Kind gezeugt wurde, kommt als Vater in Betracht.[72]

Eine **Anfechtung** der Mutterschaft ist vom Gesetz nicht vorgesehen. Die Mutterschaft kann (nur) im Wege der Adoption enden. Das gilt auch in Fällen der sog. vertraulichen Geburt nach § 25a SchKG. Zwar bleibt die Mutter hier anonym; die Mutterschaft i.S.v. § 1591 BGB erlöscht aber erst mit der Adoption.[73] Entspre-

---

[71] Insoweit kann Bezug genommen werden auf Schmidt, Familienrecht, Rn. 232 ff.
[72] BGH NJW 2017, 3379 (3379 ff.) = BeckRS 2017, 125776; BGH NJW 2018, 471 (471 f.) = BeckRS 2017, 137288. Zu abweichenden Regelungen über die Anwendung ausländischen Rechts vgl. BGH NJW-RR 2018, 1473 (1473 ff.) = BeckRS 2018, 23794; zur Diskussion über die Leihmutterschaft vgl. Gärditz ZfL 2014, 42 (44); Lindner ZfL 2014, 10 (11 ff.).
[73] Jauernig/Budzikiewicz BGB § 1591 Rn. 2.

chend steht es ihr frei, entsprechend § 1674a BGB die Anonymität aufzugeben und die Mutterrolle auszufüllen.

bb) Vaterschaft

Wesentlich umfangreicher als die Mutterschaft hat der Gesetzgeber die Vaterschaft geregelt. Die §§ 1592 ff. BGB betreffen dabei sowohl das Entstehen der Vaterschaft als auch deren Anfechtung.

(1) Begründung

Vater kann nach § 1592 BGB nur ein **Mann** sein. Dabei kann eine Vaterschaft kraft Ehe, kraft Anerkenntnis oder kraft gerichtlicher Feststellung bestehen.

Vater **kraft Ehe** ist der Mann, der zum Zeitpunkt der Geburt mit der Mutter des Kindes verheiratet ist. Hintergrund der Regelung ist, dass davon ausgegangen werden kann, dass der Ehemann der Mutter typischerweise der biologische Vater des Kindes sei.[74] Eine auf den Einzelfall bezogene Prüfung findet allerdings nicht statt, so dass die Vaterschaft nach § 1592 Nr. 1 BGB auch dann besteht, wenn der Ehemann zeugungsunfähig ist, die Eheleute getrennt leben oder das Kind wenige Tage nach der Eheschließung zur Welt kommt. Solange eine Vaterschaft kraft Ehe besteht, ist kein Raum für eine Vaterschaft kraft Anerkenntnis oder gerichtlicher Feststellung.[75]

Ist die Mutter **verwitwet**, so besteht eine Vaterschaft des verstorbenen Ehemanns nach § 1593 BGB, wenn innerhalb von 300 Tagen nach dessen Tod ein Kind zur Welt kommt. Steht fest, dass das Kind mehr als 300 Tage vor der Geburt empfangen wurde, ist der abweichende Zeitraum maßgebend. Wenn die Mutter zum Zeitpunkt der Geburt neu verheiratet ist, geht die Vaterschaft des neuen Ehemanns der des verstorbenen vor.

Die Vaterschaft **kraft Anerkenntnis** setzt gem. § 1592 Nr. 2 i.V.m. §§ 1594 ff. BGB neben der Anerkenntniserklärung eines Mannes die Zustimmung der Mutter voraus (§ 1595 Abs. 1 BGB). In Ausnahmefällen, nämlich immer dann, wenn der Mutter die elterliche Sorge insoweit nicht zusteht, bedarf die Anerkennung zudem der Zustimmung des Kindes (§ 1595 Abs. 2 BGB).

Die Vaterschaft kraft Anerkenntnis ist damit – in Abgrenzung zur Vaterschaft kraft gerichtlicher Feststellung – ein **einvernehmlicher Weg**, außerhalb einer Ehe (rechtlicher) Vater eines Kindes zu werden.

Nach § 1594 Abs. 4 BGB ist das Anerkenntnis bzw. nach § 1595 Abs. 3 i.V.m. § 1594 Abs. 4 BGB die Zustimmung der (künftigen) Mutter bereits **vor Geburt des Kindes** statthaft.

---

[74] Vgl. BVerfG NJW 2007, 753 (755) = BeckRS 2007, 21014; Schmidt NZFam 2017, 832 (833).
[75] Eine Ausnahme davon besteht nach § 1599 Abs. 2 BGB, wenn ein Kind nach Anhängigkeit eines Scheidungsantrags geboren wird und ein Dritter binnen eines Jahres nach Rechtskraft der Ehescheidung die Vaterschaft anerkennt. Dem Anerkenntnis muss dann zusätzlich der Vater i.S.v. § 1592 Nr. 1 BGB zustimmen.

> **Praxishinweis:**
> Ein vorgeburtlich mit Zustimmung der Mutter erfolgtes Anerkenntnis ist die einzige Möglichkeit, dass ein nichteheliches Kind mit Vollendung der Geburt Mutter und Vater hat und insoweit einem ehelichen Kind voll gleichgestellt ist.

Als **Form** ist durch § 1597 Abs. 1 BGB die öffentliche Beurkundung von Anerkennung bzw. Zustimmung vorgeschrieben. Diese kann gem. § 20 Abs. 1 S. 1 BnotO durch einen Notar, gem. § 180 S. 1 FamFG durch das Familiengericht, gem. § 44 Abs. 1 PStG durch das Standesamt sowie gem. § 59 Abs. 1 Nr. 1 SGB VIII durch das Jugendamt vorgenommen werden.

Ebenso wie bei der Vaterschaft kraft Ehe liegt der Vaterschaft kraft Anerkenntnis eine **gesetzgeberische Vermutung** zugrunde, nämlich dass die mit Zustimmung der Mutter abgegebene Erklärung eines Mannes, Vater des bislang vaterlosen Kindes zu sein, i.d.R. zutreffe.[76] Eine auf den Einzelfall bezogene Prüfung findet nicht statt.

Die Vaterschaft **kraft gerichtlicher Feststellung** wird als isoliertes Verfahren durch § 1592 Nr. 3 i.V.m. § 1600d BGB geregelt. Zudem sieht § 182 Abs. 1 FamFG die Feststellung der Vaterschaft von Amts wegen bei einer erfolgreichen Anfechtung der Vaterschaft durch den biologischen Vater vor.[77]

Einen **Antrag** auf gerichtliche Feststellung der Vaterschaft können der mögliche Vater, die Mutter und das Kind stellen. In der Praxis wird im Rahmen des Verfahrens fast immer ein molekulargenetisches Abstammungsgutachten eingeholt, aus dem sich das Bestehen oder Nichtbestehen der Vaterschaft mit an Sicherheit grenzender Wahrscheinlichkeit ergibt.

Eine Einschränkung ergibt sich im Falle ärztlich unterstützter künstlicher Befruchtung in einer Einrichtung i.S.v. § 1a Nr. 9 TPG unter heterologer Verwendung von Samen, der in einer Entnahmeeinrichtung i.S.v. § 2 Abs. 1 S. 1 SaRegG zur Verfügung gestellt wurde. Denn der **Samenspender** kann in solchen Fällen gem. § 1600d Abs. 4 BGB nicht als Vater festgestellt werden.[78]

(2) Anfechtung

Mit der Anfechtung wird eine bestehende Vaterschaft beseitigt. Dabei kann eine Vaterschaft kraft Ehe oder eine Vaterschaft kraft Anerkenntnis angefochten werden, § 1599 Abs. 1 BGB. Eine Vaterschaft kraft gerichtlicher Feststellung kann nicht durch Anfechtung, sondern nur im Wege eines Wiederaufnahmeverfahrens beseitigt werden.[79]

---

76 BVerfG NJW 2003, 2151 (2152) = BeckRS 2003, 22321.
77 Dazu siehe unter (2).
78 Zur Kritik des Vereins Spenderkinder an dieser Regelung vgl. http://www.spenderkinder.de/infos/dierechtlichesituation/#frage18; letzter Zugriff am 5.5.2023.
79 MüKoBGB/Wellenhofer BGB § 1599 Rn. 28.

IV. Familienrecht

Anfechtungsberechtigt sind nach § 1600 Abs. 1 BGB

- der Vater i.S.v. § 1592 Nr. 1, 2 bzw. § 1593 BGB (§ 1600 Abs. 1 Nr. 1 BGB),
- der Putativvater (biologische Vater), der an Eides statt versichert, der Mutter des Kindes während der Empfängniszeit beigewohnt zu haben (§ 1600 Abs. 1 Nr. 2 BGB),
- die Mutter (§ 1600 Abs. 1 Nr. 3 BGB) und
- das Kind (§ 1600 Abs. 1 Nr. 4 BGB).

Dabei ist eine Anfechtung in allen Fällen nicht „ins Blaue" statthaft, sondern setzt einen sog. **Anfangsverdacht** voraus. Dafür müssen Umstände vorgetragen werden, die bei objektiver Betrachtung geeignet sind, Zweifel an der Vaterschaft zu wecken und die Möglichkeit der anderweiten Abstammung als nicht ganz fernliegend erscheinen zu lassen.

> **Beispiele:**
>
> Ausreichend ist ein von der Mutter eingeräumter **Mehrverkehr** während der Empfängniszeit oder das Ergebnis einer genetischen Untersuchung nach § 1598a BGB. Nicht ausreichend sind demgegenüber heimlich eingeholte Vaterschaftstests sowie Mutmaßungen aufgrund von Gerüchten oder äußerlichen Ähnlichkeiten.[80]

Relevant ist der Anfangsverdacht auch für die **Anfechtungsfrist**. Diese beträgt grundsätzlich zwei Jahre. Sie beginnt mit dem Zeitpunkt, in dem der Anfechtungsberechtigte von den Umständen erfährt, die gegen die Vaterschaft sprechen, allerdings nicht vor der Geburt des Kindes bzw. der Wirksamkeit des Anerkenntnisses, § 1600b Abs. 1, 2 BGB.

Versäumt der gesetzliche Vertreter eines Kindes die Anfechtungsfrist, so kann das Kind nach Eintritt der **Volljährigkeit** die Vaterschaft selbst anfechten und hat dafür erneut eine Frist von zwei Jahren ab Kenntnis, § 1600b Abs. 3 BGB. Auch wenn das Kind Kenntnis von Umständen erlangt, aufgrund derer die Folgen der Vaterschaft unzumutbar werden, beginnt die Frist für das Kind erneut zu laufen, § 1600b Abs. 6 BGB.

> **Beispiele:**
>
> Eine Unzumutbarkeit kann sich ggf. ergeben aus der Auflösung der Ehe zwischen Mutter und Vater, aus einer Eheschließung der Mutter mit dem leiblichen Vater und aus schweren Verfehlungen des Scheinvaters gegenüber dem Kind, nicht jedoch aus der Nichtzahlung von Unterhalt und aus deutlich besseren Vermögensverhältnissen des leiblichen Vaters[81]

Erfolgreich ist die Vaterschaftsanfechtung, wenn das Gericht zu der Überzeugung kommt, der bisherige (rechtliche) Vater sei nicht leiblicher Vater des Kindes. Dabei muss die Vermutung des § 1600c Abs. 1 BGB, nach der das Kind von dem bisheri-

---

[80] Vgl. BGH NJW-RR 2008, 449 (449 f.) = BeckRS 2008, 1261; OLG Brandenburg NJOZ 2010, 1201 (1201) = BeckRS 2010, 6857.
[81] MüKoBGB/Wellenhofer BGB § 1600b Rn. 49 m.w.N.

gen Vater abstammt, widerlegt werden. Hierzu wird in aller Regel ein **genetisches Abstammungsgutachten** eingeholt, das, von Ausnahmefällen abgesehen (z.B. bei genetischen Zwillingen), zu eindeutigen Ergebnissen führt.[82]

Weitergehende inhaltliche Anforderungen bestehen bei der Anfechtung durch den **biologischen Vater** (Putativvater). Diese setzt zusätzlich voraus, dass zwischen dem Kind und seinem bisherigen Vater keine sozial-familiäre Beziehung besteht bzw. zum Todeszeitpunkt des Vaters bestanden hat und dass sich die Vaterschaft des Putativvaters bewahrheitet, § 1600 Abs. 2 BGB.

Eine **sozial-familiäre Beziehung** besteht nach der Legaldefinition des § 1600 Abs. 3 BGB, wenn der bisherige Vater zum maßgeblichen Zeitpunkt tatsächliche Verantwortung für das Kind trägt oder getragen hat. Dies ist in der Regel der Fall, wenn der Vater mit der Mutter des Kindes verheiratet ist oder längere Zeit mit dem Kind in häuslicher Gemeinschaft zusammengelebt hat. Auch ohne ein solches Zusammenleben kann eine sozial-familiäre Beziehung aber bestehen, wenn durch Umgangskontakte ein vertrautes Verhältnis von Vater und Kind besteht oder eine Mitbetreuung bei Ausfall des betreuenden Elternteils erfolgt ist.[83]

Dass der **Putativvater tatsächlich biologischer Vater** des Kindes sein muss, trägt dem Umstand Rechnung, dass dieser andernfalls kein schützenswertes Interesse an der Anfechtung haben kann. Kommt das Gericht also zu dem Ergebnis, dass weder der bisherige noch der Putativvater biologischer Vater sei, ist der Anfechtungsantrag zurückzuweisen.[84] Besteht dagegen eine biologische Vaterschaft des Putativvaters, ist diese zugleich nach § 182 Abs. 1 FamFG von Amts wegen durch das Familiengericht festzustellen.

Die erfolgreiche Vaterschaftsanfechtung wirkt gem. § 1599 Abs. 1 BGB **ex tunc**, also auf den Zeitpunkt der Geburt zurück; die angefochtene Vaterschaft entfällt rückwirkend.[85]

cc) Leibliche Abstammung

Unabhängig von den Möglichkeiten der Anfechtung der Vaterschaft sieht § 1598a Abs. 1 BGB Ansprüche zur Klärung der leiblichen Abstammung vor. Diese haben **keine statusrechtlichen Folgen**: Die Beteiligten bekommen zwar Gewissheit über die biologisch-genetische Herkunft des Kindes, an einer bestehenden Mutter- oder Vaterschaft ändert das aber nichts.

Einen **Anspruch** auf Einwilligung in eine genetische Abstammungsuntersuchung und Duldung der Entnahme einer für die Untersuchung geeigneten genetischen Probe haben hiernach

---

[82] Vgl. MüKoBGB/Wellenhofer BGB § 1600c Rn. 6.
[83] Vgl. OLG Hamm NZFam 2016, 381 (381) mit Anm. Finke = BeckRS 2016, 4759.
[84] Freilich kann der bisherige Vater, wenn er durch das Verfahren Kenntnis von dem Nichtbestehen der biologischen Vaterschaft erlangt, nun seinerseits die Vaterschaft anfechten.
[85] BGH NJW 2012, 852 (852) = BeckRS 2012, 3801.

IV. Familienrecht

- der Vater gegenüber Mutter und Kind,
- die Mutter gegenüber Vater und Kind sowie
- das Kind gegenüber Mutter und Vater.

Die Vorschrift ermöglicht daher auch die Klärung der genetischen Abstammung des Kindes von seiner **Mutter**.[86]

Weder berechtigt noch verpflichtet wird demgegenüber durch § 1598a BGB der **Putativvater** oder eine mögliche **Eizellspenderin**.

Nach der **Kinderschutzklausel** des § 1598a Abs. 3 BGB setzt das Gericht ein Verfahren auf Ersetzung der Einwilligung und Anordnung der Probeentnahme aus, wenn und solange die Klärung der leiblichen Abstammung eine erhebliche Beeinträchtigung des Kindeswohls begründen würde und auch unter Berücksichtigung der Belange des Klärungsberechtigten für das Kind unzumutbar wäre. Beispiele hierfür sind die Gefahr eines Suizids oder einer gravierenden Verschlechterung einer schweren Erkrankung, nicht jedoch Irritationen oder die Schwierigkeiten, die ein ggf. folgendes Vaterschaftsanfechtungsverfahren mit sich bringen könnte.[87]

> **Praxishinweis:**
>
> Auf ein rechtmäßig nach § 1598a BGB eingeholtes Abstammungsgutachten kann ein **Anfechtungsverfahren** gestützt werden.

b) Minderjährigenadoption

Adoptiert werden können gem. §§ 1741 ff. BGB Minderjährige und gem. §§ 1767 ff. BGB Volljährige. Im Folgenden soll auf die Adoption Minderjähriger eingegangen werden.

Von der **Terminologie** her kann die Adoption als Annahme (als Kind) bezeichnet werden. Folglich sind die Adoptiveltern die Annehmenden, das zu adoptierende Kind ist der Anzunehmende. Wenn man im Adoptionsverfahren von den Eltern spricht, sind i.d.R. die bisherigen Eltern gemeint, also die Abgebenden.

aa) Voraussetzungen

(1) Alleinige bzw. gemeinsame Annahme

Wer **unverheiratet** ist, kann ein Kind nach § 1741 Abs. 2 S. 1 BGB nur allein annehmen. Das gilt auch dann, wenn er in nichtehelicher Lebensgemeinschaft lebt.

Dagegen können **Verheiratete** ein Kind grundsätzlich nur gemeinsam annehmen, § 1741 Abs. 2 S. 2 BGB. Ausnahmen bestehen nach S. 3 für Fälle der Stiefkindadoption (ein Ehegatte nimmt das Kind des anderen mit der Wirkung an, dass es den

---

[86] So auch MüKoBGB/Wellenhofer BGB § 1598a Rn. 44.
[87] Vgl. OLG Koblenz NJW-RR 2013, 1349 (1350) = BeckRS 2013, 10940; Jauernig/Budzikiewicz BGB § 1598a Rn. 4 m.w.N. Zu über § 1598a BGB hinausgehenden Ansprüchen des Kindes, etwa gegen die Mutter auf Benennung des (möglichen) leiblichen Vaters, vgl. MüKoBGB/Wellenhofer BGB § 1598a Rn. 46 ff.; Schmidt NZFam 2017, 881 ff.

Status eines gemeinsamen Kindes erhält) sowie nach S. 4, wenn eine gemeinsame Annahme nicht stattfinden kann, weil der andere Ehegatte geschäftsunfähig ist oder das Mindestalter von 21 Jahren[88] nicht erreicht hat.

> **Praxishinweis:**
> Partner einer nichtehelichen Lebensgemeinschaft können ein Kind zwar nicht gemeinsam annehmen. Möglich ist aber, dass in einem ersten Schritt eine Einzelannahme durch einen der Partner erfolgt. In einem zweiten Schritt ist eine Stiefkindadoption nach Maßgabe von § 1766a BGB möglich. Dies setzt voraus, dass Partner einer verfestigten Lebensgemeinschaft in einem gemeinsamen Haushalt leben. Eine verfestigte Lebensgemeinschaft liegt in der Regel vor, wenn die Personen seit mindestens vier Jahren oder als Eltern eines gemeinschaftlichen Kindes mit diesem eheähnlich zusammenleben.

(2) Mindestalter der Annehmenden

Wer ein Kind annehmen möchte, muss nach § 1743 BGB **mindestens 25 Jahre** alt sein. Im Fall der gemeinsamen Adoption durch ein Ehepaar genügt, dass ein Ehegatte 25 und der andere 21 Jahre alt ist. Bei der Stiefkindadoption beträgt das Mindestalter 21 Jahre. Auf das Alter des anderen Ehegatten, der bereits Mutter bzw. Vater des Kindes ist, kommt es dann nicht an.

Ein **Höchstalter** besteht nicht. Vielmehr ist die Altersdifferenz von Annehmenden und Anzunehmenden eine Frage des Eltern-Kind-Verhältnisses.[89]

(3) Antrag der Annehmenden

Für die Annahme als Kind ist ein Antrag der Annehmenden erforderlich, § 1752 BGB. Dieser bedarf der **notariellen Beurkundung**.

Bis zur Wirksamkeit des Adoptionsbeschlusses kann der Antrag formlos **zurückgenommen** werden.[90]

(4) Einwilligung des Kindes

Weiter ist gem. § 1746 Abs. 1 S. 1 BGB die Einwilligung des Kindes erforderlich. Allerdings spielt diese Voraussetzung in den Fällen, in denen das anzunehmende Kind **unter 14 Jahre** alt ist, kaum eine Rolle. Denn für diese Kinder kann nach § 1746 Abs. 1 S. 2 BGB nur der gesetzliche Vertreter, in der Regel also die sorgeberechtigten Eltern die Einwilligung erteilen. Haben sorgeberechtigte Eltern ihrerseits in die Adoption eingewilligt, bedarf es nach § 1746 Abs. 3 Hs. 2 BGB keiner weiteren Erklärung.

Ist das Kind dagegen **14 Jahre oder älter**, muss es die Einwilligung mit Zustimmung seines gesetzlichen Vertreters selbst erteilen, § 1746 Abs. 1 S. 3 BGB. Eine

---

[88] Dazu siehe unter (2).
[89] Vgl. HK-BGB/Kemper BGB § 1743 Rn. 4; zum Eltern-Kind-Verhältnis siehe unter (10).
[90] BeckOK BGB/Pöcker BGB § 1752 Rn. 3 m.w.N.; a.A. (Rücknahme nur bis zum Ausspruch der Annahme) Grüneberg/Götz § 1752 Rn. 6.

bereits erteilte Einwilligung kann es gem. § 1746 Abs. 2 S. 1 BGB bis zum Wirksamwerden des Adoptionsbeschlusses widerrufen. Jugendliche ab 14 Jahren haben also eine Veto-Position gegen die Adoption.[91]

Die Einwilligung bedarf nach § 1750 Abs. 1 BGB der **notariellen Beurkundung**, ihr Widerruf kann gem. § 1746 Abs. 2 S. 2 BGB i.V.m. § 59 Abs. 1 S. 1 Nr. 6 SGB VIII auch durch das Jugendamt beurkundet werden.

(5) Einwilligung der Eltern

Nach § 1747 Abs. 1 S. 1 BGB ist eine Einwilligung der bisherigen Eltern in die Adoption erforderlich. Das gilt **unabhängig davon, ob** sie **sorgeberechtigt** sind oder nicht, denn das Sorgerecht ist nur eine von mehreren Rechtsfolgen, die an die Abstammung anknüpfen.

Hat das Kind **keinen rechtlichen Vater**, gilt als Vater, wer glaubhaft macht, der Kindsmutter während der Empfängniszeit beigewohnt zu haben. Beigewohnt hat der Mutter bei der gebotenen weiten Auslegung auch ein Samenspender.[92]

> **Praxishinweis:**
>
> Die **Glaubhaftmachung** erfolgt gem. § 31 FamFG. Nach dieser Vorschrift kann, wer eine tatsächliche Behauptung glaubhaft zu machen hat, sich aller sofort verfügbaren Beweismittel bedienen und zur Versicherung an Eides statt zugelassen werden. In der Praxis ist die eidesstattliche Versicherung der häufigste Fall der Glaubhaftmachung.

Nicht erforderlich ist die Einwilligung, wenn ein Elternteil zur Abgabe der Erklärung dauernd außerstande oder sein Aufenthalt dauernd unbekannt ist. Letzteres wird im Falle der **vertraulichen Geburt** hinsichtlich der Mutter angenommen, bis diese gegenüber dem Familiengericht die für den Geburtseintrag erforderlichen Angaben macht, § 1747 Abs. 4 BGB. Dass die Adoptionsbewerber bis zur Adoption mit der Unsicherheit leben müssen, die Mutter könne es sich anders überlegen, ihre Anonymität aufgeben und die Einwilligung verweigern, ist hinzunehmen.

Inhaltlich muss sich die Einwilligung auf bestimmte Adoptiveltern beziehen. Eine sog. **Blankoadoption** („ich gebe mein Kind zur Adoption frei, egal durch wen") ist unzulässig. Nicht erforderlich ist aber, dass die Adoptiveltern den Einwilligenden bekannt sind. So ist eine **Inkognitoadoption** zulässig, bei der die Adoptiveltern zwar feststehen, den bisherigen Eltern aber unbekannt sind, § 1747 Abs. 2 S. 2 BGB.

Erteilt werden kann die Einwilligung frühestens, wenn das Kind **acht Wochen** alt ist, § 1747 Abs. 2 S. 1 BGB. Eine Ausnahme besteht bei nicht miteinander verheirateten Eltern, denen die elterliche Sorge nicht gemeinsam zusteht: Hier kann die Einwilligung des Vaters gem. § 1747 Abs. 3 Nr. 1 BGB bereits vor der Geburt erteilt werden.

---

91 Ein Widerruf ist sogar möglich, wenn das Kind während des Verfahrens, also nach Erteilung der Einwilligung durch den gesetzlichen Vertreter, 14 Jahre alt geworden ist.
92 Vgl. BGH NJW 2015, 1820 (1820 f.) = BeckRS 2015, 5740.

> **Praxishinweise:**
> Zwar verbietet die Frist von acht Wochen nicht, dass Eltern unmittelbar nach der Geburt die **Absicht erklären**, in eine Adoption einzuwilligen. Eine solche Praxis ist aber nicht unproblematisch. Denn auf diese Weise kann ein moralischer Druck entstehen, nachher „wie versprochen" die (förmliche) Einwilligung zu erklären.[93]
> Ebenso problematisch ist die vom Gesetz vorgesehene Einwilligung von Vätern nichtehelicher Kinder vor der Geburt. Denn die **Vater-Kind-Bindung** entsteht schwerpunktmäßig erst nach der Geburt.

Die Einwilligung der Eltern kann gem. § 1750 Abs. 2 S. 2 BGB anders als der Antrag der Annehmenden und die Einwilligung des mindestens 14 Jahre alten Kindes ab ihrem Zugang bei Gericht **nicht widerrufen** werden. Sie ist damit ein „scharfes Schwert" und will gut überlegt sein.

Das wird auch anhand ihrer **Folgen** deutlich: Mit der Einwilligung eines Elternteils ruht nach § 1751 Abs. 1 S. 1, Abs. 2 BGB außer in Fällen der Stiefkindadoption die elterliche Sorge und ein Umgang mit dem Kind kann nicht mehr beansprucht werden.

Auch die Einwilligung der Eltern bedarf der **notariellen Beurkundung**, § 1750 Abs. 1 S. 2 BGB. Minderjährige, in der Geschäftsfähigkeit beschränkte Elternteile können gem. § 1750 Abs. 3 S. 2 BGB ohne Zustimmung ihres gesetzlichen Vertreters einwilligen.

> **Praxishinweis:**
> Gerade minderjährige Eltern sind damit unzureichend vor einer „**Überrumpelung**" geschützt. Denn die Notare beraten zwar rechtlich, nicht aber hinsichtlich möglicher Hilfen, etwa nach § 19 SGB VIII. Dies und die scharfen, in aller Regel irreversiblen Folgen der Einwilligung erfordern, dass Eltern durch die Jugendhilfe eingehend beraten werden. Im Zweifel gilt bei minderjährigen wie bei volljährigen Eltern, besser mit der Einwilligung abzuwarten, als die Einwilligung vorschnell zu erteilen.

(6) Ersetzung der elterlichen Einwilligung

In bestimmten Fallkonstellationen hat das Familiengericht auf Antrag des Kindes die Einwilligung eines Elternteils oder beider Eltern zu ersetzen. Man spricht dann von einer „**Zwangsadoption**".

Solche Konstellationen liegen nach § 1748 BGB vor,

- wenn der Elternteil seine **Pflichten** gegenüber dem Kind **anhaltend gröblich verletzt** hat und das Unterbleiben der Annahme dem Kind zu unverhältnismäßigem Nachteil gereichen würde (Abs. 1 S. 1 Alt. 1),

---

[93] Vgl. HK-BGB/Kemper BGB § 1747 Rn. 5.

- wenn der Elternteil durch sein Verhalten gezeigt hat, dass ihm das Kind **gleichgültig** ist, und das Unterbleiben der Annahme dem Kind zu unverhältnismäßigem Nachteil gereichen würde (Abs. 1 S. 1 Alt. 2),
- wenn der Elternteil seine **Pflichten** gegenüber dem Kind **besonders schwer verletzt** hat und das Kind voraussichtlich dauernd nicht mehr der Obhut des Elternteils anvertraut werden kann (Abs. 1 S. 2),
- wenn der Elternteil wegen einer besonders schweren psychischen Krankheit oder einer **besonders schweren geistigen oder seelischen Behinderung** zur Pflege und Erziehung des Kindes dauernd unfähig ist und wenn das Kind bei Unterbleiben der Annahme nicht in einer Familie aufwachsen könnte und dadurch in seiner Entwicklung schwer gefährdet wäre (Abs. 3) sowie
- hinsichtlich des Vaters dann, wenn bei **nichtehelichen Kindern** die Mutter nach § 1626a Abs. 3 BGB die Alleinsorge hat und das Unterbleiben der Annahme dem Kind zu unverhältnismäßigem Nachteil gereichen würde (Abs. 4).

Dabei darf die Einwilligung wegen Gleichgültigkeit, die nicht zugleich eine anhaltend gröbliche Pflichtverletzung darstellt, gem. § 1748 Abs. 2 BGB erst ersetzt werden, nachdem der Elternteil, dessen Einwilligung ersetzt werden soll, vom Jugendamt **belehrt** und gem. § 51 Abs. 2 SGB VIII **beraten** worden ist. Zudem müssen seit der Belehrung mindestens drei Monate vergangen sein.

> **Praxishinweis:**
> Nicht selten hat man auf den ersten Blick den Eindruck, Eltern wäre das Schicksal ihrer Kinder gleichgültig. Zeigt man aber echtes Interesse, stellt sich in den meisten Fällen heraus, dass sich diese Eltern selbst in einer **Notlage** befinden. Dann können Hilfen nach dem SGB VIII angezeigt sein.

Wenn bei nichtehelichen Kindern die Einwilligung des Vaters gem. § 1748 Abs. 4 BGB ersetzt werden soll, ist zudem zu prüfen, **welche Gründe** beim Vater die Aufrechterhaltung bzw. Herstellung eines gelebten Eltern-Kind-Verhältnisses gehindert haben.[94]

Auch sonst sind die Voraussetzungen einer Zwangsadoption **eng auszulegen**.[95] So wird die Ersetzung der elterlichen Einwilligung in Fällen der Stiefkindadoption kaum in Betracht kommen.[96]

(7) Einwilligung von Ehegatten

Zur Adoption eines Kindes durch einen Ehegatten allein ist gem. § 1749 Abs. 1 S. 1 BGB die Einwilligung des anderen Ehegatten erforderlich. Da bei der Stiefkindadoption die Einwilligung des anderen Ehegatten bereits als Elternteil erforderlich ist, hat die Vorschrift nur dann eine praktische Bedeutung, wenn ein Ehegatte ein Kind allein adoptieren möchte, weil der andere noch nicht das dafür erforderliche **Mindestalter** von 21 Jahren erreicht hat.

---

94 BVerfG NJW 2006, 2470 (2471) = BeckRS 2006, 23485.
95 Vgl. Grüneberg/Götz BGB § 1748 Rn. 1 (Ersetzung nur bei besonders schwerwiegendem Versagen).
96 Vgl. BGH NJW 2005, 1781 (1783) = BeckRS 2005, 5304; MüKoBGB/Maurer BGB § 1748 Rn. 38 m.w.N.

Die Einwilligung kann gem. § 1749 Abs. 1 S. 2, 3 BGB **ersetzt** werden. Sie ist nach § 1749 Abs. 2 BGB nicht erforderlich, wenn der Ehegatte die Einwilligung dauernd nicht erklären kann oder sein Aufenthalt dauernd unbekannt ist. Hinsichtlich der Form und der Unwiderruflichkeit gilt das für die elterliche Einwilligung Gesagte entsprechend.[97]

(8) Probewohnen

Nach § 1744 BGB soll die Adoption in der Regel erst angesprochen werden, wenn der Annehmende das Kind eine **angemessene Zeit** in Pflege gehabt hat (sog. Probewohnen). Dies soll die Einschätzung erleichtern, ob die Adoption dem Kindeswohl dient bzw. eine Eltern-Kind-Beziehung entstehen wird.[98]

Welche Zeitspanne als angemessen zu gelten hat, muss abhängig vom **Einzelfall** beurteilt werden. Maßgebend ist dabei auch, wann Schwierigkeiten bei der Eingliederung des Kindes in die Familie und der Herstellung des Eltern-Kind-Verhältnisses überwunden werden können. So werden bei Säuglingen i.d.R. kürzere Fristen als bei älteren Kindern ausreichen.[99]

(9) Kindeswohldienlichkeit

Nach § 1741 Abs. 1 S. 1 BGB ist die Adoption nur zulässig, wenn sie dem Wohl des Kindes dient. Diese Voraussetzung ist zusammen mit dem Eltern-Kind-Verhältnis **Kernstück** einer jeden Adoptionsprüfung.

Die Adoption dient dem Kindeswohl, wenn sie zu einer nachhaltigen Verbesserung der persönlichen Verhältnisse oder der Rechtsstellung des Kindes führt. Dabei sind in die Abwägung **mögliche Nachteile** einzubeziehen. Solche Nachteile können z.B. vorliegen, wenn bestehende Verwandtschaftsverhältnisse für das Kind von Bedeutung sind oder wenn Bindungen des Kindes an seine Pflegeeltern bestehen, die Adoption aber durch Dritte erfolgen soll.[100]

Eine besondere Bedeutung kommt der **Eignung der Adoptionsbewerber** zu. Kriterien können u.a. deren körperliche und psychische Leistungsfähigkeit, ihr Charakter, ihre Wohn- und Vermögensverhältnisse und ihre Erziehungsfähigkeit sein. Zudem müssen sie mit der Biographie des Anzunehmenden umgehen können.[101]

(10) Eltern-Kind-Verhältnis

Soweit nicht bereits ein Eltern-Kind-Verhältnis zwischen Adoptiveltern und Adoptivkind besteht, muss ein solches nach § 1741 Abs. 1 S. 1 BGB zu erwarten sein.

Ein Eltern-Kind-Verhältnis liegt vor bei einer „**Intimgemeinschaft**", wie sie zwischen leiblichen Eltern und ihren Kindern üblicherweise besteht.[102]

---

[97] Dazu s.o. unter (5).
[98] Dazu siehe unter (9) bzw. (10).
[99] Grüneberg/Götz BGB § 1744 Rn. 2.
[100] Grüneberg/Götz BGB § 1741 Rn. 2 m.w.N.
[101] Grüneberg/Götz BGB § 1741 Rn. 2.
[102] MüKoBGB/Maurer BGB § 1741 Rn. 120.

Bedeutung kommt in diesem Zusammenhang auch der **Altersdifferenz** von Annehmenden und Anzunehmendem zu. So kann man bei einer Altersdifferenz von weniger als 15 Jahren eher von einem geschwisterlichen Verhältnis als von einem Eltern-Kind-Verhältnis ausgehen, während anders herum bei einer Differenz von deutlich über 40 Jahren eher ein Großelternverhältnis zu erwarten ist.[103]

(11) Adoptionsverbote

Zuletzt sind die Adoptionsverbote der §§ 1742, 1745 BGB zu beachten.

Durch § 1742 BGB wird das „**Weiterreichen**" von Adoptivkindern verboten. So können Adoptivkinder, solange die Adoption nicht aufgehoben wurde und die Annehmenden leben, nur im Wege der Stiefkindadoption durch den Ehegatten bzw. Partner einer nichtehelichen Lebensgemeinschaft adoptiert werden.

Für den Fall, dass überwiegende Interessen **vorhandener Kinder** der Adoptiveltern der Adoption entgegenstehen bzw. dass zu befürchten ist, dass Interessen des Adoptivkindes durch die künftigen Geschwister gefährdet werden, verbietet § 1745 BGB die Annahme.

bb) Wirkungen

Die Wirkungen der Adoption werden durch die §§ 1754 ff. BGB geregelt.

Nach § 1754 BGB erlangt das Kind bei einer gemeinsamen Annahme durch ein Ehepaar die rechtliche Stellung eines **gemeinsamen Kindes** mit gemeinsamer elterlicher Sorge. In Fällen der Einzelannahme ist der betreffende Elternteil allein sorgeberechtigt.

Die Stellung als Kind der Anzunehmenden begründet nach § 1589 BGB weitere **Verwandtschaftsverhältnisse**. So bekommt das Kind in gerader Linie nicht bloß neue Eltern, sondern auch Großeltern, Urgroßeltern usw.; in der Seitenlinie bekommt es ggf. neue Geschwister, Onkels und Tanten, Cousins und Cousinen.

Gleichzeitig **erlöschen** gem. § 1755 Abs. 1 BGB die bisherigen Verwandtschaftsverhältnisse. Das Kind bekommt zwar einerseits neue Eltern, es verliert gleichzeitig aber seine bisherigen. Ebenso verliert es die durch die Eltern vermittelte Verwandtschaft zu Großeltern, Geschwistern und anderen.

Ausnahmen hiervon bestehen nur in folgenden Fällen:

- Bei der Stiefkindadoption erlöschen nur die Verwandtschaftsverhältnisse zu dem durch Adoption ersetzten Elternteil und den durch diesen vermittelten Verwandten. Die Verwandtschaftsverhältnisse zu dem Elternteil, der nicht durch die Adoption ersetzt wird, bleiben bestehen (§ 1755 Abs. 2 BGB).
- Zudem erlöschen bei der Stiefkindadoption die Verwandtschaftsverhältnisse zu den Verwandten des durch die Adoption ersetzten Elternteils nicht, wenn dieser zum Zeitpunkt seines Todes allein oder gemeinsam sorgeberechtigt war (§ 1756 Abs. 2 BGB).

---

[103] MüKoBGB/Maurer BGB § 1741 Rn. 127 m.w.N.

- Wenn die Annehmenden im zweiten oder dritten Grad mit dem Kind verwandt oder verschwägert sind (z.B. bei einer Adoption durch die Großeltern oder durch Tante/Onkel) erlöschen nur die Verwandtschaftsverhältnisse zu den bisherigen Eltern (§ 1756 Abs. 1 BGB).

Die Adoptionsfolgen mit Blick auf den **Namen** des Kindes ergeben sich aus § 1757 BGB. Danach bekommt das Kind als Geburtsnamen den Familiennamen der Annehmenden. Führen verheiratete Adoptiveltern keinen gemeinsamen Familiennamen, so bestimmen sie den Geburtsnamen des Kindes durch Erklärung gegenüber dem Familiengericht. Die Vornamen des Kindes bleiben i.d.R. bestehen.

Geschützt wird die Adoption durch § 1758 Abs. 1 BGB. Nach dieser Vorschrift dürfen Tatsachen, die geeignet sind, die Adoption und ihre Umstände aufzudecken, ohne Zustimmung des Annehmenden und des Kindes nicht offenbart oder ausgeforscht werden, es sei denn, dass besondere Gründe des öffentlichen Interesses dies erfordern (sog. **Offenbarungs- und Ausforschungsverbot**). Dies betrifft z.B. Verwandte des Kindes, die die Wirksamkeit der Adoption überprüfen wollen. Hinsichtlich des Anspruchs eines potenziellen Vaters auf Auskunft ist Art. 8 Abs. 1 EMRK zu beachten, nach dem die pauschale Annahme des Vorrangs der Anonymität unzulässig ist. Zudem betrifft das Offenbarungs- und Ausforschungsverbot nicht das Verhältnis zwischen Kind und Adoptiveltern.[104]

cc) Aufhebung

Aufgehoben werden kann die Adoption gem. § 1759 BGB nur nach Maßgabe der §§ 1760 ff. BGB. In Betracht kommt dabei eine Aufhebung auf Antrag und eine Aufhebung von Amts wegen.

Auf Antrag kann die Adoption gem. § 1760 Abs. 1 BGB durch das Familiengericht aufgehoben werden, wenn sie **ohne wirksamen Antrag** der Annehmenden bzw. **ohne wirksame Einwilligung** des Kindes oder der Eltern begründet worden ist. Unwirksam sind der Antrag bzw. die Einwilligung nur in den Fällen des § 1760 Abs. 2 BGB. Weitere Einschränkungen enthalten die Abs. 3 bis 5 sowie §§ 1761 f. BGB.

Eine Aufhebung der Adoption von Amts wegen, also ohne dass es dafür eines Antrags bedürfte, ist gem. § 1763 BGB während der Minderjährigkeit des Kindes möglich, wenn dies aus **schwerwiegenden Gründen** zum Wohl des Kindes erforderlich ist. Im Fall der gemeinsamen Annahme durch ein Ehepaar kann sich die Aufhebung dabei auf einen der Annehmenden beziehen.

> **Beispiele:**
>
> Ein schwerwiegender Grund kann vorliegen bei einer bloßen Scheinadoption, bei Tötung eines Adoptivelternteils durch das Kind oder bei sexuellem Missbrauch des Kindes durch den Annehmenden, nicht aber bei Scheidung der Adoptiveltern.[105]

---

104 HK-BGB/Kemper BGB § 1758 Rn. 2; EGMR NJW 2015, 2319 (2320) = BeckRS 2014, 81659.
105 Vgl. BeckOK BGB/Pöcker BGB § 1763 Rn. 5.3 und 6 m.w.N.

2. Elterliche Sorge

a) Gegenstand

Die elterliche Sorge wird in § 1626 Abs. 1 S. 1 BGB legal definiert als die **Pflicht** und das **Recht**, für das Kind zu sorgen. Sie umfasst die Personen- und die Vermögenssorge, § 1626 Abs. 1 S. 2 BGB.

aa) Personensorge

Die Personensorge ihrerseits umfasst nach § 1631 Abs. 1 BGB insbesondere die Pflicht und das Recht, das Kind zu **pflegen**, zu **erziehen**, zu **beaufsichtigen** und seinen **Aufenthalt zu bestimmen**, daneben aber auch alle anderen Handlungsbereiche, die aus der tatsächlichen Sorge für die persönlichen Angelegenheiten des Kindes erwachsen.[106]

(1) Pflege und Erziehung

Der Begriff der Pflege kennzeichnet die körperliche Seite der Betreuung, also v.a. die Sorge für **Hygiene, Ernährung und Bekleidung**, aber auch für das geistige und seelische Wohl des Kindes. Insoweit überschneidet sich der Begriff teilweise mit dem der Erziehung. Denn diese betrifft die Sorge für die **geistige und seelische Entwicklung**.[107]

Anders als der Staat sind die Eltern dabei nicht zu weitgehender religiös-weltanschaulicher oder zu politischer Neutralität verpflichtet. Sie dürfen also ihre **Wertvorstellungen** an das Kind weitergeben und dabei die religiösen und politischen Vorstellungen des Kindes prägen. Sie dürfen Gender Mainstreaming oder Sexualerziehung für Kinder ablehnen, sie dürfen Mädchen zum Handarbeiten und Jungen zum Fußball spielen anleiten, ohne dass es dem Staat erlaubt wäre, eine solche Gesinnung zu überprüfen bzw. zu korrigieren.[108]

Aus dem Recht zu Pflege und Erziehung erwächst das **Umgangsbestimmungsrecht** des § 1632 Abs. 2 BGB. Nach dieser Vorschrift umfasst die Personensorge das Recht, den Umgang des Kindes mit Wirkung für und gegen Dritte zu bestimmen. Die Personensorgeberechtigten dürfen nicht nur im Verhältnis zum Kind, sondern auch gegenüber denen ein Kontaktverbot aussprechen, die den Umgang ausüben möchten.

Das Umgangsbestimmungsrecht kann freilich nicht unbeschränkt gelten. **Schranken des Umgangsbestimmungsrechts** ergeben sich aus Umgangsrechten Dritter (z.B. nicht sorgeberechtigten Eltern, Großeltern und Geschwistern) und aus dem Erziehungsauftrag zu sozialer Mündigkeit.[109] Mit zunehmendem Alter sind dem

---

106 Grüneberg/Götz BGB § 1626 Rn. 8.
107 Grüneberg/Götz BGB § 1631 Rn. 1.
108 Verfehlt sind daher die Darstellungen in der Broschüre „Eine meine muh – und raus bist du!" der Amadeu Antonio Stiftung; vgl. zur Kritik daran auch Menkens, Die Welt v. 30.11.2018, S. 24.
109 Zu den Umgangsrechten vgl. unter 3.; zum Erziehungsauftrag zu sozialer Mündigkeit vgl. unter b) aa).

Kind mehr Freiräume einzuräumen. Nähert es sich der Volljährigkeit, müssen sich Umgangsverbote „auf triftige und sachliche Gründe stützen können".[110]

> **Praxishinweis:**
>
> Unterbinden Eltern in unzulässiger Weise den Umgang des Kindes mit Dritten, kann darin eine Gefährdung des Kindeswohls i.S.v. § 1666 Abs. 1 BGB liegen.

Hinsichtlich der **Einwilligung in medizinische Behandlungen** ist § 630d BGB zu beachten. Danach kommt es auf die Einwilligungsfähigkeit an. Diese ist von der Geschäftsfähigkeit zu unterscheiden. Ist ein Minderjähriger einsichts- und urteilsfähig, muss er in medizinische Behandlungen selbst einwilligen und hat daher jedenfalls bei nicht zwingend indizierten Maßnahmen, die mit erheblichen Risiken für seine weitere Lebensführung verbunden sind, ein Veto-Recht.[111] Für die Einwilligungsfähigkeit bestehen keine festen Altersgrenzen.[112] Ob auch bei einer Einsichts- und Urteilsfähigkeit kumulativ die Einwilligung sorgeberechtigter Eltern erforderlich sein soll (sog. Co-Konsens), ist umstritten.[113] Bei fehlender Einsichts- und Urteilsfähigkeit entscheiden die Inhaber der Personensorge ohnehin allein.[114]

In keinem Fall können Eltern jedoch gem. § 1631c BGB in eine Sterilisation des Kindes einwilligen. Gleiches gilt gem. § 1631e Abs. 1 BGB für die Behandlung nicht einwilligungsfähiger Kinder mit einer **Variante der Geschlechtsentwicklung**, die ohne zusätzliche Gründe allein in der Absicht erfolgt, das körperliche Erscheinungsbild des Kindes dem männlichen oder weiblichen Geschlecht anzugleichen. Gemeint sind mit dem etwas sperrigen Begriff v.a. Fälle der Intersexualität, nicht jedoch der Transsexualität.[115] Wenn zusätzliche Gründe hinzutreten und die Maßnahme nicht bis zur Einwilligungsfähigkeit des Kindes aufgeschoben werden kann, dürfen Personensorgeberechtigte zwar in operative Eingriffe einwilligen, benötigen hierfür jedoch gem. § 1631e Abs. 2, 3 BGB einer Genehmigung des Familiengerichts. Auf die Genehmigung kann verzichtet werden, wenn Gefahr für Leben oder Gesundheit des Kindes in Verzug ist.

> **Praxishinweis:**
>
> Nach einigen Unklarheiten, die auf ein Urteil des LG Köln zurückgingen,[116] stellt § 1631d BGB demgegenüber klar, dass die Personensorge das Recht umfasst, in die medizinisch nicht erforderliche **Beschneidung** eines männlichen Kindes einzuwilligen, das (noch) nicht einsichts- und urteilsfähig ist. Voraussetzung ist, dass die Beschneidung nach den Regeln der ärztlichen Kunst durchgeführt werden soll.

---

110 Grüneberg/Götz BGB § 1632 Rn. 10.
111 Grüneberg/Weidenkaff BGB § 630d Rn. 3; BGH NJW 1991, 2344 (2345) = BeckRS 1991, 5455.
112 So im Zusammenhang mit der Covid-19-Immunisierung Schmidt NJW 2021, 2688 (2689) m.w.N.
113 Vgl. dazu Schmidt NJW 2021, 2688 (2690) m.w.N.
114 Deren Zustimmung ist unabhängig von § 630d BGB auch für den Abschluss des Behandlungsvertrags erforderlich.
115 Kritisch dazu Spickhoff/Spickhoff BGB § 1631e Rn. 3.
116 LG Köln NJW 2012, 2128 (2128) = BeckRS 2012, 13647.

IV. Familienrecht

> Gegen den Willen des einsichts- und urteilsfähigen Kindes wäre eine Beschneidung dagegen unzulässig.[117] Generell unzulässig sind auch Formen der weiblichen Beschneidung, die als Verstümmelung weiblicher Genitalien nach § 226a StGB strafbar sind.

(2) Beaufsichtigung

Die Aufsichtspflicht dient dem Schutz des Kindes, aber auch dem Schutz Dritter. Entsprechend kann eine Verletzung der **Aufsichtspflicht** sowohl zu Ersatzansprüchen des Kindes nach § 1664 BGB als auch zu Ansprüchen Dritter nach § 832 BGB führen.[118]

Allerdings ist keine Überwachung geschuldet, die denkbare Risiken von vornherein und vollständig ausschließt. Vielmehr ist erneut der **Erziehungsauftrag zu sozialer Mündigkeit** zu beachten.[119]

Das Maß der gebotenen Aufsicht bestimmt sich vielmehr nach **Alter, Eigenart und Charakter** des Kindes sowie danach, was den Aufsichtspflichtigen zugemutet werden kann. Entscheidend ist, was verständige Aufsichtspflichtige nach vernünftigen Anforderungen unternehmen müssen, um eine Schädigung des Kindes bzw. Dritter zu verhindern.[120]

> **Praxishinweis:**
> Entsprechend gesteht die Rechtsprechung Kindern ab einem Alter von etwa vier Jahren Freiräume zu, so dass sie ohne ständige Überwachung im Freien spielen dürfen, z.B. auf einem **Spielplatz** oder auf dem Bürgersteig einer verkehrsarmen Straße, verlangt aber eine Kontrolle in kurzen Zeitabständen, etwa alle 15 bis 30 Minuten. Ein Zeitraum von 40 Minuten bis zu einer Stunde ist bei einem fast fünfeinhalbjährigen Kind deutlich zu lang.[121] Kinder im Alter zwischen sieben und acht Jahren müssen Neuland entdecken und „erobern" können. Deshalb genügt es, wenn die Eltern sich über deren Tun und Treiben einen Überblick in großen Zügen verschaffen.[122]
> Hinsichtlich möglicher **Urheberrechtsverletzungen im Internet** genügen Eltern ihrer Aufsichtspflicht bei einem normal entwickelten und folgsamen Kind i.d.R. dadurch, dass sie das Kind über die Rechtswidrigkeit der Teilnahme an Internettauschbörsen belehren und ihm diese verbieten. Eine Verpflichtung, die Nutzung des Internets zu überwachen, den Computer zu überprüfen oder den Zugang zum Internet (teilweise) zu sperren, besteht erst dann, wenn konkrete Anhaltspunkte dafür vorliegen, dass das Kind dem Verbot zuwiderhandelt.[123]

---

117 Grüneberg/Götz BGB § 1631d Rn. 5. Spickhoff nimmt in FamRZ 2013, 337 (342) die Einwilligungsfähigkeit im Allgemeinen ab einem Alter von ca. 14 Jahren an, Rixen differenziert in NJW 2013, 257 (259) zwischen dem 14. Lebensjahr bei einer Entscheidung für die Beschneidung und dem zwölften Lebensjahr bei Ablehnung der Beschneidung.
118 Zu § 832 BGB s.o. unter III. 2. b) cc).
119 Dazu siehe b) aa).
120 So BGH NJW 2013, 1441 (1441) = BeckRS 2013, 6313; BGH NJW 2009, 1952 (1953) = BeckRS 2009, 11334.
121 BGH NJW 2009, 1952 (1953) = BeckRS 2009, 11334 m.w.N.
122 BGH NJW 2009, 1954 (1955) = BeckRS 2009, 11333.
123 BGH NJW 2016, 950 (952) = BeckRS 2015, 20065; Schmidt ZKJ 2020, 136 (138).

(3) Bestimmung des Aufenthalts

Das Aufenthaltsbestimmungsrecht bezieht sich auf die **kurz-, mittel- und langfristige** Bestimmung des Aufenthalts. Wenn Eltern untereinander über das Aufenthaltsbestimmungsrecht streiten, geht es in aller Regel um den Wohnsitz des Kindes.

Aus dem Aufenthaltsbestimmungsrecht folgt der Anspruch auf **Kindesherausgabe**: Die Personensorge umfasst nach § 1632 Abs. 1 BGB das Recht, die Herausgabe des Kindes von jedem zu verlangen, der es den Eltern oder einem Elternteil widerrechtlich vorenthält.

Umfasst vom Aufenthaltsbestimmungsrecht sind die **freiheitsentziehende Unterbringung** (z.B. in der geschlossenen Station einer Kinder- und Jugendpsychiatrie oder in einer Heimeinrichtung für strafunmündige Intensivtäter), **freiheitsentziehende Maßnahmen** (z.B. Fixierung im Bett, Einschließen im Zimmer, Ruhigstellen durch Medikamente) und **Freiheitsbeschränkungen** (z.B. hinsichtlich der Ausgehzeiten).

Allerdings benötigen die Personensorgeberechtigten für eine mit Freiheitsentziehung verbundene **Unterbringung** gem. § 1631b Abs. 1 BGB die **Genehmigung des Familiengerichts**. Ohne Genehmigung ist die Unterbringung nur zulässig, wenn mit dem Aufschub durch die gerichtliche Entscheidung Gefahr verbunden ist. Das kann z.B. bei einem suizidgefährdeten Kind bzw. Jugendlichen der Fall sein. Die Genehmigung ist in solchen Fällen unverzüglich nachzuholen, d.h. nach der Legaldefinition des § 121 Abs. 1 S. 1 BGB ohne schuldhaftes Zögern.

Einer Genehmigung des Familiengerichts für **freiheitsentziehende Maßnahmen** bedarf es gem. § 1631b Abs. 2 BGB nur, wenn diese außerhalb des Elternhauses erfolgt. Als Beispiele nennt das Gesetz ein Krankenhaus, ein Heim sowie sonstige Einrichtungen, worunter z.B. Kindertagesstätten und Pflegefamilien fallen. Weiter ist erforderlich, dass die Maßnahme für längere Zeit oder regelmäßig in nicht altersgerechter Weise erfolgt.

> **Beispiele:**
> Eine nur **kurzfristige Dauer** liegt nach der Rechtsprechung des BVerfG im Fall der 5-Punkt- sowie der 7-Punkt-Fixierung vor, wenn diese absehbar die Dauer von ungefähr einer halben Stunde unterschreitet.[124] Altersgerecht ist z.B. ein Gitterbett oder ein Laufstall bei Kleinkindern.[125]

Das Familiengericht kann eine freiheitsentziehende Unterbringung bzw. freiheitsentziehende Maßnahme nur genehmigen, solange diese zum Wohl des Kindes, insbesondere zur Abwendung einer erheblichen **Selbst- oder Fremdgefährdung** erforderlich ist und der Gefahr nicht auf andere Weise, auch nicht durch andere öffentliche Hilfen, begegnet werden kann, z.B. nach dem SGB VIII. Dieser Maßstab ergibt sich für die freiheitsentziehende Unterbringung aus § 1631b Abs. 1

---

[124] BVerfG NJW 2018, 2619 (2621) = BeckRS 2018, 16075.
[125] Grüneberg/Götz BGB § 1631b Rn. 6.

IV. Familienrecht

S. 2, für freiheitsentziehende Maßnahmen aus § 1631b Abs. 2 S. 2 i.V.m. Abs. 1 S. 2 BGB.

> **Praxishinweis:**
> Achten Sie darauf, dass die Genehmigung des Familiengerichts **zusätzlich** zu der Anordnung durch die Personensorgeberechtigten erforderlich ist.
> Lehnen dagegen die Personensorgeberechtigten eine freiheitsentziehende Unterbringung bzw. Maßnahme ab, die erforderlich ist, um eine Gefährdung des Kindeswohls abzuwenden, hat das Familiengericht zunächst **Maßnahmen nach § 1666 BGB** zu ergreifen.[126]

Für bloße **Freiheitsbeschränkungen** brauchen Eltern keine Genehmigung. Gleiches gilt für freiheitsentziehende Maßnahmen außerhalb des Anwendungsbereichs von § 1631b Abs. 2 BGB, also z.B. für Stubenarrest im Elternhaus.[127] Dieser kann freilich im Einzelfall nach Maßgabe von § 1631 Abs. 2 BGB verboten sein.[128]

Grenzen des Aufenthaltsbestimmungsrechts ergeben sich z.B. aus der **Schulpflicht**.

bb) Vermögenssorge

Grundsätzlich haben die Eltern das **gesamte Vermögen** des Kindes ohne Rücksicht auf dessen Herkunft zu verwalten.[129]

Nähere Bestimmungen hierzu enthalten die §§ 1638 ff. BGB. Danach sind bei der Anlegung von Geld **betriebswirtschaftliche Grundsätze** zu beachten (§ 1642). Für einzelne Rechtsgeschäfte ist zudem eine Genehmigung des Familiengerichts erforderlich (§§ 1643 ff.).

cc) Vertretung des Kindes

Die elterliche Sorge umfasst nach § 1629 Abs. 1 S. 1 BGB die Vertretung des Kindes. Es handelt sich hier um einen Fall **gesetzlicher Vertretungsmacht**.

Dabei vertreten gemeinsam sorgeberechtigte Eltern das Kind grundsätzlich **gemeinsam**, § 1629 Abs. 1 S. 2 BGB. Freilich können sich Eltern gegenseitig bevollmächtigen, so dass faktisch einer allein auftritt.[130]

Nach § 1629 Abs. 1 S. 4 BGB (bei getrenntlebenden Eltern i.V.m. § 1687 Abs. 1 S. 5 BGB) besteht ein sog. **Notvertretungsrecht**. Liegt ein echter Notfall vor, der ein sofortiges Eingreifen erforderlich macht, ohne dass die Zustimmung des anderen Elternteils eingeholt werden könnte,[131] darf jeder Elternteil die Rechtshandlungen vornehmen, die zum Wohl des Kindes erforderlich sind. Der andere Elternteil ist hiervon unverzüglich zu unterrichten.

---

126 Dazu siehe unter e) aa)
127 So auch BeckOK BGB/Veit BGB § 1631b Rn. 11.1 m.w.N.
128 Dazu siehe unter b) cc).
129 Grüneberg/Götz BGB § 1638 Rn. 1.
130 Grüneberg/Götz BGB § 1629 Rn. 5 f.; BGH NJW 2020, 2182 (2184) = BeckRS 2020, 11013.
131 Grüneberg/Götz BGB § 1629 Rn. 12.

Vertretungsverbote bestehen im Bereich der Personensorge, z.B. gem. § 1629 Abs. 2a i.V.m. § 1598a Abs. 2 für den Antrag an das Familiengericht, die Einwilligung von Mutter bzw. Vater in eine genetische Untersuchung zur Klärung der leiblichen Abstammung zu ersetzen sowie gem. § 1631c S. 1 BGB für die Einwilligung in eine Sterilisation. Im Bereich der Vermögenssorge bestehen Vertretungsverbote z.B. bei Insichgeschäften, § 1629 Abs. 2 S. 1 i.V.m. § 1824 Abs. 2, § 181 BGB. Eltern dürfen also nicht in Vertretung des Kindes einen Vertrag mit sich selbst schließen. Weitere Vertretungsverbote betreffen gem. § 1629 Abs. 2 S. 1 i.V.m. § 1824 Abs. 1 Nr. 1 BGB insichähnliche Rechtsgeschäfte, worunter Verträge mit bestimmten, den Eltern nahestehenden Personen fallen, sowie gem. § 1641 BGB Schenkungen, durch die einer sittlichen Pflicht oder einer auf den Anstand zu nehmenden Rücksicht entsprochen wird.

b) Inhaltliche Vorgaben für die Ausübung elterlicher Sorge

Die elterliche Sorge ist nach § 1627 S. 1 BGB zum **Wohl des Kindes** auszuüben. Nähere Bestimmungen enthalten § 1626 Abs. 2, 3, § 1631 Abs. 2 und § 1631a BGB.

Diese Vorschriften geben nur einen **groben Rahmen** vor. Innerhalb dieses Rahmens obliegt es den Eltern, wie sie mit dem Kind umgehen, welche Werte sie ihm vermitteln wollen und wie sie das Zusammenleben in der Familie ausgestalten.

> Praxishinweis:
>
> Deshalb dürfen Fachkräfte nicht der Versuchung erliegen, ihre eigenen Vorstellungen, wie Kinder am besten zu erziehen sind, gegen den Willen der Eltern durchzusetzen. Sie haben vielmehr das **Erziehungsprimat der Eltern** zu beachten.

aa) Förderung der Selbständigkeit

So berücksichtigen Eltern nach § 1626 Abs. 2 BGB bei der Pflege und Erziehung die wachsende Fähigkeit und das wachsende Bedürfnis des Kindes zu selbständigem **verantwortungsbewusstem Handeln**. Sie besprechen mit dem Kind, soweit es nach dessen Entwicklungsstand angezeigt ist, Fragen der elterlichen Sorge und streben Einvernehmen an.

Die Vorschrift dient dazu, das Kind schrittweise auf jene Selbständigkeit und jenes Verantwortungsbewusstsein vorzubereiten, das es im Erwachsenenalter erreicht haben soll.[132] Kinder sollen zu **sozialer Teilhabe** erzogen werden.

---

[132] MüKoBGB/Huber BGB § 1626 Rn. 62 mit Verweis auf Beschlussempfehlung und Bericht des Rechtsausschusses, BT-Drs. 8/2788, S. 34.

IV. Familienrecht

> **Praxishinweis:**
>
> Damit ist ein „rein auf Gehorsam ausgerichteter und auf Unterwerfung unter den Willen der Eltern abzielender Erziehungsstil, wie er Jahrzehnte hindurch gang und gäbe war, gesetzlich untersagt und kann zu Maßnahmen nach § 1666 BGB führen [...]. Dabei bedeutet die Berücksichtigung des Kindes in seinen Bedürfnissen [...] nicht, [...] dass die Eltern dem Kindeswillen zu folgen haben, sondern nur, dass sie das Kind an der Suche nach geeigneten Pflege- und Erziehungsmaßnahmen [...] beteiligen dürfen und müssen."[133]

bb) Ausbildung und Beruf

Für den Bereich der Schul- und Berufswahl stellt § 1631a BGB klar, dass die Eltern auf **Eignung und Neigung** des Kindes Rücksicht nehmen und bei Zweifeln den Rat eines Lehrers oder einer anderen geeigneten Person einholen sollen.

Neben Eignung und Neigung können **weitere Faktoren** eine Rolle spielen. Hierzu zählen der Gesundheitszustand des Kindes, die zeitliche Belastung durch Schule bzw. Ausbildung, die Entfernung zur Ausbildungsstätte und die voraussichtlichen Chancen auf dem Arbeitsmarkt.[134]

> **Praxishinweis:**
>
> Soweit es um die allgemeine Schulbildung geht, kann ein Verstoß gegen § 1631a BGB v.a. bei einer **Über- oder Unterforderung** des Kindes gegeben sein. Allerdings sieht das Gesetz unterhalb der Schwelle des § 1666 BGB, der erst bei „krassen Fehlentscheidungen" anwendbar ist, keine staatlichen Eingriffe vor.[135] Vor diesem Hintergrund sollten pädagogische Fachkräfte proaktiv das Gespräch mit den Eltern suchen.

cc) Gewaltfreie Erziehung

Hinsichtlich der Erziehungsbefugnisse der Eltern folgt aus § 1631 Abs. 2 BGB, dass **kein Züchtigungsrecht** besteht. Denn nach dieser Vorschrift haben Kinder ein Recht auf Pflege und Erziehung unter Ausschluss von Gewalt, körperlichen Bestrafungen, seelischen Verletzungen und anderen entwürdigenden Maßnahmen.

Allerdings fallen nicht alle Formen der Gewalt unter **körperliche Bestrafungen**. So kann Gewalt zulässig sein, wenn sie als Mittel der Gefahrenabwehr dient, weil das Kind z.B. auf dem Wickeltisch oder an einer roten Ampel festgehalten wird. Gleiches gilt dann, wenn es um Gewalt zur Durchsetzung einer elterlichen Anordnung geht, z.B. wenn ein übermüdetes Kind gegen dessen Willen in das Auto gebracht und heimgefahren wird. Ob ein leichter Klaps auf den Hintern oder die Finger verboten ist, bleibt umstritten.[136]

---

[133] OLG Karlsruhe NJW 1989, 2398 (2399) = BeckRS 9998, 07907. Zu § 1666 BGB vgl. d) aa).
[134] MüKoBGB/Huber BGB § 1631a Rn. 10.
[135] MüKoBGB/Huber BGB § 1631a Rn. 16.
[136] Vgl. MüKoBGB/Huber BGB § 1631 Rn. 18 f.; BeckOK BGB/Veit BGB § 1631 Rn. 22 ff. m.w.N.

Seelische Verletzungen sind alle Maßnahmen, die das Kind dem Gespött oder der Verachtung anderer Personen preisgeben und so seine Selbstachtung unverhältnismäßig verletzen. Das kann z.B. der Fall sein, wenn ein Kind wegen jeder Kleinigkeit kritisiert und nie gelobt wird oder wenn die Eltern mit dem Kind kaltherzig und lieblos umgehen.[137]

Der Auffangtatbestand der anderen **entwürdigenden Maßnahmen** lässt sich davon nicht scharf abgrenzen, unter den z.B. das Verkleben des Mundes und das wiederholte Anbrüllen eines lärmenden Kindes fallen.[138]

dd) Umgangskontakte

Zum Wohl des Kindes gehört nach § 1626 Abs. 3 BGB in der Regel der **Umgang** mit beiden Elternteilen. Gleiches gilt für den Umgang mit anderen Personen, zu denen das Kind Bindungen besitzt, wenn ihre Aufrechterhaltung für seine Entwicklung förderlich ist. Letzteres kann in der Regel bejaht werden, weil Bindungsabbrüche für ein Kind schädlich sind.

Bei § 1626 Abs. 3 BGB handelt es sich um eine wichtige gesetzgeberische Wertung, nicht aber um eine **Anspruchsgrundlage**. Solche Anspruchsgrundlagen enthalten § 1684 Abs. 1 BGB für den Umgangs des Kindes mit seinen Eltern, § 1685 Abs. 1 BGB für den Umgang mit Großeltern und Geschwistern, § 1685 Abs. 2 BGB für den Umgang mit anderen engen Bezugspersonen und § 1686a Abs. 1 Nr. 1 BGB für den leiblichen, nicht rechtlichen Vater.[139]

> **Praxishinweis:**
>
> Bedeutung hat § 1626 Abs. 3 BGB z.B. im Rahmen der Auslegung von § 1666 Abs. 1 BGB. So kann eine Umgangsvereitelung als Gefährdung des Kindeswohls gelten. Auch kann die mangelnde **Bindungstoleranz** eines Elternteils die Übertragung der elterlichen Sorge auf den anderen nach § 1671 Abs. 1 S. 1, 2 Nr. 2 BGB rechtfertigen.[140]

c) Gemeinsame Sorge von Vater und Mutter

Die elterliche Sorge kann durch einen Elternteil allein oder durch beide Eltern gemeinsam ausgeübt werden. Dabei ist die gemeinsame elterliche Sorge der bei Weitem **häufigste Fall**, unabhängig davon, ob die Eltern zusammen- oder getrennt leben, ob sie verheiratet sind oder verheiratet waren.

Ausgangspunkt ist ein gesetzliches Leitbild, nach dem beide Eltern die elterliche Sorge gemeinsam tragen sollen, da dies den kindlichen Bedürfnissen i.d.R. am besten entspricht und dem Kind zugleich verdeutlicht, dass beide Elternteile gleichberechtigt Verantwortung tragen (**Leitbild gesetzlicher Sorgegemeinsamkeit**).[141]

---

137 BeckOK BGB/Veit BGB § 1631 Rn. 28 f. m.w.N.
138 Vgl. Grüneberg/Götz BGB § 1631 Rn. 7; BeckOK BGB/Veit BGB § 1631 Rn. 29.1 m.w.N.
139 Dazu siehe unter 3.
140 Dazu siehe unter c) dd) (2) bzw. e) aa).
141 BT-Drs. 17/11048, S. 17; BGH NZFam 2016, 795 (797); Grüneberg/Götz BGB § 1626a Rn. 1.

aa) Gemeinsame Sorge bei ehelichen und nicht ehelichen Kindern

Sind die Eltern bei der Geburt des Kindes miteinander **verheiratet**, besteht eine gemeinsame Sorge, ohne dass es hierfür einer Willenserklärung von Vater oder Mutter bedürfte. Das ergibt sich aus dem Wortlaut des § 1626 Abs. 1 S. 1 BGB, nach dem die Eltern, also Vater und Mutter, die Pflicht und das Recht haben, für das minderjährige Kind zu sorgen.

Eine abweichende Regelung besteht für Eltern, die bei der Geburt des Kindes **nicht miteinander verheiratet** sind. Hier ist gem. § 1626a Abs. 3 BGB zunächst die Mutter allein sorgeberechtigt. Denn viele nichtehelich geborene Kinder haben zum Zeitpunkt ihrer Geburt keinen Vater im Rechtssinn.[142] Zur gemeinsamen Sorge kommt es hinsichtlich nichtehelicher Kinder nach § 1626a Abs. 1 BGB dann,

- wenn die Eltern sog. Sorgeerklärungen abgeben,
- wenn sie einander heiraten oder
- wenn das Familiengericht ihnen die elterliche Sorge gemeinsam überträgt.

Dabei handelt es sich bei den Sorgeerklärungen um die **unstreitige Variante**: Vater und Mutter müssen jeweils erklären, die elterliche Sorge gemeinsam zu übernehmen. Auf eine ggf. zwischen den Eltern bestehende Paarbeziehung kommt es nicht an.

Vorgaben zur Sorgeerklärung enthalten die §§ 1626b ff. BGB. Danach müssen diese ebenso wie das Anerkenntnis der Vaterschaft öffentlich **beurkundet** werden.

> **Praxishinweis:**
> Meist erfolgt dies beim Jugendamt, das nach § 59 Abs. 1 S. 1 Nr. 8 SGB VIII für die Beurkundung zuständig ist. Denn die Beurkundung durch das Jugendamt ist kostenfrei. Daneben besteht die Möglichkeit einer Beurkundung durch einen Notar nach § 20 Abs. 1 S. 1 BNotO oder im Rahmen eines gerichtlichen Verfahrens nach § 155a Abs. 5 S. 1 FamFG.
> Ebenso wie das Anerkenntnis der Vaterschaft bzw. die entsprechende Zustimmungserklärung der Mutter können die Sorgeerklärungen nach § 1626b Abs. 2 BGB bereits **vorgeburtlich** abgegeben werden. Das nichteheliche Kind kann so einem ehelichen Kind voll gleichgestellt bereits zum Zeitpunkt der Geburt zwei gemeinsam sorgeberechtigte Elternteile haben.

Demgegenüber kann die Übertragung der gemeinsamen Sorge durch das Familiengericht als **streitige Variante** erfolgen, wenn die Eltern sich nicht über die gemeinsame Sorge einig sind. In der Praxis stellt meist der Vater einen entsprechenden Antrag, weil die Mutter eine Sorgeerklärung nicht abgeben will.

Das Familiengericht entscheidet gem. § 1626a Abs. 2 BGB für die gemeinsame Sorge, wenn dies dem Kindeswohl nicht widerspricht (sog. **negative Kindeswohlprüfung**). Das wird vermutet, wenn der andere Elternteil keine Gründe vorträgt, die der Übertragung der gemeinsamen elterlichen Sorge entgegenstehen könnten und solche Gründe auch sonst nicht ersichtlich sind.

---

142 Dazu vgl. 1. a) bb) (1).

Stellt das Gericht nicht mit dem dafür erforderlichen Grad an Gewissheit fest, dass die gemeinsame Sorge dem Kind mehr schadet als dass sie ihm nutzt, folgt aus der negativen Formulierung des § 1626a Abs. 2 S. 1 BGB („nicht widerspricht"), dass **im Zweifel** die Übertragung der elterlichen Sorge auf die Eltern gemeinsam auszusprechen ist.[143]

Dabei setzt die gemeinsame Ausübung elterlicher Verantwortung zwar eine tragfähige soziale Beziehung zwischen den Eltern und ein Mindestmaß an Übereinstimmung voraus. Besteht keinerlei **Möglichkeit zur Kooperation** oder kommt es zu Herabwürdigungen eines Elternteils, spricht dies meist gegen die gemeinsame Sorge.[144] Allerdings muss zwischen der Eltern- und der Paarebene unterschieden werden.

> **Praxishinweis:**
>
> Nach § 155a Abs. 3 S. 1 FamFG soll die Übertragung der gemeinsamen Sorge ohne persönliche Anhörung der Eltern, **ohne Anhörung des Jugendamts** und **im schriftlichen Verfahren** erfolgen, wenn keine Gründe ersichtlich sind, die der gemeinsamen Sorge entgegenstehen könnten. Damit wird das Leitbild gesetzlicher Sorgegemeinsamkeit auf der Ebene des Verfahrensrechts umgesetzt.

Soweit die elterliche Sorge beiden Elternteilen nicht nach Maßgabe von § 1626a Abs. 2 BGB gemeinsam zu übertragen ist, kann der Vater ggf. nach § 1671 Abs. 2 S. 1, 2 Nr. 2 BGB beantragen, dass das Familiengericht ihm die elterliche Sorge oder einen Teil der elterlichen Sorge **allein überträgt**. Dies setzt voraus, dass die Eltern nicht nur vorübergehend getrennt leben, die Übertragung der gemeinsamen Sorge nicht in Betracht kommt und die Übertragung auf den Vater dem Wohl des Kindes am besten entspricht.[145]

bb) Entscheidungsbefugnisse von Vater und Mutter

Die gemeinsame elterliche Sorge ist nach § 1627 S. 1 BGB in gegenseitigem **Einvernehmen** auszuüben. Eltern, die gemeinsam sorgeberechtigt sind, können also nicht jeder für sich entscheiden, sondern nur im Zusammenwirken miteinander. Denn wer gemeinsam sorgeberechtigt ist, ist nicht allein sorgeberechtigt. Entscheidungen, die ein gemeinsam sorgeberechtigter Elternteil allein trifft, sind vorbehaltlich einer abweichenden Regelung rechtswidrig.

> **Praxishinweis:**
>
> Deshalb darf in **Trennungssituationen** nicht ein gemeinsam sorgeberechtigter Elternteil das Kind gegen den Willen des anderen mitnehmen, wenn er aus der vormals gemeinsam genutzten Wohnung ausziehen will.

Dieser Maßstab wird teilweise modifiziert, wenn Eltern getrennt leben und sich das Kind mit Zustimmung des anderen Elternteils oder auf Grund einer gerichtlichen Entscheidung gewöhnlich bei einem Elternteil aufhält. In solchen Situatio-

---

143 BGH NJW 2016, 2497 (2501) = BeckRS 2016, 12735.
144 Grüneberg/Götz BGB § 1626a Rn. 11a m.w.N.
145 Zu den Kriterien der Kindeswohlprüfung siehe unter dd) (2).

nen ist der **betreuende Elternteil** gem. § 1687 Abs. 1 S. 2 BGB zur alleinigen Entscheidung in Angelegenheiten des täglichen Lebens berechtigt (sog. Alltagssorge). Hierunter fallen Entscheidungen, die häufig vorkommen und die keine schwer abzuändernden Auswirkungen auf die Entwicklung des Kindes haben.

> **Beispiele:**
>
> Entscheidungen über den Schulalltag einschließlich der Teilnahme an Ausflügen und Klassenfahrten, die Abholung von der Kita, die tägliche Pflege, der Alltagsumgang mit Klassenkameraden bzw. Freunden und die medizinische Versorgung bei leichten Erkrankungen. Nicht unter die Alltagssorge fällt dagegen die Entscheidung über Schutzimpfungen, die Auswahl von Kita oder Schule, die religiöse Erziehung und der Umzug in eine andere Stadt.[146]

Umgekehrt hat im Fall getrenntlebender Eltern ein Elternteil, der mit Zustimmung des anderen oder auf Grund einer gerichtlichen Entscheidung **Umgang** mit dem Kind ausübt, nach § 1687 Abs. 1 S. 4 BGB die Befugnis zur alleinigen Entscheidung in Angelegenheiten der tatsächlichen Betreuung, also z.B. der Ernährung, der Schlafenszeit und dem Fernsehkonsum.[147] Das gilt aufgrund einer Verweisung in § 1687a BGB selbst dann, wenn der Umgangselternteil nicht sorgeberechtigt ist.

cc) Gerichtliche Entscheidung bei Meinungsverschiedenheiten

Im Fall von Meinungsverschiedenheiten sind Eltern gem. § 1627 S. 2 BGB gehalten, sich zu **einigen**.

Kommt es nicht zu einer Einigung, blockieren sich die Eltern also gegenseitig, kann das für das Kind nachteilig sein. In solchen Konstellationen kann das Familiengericht die Entscheidung ggf. **einem Elternteil allein** übertragen.

Dies setzt nach **§ 1628 S. 1 BGB** voraus, dass

- mindestens ein Elternteil dies bei Gericht beantragt,
- keine vorrangige gesetzliche Regelung besteht,
- die Meinungsverschiedenheit sich auf eine einzelne Angelegenheit oder eine bestimmte Art von Angelegenheiten der elterlichen Sorge bezieht,
- diese für das Kind von erheblicher Bedeutung ist, und
- die Eltern zuvor versucht haben, sich zu einigen.

Fehlt es an einem dieser Tatbestandsmerkmale, so kommt die Übertragung der Entscheidung auf einen Elternteil nicht in Betracht.

Aus dem Antragserfordernis ergibt sich, dass die Entscheidung **nicht von Amts wegen** ergehen kann. Nur Vater bzw. Mutter haben ein Antragsrecht, nicht dagegen Dritte wie das Jugendamt oder das betroffene Kind.[148]

---

[146] Grüneberg/Götz BGB § 1687 Rn. 7 m.w.N.
[147] Grüneberg/Götz BGB § 1687 Rn. 8.
[148] Grüneberg/Götz BGB § 1628 Rn. 2.

Besteht eine **vorrangige Regelung,** kann die Entscheidung nicht auf § 1628 BGB gestützt werden. Das ist etwa hinsichtlich des Umgangsrechts nach § 1684 BGB der Fall.[149]

Aus der Beschränkung auf einzelne Angelegenheiten bzw. auf eine bestimmte Art von Angelegenheiten ergibt sich, dass ein **konkreter situativer Bezug** erforderlich ist. Dieser würde fehlen, wenn die Entscheidung über die gesamte Ausbildung des Kindes einschließlich im Einzelnen nicht absehbarer Folgeentscheidungen auf einen Elternteil übertragen werden sollte.[150]

Dass eine Angelegenheit von **erheblicher Bedeutung** vorliegt, folgt nicht schon daraus, dass die Eltern sich nicht einigen können.[151] Vielmehr ist darauf abzustellen, welche Auswirkungen die Entscheidung für das Kind hat. Sind diese Auswirkungen gering, so ist die wechselseitige Blockade der Eltern hinzunehmen.

> Beispiele:
>
> Erhebliche Bedeutung können haben die Wahl des Vornamens, die Taufe und die religiöse Kindererziehung, der Besuch einer Kindertagesstätte einschließlich deren Auswahl, die Schulwahl, der Impfschutz, medizinische Operationen sowie die Überlassung von internetfähigen mobilen Endgeräten wie Smartphones und Tablets zur selbständigen Nutzung, nicht jedoch das Abholen von Kindergarten oder Schule und die melderechtliche Bestimmung der Hauptwohnung.[152]

Maßstab der gerichtlichen Entscheidung ist das **Kindeswohlprinzip** des § 1697a Abs. 1 BGB. Danach trifft das Familiengericht diejenige Entscheidung, die unter Berücksichtigung der tatsächlichen Gegebenheiten und Möglichkeiten sowie der berechtigten Interessen der Beteiligten dem Wohl des Kindes am besten entspricht.

Ein Grundsatz, nach dem es dem Kindeswohl i.d.R. entspräche, die Entscheidung einem Elternteil zu übertragen, bei dem sich das Kind überwiegend aufhält, besteht nicht.[153] Mit anderen Worten: Das Gericht wird zu prüfen haben, ob die von der Mutter oder die vom Vater beabsichtigte Entscheidung **für das Kind sinnvoller** wäre.

Die Übertragung auf einen Elternteil kann nach § 1628 S. 2 BGB mit **Beschränkungen oder Auflagen** verbunden werden. Dennoch kann das Gericht nicht losgelöst von den Vorstellungen der Eltern eine eigene Regelung treffen. Widersprechen die Vorstellungen beider Elternteile dem Wohl des Kindes, kann eine Entscheidung nach Maßgabe der §§ 1666 ff. BGB ergehen.[154]

---

149 Dazu s. unter 3. a).
150 MüKoBGB/Huber BGB § 1628 Rn. 10 m.w.N.
151 OLG München NJW-RR 2008, 1534 (1535) = BeckRS 2008, 2839.
152 Vgl. MüKoBGB/Huber BGB § 1628 Rn. 14; Grüneberg/Götz BGB § 1628 Rn. 7 m.w.N.
153 So zu Recht MüKoBGB/Huber BGB § 1628 Rn. 18.
154 Dazu s. unter e) aa).

dd) Übertragung der Alleinsorge bei Getrenntleben

Leben die Eltern getrennt, kommt nach § 1671 Abs. 1 BGB auf Antrag eines gemeinsam sorgeberechtigten Elternteils die Übertragung der Alleinsorge auf den Vater oder auf die Mutter in Betracht.

Dabei kann sich der Antrag entweder auf die gesamte elterliche Sorge beziehen oder auf einen **Teil der elterlichen Sorge** (z.B. Aufenthaltsbestimmungsrecht oder Gesundheitssorge).

Ein **Getrenntleben** liegt gem. § 1567 Abs. 1 BGB vor, wenn zwischen den Eltern keine häusliche Gemeinschaft besteht und mindestens ein Elternteil diese erkennbar nicht herstellen will, weil er die Lebensgemeinschaft mit dem jeweils anderen ablehnt. Erforderlich ist eine objektive Komponente (das Nichtbestehen der häuslichen Gemeinschaft) und eine subjektive Komponente (der Trennungswille).

> **Praxishinweis:**
>
> In den meisten Fällen bleibt es nach Trennung bzw. Scheidung bei der gemeinsamen Sorge. Das ist auch sinnvoll. Denn Kinder werden durch die Trennung der Eltern ohnehin belastet. Deshalb ist es für sie umso wichtiger, zu wissen, dass die Trennung auf Paarebene stattfindet und nicht das **Eltern-Kind-Verhältnis** betrifft. Eltern können ihren Kindern sagen: „Wir haben uns getrennt. Aber das hat nichts mit deinem Verhältnis zu uns als Mutter bzw. Vater zu tun. Wir werden auch künftig gleichberechtigt Verantwortung für dich tragen."

Hinsichtlich der **weiteren Voraussetzungen** für die Übertragung der Alleinsorge unterscheidet § 1671 Abs. 1 S. 2 BGB danach, ob sich die Eltern darüber einig sind, dass der Vater oder die Mutter allein sorgeberechtigt sein soll, oder ob sie über die elterliche Sorge streiten (unstreitige bzw. streitige Übertragung der Alleinsorge).

(1) Unstreitige Übertragung

So ist dem Antrag eines Elternteils nach § 1671 Abs. 1 S. 2 Nr. 1 BGB stattzugeben, soweit der andere Elternteil **zustimmt**, es sei denn, das Kind hat das 14. Lebensjahr vollendet und widerspricht der Übertragung.

Wollen also beide Eltern, dass Vater bzw. Mutter ganz oder teilweise allein sorgeberechtigt wird, hat das Gericht vorbehaltlich eines Widerspruchs des mindestens 14 Jahre alten Kindes die Übertragung vorzunehmen. Eine **Kindeswohlprüfung findet nicht statt.**

Allerdings ist zu berücksichtigen, dass die gemeinsame elterliche Sorge im Interesse des Kindes besteht. Stimmt ein Elternteil der Übertragung der Alleinsorge auf den anderen zu, wird das oft durch (überkommene) **Rollenklischees** motiviert sein.[155]

---

[155] Vgl. zur Rechtsentwicklung auch BeckOGK/Fuchs BGB § 1671 Rn. 5 ff.

> **Praxishinweis:**
> Die Eltern sollten dann darüber aufgeklärt werden, dass die gemeinsame Sorge nach Trennung und Scheidung der Normalfall ist – und dem Kindeswohl i.d.R. am besten entspricht.

(2) Streitige Übertragung

Größere praktische Bedeutung hat § 1671 Abs. 1 S. 2 Nr. 2 BGB. Nach dieser Vorschrift ist einem Antrag auf (vollständige oder teilweise) Übertragung der Alleinsorge stattzugeben, soweit zu erwarten ist, dass sowohl die Aufhebung der gemeinsamen Sorge als auch die Übertragung auf den Antragsteller dem Wohl des Kindes am besten entspricht. Man spricht insoweit von einer **doppelten Kindeswohlprüfung**.

Auf der ersten Stufe der doppelten Kindeswohlprüfung gibt es verschiedene Kriterien zur Einschätzung der Frage, ob die **Aufhebung der gemeinsamen Sorge** dem Wohl des Kindes am besten entspricht. Hierzu zählen z.B.

- die Kooperationsfähigkeit der Eltern,
- Bindungstoleranz und
- Erziehungseignung.

So ist hinsichtlich der **Kooperationsfähigkeit** anerkannt, dass für den Fortbestand der gemeinsamen Sorge ein Mindestmaß an Übereinstimmung in Sorgerechtsangelegenheiten von Bedeutung ist.[156] Allerdings sind Eltern im Rahmen der elterlichen Sorge zur Konsensfindung verpflichtet, solange ihnen dies zum Wohl des Kindes zumutbar ist und steht ein Dissens in einzelnen Punkten der gemeinsamen Sorge nicht entgegen.[157] Wenn in akuten Trennungssituationen eine Kommunikation nicht möglich ist, kann ggf. mit einer Sorgerechtsvollmacht gearbeitet werden. Zudem ist zu berücksichtigen, dass einzelne Differenzen in Angelegenheiten von erheblicher Bedeutung keine Sorgerechtsübertragung voraussetzen, sondern im Wege einer Anordnung nach § 1628 BGB beseitigt werden können.[158]

Ein Mangel an **Bindungstoleranz** zeigt sich darin, dass (wenigstens) ein Elternteil die Bindungen des Kindes zu Dritten, in der Praxis meist zum anderen Elternteil, nicht akzeptiert. Die betroffenen Eltern unterscheiden nicht zwischen Paar- und Elternebene, frei nach dem Motto: „Wenn der andere für mich kein guter Partner war, dann kann er für das Kind kein guter Elternteil sein."

---

[156] Grüneberg/Götz BGB § 1671 Rn. 15.
[157] OLG Hamm BeckRS 2008, 24699; OLG Zweibrücken BeckRS 2021, 25178; Grüneberg/Götz BGB § 1671 Rn. 16 m.w.N.
[158] BGH NJW 2017, 1815 (1817) = BeckRS 2017, 102353; zu § 1628 BGB s.o. unter cc).

IV. Familienrecht

> **Praxishinweis:**
> Dabei kann die Ablehnung des anderen Elternteils **verbal oder nonverbal** erfolgen. Häufig werden Gründe vorgeschoben, weshalb ein Umgang nicht oder nur selten stattfinden kann (z.B. Termine des Kindes). Typisch ist auch, dass das elterliche Verhalten zu Loyalitätskonflikten des Kindes führt, z.B. wenn dem Kind von gerichtlichen Auseinandersetzungen mit dem anderen Elternteil berichtet wird.

Eine **fehlende Erziehungseignung** liegt bei verschiedenen Defiziten vor, die für eine Aufhebung der gemeinsamen Sorge sprechen können. Hierunter fallen z.B. Alkoholismus, Drogen- oder Medikamentenabhängigkeit, Gewalt gegenüber dem Kind und völliges Desinteresse.[159] Maßgeblich sind dabei insoweit die Umstände des Einzelfalls. Es geht nicht darum, einen Elternteil zu strafen, sondern um die Auswirkungen auf das Kind. Dabei ist eine Prognose vorzunehmen: Wenn es z.B. während des Zusammenlebens zu gewalttätigen Auseinandersetzungen zwischen den Eltern kam, diese aber inzwischen getrennt leben, kann die gemeinsame Sorge ggf. fortbestehen.

Falls das Ergebnis der ersten Stufe der doppelten Kindeswohlprüfung ist, dass die Aufhebung der gemeinsamen Sorge dem Kindeswohl besser entspricht als deren Beibehaltung, ist im Rahmen der **Verhältnismäßigkeit** zu fragen, ob die Alleinsorge auf Teilbereiche beschränkt werden kann.[160] Das ergibt sich bereits aus dem Wort „soweit" in § 1671 Abs. 1 S. 2 BGB. Ein in der Praxis häufiges Beispiel ist, dass Eltern über den gewöhnlichen Aufenthalt des Kindes streiten, sich ansonsten aber über die Belange des Kindes einigen können. Dann kann die Übertragung der Alleinsorge auf das Aufenthaltsbestimmungsrecht beschränkt werden.

> **Praxishinweis:**
> Nehmen Sie die erste Stufe der doppelten Kindeswohlprüfung ernst! Denn für Kinder kann gerade in **Trennungssituationen** das Bewusstsein wichtig sein, dass ihr Verhältnis zu den Eltern von deren Trennung nicht betroffen ist.

Soweit die Aufhebung der gemeinsamen Sorge für das Kind besser ist als deren Beibehaltung (und nur in diesem Umfang!), stellt sich auf der **zweiten Stufe** der doppelten Kindeswohlprüfung die Frage, ob die Alleinsorge auf den Vater oder die Mutter übertragen werden soll.[161]

Kriterien für die Abwägung zwischen den Eltern sind

- der Förderungsgrundsatz,
- der Kontinuitätsgrundsatz,

---

159 Grüneberg/Götz BGB § 1671 Rn. 22 m.w.N.
160 BVerfG NZFam 2019, 274 m. Anm. Schmidt.
161 Sofern nur ein Elternteil die Übertragung der Alleinsorge gem. § 1671 Abs. 1 S. 1, 2 Nr. 2 BGB beantragt hat, ist dieser Antrag zum einen dann zurückzuweisen, wenn die Aufhebung der gemeinsamen Sorge dem Kindeswohl nicht besser entspricht als deren Beibehaltung (1. Stufe der doppelten Kindeswohlprüfung), zum anderen aber auch dann, wenn die Übertragung der Alleinsorge auf den antragstellenden Elternteil dem Kindeswohl nicht besser entspricht als eine Übertragung der Alleinsorge auf den anderen Elternteil.

- die Bindungen des Kindes und
- der Kindeswille.

Der **Förderungsgrundsatz** besagt, dass dem Elternteil der Vorzug zu geben ist, der dem Kind bessere Entwicklungsmöglichkeiten und ein höheres Maß an Unterstützung für den Aufbau seiner Persönlichkeit bieten kann.[162] Ein wichtiger Gesichtspunkt dabei ist die Bindungstoleranz gegenüber dem anderen Elternteil. Bei kleinen Kindern können zudem die Möglichkeiten der persönlichen Betreuung zu berücksichtigen sein.[163]

Nach dem **Kontinuitätsgrundsatz** ist dem Kindeswohl in der Regel am besten mit möglichst einheitlichen, gleichmäßigen und stabilen Erziehungsverhältnissen bzw. äußeren Umständen gedient, so dass dem Elternteil der Vorzug zu geben sein kann, der dies gewährleistet.[164]

Die **Bindungen des Kindes** beziehen sich in erster Linie auf die Eltern, aber auch auf Geschwister, Großeltern und andere Bezugspersonen. Bindungs- und Kontaktabbrüche sind für ein Kind grundsätzlich schlecht. Entsprechend ist eine Trennung von Geschwistern nach Möglichkeit zu vermeiden. Abhängig von den Umständen des Einzelfalls kann auch ein Wechselmodell am besten geeignet sein, die Bindungen zu beiden Eltern aufrechtzuerhalten.[165]

Der **Kindeswille** gewinnt als Akt der Selbstbestimmung mit zunehmendem Alter an Bedeutung. Allerdings darf die elterliche Sorge nicht lediglich deshalb einem Elternteil übertragen werden, weil das Kind dies wünscht. Insoweit gilt der Grundsatz „Kindeswohl vor Kindeswille". Zudem ist zu berücksichtigen, dass Kinder oft durch den betreuenden Elternteil manipuliert werden, wenngleich der Kindeswille auch dann nicht vollständig außer Acht gelassen werden darf.[166]

d) Beteiligung Dritter

In bestimmten Fällen verleiht das Gesetz Stiefeltern und Pflegepersonen Entscheidungsbefugnisse, ohne dass diese zu sorgeberechtigten Eltern würden.

aa) Entscheidungsbefugnisse von Stiefeltern

Nach § 1687b Abs. 1 BGB hat der Ehegatte eines allein sorgeberechtigten Elternteils, der nicht Elternteil des Kindes ist, im Einvernehmen mit dem sorgeberechtigten Elternteil die Befugnis zur **Mitentscheidung** in Angelegenheiten des täglichen Lebens (sog. kleines Sorgerecht).

Aus einer Verweisung auf § 1629 Abs. 2 S. 1 BGB ergibt sich i.V.m. § 1824 BGB, dass ebenso wie bei den sorgeberechtigten Eltern selbst u.a. Insichgeschäfte und insichähnliche Rechtsgeschäfte ausgeschlossen sind.[167] Die Mitentscheidungsbe-

---

[162] BeckOK BGB/Veit BGB § 1671 Rn. 70 m.w.N.
[163] Grüneberg/Götz BGB § 1671 Rn. 28 m.w.N.
[164] Grüneberg/Götz BGB § 1671 Rn. 38.
[165] BeckOK BGB/Veit BGB § 1671 Rn. 81; zum Wechselmodell vgl. auch 3. a) cc).
[166] BeckOK BGB/Veit BGB § 1671 Rn. 90 ff. m.w.N.
[167] Zum Begriff des Insichgeschäfts s.o. unter 2. a) cc).

fugnis besteht nach § 1687b Abs. 4 BGB nicht, wenn der allein sorgeberechtigte Elternteil und der Stiefelternteil nicht nur vorübergehend getrennt leben.

Der Begriff der **Angelegenheiten des täglichen Lebens** ist ebenso wie in § 1687 Abs. 1 S. 3 BGB zu definieren. Entsprechend handelt es sich in der Regel um Entscheidungen, die häufig vorkommen und die keine schwer abzuändernden Auswirkungen auf die Entwicklung des Kindes haben. Hierunter fallen v.a. Fragen der täglichen Betreuung und Versorgung, aber auch Alltagsfragen, die im schulischen Leben und in der Berufsausbildung vorkommen.[168]

Die **praktische Bedeutung** des kleinen Sorgerechts ist allerdings nicht groß. Denn meist ist ein neu verheirateter Elternteil nicht allein sorgeberechtigt.

Nach § 1687b Abs. 2 BGB erhält der Ehegatte ein **Notvertretungsrecht**: Bei Gefahr im Verzug ist er berechtigt, alle Rechtshandlungen vorzunehmen, die zum Wohl des Kindes notwendig sind, hat aber den sorgeberechtigten Elternteil unverzüglich zu unterrichten.[169] Unter das Notvertretungsrecht, das nicht mit der Trennung der Ehegatten endet, können z.B. die Einwilligung in eine dringende Heilbehandlung und der Abschluss eines Behandlungsvertrags fallen.[170] Die Vorschrift steht im Zusammenhang mit der ohnehin jedermann obliegenden Verpflichtung, in Notsituationen Hilfe zu leisten.

bb) Entscheidungsbefugnisse von Pflegepersonen

Lebt ein Kind für längere Zeit in Familienpflege, so ist die Pflegeperson nach § 1688 Abs. 1 BGB berechtigt, in **Angelegenheiten des täglichen Lebens** zu entscheiden und die Inhaber der elterlichen Sorge insoweit zu vertreten. Sie ist zudem berechtigt, einen eventuellen Arbeitsverdienst des Kindes zu verwalten sowie Unterhalts-, Versicherungs-, Versorgungs- und sonstige Sozialleistungen geltend zu machen und zu verwalten.

Aufgrund der Verweisung auf § 1629 Abs. 1 S. 4 BGB ein **Notvertretungsrecht** bei Gefahr im Verzug.

Pflegeperson ist, wer das Kind im Rahmen einer **Vollzeitpflege** nach § 33 SGB VIII in seinen Haushalt aufgenommen hat. Auch Verwandte können unter § 1688 Abs. 1 BGB fallen, z.B. Großeltern.[171]

Der Pflegeperson stehen gem. § 1688 Abs. 2 BGB Personen gleich, die im Rahmen einer Hilfe nach §§ 34, 35 und § 35a Abs. 2 Nrn. 3, 4 SGB VIII die Erziehung und Betreuung des Kindes übernommen haben. Hierunter fallen

- die **Heimerziehung** bzw. sonstige betreute Wohnform (§ 34 SGB VIII),
- die **intensive sozialpädagogische Einzelbetreuung** (§ 35 SGB VIII) sowie

---

168 BT-Drs. 14/3751, S. 39, 45.
169 Vergleichbare Regelungen finden sich in § 9 Abs. 1, 2 LPartG.
170 BeckOK BGB/Veit BGB § 1687b Rn. 13.
171 Staudinger/Salgo BGB § 1688 Rn. 14; MüKoBGB/Hennemann BGB § 1688 Rn. 4.

- stationäre Formen der **Eingliederungshilfe** für seelisch behinderte Kinder und Jugendliche (§ 35 a Abs. 2 Nrn. 3, 4 SGB VIII).[172]

Nicht erfasst wird dagegen die Unterbringung in einem **Internat**.[173]

Angelegenheiten des täglichen Lebens sind ebenso wie in § 1687 Abs. 1 S. 3 BGB zu definieren.[174] Von vornherein ausgenommen sind damit Angelegenheiten von erheblicher Bedeutung, worunter z.B. der Umgang des Kindes mit seinen Eltern fällt.[175]

Zudem bestehen die Rechte der Pflegepersonen nur gegenüber **Dritten**, nicht gegenüber den Eltern. Das ergibt sich daraus, dass die Pflegeperson unmittelbar zwar die Sorgeberechtigten, nicht aber das Kind vertreten kann.

> **Praxishinweis:**
> Deshalb ist eine Geltendmachung von **Unterhaltsansprüchen** gegenüber sorgeberechtigten Eltern ausgeschlossen.[176]

Die Befugnisse nach § 1688 Abs. 1 und 2 BGB können nach dessen Abs. 3 S. 1 durch die Sorgeberechtigten **eingeschränkt oder ausgeschlossen** werden. Geschieht das in einem Umfang, der eine dem Wohl des Kindes oder Jugendlichen entsprechende Erziehung nicht mehr gewährleistet, soll gem. § 37 Abs. 3 SGB VIII ebenso wie bei sonstigen Meinungsverschiedenheiten das Jugendamt eingeschaltet werden. Dieses hat zwischen der Pflegeperson und den Sorgeberechtigten zu vermitteln und ggf. das Familiengericht anzurufen.[177]

e) Ausübung des Wächteramts durch Familiengerichte

Nach Art. 6 Abs. 2 S. 2 GG hat die staatliche Gemeinschaft über die Betätigung des Elternrechts zu wachen. Dieses sog. **Wächteramt** wird im Zivilrecht ausgeübt durch die Familiengerichte, im Recht der Kinder- und Jugendhilfe durch die Jugendämter.[178]

Die zentrale Vorschrift für die Ausübung des Wächteramts durch die Familiengerichte ist § 1666 BGB. Die §§ 1666a f. BGB beziehen sich auf diese Vorschrift. Wird das Kindeswohl dadurch gefährdet, dass sorgeberechtigte Eltern das Kind von Dritten wegnehmen wollen, z.B. von Pflegepersonen im Fall der Familienpflege, kommt eine **Verbleibensanordnung** nach § 1632 Abs. 4 oder § 1682 BGB in Betracht.

Dabei kann eine Kindeswohlgefährdung aus einer Gefährdung des **körperlichen, geistigen oder seelischen Wohls**, also dem Bereich der Personensorge, oder aus

---

172 Zu diesen Leistungen vgl. V. 9. b) bb) (3) bzw. V. 10. b).
173 MüKoBGB/Hennemann BGB § 1688 Rn. 8.
174 Dazu s.o. unter aa).
175 OLG Koblenz BeckRS 2016, 121464.
176 Grüneberg/Götz BGB § 1688 Rn. 4.
177 BeckOK SozR/Winkler SGB VIII § 37 Rn. 24. Das Familiengericht kann dann v.a. Maßnahmen nach §§ 1666 ff. BGB treffen, vgl. dazu unter e) aa).
178 Zu Art. 6 Abs. 2 GG s.o. unter II. 1. d) hh); zu den Aufgaben des Jugendamts im Zusammenhang mit einer möglichen Gefährdung des Kindeswohls s. unter V. 5.

IV. Familienrecht

einer Gefährdung des Kindsvermögens, also dem Bereich der Vermögenssorge herrühren.

Schwerpunkte der folgenden Ausführungen sollen wegen der besonderen Bedeutung für die Kindheitspädagogik Gefährdungen im Bereich der Personensorge bilden.

> **Praxishinweis:**
>
> Zweck der Ausübung des Wächteramts ist stets, das **Kind zu schützen**, nicht die Sanktionierung eines in der Vergangenheit liegenden Fehlverhaltens. Das unterscheidet das Gefahrenabwehrrecht vom Strafrecht. Deshalb stehen selbst schwere Verletzungen des Kindes einem Verbleib im elterlichen Haushalt nicht entgegen, wenn die Gefährdungslage dort sicher beseitigt ist.[179]

aa) Generalklausel

Wird das körperliche, geistige oder seelische Wohl des Kindes oder sein Vermögen gefährdet und sind die Eltern nicht gewillt oder nicht in der Lage, die Gefahr abzuwenden, so hat das Familiengericht nach **§ 1666 Abs. 1 BGB** die Maßnahmen zu treffen, die zur Abwendung der Gefahr erforderlich sind.

Die Vorschrift schützt minderjährige Kinder, einschließlich des nasciturus, also des ungeborenen Kindes.[180] Sie erlaubt Eingriffe in das **Sorgerecht** der Eltern und ist aufgrund einer Verweisung in (§ 1813 Abs. 1 i.V.m.) § 1802 Abs. 2 S. 3 BGB auch auf Vormünder und Pfleger anzuwenden.

(1) Begriff der Kindeswohlgefährdung

Eine Gefährdung des Kindeswohls liegt vor, wenn eine gegenwärtige oder zumindest **unmittelbar bevorstehende** Gefahr für die Entwicklung des Kindes abzusehen ist, bei deren Fortdauer sich eine **erhebliche Schädigung** des körperlichen, geistigen oder seelischen Wohls mit **hinreichender Wahrscheinlichkeit** voraussehen lässt.[181]

Dabei besteht eine **Wechselwirkung** zwischen der Wahrscheinlichkeit des Schadenseintritts und der Schwere des befürchteten Schadens: An die Wahrscheinlichkeit sind umso geringere Anforderungen zu stellen, je schwerer der drohende Schaden wiegt.[182]

Die Annahme der hinreichenden Gefährdung muss auf **konkreten Verdachtsmomenten** beruhen. Eine nur abstrakte Gefährdung genügt nicht.[183]

Schließlich muss die Gefährdung **nachhaltig und schwerwiegend** sein. Denn die durch Art. 6 Abs. 2 S. 1 GG garantierte primäre Entscheidungszuständigkeit der

---

[179] Vgl. BVerfG NJW 2017, 1295 (1298) = BeckRS 2017, 102492; Güneberg/Götz BGB § 1666 Rn. 14.
[180] MüKoBGB/Lugani BGB § 1666 Rn. 42; Grüneberg/Götz BGB § 1666 Rn. 5 m.w.N.
[181] BVerfG NJW 2010, 2333 (2335) = BeckRS 2010, 46769; Schmidt, Familienrecht, Rn. 873; MüKoBGB/Lugani BGB § 1666 Rn. 50 m.w.N.
[182] BGH NJW 2019, 1435 (1436) = BeckRS 2019, 2883; NJW 2017, 1032 (1033) = BeckRS 2016, 21100.
[183] BGH NJW 2019, 1435 (1436) = BeckRS 2019, 2883; NJW 2017, 1032 (1033) = BeckRS 2016, 21100.

Eltern für Pflege und Erziehung ihrer Kinder beruht nach der Rechtsprechung des BVerfG auf der Erwägung, dass die Interessen des Kindes am besten von den Eltern wahrgenommen werden. Dabei wird die Möglichkeit in Kauf genommen, dass das Kind durch einen Entschluss der Eltern Nachteile erleidet, die im Rahmen einer nach objektiven Maßstäben getroffenen Erziehungsentscheidung vielleicht vermieden werden könnten. Denn die Eltern bzw. deren sozio-ökonomischen Verhältnisse gehören grundsätzlich zum Lebensrisiko des Kindes. Zum Wächteramt des Staates zählt nicht die Aufgabe, für eine den Fähigkeiten des Kindes bestmögliche Förderung zu sorgen.[184]

Eine **nicht optimale Elternbetreuung** hat damit Vorrang vor einer – wenn auch qualifizierten – Fremdbetreuung. Weit weniger als die Familiengemeinschaft, in der die Eltern und das Kind existenziell verbunden sind, ist die staatliche Gemeinschaft in der Lage, unter allen Umständen die bestmögliche Förderung des Kindes zu gewährleisten.[185]

> Praxishinweis:
>
> Vor diesem Hintergrund muss die Kinder- und Jugendhilfe versuchen, gemeinsam mit den Eltern – und nicht gegen die Eltern – gute Lösungen für ein Kind zu entwickeln.

Fallgruppen der Kindeswohlgefährdung sind Misshandlung bzw. Vernachlässigung, Unterlassen notwendiger medizinischer Maßnahmen, Fehler im Zusammenhang mit Schule und Ausbildung, Namens- und Statusfragen sowie Umgangsvereitelung.

Unter **Misshandlungen** fallen zunächst Körperverletzungen, die nach § 1631 Abs. 2 BGB als Erziehungsmittel verboten sind. Auch das Pucken von Säuglingen bzw. Kleinkindern[186] und die gem. § 226a StGB strafbare Genitalverstümmelung bei Mädchen[187] sind in diesem Zusammenhang zu nennen. Nicht nur körperliche, sondern v.a. seelische Schäden können durch sexuellen Missbrauch entstehen, der freilich grundsätzlich bewiesen sein muss.[188]

Eine **Vernachlässigung** kann vorliegen bei mangelhafter Bekleidung, Ernährung oder extremen Hygienemängeln. Allerdings ist große Zurückhaltung geboten, wenn es um allgemeine hygienische Prinzipien geht, etwa das tägliche Waschen oder Zähne putzen.[189]

Das **Unterlassen medizinischer Maßnahmen** im diagnostischen oder therapeutischen Bereich kann unabhängig davon eine Kindeswohlgefährdung sein, ob es auf Nachlässigkeit oder z.B. auf einer religiös motivierten Ablehnung von Bluttransfusionen beruht.

---

184 BVerfG NJW 2010, 2333 = BeckRS 2010, 46769; MüKoBGB/Lugani BGB § 1666 Rn. 52 m.w.N.
185 JurisPK/Thormeyer BGB § 1666 Rn. 22; ebenso bereits BayObLG NJW-RR 1993, 1224 (1225) = BeckRS 2011, 3622.
186 MüKoBGB/Lugani BGB § 1666 Rn. 60.
187 Grüneberg/Götz BGB § 1666 Rn. 21.
188 Grüneberg/Götz BGB § 1666 Rn. 18.
189 OLG Hamm ZfJ 2002, 149 = BeckRS 2001, 31160406; Grüneberg/Götz BGB § 1666 Rn. 20.

IV. Familienrecht

Auch das Vortäuschen von Krankheiten des Kindes durch künstlich herbeigeführte Symptome (Münchhausen-Stellvertreter-Syndrom bzw. **Münchhausen-by-proxy-Syndrom**) ist regelmäßig eine Gefährdung des Kindeswohls.[190]

Dagegen begründet die Nichtteilnahme an sog. **U-Untersuchungen** keine Kindeswohlgefährdung, unabhängig davon, ob diese nach Landesrecht verpflichtend sind.[191] Ebenso stellt die Verweigerung empfohlener oder gesetzlich vorgeschriebener Impfungen, die der Volksgesundheit dienen, keine Kindeswohlgefährdung dar.[192]

Im Bereich von **Schule und Ausbildungen** kommen verschiedene Gefährdungen in Betracht. Hierzu gehören erhebliche Schulfehlzeiten ohne triftigen Grund ebenso wie die Wahl einer Schulform, die das Kind erheblich über- oder unterfordert. Dagegen kann im Bereich der frühkindlichen Bildung nicht über § 1666 Abs. 1 BGB eine verfassungsrechtlich nicht vorgesehene Kindergartenpflicht konstruiert werden. Auch die Auswanderung in ein Land ohne Schulpflicht stellt nach zutreffender Ansicht keine Kindeswohlgefährdung dar.[193]

Mit Blick auf **Namens- und Statusfragen** können unvollständige Geburtsanzeigen und das Nichtbetreiben der Vaterschaftsfeststellung durch die Mutter eine Kindeswohlgefährdung begründen. Im Verhältnis zum Kind darf die Mutter den Namen des (mutmaßlichen) Vaters nicht verschweigen.[194]

Eine **Umgangsvereitelung** kann schließlich eine seelische Kindeswohlgefährdung darstellen. Denn Umgangskontakte zu beiden Eltern gehören zum Wohl des Kindes und sind für eine gesunde seelische Entwicklung in jeder Entwicklungsstufe notwendig.[195] Bindungs- und Kontaktabbrüche sind, wo immer möglich, zu vermeiden.

Diese Fallgruppen sind **keinesfalls abschließend**. So kann eine Kindeswohlgefährdung auch vor dem Hintergrund einer **psychischen Erkrankung** der Eltern, z.B. aufgrund von **Drogensucht** oder **Alkoholismus** bestehen. Entscheidend sind die Umstände des Einzelfalls. So begründet der Umstand, dass Eltern Raucher sind, ggf. dann eine Kindeswohlgefährdung, wenn das Kind asthmagefährdet ist.[196] Erziehungsfehler, die eine Kindeswohlgefährdung begründen können, sind z.B. eine erstickende Erziehungshaltung (sog. **overprotection**) sowie eine **Parentifizierung**, bei der ein Rollentausch zwischen Kind und Elternteil erfolgt, und bei der es dazu kommen kann, dass ein Elternteil idealisiert, der andere dagegen abgewertet wird.[197] Auch schwere innerfamiliäre Konflikte zwischen den nach **islamischer Moral und Sitte** lebenden Eltern und ihren sich der westlichen Lebensweise zuwendenden Kindern können eine Kindeswohlgefährdung begründen.[198]

---

190 OLG Celle FamRZ 2006, 1478 = BeckRS 2006, 03057; Grüneberg/Götz BGB § 1666 Rn. 11.
191 So zu Recht OLG Frankfurt NJW-RR 2014, 259 (260) = BeckRS 2013, 17544.
192 MüKoBGB/Lugani BGB § 1666 Rn. 85.
193 Ebenso Grüneberg/Götz BGB § 1666 Rn. 17 m.w.N.
194 MüKoBGB/Lugani BGB § 1666 Rn. 113; Grüneberg/Götz BGB § 1666 Rn. 15.
195 OLG Hamm NJW-RR 2010, 1375 = BeckRS 2010, 13639
196 Grüneberg/Götz BGB § 1666 Rn. 12; MüKoBGB/Lugani BGB § 1666 Rn. 117 m.w.N.
197 Grüneberg/Götz BGB § 1666 Rn. 13; MüKoBGB/Lugani BGB § 1666 Rn. 114.
198 AG Korbach FPR 2003, 334 (335).

> Praxishinweis:
> Im Zusammenhang mit der Nutzung von **Smartphones** und anderen sog. neuen Medien kann eine Kindeswohlgefährdung bestehen, wenn Dritte über WhatsApp einen gefährdenden Einfluss ausüben (z.B. durch „Sexting") und die Eltern keine geeigneten Maßnahmen ergreifen.
> Gleiches gilt bei Nutzung nicht altersgerechter Apps und Filme bzw. wenn Eltern nichts unternehmen, obwohl Jugendliche Kinderpornographie und gewaltverherrlichende Videos „tauschen".[199]

In Bezug auf eine **Vermögensgefährdung** enthält § 1666 Abs. 2 BGB Regelbeispiele.

(2) Vorrang der elterlichen Selbsthilfe

Vorrang der elterlichen Selbsthilfe bedeutet, dass gerichtliche Maßnahmen erst dann zulässig sind, wenn die Eltern die Gefahr nicht abwenden **wollen** oder nicht abwenden **können**.

Dabei können die Eltern für die Abwendung der Gefahr die **Hilfe Dritter** nutzen. Das machen sie z.B., wenn sie mit dem Kind zum Arzt gehen, um eine Gefährdung des körperlichen Wohls abzuwenden.

Letztlich können Eltern auch dadurch eine Gefahr abwenden, dass sie beim Jugendamt einen Antrag auf **Hilfe zur Erziehung** stellen. Das gilt unabhängig davon, ob es sich um eine ambulante, teilstationäre oder stationäre Hilfeform handelt.[200]

(3) Maßnahmenkatalog

Liegt eine Gefahr vor und wird diese von den Eltern nicht abgewendet, so ist das Familiengericht nach § 1666 Abs. 1 BGB verpflichtet, die **erforderlichen Maßnahmen** zu treffen.

Dazu gehören nach § 1666 Abs. 3 BGB insbesondere

- Gebote, öffentliche Hilfen wie zum Beispiel Leistungen der Kinder- und Jugendhilfe und der Gesundheitsfürsorge in Anspruch zu nehmen,
- Gebote, für die Einhaltung der Schulpflicht zu sorgen,
- Verbote, vorübergehend oder auf unbestimmte Zeit die Familienwohnung oder eine andere Wohnung zu nutzen, sich in einem bestimmten Umkreis der Wohnung aufzuhalten oder zu bestimmende andere Orte aufzusuchen, an denen sich das Kind regelmäßig aufhält,
- Verbote, Verbindung zum Kind aufzunehmen oder ein Zusammentreffen mit dem Kind herbeizuführen,
- die Ersetzung von Erklärungen des Inhabers der elterlichen Sorge sowie
- die teilweise oder vollständige Entziehung der elterlichen Sorge.

---

199 Dazu Schmidt ZKJ 2020, 136 (137) m.w.N.
200 Zur Hilfe zur Erziehung s. unter V. 9.

Hierbei handelt es sich um **Regelbeispiele**. Das wird durch das Wort „insbesondere" deutlich, mit dem „vor allem, aber nicht nur" gemeint ist. Das Familiengericht kann also auch andere, nicht ausdrücklich aufgeführte Maßnahmen anordnen.

Die Maßnahmen können zeitlich befristet werden.[201] In Angelegenheiten der Personensorge können sie nicht nur gegenüber Eltern, Vormündern bzw. Pflegern und dem Kind, sondern nach § 1666 Abs. 4 BGB auch **gegenüber Dritten** Wirkung entfalten. Das gilt v.a. für den Schutz der Familienwohnung und für Kontaktverbote. So kann z.B. gegenüber einem Sexualstraftäter ein Wohnortwechsel durchgesetzt werden.[202]

(4) Verhältnismäßigkeit

Maßnahmen, mit denen eine Trennung des Kindes von der elterlichen Familie verbunden ist bzw. mit denen einem Elternteil die Nutzung der Familienwohnung untersagt werden soll, sind nach § 1666a Abs. 1 S. 1, 2 BGB nur zulässig, wenn der Gefahr nicht auf andere Weise, auch nicht durch öffentliche Hilfen, begegnet werden kann. Die gesamte Personensorge darf nach § 1666a Abs. 2 BGB nur entzogen werden, wenn andere Maßnahmen erfolglos geblieben sind oder wenn anzunehmen ist, dass die zur Abwendung der Gefahr nicht ausreichen. Der Gesetzgeber will damit den **Grundsatz der Verhältnismäßigkeit** für besonders einschneidende Eingriffe in das Elternrecht unterstreichen.

Rechtspolitisch ist die Vorschrift allerdings verfehlt. Denn sie könnte zu dem Trugschluss führen, dass der Grundsatz der Verhältnismäßigkeit – und damit auch der Vorrang öffentlicher Hilfen – bei anderen Maßnahmen als der Familientrennung, Wohnungszuweisung bzw. vollständigen Entziehung der Personensorge nicht beachtet werden müsste. Das wäre indes ein schwerer Fehler. Denn vor dem Hintergrund von Art. 6 Abs. 2 S. 1 GG muss **jeder Eingriff in die elterliche Sorge** verhältnismäßig sein, also einen legitimen Zweck verfolgen, geeignet, erforderlich und angemessen sein.[203] Das verdeutlicht auch § 1666 Abs. 1 BGB, wonach das Familiengericht die „erforderlichen" Maßnahmen zur Abwendung der Gefahr trifft.

Maßnahmen nach §§ 1666 ff. BGB verfolgen i.d.R. einen **legitimen Zweck** und sind **geeignet**, das Wohl des Kindes zu schützen.

Dagegen führt die **Erforderlichkeit** dazu, dass nicht die elterliche Sorge (oder ein Teil derselben) entzogen werden darf, wenn es ausreicht, die Eltern zu verpflichten, öffentliche Leistungen in Anspruch zu nehmen. Ist ein Entzug der Gesundheitssorge ausreichend, darf nicht die gesamte Personensorge entzogen werden. Und wenn ein Entzug der Personensorge ausreichend ist, darf nicht die Vermögenssorge entzogen werden. Auch die Erteilung einer Sorgerechtsvollmacht gegenüber dem Jugendamt kann die Erforderlichkeit von Maßnahmen nach § 1666 Abs. 3 BGB entfallen lassen.[204]

---

201 Grüneberg/Götz BGB § 1666 Rn. 30.
202 Grüneberg/Götz BGB § 1666 Rn. 41 m.w.N.
203 So auch BeckOGK/Burghart BGB § 1666a Rn. 3; zum Verhältnismäßigkeitsgrundsatz s. unter II. 1. c).
204 MüKoBGB/Lugani BGB § 1666 Rn. 161 m.w.N.

Im Rahmen der **Angemessenheit** ist schließlich eine Abwägung zwischen dem erstrebten Ziel einerseits und den Rechten von Eltern und Kind andererseits vorzunehmen. Dabei ist u.a. zu berücksichtigen, dass die Trennung von Eltern und Kind erhebliche negative Konsequenzen haben kann, v.a. in psychischer Hinsicht.

Vor diesem Hintergrund geht die Rechtsprechung davon aus, dass eine Trennung des Kindes von der elterlichen Familie bzw. ein (teilweiser oder vollständiger) Entzug der elterlichen Sorge nur bei einer **besonders hohen Wahrscheinlichkeit** des Schadenseintritts verhältnismäßig ist. Der Schaden muss dann mit ziemlicher Sicherheit eintreten, während für die Anordnung weniger einschneidender Maßnahmen bereits eine hinreichende Wahrscheinlichkeit genügt.[205]

> **Beispiel:**
>
> Wenn Eltern eine lebensrettende **Bluttransfusion** ablehnen, kommen Maßnahmen nach § 1666 Abs. 3 Nrn. 1, 5 und 6 BGB in Betracht: Den Eltern kann aufgegeben werden, die erforderlichen Leistungen der Gesundheitsfürsorge in Anspruch zu nehmen (Nr. 1). Das Familiengericht kann die Einwilligung der Eltern in die medizinische Behandlung ersetzen (Nr. 5). Letztlich könnten auch die Gesundheitssorge und das Aufenthaltsbestimmungsrecht oder die gesamte Personensorge entzogen und ein Ergänzungspfleger bestellt werden (Nr. 6). Alle diese Maßnahmen dürften **geeignet** sein.
> Geht man davon aus, dass die Eltern einer Anordnung nach § 1666 Abs. 3 Nr. 1 BGB folgen würden, wären weitergehende Maßnahmen (Nrn. 5, 6) nicht **erforderlich**. Selbst wenn die Eltern einer solchen Anordnung nicht nachkämen und das Kind im Fall einer Ersetzung ihrer Einwilligung nach § 1666 Abs. 3 Nr. 5 BGB nicht in das Krankenhaus bringen würden, wäre ein Entzug von Aufenthaltsbestimmungsrecht und Gesundheitssorge ausreichend. Der Entzug der gesamten Personensorge wäre in keinem Fall erforderlich. Er würde daher ausscheiden.
> Die **Angemessenheit** der erforderlichen Maßnahmen würde in Anbetracht des drohenden Schadens (Leib und Leben des Kindes) keinen Bedenken begegnen.

bb) Verbleibensanordnung

Bei der Verbleibensanordnung nach § 1632 Abs. 4 bzw. § 1682 BGB handelt es sich im Rahmen des jeweiligen Anwendungsbereichs um gegenüber den §§ 1666 ff. BGB vorrangige **Spezialnormen**.

Hat das Familiengericht eine Verbleibensanordnung ausgesprochen, können die **Entscheidungsbefugnisse der Pflegeperson** gem. § 1688 Abs. 4 BGB nur durch das Gericht, nicht aber durch den Inhaber der elterlichen Sorge eingeschränkt oder ausgeschlossen werden.[206]

---

[205] BVerfG NJW 2017, 1295 (1297) = BeckRS 2017, 102492; BGH NJW 2019, 1435 (1437) = BeckRS 2019, 2883; MüKoBGB/Lugani BGB § 1666 Rn. 162 m.w.N.
[206] Zu den Entscheidungsbefugnissen nach § 1688 BGB s.o. unter 2. d) bb).

(1) Bei Familienpflege

Grundsätzlich können sorgeberechtigte Eltern ein Kind, das in Familienpflege lebt, wieder zu sich nehmen. Denn das Pflegekinderverhältnis ist **auf Zeit angelegt** und hat die Rückführung zu den leiblichen Eltern zum Ziel.[207]

Lebt ein Kind allerdings seit längerer Zeit in Familienpflege und würde durch die Wegnahme das **Kindeswohl gefährdet**, so kann das Familiengericht nach § 1632 Abs. 4 S. 1 BGB auf Antrag der Pflegeperson oder von Amts wegen anordnen, dass das Kind bei der Pflegeperson verbleibt.

Die Vorschrift wird gem. (§ 1813 Abs. 1 i.V.m.) § 1795 Abs. 1 S. 3 BGB auf Herausgabeverlangen von Vormündern bzw. Pflegern angewendet und ermöglicht über ihren Wortlaut hinaus auch die **Rückführung in den Haushalt der Pflegeeltern** nach erfolgter Herausnahme, solange zwischen Herausnahme und Einleitung des Verfahrens nach § 1632 Abs. 4 BGB ein unmittelbarer zeitlicher Zusammenhang besteht.[208]

Der Begriff der **Familienpflege** umfasst neben der Vollzeitpflege nach § 33 SGB VIII die Bereitschaftspflege nach einer Inobhutnahme gem. § 42 SGB VIII und die Adoptionspflege nach § 1744 BGB. Dagegen wird die Heimerziehung oder sonstige betreute Wohnform nach § 34 SGB VIII ebenso wenig umfasst wie stationäre Formen der intensiven sozialpädagogischen Einzelbetreuung nach § 35 SGB VIII. Erforderlich ist stets ein „Pflegeverhältnis familienähnlicher Art".[209]

Hinsichtlich der **zeitlichen Komponente** ist auf kindliche Zeitvorstellungen und darauf abzustellen, inwieweit das Kind den leiblichen Eltern entfremdet ist, weil es im Pflegeverhältnis eine neue Bezugswelt gefunden und Bindungen entwickelt hat.[210] Das führt dazu, dass bei einem jüngeren Kind bereits ein halbes Jahr ausreichen kann, während dies bei einem älteren Kind anders ist. Auch eine längere Pflegedauer kann unberücksichtigt bleiben, wenn sich das Kind noch nicht eingelebt hat.[211]

Soll das Kind nach der **Herausnahme in den elterlichen Haushalt** aufgenommen werden, kann die Verbleibensanordnung nur ergehen, wenn andernfalls eine Kindeswohlgefährdung i.S.v. § 1666 Abs. 1 BGB gegeben wäre.[212] Mit anderen Worten: Dieselben hohen Hürden, die dafür bestehen, ein Kind gegen den Willen der sorgeberechtigten Eltern stationär unterzubringen, finden im umgekehrten Fall Anwendung, wenn eine Herausgabe an des Kindes an die Sorgeberechtigten verhindert werden soll.

---

207 Grüneberg/Götz BGB § 1632 Rn. 13 m.w.N.
208 BGH NJW 2017, 472 (473) = BeckRS 2016, 20744; Grüneberg/Götz BGB § 1632 Rn. 13 m.w.N.
209 BeckOK BGB/Veit, § 1632 Rn. 74f.; Grüneberg/Götz BGB § 1632 Rn. 13; MüKoBGB/Huber BGB § 1632 Rn. 40 m.w.N.
210 MüKoBGB/Huber BGB § 1632 Rn. 41 m.w.N.
211 MüKoBGB/Huber BGB § 1632 Rn. 41; Grüneberg/Götz BGB § 1632 Rn. 13 m.w.N.
212 St. Rspr., vgl. nur BVerfG BeckRS 2011, 47208; BeckOK BGB/Veit, § 1632 Rn. 80f. m.w.N. Ein anderer Maßstab gilt dann, wenn eine Herausgabe an Dritte beabsichtigt ist: In solchen Fällen muss eine Kindeswohlgefährdung mit hinreichender Sicherheit ausgeschlossen sein, vgl. Grüneberg/Götz BGB § 1632 Rn. 15 m.w.N.

Entsprechend scheitert ein Herausgabeverlangen nicht bereits deshalb, weil die Pflegepersonen besser erziehungsgeeignet erscheinen als die leiblichen Eltern oder das Kind in ihnen seine sozialen Eltern gefunden hat und durch die Herausnahme die gewohnte Umgebung verlieren würde.[213] Vielmehr ist eine **umfassende Abwägung** erforderlich. Kriterien dafür sind u.a.

- der Grad der Verwurzelung des Kindes in der Pflegefamilie,
- die Bindungen zu seinen (rechtlichen) Eltern,
- die Rahmenbedingungen, die das Kind dort vorfinden würde und
- der Wille des Kindes.[214]

Insbesondere an die **erzieherischen Kompetenzen** der Eltern dürfen keine überzogenen Anforderungen gestellt werden. Denn den Staat trifft nach der Fremdunterbringung eine gesteigerte Pflicht, die Eltern durch Leistungen nach dem SGB VIII zu unterstützen.[215]

Soweit eine Kindeswohlgefährdung bejaht wird, hat das Gericht unter Beachtung des **Verhältnismäßigkeitsgrundsatzes** zu entscheiden, ob diese von vornherein befristet werden kann. Dieser Gedanke liegt auch dem im Jahr 2021 neu geschaffenen Regelung des § 1632 Abs. 4 S. 2 BGB zugrunde, die es dem Familiengericht erlaubt, eine **Dauerverbleibensanordnung** auszusprechen, wenn sich trotz angebotener und nach den Umständen des Einzelfalls geeigneter Beratungs- und Unterstützungsmaßnahmen die Erziehungsverhältnisse bei den Eltern innerhalb eines im Hinblick auf die Entwicklung des Kindes vertretbaren Zeitraums nicht nachhaltig verbessert haben, eine solche Verbesserung mit hoher Wahrscheinlichkeit auch künftig nicht erwartet werden kann und die Anordnung zum Wohl des Kindes erforderlich ist. Diese Voraussetzungen sind im Lichte von Art. 6 Abs. 2 GG eng auszulegen. Ohnehin kann eine Dauerverbleibensanordnung nach denselben Maßstäben wie eine einfache Verbleibensanordnung aufgehoben werden, so dass auch in diesen Fällen eine Rückkehroption besteht.[216] Soweit eine Vormundschaft oder Pflegschaft besteht, kommt eine Dauerverbleibensanordnung nicht in Betracht, weil § 1795 Abs. 1 S. 3 BGB nur auf § 1632 Abs. 4 S. 1 BGB verweist.

> **Praxishinweis:**
>
> Soweit eine (Dauer-)Verbleibensanordnung erlassen wird, ist gleichzeitig daran zu denken, den **Umgang** von Eltern und Kind zu regeln. Dies kann von Amts wegen geschehen. Denn die Wertung des § 1626 Abs. 3 S. 1 BGB gilt gerade dann, wenn das Kind nicht bei den Eltern lebt.[217]
> Im umgekehrten Fall kommt eine Umgangsregelung zugunsten früherer Pflegepersonen nach § 1685 Abs. 2 BGB in Betracht.[218]

---

213 Grüneberg/Götz BGB § 1632 Rn. 14 m.w.N.
214 Vgl. BeckOK BGB/Veit, § 1632 Rn. 86 ff.; MüKoBGB/Huber BGB § 1632 Rn. 50 ff.
215 BVerfG BeckRS 2014, 15448; BeckOK BGB/Veit, § 1632 Rn. 90; Grüneberg/Götz BGB § 1632 Rn. 14 m.w.N.
216 Zur Abänderung gerichtlicher Entscheidungen, insb., zu § 1696 Abs. 3 BGB s. unter 4.
217 Dazu s.o. unter b) dd).
218 Zum Umgangsrecht s. unter 3. c).

(2) Zugunsten Bezugspersonen

Die Verbleibensanordnung nach § 1682 BGB betrifft den Fall, dass ein Kind seit längerer Zeit im Haushalt eines Elternteils gemeinsam mit dessen **Ehegatten** bzw. eingetragenem Lebenspartner, mit einem Großelternteil oder einem volljährigen Geschwisterkind gelebt hat.

Wenn in einer solchen Konstellation der Elternteil, in dessen Haushalt das Kind bisher gelebt hat, z.B. **verstorben** ist, der andere Elternteil deshalb nach Maßgabe von § 1678, § 1680 oder § 1681 BGB allein über den Aufenthalt des Kindes bestimmen darf und das Kind aus dem bisherigen Haushalt wegnehmen will, so kann eine Verbleibensanordnung ergehen, wenn und solange das Kindeswohl durch die Wegnahme gefährdet würde.

Die Voraussetzungen, dass das Kind seit **längerer Zeit** mit der Bezugsperson zusammengelebt haben muss und dass durch die Wegnahme das **Kindeswohl gefährdet** wäre, entsprechen denen der Verbleibensanordnung nach § 1632 Abs. 4 BGB.[219]

Die Verbleibensanordnung nach § 1682 BGB soll dem Kind Gelegenheit geben, sich innerlich auf den Wechsel in den Haushalt des anderen Elternteils einzustellen und ist deshalb stets zu **befristen**.

Im Rahmen der Verhältnismäßigkeitsprüfung ist zudem zu berücksichtigen, in welchem Umfang von Amts wegen ein **Umgangsrecht** angeordnet werden kann.

> Praxishinweis:
>
> Soweit eine befristete Verbleibensanordnung nicht ausreicht, um eine Gefährdung des Kindeswohls abzuwenden, müsste die elterliche Sorge nach Maßgabe der § 1666 Abs. 1, 3 Nr. 6 BGB (teilweise) entzogen werden.[220]

3. Umgangsrecht und Umgangspflicht

Umgangsrechte sind von **zentraler Bedeutung** für die Bindungsfähigkeit des Kindes und für seine seelische Entwicklung. Nach § 1626 Abs. 3 BGB gehört der Umgang mit beiden Elternteilen i.d.R. zum Wohl des Kindes. Gleiches gilt für den Umgang mit anderen Personen, zu denen das Kind Bindungen besitzt, wenn ihre Aufrechterhaltung für seine Entwicklung förderlich ist.[221] Anspruchsgrundlagen auf Umgang enthalten die §§ 1684 ff. BGB.

Unter Umgang ist dabei nicht nur der persönliche Kontakt zu verstehen, der durch Zusammenleben, Besuche oder gemeinsame Ferien ausgeübt werden kann, sondern ebenso der **telefonische, schriftliche und elektronische Kontakt** (z.B. über Skype, WhatsApp und E-Mails).[222]

---

[219] Dazu s.o. unter (1).
[220] Grüneberg/Götz BGB § 1682 Rn. 3; BeckOK BGB/Veit BGB § 1682 Rn. 9.
[221] Dazu s.o. unter 2. b) dd).
[222] JurisPK/Thormeyer BGB § 1684 Rn. 9.

Dabei kann das Familiengericht eine Umgangsregelung **von Amts wegen** treffen, ohne dass es dafür eines Antrags der Umgangsberechtigten bedürfte.[223]

> **Praxishinweis:**
>
> Ein entsprechendes Verfahren kann von Fachkräften aus der **Kindheitspädagogik** angeregt werden, wenn dafür Bedarf besteht. Dafür genügt ein formloses Schreiben an das Gericht. Sinnvoll wäre das z.B. in Fällen, in denen das Kind nach einer Trennung der Eltern den Kontakt zu einem Elternteil zu verlieren droht.

Neben den Umgangsrechten bestehen **Auskunftsrechte** nach § 1686 BGB für die rechtlichen Eltern und nach § 1686a Abs. 1 Nr. 2 BGB für den leiblichen, nicht rechtlichen Vater.

a) Eltern

Der Anspruch von Eltern und Kind auf Umgang miteinander wird durch § 1684 BGB geregelt. Dabei handelt es sich nach dessen Abs. 1 nicht nur um ein **Recht der Eltern**, sondern ebenso um deren Pflicht und um ein **Recht des Kindes**.

Für den berechtigten Elternteil ist das Umgangsrecht **unübertragbar und unverzichtbar**. Verzichtserklärungen sind daher nichtig.[224]

aa) Voraussetzung

Einzige Voraussetzung des Umgangsrechts ist das Bestehen der **Elternschaft**. Anders als bei den übrigen Umgangsrechten ist nicht Anspruchsvoraussetzung, dass der Umgang dem Wohl des Kindes dient.

bb) Wohlverhaltenspflicht

Nach § 1684 Abs. 2 BGB haben die Eltern alles zu unterlassen, was das Verhältnis des Kindes zum jeweils anderen Elternteil **beeinträchtigt** oder die Erziehung erschwert (sog. Wohlverhaltenspflicht). Entsprechendes gilt, wenn sich das Kind in der Obhut einer anderen Person befindet, z.B. bei den Großeltern, in Vollzeitpflege nach § 33 SGB VIII oder in Heimerziehung nach § 34 SGB VIII.

In der Praxis ist es meist der betreuende Elternteil, der gegen die Wohlverhaltenspflicht verstößt, indem er versucht, das Kind zu vereinnahmen oder den anderen Elternteil als nicht existent erscheinen zu lassen.[225] Solch ein Verhalten ist nicht zu akzeptieren und deutet auf eine **mangelnde Erziehungseignung** hin. Denn im Interesse des Kindes ist die Paar- von der Elternebene zu trennen. Auch wer auf Paarebene enttäuscht ist, sollte das Bedürfnis des Kindes nach stabilen Bindungen zum anderen Elternteil akzeptieren. Dazu gehört, dass man dem Kind ermöglicht, sich dort vorbehaltlos wohl zu fühlen.

---

[223] Grüneberg/Götz BGB § 1626 Rn. 25; § 1684 Rn. 9.
[224] Grüneberg/Götz BGB § 1684 Rn. 2.
[225] Vgl. BeckOK BGB/Veit BGB § 1684 Rn. 50.

> **Praxishinweis:**
> Verstößt ein Elternteil fortlaufend gegen die Wohlverhaltenspflicht, kann dies dazu führen, dass das Kind, das seinerseits durch die Trennung der Eltern belastet ist, sich dem elterlichen Spannungsverhältnis zu entziehen sucht, indem es sich dem betreuenden Elternteil zuwendet, den anderen Elternteil dagegen völlig ablehnt (**Parental Alienation Syndrome – PAS**). Im späten Stadium lässt sich dies nur schwer umkehren, obwohl es sich ohne weiteres um eine Gefährdung des seelischen Wohls des Kindes handelt. Einer entsprechenden Entwicklung gilt es daher frühzeitig entgegenzuwirken – notfalls mit einem Hinweis an Jugendamt und Familiengericht.[226]

cc) Regelung bei Elternstreit

Grundsätzlich müssen sich Eltern über den Umgang ebenso verständigen wie über das Betreuungsmodell und den gewöhnlichen Aufenthalt des Kindes nach der Trennung. Denn aus der fortbestehenden Verantwortung gegenüber dem Kind ergibt sich eine **Pflicht der Eltern**, eine vernünftige Regelung für die Wahrnehmung des Sorge- und Umgangsrechts zu finden.[227]

Nur wenn eine solche Einigung nicht möglich ist, bedarf es einer gerichtlichen Entscheidung. Entsprechend bestimmt § 1684 Abs. 3 S. 1 BGB, dass das **Familiengericht** über den Umfang des Umgangsrechts entscheiden und seine Ausübung auch gegenüber Dritten näher regeln kann.

Maßstab dafür ist das **Kindeswohlprinzip** des § 1697a Abs. 1 BGB. Das Gericht hat also diejenige Entscheidung zu treffen, die unter Berücksichtigung der tatsächlichen Gegebenheiten und Möglichkeiten sowie der berechtigten Interessen der Beteiligten dem Wohl des Kindes am besten entspricht.

Dabei kennt das Gesetz **keine Obergrenze** der Betreuungsanteile von Vater bzw. Mutter. Vielmehr ist auch eine Umgangsregelung möglich, mit der ein paritätisches Wechselmodell durchgesetzt wird.[228]

Beim **Wechselmodell** lebt das Kind zu gleichen Teilen bei beiden Elternteilen. Es ist bei beiden Elternteilen zuhause und wechselt in regelmäßigen Zeitabständen – oft wöchentlich – vom Haushalt der Mutter in den Haushalt des Vaters (und umgekehrt). Das entspricht nicht nur einem **modernen Rollenverständnis** mit einer Teilung von Care-Arbeit und Erwerbstätigkeit, sondern ermöglicht dem Kind, mit beiden Eltern Alltag und Freizeit zu verbringen.

Deshalb ist das Wechselmodell bereits in vielen Ländern der gesetzliche Normalfall und findet auch in Deutschland zunehmend Anhänger. Untersuchungen haben gezeigt, dass es für viele Kinder **weniger belastend** ist, bei beiden Elternteilen ein Kinderzimmer zu haben, als ständig auf gepackten Koffern zu sitzen.[229]

---

[226] Vgl. zum Meinungsstand hinsichtlich des PAS BeckOK BGB/Veit BGB § 1684 Rn. 50.1 m.w.N. Zu Maßnahmen bei Gefährdung des Kindeswohls vgl. 2. e) aa).
[227] BVerfG NJW 1995, 1342 (1343) = BeckRS 9998, 49781; Grüneberg/Götz BGB § 1684 Rn. 40.
[228] BGH NJW 2017, 1815 (1816 f.) = BeckRS 2017, 102353.
[229] Weiterführend Sünderhauf FamRB 2013, 290 ff.; 2013, 327 ff.

Der konservative Gegenentwurf zum Wechselmodell ist das **Residenzmodell**. Hier lebt das Kind vornehmlich bei einem Elternteil. Zwar kann es mit dem anderen Elternteil Umgang ausüben. Dort erlebt es aber nur ein „Freizeitprogramm", nicht den Alltag. Die Trennungsfamilie ist nach dem Motto organisiert „einer betreut, der andere zahlt". Zugespitzt könnte man von einer Fortsetzung der Hausfrauenehe nach Trennung und Scheidung sprechen.

Maßgebliche **Kriterien** für die Ausgestaltung des Umgangs sind Alter und Belastbarkeit des Kindes, die Qualität seiner Bindungen zu den Eltern, aber auch praktische Erwägungen wie die Entfernung zwischen den Wohnorten.[230] Auch der Kindeswille, der mit steigendem Alter an Bedeutung gewinnt, muss berücksichtigt werden. Soweit Anlass zu der Vermutung besteht, dass der Kindeswille durch den betreuenden Elternteil manipuliert wurde, ist jedoch kritisch zu prüfen, ob Kindeswohl und Kindeswille übereinstimmen.[231]

Für die **Anordnung des Wechselmodells** ist zudem eine gewisse Kooperations- und Kommunikationsfähigkeit erforderlich. Andererseits kann das Wechselmodell auch gegen den Willen eines Elternteils angeordnet werden. Denn sonst würde der Elternwille „in sachwidriger Weise über das Kindeswohl gestellt".[232]

Im Fall des Residenzmodells kommen bei kleineren Kindern zum Aufbau einer Bindung häufigere, aber kürzere Besuche in Betracht, während später längere Besuche „am Stück" sinnvoll sind.[233]

> Praxishinweis:
>
> Bei Kindern ab dem Kindergarten- und Grundschulalter enthält die Umgangsregelung häufig einen **Wochenendumgang** (z.B. jedes zweite Wochenende von Freitagnachmittag bis Sonntagabend) einen **Feiertagsumgang** (z.B. erster Weihnachtsfeiertag, Ostersonntag und Pfingstmontag) und einen **Ferienumgang** (z.B. erste drei Wochen der Sommerferien, erste Woche der Herbstferien usw.). Zusätzlich wird oftmals ein Umgang an einem Nachmittag in der Woche ausgeübt.

Eine Regelung des Umgangs mit **Wirkung gegenüber Dritten** kommt in Betracht, wenn das Kind nicht bei den Eltern oder einem Elternteil lebt. So können z.B. Pflegeeltern verpflichtet werden, das Kind herauszugeben oder zum Bahnhof zu bringen.

dd) Umgangspflegschaft

Wird die **Wohlverhaltenspflicht dauerhaft oder wiederholt erheblich verletzt**, kann das Familiengericht gem. § 1684 Abs. 3 S. 3–6 BGB zusätzlich zur Umgangsregelung eine Umgangspflegschaft anordnen. Der Umgangspfleger kann dann die Herausgabe des Kindes zur Durchführung des Umgangs verlangen und für die Dauer des Umgangs dessen Aufenthalt bestimmen.

---

230 OLG Koblenz BeckRS 2017, 131930; Grüneberg/Götz BGB § 1684 Rn. 14.
231 Vgl. BVerfG NJW-RR 2005, 801 (801 f.) = BeckRS 2005, 25457.
232 BGH NJW 2017, 1815 (1817 f.) = BeckRS 2017, 102353.
233 OLG Koblenz BeckRS 2017, 131930; Grüneberg/Götz BGB § 1684 Rn. 14.

> **Praxishinweis:**
> Die Anregung einer Umgangspflegschaft kann sich z.B. anbieten, wenn es bei der Übergabe des Kindes zu Auseinandersetzungen an der Haustür kommt, die das Kind belasten.

ee) Einschränkung oder Ausschluss des Umgangs

Nach § 1684 Abs. 4 S. 1 BGB kann das Familiengericht das Umgangsrecht unabhängig von einer früheren Entscheidung hierüber einschränken oder ausschließen, soweit dies zum Wohl des Kindes erforderlich ist. Maßstab sind **triftige, das Kindeswohl nachhaltig berührende Gründe.**[234] Dabei ist § 1626 Abs. 3 S. 1 BGB zu berücksichtigen, der besagt, dass der Umgang mit beiden Elternteilen in der Regel dem Wohl des Kindes entspricht.

In den meisten Fällen, in denen über das Umgangsrecht gestritten wird, geht es allerdings nicht nur um eine kurzfristige Einschränkung. Vielmehr strebt ein Elternteil eine Einschränkung für längere Zeit oder auf Dauer an. Hierfür gelten gem. § 1684 Abs. 4 S. 2 BGB erhöhte Voraussetzungen: Eine Entscheidung, die das Umgangsrecht oder seinen Vollzug für längere Zeit oder auf Dauer einschränkt oder ausschließt, darf nur ergehen, wenn andernfalls das **Kindeswohl gefährdet** wäre.

Der **Maßstab** der Kindeswohlgefährdung entspricht dem des § 1666 Abs. 1 BGB. Es muss eine gegenwärtige oder zumindest unmittelbar bevorstehende Gefahr für die Entwicklung des Kindes vorliegen, bei deren Fortdauer sich eine erhebliche Schädigung seines körperlichen, geistigen oder seelischen Wohls mit hinreichender Wahrscheinlichkeit voraussehen lässt.[235]

Als Regelbeispiel einer Einschränkung des Umgangs nennt § 1684 Abs. 4 S. 3, 4 BGB den sog. **begleiteten Umgang,** bei dem ein mitwirkungsbereiter Dritter anwesend ist. Häufig handelt es sich hierbei um einen Mitarbeiter des Jugendamts. Dieser kann freilich nur unter den Voraussetzungen des § 1684 Abs. 4 S. 1, 2 BGB angeordnet werden. Eine Anordnung begleiteten Umgangs für längere Zeit ist folglich eine Einschränkung, die nur bei einer Kindeswohlgefährdung rechtmäßig wäre.

> **Beispiele:**
> Eine **Kindeswohlgefährdung,** die zu einer nicht nur kurzfristigen Beschränkung des Umgangsrechts führt, kann abhängig von den Umständen des Einzelfalls vorliegen bei sexuellem Missbrauch des Kindes, schweren psychischen Erkrankungen, Alkoholismus und Drogenabhängigkeit, sofern der Erkrankte sich nicht auf das Kind einstellen kann.

---

[234] Grüneberg/Götz BGB § 1684 Rn. 24.
[235] Dazu s.o. unter 2. e) aa) (1).

> Nicht ausreichend sind demgegenüber Differenzen unter den Eltern. Gleiches gilt für eine eingetretene Entfremdung zwischen Kind und Elternteil, bei der eine behutsame Kontaktaufnahme angebracht ist, die Intensität des Umgangs also schrittweise erhöht werden sollte. Ebenfalls nicht ausreichend ist eine (schwere) Erkrankung des Kindes, wenn der Umgangsberechtigte in der Lage ist, sich um das Kind zu kümmern. Auseinandersetzungen und Missverständnisse zwischen einem (im entschiedenen Fall 14 Jahre alten) Sohn und dessen Elternteil rechtfertigen keine Aussetzung des Umgangsrechts.[236]

Zuletzt muss die Einschränkung oder der Ausschluss **verhältnismäßig** sein.

Insbesondere dürfen keine milderen, ebenso wirksamen Mittel vorliegen. So wäre ein vollständiger Ausschluss des Umgangs **nicht erforderlich** und damit rechtswidrig, wenn ein begleiteter Umgang ausreichen würde, um das Kind zu schützen. Das könnte z.B. bei einem psychisch schwer kranken oder drogenabhängigen Elternteil der Fall sein.

Im Rahmen der **Angemessenheit** ist zu berücksichtigen, dass es sich bei einem Umgangsausschluss um einen schwerwiegenden Eingriff in das Elternrecht handelt. Der Abbruch der Beziehungen ist nur unter ganz außergewöhnlichen Umständen statthaft; er darf keinesfalls ohne vorherige Prüfung einer Umgangspflegschaft oder eines begleiteten Umgangs und nur dann erfolgen, wenn eine Schädigung des Kindes andernfalls mit ziemlicher Sicherheit eintreten würde.[237]

> **Praxishinweis:**
>
> Beachten Sie, dass ein Umgangsausschluss aus Sicht des betroffenen Elternteils noch eine **erheblich einschneidendere Maßnahme** ist als ein vollständiger Entzug der elterlichen Sorge nach § 1666 Abs. 1, 3 Nr. 6 BGB.

ff) Kosten des Umgangs

Die Kosten des Umgangs sind grundsätzlich durch den **umgangsberechtigten Elternteil** zu tragen.[238]

Allerdings soll ein Umgang nicht an beengten finanziellen Verhältnissen scheitern. In Betracht kommt daher die Gewährung von **Grundsicherungsleistungen**, mit denen ein Umgang ermöglicht wird.[239]

b) Großeltern und Geschwister

Großeltern und Geschwister haben nach § 1685 Abs. 1 BGB ein Recht auf Umgang mit dem Kind, wenn der Umgang dem **Kindeswohl** dient. Anders als bei den

---

236 Vgl. zu diesen und weiteren Beispielen Grüneberg/Götz BGB § 1684 Rn. 25 ff.; OLG Celle FamRZ 2007, 662.
237 Vgl. Grüneberg/Götz BGB § 1684 Rn. 36 m.w.N.
238 BGH NJW 2014, 1958 (1961) = BeckRS 2014, 7868; BeckOK BGB/Veit BGB § 1684 Rn. 65 ff. (auch zu der in Ausnahmefällen möglichen direkten oder indirekten Beteiligung des anderen Elternteils).
239 Dazu vgl. Schmidt NJW 2020, 812 ff.; 2014, 2465 ff.; BSG NZS 2020, 180 (180 ff.) m. Anm. Schmidt = BeckRS 2019, 32907.

Eltern ist die Kindeswohldienlichkeit damit bei Großeltern bzw. Geschwistern des Kindes Voraussetzung des Umgangsrechts.

Ob der Umgang dem Kindeswohl dient, ist allein aus dem **Blickwinkel des Kindes** zu beurteilen,[240] für das ein Umgang mit den Großeltern auch dann von Vorteil sein kann, wenn diese mit den Eltern im Streit liegen. Andererseits ist das Erziehungsprimat der Eltern zu beachten. Bei einer Konkurrenz zwischen Eltern- und Großelternumgang geht der Umgang mit den Eltern vor.[241]

Hat das Kind bereits Bindungen zu seinen Großeltern bzw. Geschwistern, kann die Kindeswohldienlichkeit ggf. mit § 1626 Abs. 3 S. 2 BGB begründet werden. Denn danach gehört der Umgang mit Bezugspersonen zum Wohl des Kindes, wenn die Aufrechterhaltung der Bindungen für dessen Entwicklung förderlich ist.

Nach § 1685 Abs. 3 ist **§ 1684 Abs. 2–4 BGB** auf das Umgangsrecht von Großeltern und Geschwistern **entsprechend anwendbar**,[242] allerdings mit der Maßgabe, dass eine Umgangspflegschaft nur angeordnet werden kann, wenn andernfalls die Voraussetzungen von § 1666 Abs. 1 BGB vorlägen.

c) Sonstige enge Bezugspersonen

Auch sonstige enge Bezugspersonen haben nach § 1685 Abs. 2 BGB ein Recht auf Umgang mit dem Kind, wenn dieser dem **Kindeswohl** dient. In vielen Fällen wird sich das mit § 1626 Abs. 3 S. 2 BGB begründen lassen. Denn Bindungs- und Kontaktabbrüche sind für ein Kind grundsätzlich schädlich.

Weitere Voraussetzung ist anders als bei Großeltern und Geschwistern allerdings, dass die Bezugspersonen für das Kind tatsächliche Verantwortung tragen oder getragen haben (**sozial-familiäre Beziehung**). Das ist i.d.R. anzunehmen, wenn sie mit dem Kind längere Zeit in häuslicher Gemeinschaft zusammengelebt haben.

Von § 1685 Abs. 2 BGB erfasst werden damit z.B. **Pflegeeltern**. Gleiches gilt für Väter, deren **Vaterschaft angefochten** wurde und denen deshalb ein Umgangsrecht aus § 1684 Abs. 1 BGB nicht mehr zusteht und für frühere **Stiefeltern**.

Für die **Ausgestaltung** des Umgangs gelten dieselben Maßstäbe wie für die Ausgestaltung des Umgangs mit Großeltern und Geschwistern.

d) Leibliche, nicht rechtliche Väter

Unter einem **leiblichen, nicht rechtlichen Vater** ist der Mann zu verstehen, von dem das Kind biologisch-genetisch abstammt, der jedoch nicht Vater i.S.d. §§ 1592 ff. BGB ist.[243] Leiblicher, nicht rechtlicher Vater kann auch ein **Samenspender** sein.[244]

---

240 OLG Brandenburg NJW-RR 2018, 584 = BeckRS 2018, 3647.
241 Grüneberg/Götz BGB § 1685 Rn. 5 f. m.w.N.
242 Dazu s.o. unter a) bb) bis ee).
243 Zur rechtlichen Vaterschaft s.o. unter 1. a) bb).
244 Vgl. BeckOK BGB/Veit BGB § 1686a Rn. 7 sowie hinsichtlich der gem. § 167a Abs. 1 FamFG erforderlichen eidesstattlichen Versicherung Rn. 43 ff. m.w.N.

Besteht zwischen dem Kind und dem leiblichen Vater bereits eine sozial-familiäre Beziehung, kommt ein Umgangsrecht aus **§ 1685 Abs. 2 BGB** in Betracht.

Unabhängig davon besteht nach **§ 1686a Abs. 1 Nr. 1 BGB**, der auf die Rechtsprechung des EGMR zurückgeht,[245] ein Recht des leiblichen, nicht rechtlichen Vaters auf Umgang mit dem Kind, wenn

- ein anderer Mann rechtlicher Vater ist,
- der leibliche Vater ein ernsthaftes Interesse an dem Kind gezeigt hat und
- der Umgang dem Kindeswohl dient.

Liegt die **rechtliche Vaterschaft eines anderen Mannes** nicht vor, kann der leibliche Vater seine Vaterschaft anerkennen bzw. feststellen lassen. In der Folge hätte er ein Umgangsrecht aus § 1684 Abs. 1 BGB. Ein Wahlrecht zwischen Vaterschaft und „Vaterschaft light" soll nicht bestehen.

Ob das Kind tatsächlich von dem (mutmaßlich) biologischen Vater abstammt, kann das Gericht durch eine molekulargenetische Untersuchung (sog. **DNA-Untersuchung**) prüfen.

Das Erfordernis eines **ernsthaften Interesses** an dem Kind soll der Vermeidung späterer Kontaktabbrüche dienen. Dabei kann das Interesse bereits während der Schwangerschaft bestanden haben, es kann sich aber auch später entwickeln.[246]

Kriterien der **Kindeswohlprüfung** sind neben der Persönlichkeitsentwicklung und Identitätsfindung des Kindes dessen Alter und Resilienz, eine eventuell bestehende seelische Belastung und die Belastbarkeit der (sozialen) Familie.[247] Häufig wird das Gericht hinsichtlich dieser Fragen ein Sachverständigengutachten einholen.[248]

> **Praxishinweis:**
>
> Die meisten Kinder interessieren sich früher oder später für ihre **biologisch-genetische Herkunft**. Ein Umgang mit dem leiblichen, nicht rechtlichen Vater kann deshalb sinnvoll sein. Wird diesem vorgeworfen, dass er mit seinem Verhältnis zur Mutter die Ehe der rechtlichen Eltern gefährdet habe, trifft dieser Vorwurf die Mutter ebenso.

4. Abänderung gerichtlicher Entscheidungen

Die Abänderung gerichtlicher Entscheidungen und gerichtlich gebilligter Vergleiche wird durch § 1696 BGB geregelt. Die Abänderung bezieht sich dabei auf auch **rechtskräftige Beschlüsse**, nicht auf die Möglichkeit, Beschwerde gegen erstinstanzliche Entscheidungen einzulegen.

---

245 Dazu s. BeckOK BGB/Veit BGB § 1686a Rn. 1 m.w.N.
246 Vgl. Grüneberg/Götz BGB § 1686a Rn. 4; BeckOK BGB/Veit BGB § 1686a Rn. 14 ff. m.w.N.
247 Vgl. Grüneberg/Götz BGB § 1686a Rn. 5. Die Forderung, die Vorteile müssten die Nachteile „eindeutig überwiegen", findet im Gesetz keine Stütze, so aber OLG Frankfurt NZFam 2019, 431 (437) m. krit. Anm. Schmidt = BeckRS 2019, 5042; a.A. OLG Brandenburg NZFam 2018, 367 (367) m. Anm. Löhnig = BeckRS 2018, 3681.
248 Die hierfür ggf. erforderliche Entnahme eines Mundschleimhautabstrichs ist von Mutter bzw. Kind gem. § 167a Abs. 2 FamFG zu dulden.

Nach § 1696 Abs. 1 S. 1 BGB können die meisten Entscheidungen zum Sorge- und Umgangsrecht geändert werden, wenn dies aus **triftigen, das Wohl des Kindes nachhaltig berührenden Gründen** angezeigt ist. Dieser Maßstab gilt u.a. für Entscheidungen

- bei Meinungsverschiedenheiten der Eltern nach § 1628 BGB,
- hinsichtlich der Übertragung der alleinigen elterlichen Sorge nach § 1671 BGB und
- hinsichtlich des Umgangsrechts nach §§ 1684 Abs. 1, 1685 Abs. 1, 2 und 1686a Abs. 1 Nr. 1 BGB.

Die Belange des Kindes haben dabei Vorrang vor der Endgültigkeit der bereits getroffenen Entscheidung, so dass nicht nur eine Anpassung an **geänderte tatsächliche Verhältnisse,** sondern auch eine Berücksichtigung von Tatsachen möglich ist, die bei der Entscheidungsfindung zwar vorlagen, dem Gericht aber unbekannt waren.[249] Auch der über längere Zeit bekundete Kindeswille kann ein triftiger Grund für eine Abänderung sein.[250]

> **Praxishinweis:**
>
> Häufig hilft es, zu einer Einigung zwischen den Eltern zu kommen, wenn man darauf hinweist, dass selbst ein (aus Sicht des betroffenen Elternteils günstiger) Beschluss später geändert werden kann.

Maßnahmen zur **Abwendung einer Kindeswohlgefährdung** (sog. kindesschutzrechtliche Maßnahmen) sind von Amts wegen, ohne dass es eines entsprechenden Antrags bedürfte, aufzuheben, wenn die Gefährdung nicht mehr besteht oder die Erforderlichkeit der Maßnahme entfallen ist. Hierzu zählen nicht nur Beschlüsse nach §§ 1666 ff. BGB, sondern ebenso Verbleibensanordnungen nach § 1682 BGB und Einschränkungen des Umgangsrechts nach § 1684 Abs. 4 S. 2 BGB. Für Verbleibensanordnungen nach § 1632 Abs. 4 BGB regelt § 1696 Abs. 3 BGB, dass diese auf Antrag der Eltern aufzuheben sind, wenn die Wegnahme des Kindes von der Pflegeperson das Kindeswohl nicht (mehr) gefährdet.

5. Beistandschaft

Die Beistandschaft ist eine durch §§ 1712 ff. BGB geregelte **Aufgabe des Jugendamts.**

Sie tritt nach § 1712 Abs. 1 i.V.m. § 1714 BGB auf **schriftlichen Antrag** eines Elternteils ein, sobald der Antrag dem Jugendamt zugeht. Antragsberechtigt sind nach § 1713 Abs. 1 BGB u.a. Elternteile, die insoweit allein sorgeberechtigt sind sowie gemeinsam sorgeberechtigte Elternteile, in deren Obhut sich das Kind befindet. Der Antrag kann bereits vor der Geburt des Kindes gestellt werden.[251]

---

249 BVerfG NJW 2005, 1765 (1766) = BeckRS 2005, 25910.
250 Grüneberg/Götz BGB § 1696 Rn. 11.
251 BeckOK BGB/Pöcker BGB § 1713 Rn. 8.

Gegenstand der Beistandschaft ist gem. § 1712 BGB

- die Feststellung der Vaterschaft und/oder
- die Geltendmachung von Unterhaltsansprüchen des Kindes.

Durch die Beistandschaft wird die **elterliche Sorge nicht eingeschränkt**, § 1716 S. 1 BGB.

Die Beistandschaft **endet** nach § 1715 BGB, wenn ihre Voraussetzungen entfallen oder der antragstellende Elternteil dies verlangt.

> **Praxishinweis:**
>
> Das Jugendamt hat der Mutter eines nichtehelichen Kindes nach § 52a Abs. 1 S. 1, 2 Nr. 4 SGB VIII unverzüglich nach der Geburt **Beratung und Unterstützung** insbesondere bei der Vaterschaftsfeststellung und der Geltendmachung von Unterhaltsansprüchen des Kindes anzubieten. In diesem Zusammenhang hat es auch auf die Möglichkeit einer Beistandschaft hinzuweisen.

6. Vormundschaft und Pflegschaft

Soweit sorgeberechtigte Eltern als Entscheidungsträger für ein Kind nicht zur Verfügung stehen, erhält das Kind einen Vormund oder einen Ergänzungspfleger. Der wichtigste Unterschied zwischen Vormundschaft und Ergänzungspflegschaft ist, dass der **Vormund** grundsätzlich eine **Allzuständigkeit** hat, vergleichbar sorgeberechtigten Eltern, deren Sorgerecht nicht eingeschränkt ist. Demgegenüber ist der Ergänzungspfleger nur für Teilbereiche zuständig.

Eine besondere Form der Ergänzungspflegschaft ist die Zuwendungspflegschaft. Für **ungeborene Kinder** kann ebenfalls ein Pfleger bestellt werden. Bei einer Vormundschaft kann seit Inkrafttreten des Gesetzes zur Reform des Vormundschafts- und Betreuungsrechts am 1.1.2023 ein zusätzlicher Pfleger bestellt werden. Ebenso kommt die Übertragung von Sorgeangelegenheiten auf die Pflegeperson als Pfleger in Betracht.

> **Praxishinweis:**
>
> Wenn Sie sich unsicher sind, ob eine Person zum Vormund bestellt wurde oder ob und ggf. mit welchem Wirkungskreis eine Pflegschaft angeordnet wurde, können Sie nach der gem. (§ 168f i.V.m.) § 168b FamFG ausgestellten **Bestellungsurkunde** fragen.[252]

a) Vormundschaft

Die Vormundschaft wird durch §§ 1773 ff. BGB geregelt.

---

[252] Trotz fehlender materiell-rechtlicher Wirkungen der Bestellungsurkunde können bei deren Unrichtigkeit Amtshaftungsansprüche gem. § 839 BGB i.V.m. Art. 34 GG bestehen, vgl. dazu Sternal/Schäder FamFG § 168b Rn. 3.

aa) Voraussetzungen

Ein Minderjähriger erhält nach § 1773 Abs. 1 BGB einen Vormund,

- wenn er nicht unter elterlicher Sorge steht,
- wenn die Eltern weder im Bereich der Personen- noch im Bereich der Vermögenssorge zur Vertretung berechtigt sind und
- wenn sein Familienstand nicht zu ermitteln ist.

Ein Minderjähriger steht **nicht unter elterlicher Sorge**, wenn beide Eltern verstorben sind oder wenn ein allein sorgeberechtigter Elternteil verstirbt und das Familiengericht dem anderen nicht nach § 1680 Abs. 2 BGB die elterliche Sorge übertragen hat. Gleiches gilt bei einem vollständigen Entzug der elterlichen Sorge nach § 1666 Abs. 3 Nr. 6 BGB.

Nicht vertretungsberechtigt sind Eltern bei einem Ruhen der elterlichen Sorge nach §§ 1673 ff. BGB.

Der Familienstand ist nicht zu ermitteln, wenn ein **Findelkind** aufgefunden wird (z.B. in einer Babyklappe) oder wenn unbegleitete minderjährige Ausländer in das Bundesgebiet einreisen und der Verbleib der Eltern unbekannt ist.

> Praxishinweis:
> Wurde den Eltern nur ein Teil der elterlichen Sorge entzogen (z.B. das Aufenthaltsbestimmungsrecht oder die Personensorge), ist nicht Vormundschaft, sondern Ergänzungspflegschaft anzuordnen.

bb) Gesetzliche Amtsvormundschaft

In einigen dieser Fälle tritt gem. § 1751 Abs. 1 S. 2 und §§ 1786 f. BGB kraft Gesetzes eine Vormundschaft des Jugendamts ein, ohne dass es dafür eines Beschlusses des Familiengerichts bedürfte. Man spricht dann von einer gesetzlichen Amtsvormundschaft.

Hierbei handelt es sich um Fälle, in denen

- ein nichtehelich geborenes Kind eines Vormunds bedarf,
- ein Kind nach Anfechtung der Vaterschaft eines Vormunds bedarf,
- in denen die elterliche Sorge nach Einwilligung in eine Adoption des Kindes ruht[253] oder
- in denen eine vertrauliche Geburt vorliegt.

Ein **nichtehelich geborenes Kind** bedarf eines Vormunds, wenn vor der Geburt keine übereinstimmenden Sorgeerklärungen nach § 1626a Abs. 1 Nr. 1 i.V.m. § 1626b Abs. 2 BGB abgegeben wurden und die Mutter bei der Geburt verstirbt oder ihre elterliche Sorge nach §§ 1673 ff. BGB ruht.[254] Ruht die elterliche Sorge

---

253 Dazu s.o. unter 1. b) aa) (5).
254 Grüneberg/Götz BGB § 1786 Rn. 2.

deshalb, weil die Mutter noch minderjährig ist, muss § 1673 Abs. 2 S. 2, 3 BGB beachtet werden.

Die erfolgreiche **Anfechtung der Vaterschaft**[255] führt dazu, dass das Kind einen Vormund braucht, wenn die Mutter nicht lebt oder die elterliche Sorge aus anderen Gründen nicht ausüben kann.

Die Amtsvormundschaft im Fall einer **vertraulichen Geburt** besteht vor dem Hintergrund von § 1674a BGB, der das Ruhen nicht nur der elterlichen Sorge der Mutter, sondern auch des Vaters anordnet. Der Vater hat ohne Kenntnis von Ort und Zeitpunkt der Geburt praktisch ohnehin nicht die Möglichkeit, sein Elternrecht wahrzunehmen. Das gilt selbst dann, wenn er hierzu grundsätzlich bereit wäre und dies dem Kindeswohl dienen würde.[256] Keine gesetzliche Amtsvormundschaft tritt ein bei Kindern, die in einer Babyklappe abgelegt werden.[257]

> **Praxishinweis:**
> Keine gesetzliche Amtsvormundschaft tritt ein, wenn das Familiengericht zuvor einen anderen Vormund bestellt hat. Das kann gem. § 1773 Abs. 2 BGB im Fall einer minderjährigen Mutter bereits vor der Geburt der Fall sein.[258]

Das Jugendamt überträgt die Aufgaben des Vormunds gem. § 55 Abs. 2 SGB VIII einem einzelnen Mitarbeiter. Vor der Übertragung ist das Kind oder der Jugendliche mündlich anzuhören, wenn das nach dessen Alter und Entwicklungsstand möglich ist. Nach § 55 Abs. 3 SGB VIII soll ein in Vollzeit beschäftigter Bediensteter höchstens 50 Vormundschaften führen – eine Zahl, die viel zu hoch ist und die verdeutlicht, dass für das einzelne Kind viel zu wenig Zeit bleibt. Nicht zuletzt deshalb hat das Jugendamt nach § 57 Abs. 4 SGB VIII i.d.R. zu prüfen, ob an seiner Statt die Bestellung eines ehrenamtlichen Vormunds in Betracht kommt.[259]

cc) Bestellte Vormundschaft

Wenn die Voraussetzungen einer Vormundschaft vorliegen, ohne dass eine gesetzliche Amtsvormundschaft gegeben ist, hat das Familiengericht **von Amts wegen** die Vormundschaft anzuordnen, also ohne dass es dafür eines Antrags bedürfte.[260]

Aus dem Beschluss des Gerichts ergibt sich zugleich, wer zum Vormund bestellt wird. Möglich ist gem. § 1774 Abs. 1 BGB die Bestellung einer **natürlichen Person**. Diese kann ehrenamtlich oder berufsmäßig tätig sein. Im letztgenannten Fall spricht das Gesetz von einem Berufsvormund. Außerdem kommt eine **bestellte**

---

255 Dazu s.o. unter 1. a) bb) (2).
256 So ausdrücklich Grüneberg/Götz BGB § 1674a Rn. 4; OLG München FamRZ 2018, 762 (763). Vor dem Hintergrund der Rechte von Vater und Kind dürfte die Regelung mit dem Recht auf Kenntnis der eigenen Abstammung aus Art. 2 Abs. 1 i.V.m. Art. 1 Abs. 1 GG, mit der Gleichberechtigung von Männern und Frauen gem. Art. 3 Abs. 2 GG und mit dem Elternrecht aus Art. 6 Abs. 2 GG kaum zu vereinbaren sein.
257 Oberloskamp/Dürbeck Vormundschaft/Steinbüchel § 22 Rn. 20.
258 Vgl. Grüneberg/Götz BGB § 1786 Rn. 2 bzw. 3.
259 Gleiches gilt, wenn dem Jugendamt sonst Umstände bekannt werden, aus denen sich ergibt, dass die Vormundschaft künftig ehrenamtlich geführt werden kann.
260 Zwar spricht § 1773 Abs. 1 BGB anders als § 1774 in der bis zum 31.12.2022 geltenden Fassung nicht ausdrücklich von einer Anordnung von Amts wegen, eine inhaltliche Änderung ist damit jedoch nicht verbunden, vgl. BT-Drs. 19/24445, S. 188.

Amtsvormundschaft oder eine Vereinsvormundschaft in Betracht, bei der seit dem 1.1.2023 allerdings nicht mehr der vom Landesjugendamt anerkannte Vormundschaftsverein als solcher, sondern ein Mitarbeiter desselben zum Vormund bestellt wird. Ehegatten können gem. § 1775 Abs. 1 BGB gemeinsam zu Vormündern bestellt werden; in diesem Fall spricht man von Mitvormündern.

Bei der Auswahl des Vormunds durch das Familiengericht ist vorrangig ein von den Eltern gem. § 1782 BGB ausgeübtes **Benennungsrecht** zu berücksichtigen. Nach dieser Vorschrift können Eltern, denen im Zeitpunkt ihres Todes die Sorge für die Person und das Vermögen des Kindes zusteht, eine Person oder zwei Ehegatten als Vormund benennen

Die Benennung erfolgt durch **letztwillige Verfügung**, gem. §§ 2231, 2247 BGB also i.d.R. zur Niederschrift eines Notars oder als eigenhändiges Testament. Ohne Zustimmung des Berufenen darf das Benennungsrecht nur aus den in § 1783 BGB genannten Gründen übergangen werden, z.B. wenn die Bestellung dem Wohl des Mündels widersprechen würde oder wenn ein mindestens 14 Jahre altes Mündel der Bestellung widerspricht.

> **Praxishinweis:**
> Eltern ist anzuraten, von dem Benennungsrecht Gebrauch zu machen. Das gilt auch, soweit in der Familie die Vorstellung herrscht, nach dem Tod der Eltern sollten sich **Taufpaten** um das Kind kümmern!

Soweit die Eltern von dem Benennungsrecht keinen Gebrauch gemacht haben bzw. die elterliche Sorge nicht durch Tod der Eltern beendet wurde, hat das **Familiengericht** gem. § 1778 Abs. 1 BGB den Vormund auszuwählen, der am besten geeignet ist, für die Person und das Vermögen des Mündels zu sorgen. Das wird oftmals, aber nicht in allen Fällen ein ehrenamtlicher Vormund sein, der sich für die Führung der Vormundschaft mehr Zeit nehmen kann als Berufs-, Vereins- oder Amtsvormünder. Der Vorrang einer nach Maßgabe von § 1779 Abs. 1 BGB geeigneten natürlichen Person, die zur ehrenamtlichen Führung der Vormundschaft bereit ist, folgt aus § 1779 Abs. 2 BGB.

Bei der Prüfung, welcher Vormund am besten geeignet ist, hat das Familiengericht gem. § 1778 Abs. 2 BGB den Willen des Kindes oder Jugendlichen und dessen **familiäre Beziehungen**, persönliche Bindungen, sein religiöses Bekenntnis und seinen kulturellen Hintergrund ebenso zu berücksichtigen wie den wirklichen oder mutmaßlichen Willen der Eltern und weitere Lebensumstände des Mündels.

Eine vom Familiengericht ausgewählte Person ist nach § 1785 Abs. 1 BGB grundsätzlich **verpflichtet**, die Vormundschaft zu übernehmen, wenn ihr dies unter Berücksichtigung ihrer familiären, beruflichen und sonstigen Verhältnisse zugemutet werden kann. Allerdings hat diese Verpflichtung seit dem 1.1.2023 nur noch Appellcharakter,[261] weil die ausgewählte Person gem. § 1785 Abs. 2 BGB erst bestellt werden darf, nachdem sie sich zur Übernahme der Vormundschaft bereit erklärt hat.

---

261 So Oberloskamp/Dürbeck Vormundschaft/Strube § 7 Rn. 55.

Mit der durch das Familiengericht vorzunehmenden Kindeswohlprüfung korrespondiert eine **Hilfsfunktion des Jugendamtes**, das dem Familiengericht nach § 53 SGB VIII Personen vorzuschlagen hat, die sich im jeweiligen Einzelfall zur Bestellung als Vormund eignen. Das Jugendamt hat den Vorschlag zu begründen und darzulegen, welche Maßnahmen es zur Ermittlung des am besten geeigneten Vormunds unternommen hat. Sofern eine Berufs-, Vereins- oder Amtsvormundschaft vorgeschlagen wird, ist zudem zu begründen, weshalb ein ehrenamtlicher Vormund nicht gefunden werden konnte.

> **Praxishinweis:**
>
> In Anbetracht der großen Bedeutung der Auswahl des Vormunds ist es wichtig, dass sich Jugendamt und Familiengericht für die Suche nach einer geeigneten Person die notwendige Zeit nehmen.[262] Das ist insoweit unproblematisch, als gem. § 1781 i.V.m. § 1774 Abs. 2 BGB ein Vormundschaftsverein oder das Jugendamt für die Zwischenzeit zum **vorläufigen Vormund** bestellt werden kann.

Die Vorgaben der §§ 55 ff. SGB VIII gelten auch bei der bestellten Amtsvormundschaft.[263]

dd) Führung der Vormundschaft

Ebenso wie sorgeberechtigte Eltern hat der Vormund nach § 1789 Abs. 1 BGB das **Recht und** die **Pflicht**, für die Person und das Vermögens des Mündels zu sorgen, einschließlich dessen Vertretung.

Doch während Eltern grundsätzlich die Vermutung für sich haben, die Interessen ihrer Kinder angemessen zu berücksichtigen,[264] ist das bei Vormündern anders. Der Gesetzgeber hat deshalb in § 1788 BGB **Rechte des Mündels** festgeschrieben, die der Vormund zu beachten hat. Hierbei handelt es sich um

- die Förderung seiner Entwicklung und Erziehung zu einer eigenverantwortlichen und gemeinschaftsfähigen Persönlichkeit,
- die Pflege und Erziehung unter Ausschluss von Gewalt, körperlichen Bestrafungen, seelischen Verletzungen und anderen entwürdigenden Maßnahmen,
- den persönlichen Kontakt mit dem Vormund,
- die Achtung seines Willens, seiner persönlichen Bindungen, seines religiösen Bekenntnisses und kulturellen Hintergrunds sowie
- die Beteiligung an Angelegenheiten, die ihn betreffen, soweit das nach seinem Entwicklungsstand angezeigt ist.

Zudem hat der Vormund ebenso wie ein allein sorgeberechtigter Elternteil zu berücksichtigen, dass der **Umgang** des Mündels mit beiden Eltern nach § 1626 Abs. 3 S. 1 BGB grundsätzlich dem Wohl des Kindes dient.[265]

---

[262] Vgl. BeckOK BGB/Bettin BGB § 1781 Rn. 1.
[263] Dazu s.o. unter bb).
[264] BGH NJW 1976, 49 (51); Oberloskamp/Dürbeck Vormundschaft/Schmidt § 14 Rn. 66.
[265] Dazu und zum Umgang mit anderen Bezugspersonen s.o. unter 2. b) dd).

IV. Familienrecht

Das Recht des Kindes oder Jugendlichen zum persönlichen Kontakt mit dem Vormund wird durch § 1790 Abs. 3 BGB konkretisiert. Danach soll der Vormund den Mündel i.d.R. **einmal monatlich** in dessen üblicher Umgebung, also z.B. in seiner Pflegefamilie aufsuchen, nach den Umständen des Einzelfalls ggf. auch häufiger. Solche Besuche erübrigen sich freilich in den Fällen, in denen der Vormund das Kind oder den Jugendlichen bereits gem. § 1791 BGB zur Pflege und Erziehung in seinen Haushalt aufgenommen hat. Hierzu ist er berechtigt, nicht aber verpflichtet.

> Praxishinweis:
>
> Kontakte per Telefon oder E-Mail reichen nicht aus. Ebenso ist eine **Übertragung auf Dritte**, im Fall der Amtsvormundschaft z.B. auf den Allgemeinen Sozialen Dienst (ASD) oder den Pflegekinderdienst, **unzulässig**. Sind häufigere Kontakte geboten, z.B. weil wichtige Entscheidungen anstehen (Schul- und Berufswahl, medizinische Eingriffe u.a.), ist der Vormund hierzu verpflichtet![266]

Weitere Vorgaben zur Ausübung der **Personensorge** durch den Vormund enthalten die §§ 1795 ff. BGB, die u.a. eine entsprechende Geltung der §§ 1631a und 1632 BGB anordnen, während die Ausübung der **Vermögenssorge** durch §§ 1798 ff. BGB geregelt wird. Hinsichtlich der Vertretung des Mündels ergeben sich wichtige Einschränkungen aus § 1795 Abs. 2 BGB, nach dem u.a. für Ausbildungs- und Arbeitsverträge mit einer Laufzeit von über einem Jahr sowie für den Wechsel des gewöhnlichen Aufenthalts des Mündels ins Ausland eine Genehmigung des Familiengerichts erforderlich ist.[267] Vertretungsverbote enthält § 1789 Abs. 2 i.V.m. § 1824 BGB.

Verletzt der Vormund die ihm obliegenden Pflichten, hat das **Familiengericht** im Rahmen der ihm nach § 1802 Abs. 2 BGB obliegenden **Aufsicht** über dessen Tätigkeit einzuschreiten; ggf. kommt sogar die Entlassung des Vormunds nach § 1804 Abs. 1 BGB in Betracht.[268] Im Bereich der Personensorge hat auch das Jugendamt nach § 53a Abs. 2 SGB VIII eine Aufsichtspflicht, aus der für den Fall, dass Mängel trotz Beratung und Unterstützung nicht behoben werden, eine Mitteilungspflicht gegenüber dem Familiengericht gem. § 57 Abs. 3 S. 2 SGB VIII ergibt.

> Praxishinweis:
>
> Nach § 53a Abs. 1 SGB VIII haben Vormünder einen Anspruch auf regelmäßige, dem jeweiligen erzieherischen Bedarf des Mündels entsprechende **Beratung und Unterstützung** durch das Jugendamt. Ein ehrenamtlicher Vormund kann zudem nach § 1713 Abs. 1 S. 3 BGB eine Beistandschaft zur Feststellung der Vaterschaft bzw. Geltendmachung von Unterhaltsansprüchen beantragen.

---

266 Grüneberg/Götz BGB § 1790 Rn. 5.
267 Daneben gilt im Bereich der Vermögenssorge § 1799 BGB.
268 Vgl. BeckOK BGB/Bettin BGB § 1788 Rn. 7.

ee) Vergütung, Aufwendungsersatz und Aufwandspauschale

Die Vormundschaft wird nach § 1808 Abs. 1 BGB **grundsätzlich unentgeltlich** geführt.

Von diesem Grundsatz enthält das Gesetz verschiedene **Ausnahmen**. So kann das Familiengericht dem ehrenamtlichen Vormund gem. § 1801 Abs. 2 S. 2, 3 i.V.m. § 1876 S. 2 BGB eine angemessene Vergütung gewähren. Bei Berufsvormündern ergeben sich Vergütungsansprüche aus § 1808 Abs. 3 i.V.m. den Vorschriften des Vormünder- und Betreuervergütungsgesetzes (VBVG); gleiches gilt für Ansprüche des Vormundschaftsvereins bei einer Vereinsvormundschaft.[269] Dem Jugendamt steht als Vormund gem. § 6 Abs. 1 VBVG keine Vergütung zu.

Unabhängig von der Vergütung können Ansprüche ehrenamtlicher Vormünder auf Vorschuss oder Ersatz der erforderlichen **Aufwendungen** aus § 1808 Abs. 2 S. 1 i.V.m. § 1877 BGB bestehen. Berufsvormünder, Vormundschaftsvereine und das Jugendamt können Aufwendungsersatzansprüche unter den dort genannten Voraussetzungen aus §§ 4 ff. VBVG i.V.m. § 1877 Abs. 1 BGB haben. Beispiele ersatzfähiger Aufwendungen sind Fahrtkosten sowie im Falle ehrenamtlicher Vormünder Kosten einer Haftpflichtversicherung. Die **Aufwandspauschale**, die von ehrenamtlichen Vormündern alternativ zu einem konkret bezifferten Aufwendungsersatz gem. § 1808 Abs. 2 S. 1 i.V.m. § 1878 BGB, § 22 JVEG gefordert werden kann, beträgt derzeit 425 Euro pro Jahr.

b) Ergänzungspflegschaft und Zuwendungspflegschaft

Ein **Ergänzungspfleger** wird gem. § 1809 Abs. 1 S. 1 BGB bestellt, wenn ein Kind unter elterlicher Sorge bzw. Vormundschaft steht, die Eltern oder der Vormund an der Besorgung einzelner Angelegenheiten verhindert sind.

Beispiele hierfür sind

- Vertretungsverbote nach § 1629 Abs. 2 S. 1 bzw. § 1789 Abs. 2 S. 2 i.V.m. § 1824 Abs. 1, 2, § 181 BGB,
- ein teilweiser Entzug der elterlichen Sorge nach § 1666 Abs. 1, 3 Nr. 6 BGB sowie
- beim Vormund die Entziehung der Vertretung gem. § 1789 Abs. 2 S. 3 BGB.[270]

Bei der **Zuwendungspflegschaft**, die durch § 1811 BGB geregelt wird, ergibt sich eine Verhinderung von Eltern bzw. Vormund daraus, dass ein Kind von Todes wegen oder durch unentgeltliche Zuwendungen Vermögen erwirbt, der Erblasser oder Zuwendende aber bestimmt hat, dass die Eltern bzw. der Vormund das Vermögen nicht verwalten sollen. Darüber hinaus kann der Erblasser bzw. Zuwendende den Zuwendungspfleger benennen.

Auf die Ergänzungs- und die Zuwendungspflegschaft finden gem. § 1813 Abs. 1 BGB grundsätzlich die **für die Vormundschaft geltenden Vorschriften** Anwendung.

---

269 Dazu ausführlich BeckOK BGB/Bettin BGB § 1808 Rn. 6 ff.
270 Ausführlich zu den Gründen einer Verhinderung von Eltern oder Vormund Oberloskamp/Dürbeck Vormundschaft/Schmidt § 14 Rn. 6 ff.

Das gilt vor dem Hintergrund möglicher Interessenkollisionen allerdings nicht für das elterliche Benennungsrecht, § 1813 Abs. 2 i.V.m. §§ 1782 f. BGB.

c) Pflegschaft für ein ungeborenes Kind

Die **Fürsorge** für ein ungeborenes Kind steht grundsätzlich den Eltern insoweit zu, als ihnen die elterliche Sorge zustünde, wenn das Kind bereits geboren wurde. Im Fall ehelicher Kinder sind also Mutter und Vater gemeinsam zur Fürsorge berufen, ebenso im Fall nichtehelicher Kinder, wenn vorgeburtlich Sorgeerklärungen abgegeben wurden. In anderen Fällen obliegt die Fürsorge der schwangeren Frau.

Sofern die Eltern an der Ausübung der elterlichen Sorge verhindert wären, wenn das Kind bereits geboren wäre, mithin also ein entsprechendes Bedürfnis besteht, kann das ungeborene Kind gem. § 1810 S. 1 BGB jedoch einen Pfleger erhalten.

> Praxisbeispiele:
>
> Das kann der Fall sein, wenn der Vater vor der Geburt des Kindes stirbt, das ungeborene Kind und ihre Mutter jeweils Erben sind, die Mutter an der Vertretung des Kindes im Rahmen der **Erbauseinandersetzung** aber aufgrund von § 1629 Abs. 2 S. 1 i.V.m. § 1824 Abs. 2, § 181 BGB gehindert ist.
> Wenn die Mutter eine **Abtreibung** vornehmen will, ist ein erheblicher Interessengegensatz zu bejahen, der gem. § 1629 Abs. 2 S. 3 i.V.m. § 1789 Abs. 2 S. 3, 4 BGB zu einer Entziehung der Vertretungsbefugnis führen kann. Aufgabe des Pflegers ist in solchen Konstellationen, um das Lebensrecht des Kindes zu werben und der Mutter zu helfen, die notwendige Unterstützung zu erlangen.[271]

d) Zusätzliche Pflegschaft und Pflegschaft der Pflegeperson

Neben einem ehrenamtlichen Vormund kann gem. § 1776 Abs. 1 BGB ein **zusätzlicher Pfleger** für einzelne Sorgeangelegenheiten oder für eine bestimmte Art von Sorgeangelegenheiten berufen werden, wenn dies dem Wohl des Kindes oder Jugendlichen dient und der Vormund hiermit einverstanden ist.

> Praxishinweis:
>
> Mit der zusätzlichen Pflegschaft sollte die ehrenamtliche Vormundschaft gestärkt werden. Denn künftig können „**komplexe oder konfliktträchtige** Sorgerechtsbereiche auf einen zusätzlichen Pfleger zu übertragen [werden], ohne dass solche Probleme die generelle Eignung des Vormunds in Frage stellen."[272] Beispiele sind die Beantragung von Sozialleistungen, die Vertretung in ausländerrechtlichen Verwaltungsverfahren oder die Geltendmachung von Unterhaltsansprüchen des Kindes gegenüber Verwandten des Vormunds.[273]

Auch die in § 1777 BGB vorgesehene **Pflegschaft der Pflegeperson** setzt eine Vormundschaft voraus, die aber anders als bei der zusätzlichen Pflegschaft nicht ehrenamtlich geführt werden muss. Dafür ist neben dem Einverständnis von

---

271 Dazu Oberloskamp/Dürbeck Vormundschaft/Schmidt § 16 Rn. 14 ff. m.w.N.
272 Gesetzesbegründung, BT-Drs. 19/24445, S. 190.
273 Vgl. Oberloskamp/Dürbeck Vormundschaft/Schmidt § 17 Rn. 9.

Pflegeperson und Vormund sowie dem Umstand, dass die Übertragung einzelner Sorgeangelegenheiten oder einer bestimmten Art von Sorgeangelegenheiten dem Wohl des Kindes oder Jugendlichen dient, zusätzliche Voraussetzung, dass der Mündel entweder seit längerer Zeit bei der Pflegeperson lebt oder dass bereits bei Begründung des Pflegeverhältnisses eine persönliche Bindung zwischen dem Mündel und der Pflegeperson besteht.

Sorgeangelegenheiten, deren Regelung von **erheblicher Bedeutung** ist, werden der Pflegeperson gem. § 1777 Abs. 2 BGB nur zur gemeinsamen Wahrnehmung mit dem Vormund übertragen, so dass Vormund und Pfleger gem. § 1792 Abs. 4 BGB gemeinsam entscheiden. Zu den Angelegenheiten von erheblicher Bedeutung zählen z.B. Entscheidungen im Bereich der Gesundheitsfürsorge einschließlich Routinemaßnahmen wie Schutzimpfungen, ferner die Entscheidung über Wohnort und Schule, über den Umgang mit Bezugspersonen und über die Geltendmachung von Sozialleistungen.[274]

> **Praxishinweis:**
>
> Alternativ zu einer Pflegschaft der Pflegeperson kommt in Betracht, die Pflegeperson zum Vormund zu bestellen.[275] Und bei der Vormundschaft eines Dritten kann die Pflegeperson gem. § 1797 BGB Entscheidungsbefugnisse haben, die jenen gem. § 1688 Abs. 1 S. 1, 3 BGB entsprechen.[276]

7. Grundzüge des Verfahrensrechts

Familiengerichte sind nach § 23b GVG die Abteilungen für Familiensachen bei den Amtsgerichten. Sie sind ausschließlich zuständig für Familiensachen. Das betreffende Verfahrensrecht wird durch das **FamFG** geregelt.

Das FamFG enthält im ersten Buch (§§ 1–110) einen **Allgemeinen Teil**. Dieser gilt nicht nur für das Familienrecht, das im zweiten Buch geregelt ist, sondern ebenso für die weiteren Bücher. Diese betreffen z.B. Betreuungs- und Unterbringungssachen (3. Buch) und Freiheitsentziehungssachen (7. Buch).

Auch dem **zweiten Buch**, das Vorschriften enthält, die nur für **Familiensachen** gelten (§§ 111–270), werden im ersten Abschnitt allgemeine Vorschriften (§§ 111–120) vorangestellt. Aus diesen allgemeinen Vorschriften ergibt sich z.B., dass in Vaterschaftsfeststellungs- und Vaterschaftsanfechtungsverfahren sowie in Sorgerechts- und Umgangssachen eine anwaltliche Vertretung vor den Familiengerichten nicht erforderlich ist.

Die weiteren Abschnitte des zweiten Buchs betreffen einzelne **Verfahrensarten**, so z.B. der dritte Abschnitt (§§ 151–168a) Kindschaftssachen. Hierzu zählen gem. § 151 FamFG Verfahren betreffend die elterliche Sorge, das Umgangsrecht, die Kindesherausgabe, Vormundschaft und Pflegschaft sowie die freiheitsentziehen-

---

[274] Vgl. Schmidt NZFam 2023, 1 (4 f.) m.w.N.
[275] BT-Drs. 19/24445, S. 192; Schmidt NZFam 2023, 1 (4).
[276] Zu § 1688 Abs. 1 S. 1, 3 BGB s.o. unter 2. d) bb).

IV. Familienrecht

de Unterbringung Minderjähriger. Der vierte Abschnitt (§§ 169–185) betrifft Abstammungssachen, der fünfte Abschnitt (§§ 186–199) Adoptionssachen.

Das Verhältnis der Vorschriften zueinander bestimmt sich nach dem Grundsatz, dass das **speziellere Gesetz** die allgemeineren Gesetze verdrängt (lex specialis derogat legi generali). Die Vorschriften der §§ 121–270, also des zweiten bis zwölften Abschnitts des zweiten Buchs, haben, soweit sie eine Regelung enthalten, Vorrang vor den allgemeinen Vorschriften für Familiensachen (§§ 111–120). Diese sind ihrerseits spezieller und gelten deshalb vorrangig vor den Vorschriften des ersten Buchs (§§ 1–110).

Wichtige Regelungen für **Kindschaftssachen** enthält z.B. § 155 FamFG.

Danach sind Verfahren, die den Aufenthalt des Kindes, das Umgangsrecht oder die Kindesherausgabe betreffen, **vorrangig und beschleunigt** zu behandeln. Eine ertrotzte Kontinuität bzw. ein Abbruch von Bindungen soll verhindert werden.

Nach § 156 FamFG soll das Gericht in den meisten Verfahren auf eine **einvernehmliche Lösung** hinwirken.

Ein interessantes Berufsfeld für einschlägig fortgebildete Fachkräfte der Kindheitspädagogik eröffnet § 158 FamFG, wonach minderjährigen Kindern in Kindschaftssachen, die ihre Person betreffen, ein **Verfahrensbeistand** bestellt werden muss, soweit dies zur Wahrnehmung der Interessen des Kindes erforderlich ist.

> Praxishinweis:
>
> Der Verfahrensbeistand, der oft als „**Anwalt des Kindes**" bezeichnet wird, muss kein Jurist sein – wenn auch Rechtsanwälte sehr gerne Verfahrensbeistandschaften übernehmen, weil sie hierin ein zusätzliches Geschäftsfeld gefunden haben. Ein Verfahrensbeistand, der seine Funktion richtig versteht, bringt im Verfahren nicht nur den subjektiven Willen des Kindes, sondern auch dessen **objektive Interessen** vor. So ist es z.B. durchaus denkbar, dass ein von einem Elternteil beeinflusstes Kind erklärt, (subjektiv) einen Kontakt zum anderen Elternteil nicht zu wollen, der entsprechende Umgang aber mit Blick auf die gesunde seelische Entwicklung des Kindes (objektiv) wichtig ist.

> Reflexionsfragen
>
> 1. Wer ist Mutter, wer Vater eines Kindes? Kann dieser Status rückwirkend geändert werden?
> 2. Was verstehen Sie unter elterlicher Sorge? Welche Rechte und Pflichten sind damit verbunden? Welche Wertungen enthält das BGB hinsichtlich der Ausübung des Sorgerechts?
> 3. In welchen Fällen besteht eine gemeinsame, in welchen Fällen eine alleinige Sorge? Welche gerichtlichen Entscheidungen kennen Sie für den Fall, dass Eltern sich nicht einig werden?
> 4. Was verstehen Sie unter dem staatlichen Wächteramt? Welche Maßnahmen können die Familiengerichte insoweit treffen? Was sind deren Voraussetzungen?

5. Wer ist zum Umgang mit dem Kind berechtigt, wer verpflichtet? Wessen Umgangsrecht hat der Gesetzgeber besonders stark ausgestaltet?
6. Was bedeuten die Begriffe „Vormundschaft" bzw. „Pflegschaft"? Wer kann zum Vormund bzw. Pfleger bestellt werden? Welche Formen der Pflegschaft Minderjähriger kennen Sie?

Einführende Literaturempfehlungen

Schmidt, Christopher: Familienrecht und Einführung in das Zivilrecht, 2. Auflage, Stuttgart 2021, S. 45 ff.
Winkler, Jürgen/Rabe, Annette, in: Schleicher, Hans (Begr.): Jugend- und Familienrecht, 15. Auflage, München 2020, S. 191 ff.
Lorenz, Annegret: Zivil- und familienrechtliche Grundlagen der Sozialen Arbeit, 4. Auflage, Baden-Baden 2022, S. 109 ff.

Weitergehende Literaturempfehlungen

Gernhuber, Joachim/Coester-Waltjen, Dagmar: Familienrecht, 7. Auflage, München 2020.
Rauscher, Thomas: Familienrecht, 2. Auflage, Heidelberg u.a. 2008.

V. Kinder- und Jugendhilferecht

> **Zusammenfassung**
>
> Das Recht der Kinder- und Jugendhilfe wird durch das achte Buch des Sozialgesetzbuchs (SGB VIII) geregelt. Über dessen wichtigste Vorschriften sollen Sie im Folgenden einen Überblick bekommen.
>
> Das Recht der Kinder- und Jugendhilfe ist für Fachkräfte der Kindheitspädagogik über die Bereiche der Frühen Hilfen bzw. der Tagesbetreuung hinaus von Bedeutung, weil ihr Studium sie zu einer Vielzahl von Tätigkeiten im Jugendamt befähigt, und zwar auch im **Allgemeinen Sozialen Dienst** (ASD) und hinsichtlich Leitungsaufgaben.[277]

1. Überblick

Das **Sozialgesetzbuch** besteht aktuell aus den folgenden Büchern:

- SGB I: Allgemeiner Teil
- SGB II: Bürgergeld, Grundsicherung für Arbeitsuchende
- SGB III: Arbeitsförderung
- SGB IV: Gemeinsame Vorschriften für die Sozialversicherung
- SGB V: Gesetzliche Krankenversicherung
- SGB VI: Gesetzliche Rentenversicherung
- SGB VII: Gesetzliche Unfallversicherung
- SGB VIII: Kinder- und Jugendhilfe
- SGB IX: Rehabilitation und Teilhabe behinderter Menschen
- SGB X: Sozialverwaltungsverfahren und Sozialdatenschutz
- SGB XI: Soziale Pflegeversicherung
- SGB XII: Sozialhilfe
- SGB XIV: Soziale Entschädigung[278]

Bei dem **SGB I** und dem **SGB X** handelt es sich um **Querschnittsgesetze**, die in Ermangelung einer Spezialnorm auch für die Kinder- und Jugendhilfe gelten.

Auch das SGB VIII enthält in seinem ersten Kapitel (§§ 1–10) **allgemeine Vorschriften**, die vor die Klammer gezogen werden und für das gesamte Recht der Kinder- und Jugendhilfe gelten. Es folgen im zweiten Kapitel (§§ 11–41) **Leistungen** der Jugendhilfe und im dritten Kapitel (§§ 42–60) **andere Aufgaben**. Die weiteren Kapitel enthalten u.a. gegenüber dem SGB X vorrangige Spezialnormen zum Sozialdatenschutz, Vorschriften zu den Trägern der Jugendhilfe, zu deren Zusammenarbeit, zu Gesamtverantwortung und Jugendhilfeplanung, Zuständigkeit, Kostenerstattung und Kostenbeteiligung.

---

277 Insbesondere besteht kein grundsätzlicher Vorrang von Sozialarbeitern und -pädagogen in ASD und Führungsfunktionen, vgl. Schmidt/Morys JAmt 2023, 6 ff.
278 Ein SGB XIII gibt es nicht. Der Gesetzgeber nimmt hier offenbar auf den Aberglauben einzelner und nicht auf eine rationale Ordnung Rücksicht, vgl. Stoffels beck-community v. 12.1.2019.

2. Träger der Jugendhilfe

Träger der Kinder- und Jugendhilfe sind neben staatlichen Einheiten Private. Insoweit spricht man von der öffentlichen (= staatlichen) und der freien (= privaten) Jugendhilfe

a) Öffentliche Träger

Die Träger der öffentlichen Jugendhilfe werden gem. § 69 Abs. 1 SGB VIII durch Landesrecht, also von den Bundesländern bestimmt. Dabei wird zwischen **örtlichen** und **überörtlichen Trägern** unterschieden.

> **Beispiele:**
>
> **Baden-Württemberg:** Örtliche Träger sind die Landkreise, Stadtkreise und bestimmte (große) kreisangehörige Gemeinden; überörtlicher Träger ist der Kommunalverband für Jugend und Soziales (§§ 1, 3, 5 LKJHG).
> **Bayern:** Örtliche Träger sind die Landkreise und kreisfreien Gemeinden; überörtlicher Träger ist der Freistaat (Art. 15, 24 AGSG).
> **Niedersachsen:** Örtliche Träger sind die Landkreise, kreisfreien Städte und bestimmte (große) kreisangehörige Gemeinden; überörtlicher Träger ist das Land (§§ 1, 9 Nds. AG SGB VIII).
> **Nordrhein-Westfalen:** Örtliche Träger sind die Kreise, kreisfreien Städte sowie bestimmte Große und Mittlere kreisangehörige Städte; überörtliche Träger sind die Landschaftsverbände (§§ 1a f., 8 AG-KJHG).

Die örtlichen Träger errichten gem. § 69 Abs. 3 SGB VIII zur Wahrnehmung ihrer Aufgaben jeweils ein **Jugendamt**, die überörtlichen Träger ein **Landesjugendamt**.

Dabei haben die Träger der öffentlichen Jugendhilfe nach § 79 SGB VIII für eine ausreichende (Personal-)Ausstattung der Jugendämter bzw. Landesjugendämter zu sorgen. Zudem haben sie die **Gesamtverantwortung** für die Erfüllung aller Aufgaben nach dem SGB VIII.

Dazu sind sie verpflichtet, eine **Jugendhilfeplanung** gem. § 80 SGB VIII zu betreiben. Diese besteht aus drei Planungsphasen:

- Im Rahmen der **Bestandsanalyse** ist der Bestand an Einrichtungen und Diensten festzustellen.
- Die **Bedarfsanalyse** soll den Bedarf innerhalb eines mittelfristigen Zeitraums unter Berücksichtigung der Wünsche, Bedürfnisse und Interessen der jungen Menschen und der Personensorgeberechtigten ermitteln.
- Im Rahmen der **Maßnahmeplanung** sind die notwendigen Vorhaben unter Berücksichtigung unvorhersehbarer Bedarfe rechtzeitig und ausreichend zu planen.

Die Zuständigkeit der örtlichen bzw. überörtlichen Träger richtet sich nach § 85 SGB VIII. Nach dessen Abs. 1 besteht eine **Allzuständigkeit der örtlichen Träger**, soweit nicht nach Abs. 2 ausnahmsweise der überörtliche Träger zuständig ist oder gem. Abs. 4, 5 eine abweichende landesrechtliche Zuständigkeit besteht.

> Praxishinweis:
>
> Lesen Sie sich die Vorschrift durch! Sie werden feststellen, dass für fast alle Aufgaben nach dem SGB VIII, die für Studium und Praxis der Kindheitspädagogik von Bedeutung sind, der örtliche Träger, i.d.R. also der Landkreis, zuständig ist!

b) Freie Träger

Freie Träger sind alle **natürlichen und juristischen Personen** bzw. Personenvereinigungen unter Ausschluss des Staates. Dafür kommt es nicht darauf an, ob diese gemeinnützig im Sinne des Steuerrechts sind und ob sie bundesweit oder nur in einer bestimmten Region tätig sind.[279]

> Beispiele:
>
> Selbständige Tagespflegepersonen, eingetragene und nichteingetragene Vereine, BGB-Gesellschaften, Gesellschaften mit beschränkter Haftung (GmbH), Religionsgesellschaften.

Die freien Träger unterscheiden sich nicht nur in ihren Organisationsformen, sondern auch in ihrer inhaltlichen Ausrichtung. Insoweit spricht man von der **Pluralität** der freien Jugendhilfe: Diese ist nach § 3 Abs. 1 SGB VIII gekennzeichnet durch die Vielfalt von Trägern unterschiedlicher Wertorientierungen und die Vielfalt von Inhalten, Methoden und Arbeitsformen.

Nicht jeder Träger der freien Jugendhilfe ist allerdings ein sog. **anerkannter Träger** i.S.v. § 75 SGB VIII. Die Anerkennung setzt nach dessen Abs. 1 voraus,

- dass es sich um eine juristische Person oder Personenvereinigung – also nicht um eine Einzelperson – handelt,
- die auf dem Gebiet der Jugendhilfe tätig ist,
- gemeinnützige Ziele verfolgt,
- aufgrund ihrer fachlichen und personellen Voraussetzungen erwarten lässt, dass sie einen nicht unwesentlichen Beitrag zur Erfüllung der Aufgaben der Jugendhilfe leisten kann und
- die Gewähr für eine den Zielen des Grundgesetzes förderliche Arbeit bietet.

Bedeutung hat die Anerkennung freier Träger für den **Funktionsschutz** nach § 4 Abs. 2 SGB VIII und für die (finanzielle) Förderung nach § 74 Abs. 1 S. 2, Abs. 6 SGB VIII.[280]

c) Zusammenarbeit

Die freie Jugendhilfe ist für die öffentliche Jugendhilfe nicht unliebsame Konkurrenz. Vielmehr hat die öffentliche Jugendhilfe mit der freien Jugendhilfe nach § 4 Abs. 1 S. 1 SGB VIII zum Wohl junger Menschen und ihrer Familien **partnerschaftlich zusammenzuarbeiten**.

---

[279] FK/Münder SGB VIII § 3 Rn. 6.
[280] Dazu s. unter c).

Dabei hat die öffentliche Jugendhilfe gem. § 4 Abs. 1 S. 2 SGB VIII die **Selbständigkeit** der freien Jugendhilfe in Zielrichtung und Durchführung ihrer Aufgaben sowie in der Gestaltung ihrer Organisationsstruktur zu achten.

Einen sog. **Funktionsschutz der freien Jugendhilfe** enthält § 4 Abs. 2 SGB VIII.[281] Nach dieser Vorschrift soll die öffentliche Jugendhilfe von eigenen Maßnahmen absehen, soweit geeignete Einrichtungen, Dienste und Veranstaltungen von anerkannten Trägern der freien Jugendhilfe betrieben werden oder rechtzeitig geschaffen werden können. Das bedeutet allerdings nicht, dass die öffentliche Jugendhilfe Einrichtungen aufgeben müsste, wenn ein anerkannter freier Träger die betreffende Aufgabe übernehmen möchte.

3. Leistungen und andere Aufgaben

Die Jugendhilfe erbringt Leistungen, hat aber auch andere Aufgaben.

Was im Einzelnen unter einer **Leistung** zu verstehen ist, ergibt sich aus § 2 Abs. 2 SGB VIII, die einzelnen Rechtsgrundlagen für diese Leistungen finden sich in §§ 11–41 SGB VIII. Mit Ausnahme der §§ 11 ff. SGB VIII (Jugendarbeit, Jugendsozialarbeit, erzieherischer Kinder- und Jugendschutz) sowie §§ 41 f. SGB VIII (Hilfe für junge Volljährige, Nachbetreuung) sind die Leistungen Gegenstand dieses Lehrbuchs.[282]

> Praxishinweis:
>
> Beachten Sie aber dennoch, dass nicht nur hinsichtlich des erzieherischen Kinder- und Jugendschutzes gem. § 14 SGB VIII, sondern auch bei der **Jugendarbeit** nach § 11 und bei der **Jugendsozial- und Schulsozialarbeit** nach §§ 13 f. SGB VIII (trotz der insoweit missverständlichen Bezeichnung) Kinder zur Zielgruppe der Leistungen zählen. Insoweit handelt es sich um Betätigungsfelder der Kindheitspädagogik!

Gegenüber Leistungen **andere Aufgaben** werden in § 2 Abs. 3 SGB VIII aufgezählt; die Grundlagen dafür finden sich in §§ 42–60 SGB VIII. Wichtig sind in diesem Zusammenhang z.B. die Inobhutnahme bzw. vorläufige Inobhutnahme gem. §§ 42 f., die Aufgaben im Zusammenhang mit Verfahren vor den Familien- und Jugendgerichten gem. §§ 50 ff. sowie die Wahrnehmung von Beistandschaft, Pflegschaft und Vormundschaft gem. §§ 55 ff. SGB VIII. Weitere wichtige, in § 2 SGB VIII nicht genannte Aufgaben, die den Kinderschutz betreffen, werden durch §§ 8 ff. SGB VIII geregelt.

Zur Inanspruchnahme von Leistungen sind die Bürger nicht verpflichtet, während es sich bei den anderen Aufgaben um eine **hoheitliche Tätigkeit** handelt. So werden Leistungen von freier und öffentlicher Jugendhilfe erbracht, § 3 Abs. 2 S. 1 SGB VIII. Demgegenüber werden andere Aufgaben wie z.B. der Schutzauftrag bei

---

[281] Vgl. BeckOK SozR/Winkler SGB VIII § 4 Rn. 15 m.w.N.
[282] Dazu s. unter 6. bis 10. Zu §§ 11 ff. SGB VIII vgl. Schmidt, Jugendhilfe, S. 102 ff.; zu § 41 SGB VIII vgl. ebd., S. 197 ff.

3. Leistungen und andere Aufgaben

Gefährdung des Kindeswohls grundsätzlich vom Staat, also von den Trägern der öffentlichen Jugendhilfe wahrgenommen, § 3 Abs. 3 SGB VIII.

Soweit Leistungen von der freien Jugendhilfe erbracht werden, bedeutet das freilich nicht per se, dass die freie Jugendhilfe diese aus eigenen Mitteln **finanziert**. So kommt bei Vorliegen der Voraussetzungen des § 74 SGB VIII die Gewährung von **Zuwendungen** an freie Träger in Betracht. Ebenso kann bei ambulanten Leistungen auf der Grundlage von § 77 SGB VIII ein **Vertrag** zwischen öffentlichem und freiem Träger geschlossen werden, der die Finanzierung beinhaltet. Letzteres ist mit Blick auf Erziehungsberatungsstellen oft der Fall. Die Finanzierung von Tageseinrichtungen für Kinder wird nach Maßgabe von § 74a SGB VIII durch Landesrecht geregelt.[283] Und für stationäre bzw. teilstationäre Leistungen ist in §§ 78a ff. SGB VIII der Abschluss von Vereinbarungen vorgesehen.

Neben diesen Finanzierungsformen kommt bei Rechtsansprüchen auf Leistungen eine Kostenübernahme im Rahmen des **jugendhilferechtlichen Dreiecksverhältnisses** vor. Dabei beantragt der Bürger als Leistungsberechtigter eine Leistung beim Jugendamt, die er durch Bescheid bewilligt bekommt. Abhängig von der Art der Leistung wird er vom Jugendamt zu Kostenbeiträgen herangezogen. Zwischen dem Bürger und dem freien Träger als Leistungserbringer wird ein zivilrechtlicher Vertrag geschlossen, aufgrund dessen der freie Träger die geschuldete Leistung erbringt. Das Jugendamt schließlich finanziert die Leistung als Leistungsträger.[284]

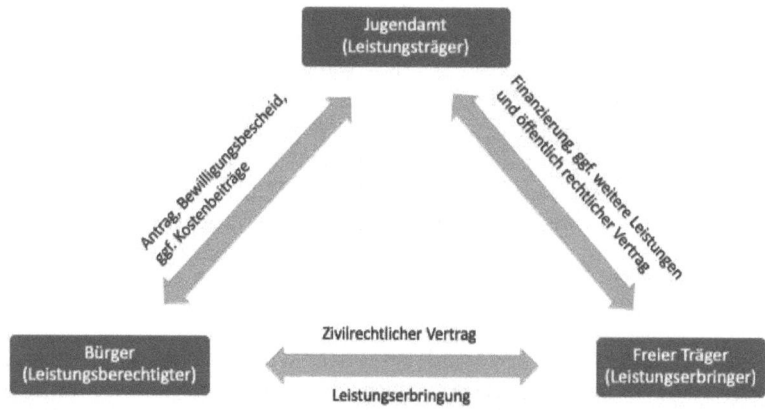

Praxishinweis:

Vereinbarungen zwischen Jugendämtern und freien Trägern, mit denen letztere verpflichtet werden sollen, ohne Einwilligung der Betroffenen Informationen über diese bzw. über die erbrachten Leistungen weiterzugeben („Berichts- und Mitteilungspflichten"), sind grundsätzlich **datenschutzrechtlich** unzulässig.[285]

---

283 Dazu s. unter 8. b) ee).
284 Ggf. erfolgt zusätzlich eine Direktzahlung des Bürgers an den freien Träger. Dies ist z.B. oft bei der Tagespflege der Fall.
285 LPK-SGB VIII/Schindler/Elmauer SGB VIII § 4 Rn. 31. Ein Weisungsrecht hat das Jugendamt gegenüber freien Trägern ohnehin nicht.

Etwas anderes gilt nach Maßgabe von § 8a Abs. 4 SGB VIII bei **Gefährdung des Kindeswohls**.[286]

4. Grundsätze der Aufgabenerfüllung

Zu den Grundsätzen der Aufgabenerfüllung zählen das Wunsch- und Wahlrecht (§ 5 SGB VIII), die Beteiligung von Kindern und Jugendlichen (§ 8 SGB VIII), die Grundausrichtung der Erziehung (§ 9 SGB VIII), die Beratung (§ 10a SGB VIII) und Vorgaben zum Datenschutz (§§ 61 ff. SGB VIII, 35 SGB I, 67 ff. SGB X).

a) Wunsch- und Wahlrecht

Nach § 5 Abs. 1 SGB VIII haben die Leistungsberechtigten das Recht, zwischen Einrichtungen und Diensten verschiedener Träger zu **wählen** und Wünsche hinsichtlich der Gestaltung der Hilfe zu äußern. Die Leistungsberechtigten sind auf diese Rechte ausdrücklich hinzuweisen.

Dieses Wunsch- und Wahlrecht wird in der Literatur als „Ausdruck des Gebots von Fachlichkeit im Sinne von **partizipativer Gestaltung pädagogischer Prozesse**" bezeichnet.[287]

Erfasst werden **Einrichtungen aller Art** unter Einschluss gewerblicher freier Träger. Ebenso ist das Wunsch- und Wahlrecht nicht auf den Bezirk des örtlichen Trägers der öffentlichen Jugendhilfe beschränkt.[288]

Die Leistungsangebote müssen freilich in vergleichbarer Weise zur Deckung des Bedarfs geeignet sein.[289] Zudem ist das Wahlrecht nur anwendbar, wenn ein alternatives Angebot besteht. So ist der Jugendhilfeträger mit Blick auf die **Kindertagespflege** nicht verpflichtet, freie Plätze in der von den Eltern konkret gewünschten Einrichtung vorzuhalten und ggf. im Wege einer Kapazitätserweiterung zu schaffen.[290] Soweit nach § 24 Abs. 2 SGB VIII die frühkindliche Förderung in einer Tageseinrichtung und in Kindertagespflege gleichwertig nebeneinander stehen,[291] kann nicht verlangt werden, zusätzliche Kapazitäten in einer Betreuungsform zu schaffen, solange in der anderen Betreuungsform ausreichend Plätze zur Verfügung stehen.[292]

Entsprochen werden soll der Wahl bzw. den Wünschen gem. § 5 Abs. 2 S. 1 SGB VIII im ambulanten Bereich, soweit dies nicht mit **unverhältnismäßigen Mehrkosten** verbunden ist. Dazu nimmt man einen Kostenvergleich vor, in den einerseits die Kosten einbezogen werden, die entstünden, wenn der Wahl des Leistungsberechtigten gefolgt würde, andererseits die Kosten, mit denen zu rechnen wäre, wenn der Wahl nicht gefolgt würde.

---

286 Dazu s. unter 5. b).
287 So GK-SGB VIII/Wabnitz SGB VIII § 5 Rn. 2.
288 GK-SGB VIII/Wabnitz SGB VIII § 5 Rn. 5 a f.; a.A. Krug/Riehle/Kunkel SGB VIII § 5 Rn. 10.
289 Krug/Riehle/Kunkel SGB VIII § 5 Rn. 8.
290 OVG Lüneburg NJW 2015, 970 (970) = BeckRS 2014, 59754; OVG Münster BeckRS 2014, 59754.
291 Dazu s. unter 8. e) bb).
292 VGH Kassel NJW 2014, 1753 (1754) = BeckRS 2014, 50060.

Ob die sich aus dem Kostenvergleich ergebenden Mehrkosten **unverhältnismäßig** sind, hängt davon ab, ob bei wertender Betrachtungsweise die individuellen Gründe und Motive des Leistungsberechtigten für seine Wahl höher zu gewichten sind als Kostengesichtspunkte der öffentlichen Hand. So kommen z.B. als Motive, die zur Verhältnismäßigkeit der Wahl einer Kindertagesstätte führen können, deren religiöse Bindung bzw. pädagogische Ausrichtung sowie gewichtige organisatorische Gründe in Betracht.[293] Eine feste Ober- bzw. Untergrenze besteht nicht.

Auf einen Mehrkostenvergleich kommt es allerdings nur an, wenn die von dem Leistungsberechtigten gewählte und die vom Jugendamt vorgeschlagene Leistung **gleichermaßen geeignet** sind. Ist die vom Jugendamt vorgeschlagene Leistung dagegen schlechter geeignet, ist der Wahl ohne Weiteres zu folgen.[294]

> **Praxishinweis:**
>
> Häufig werden in der Praxis Mehrkosten von **bis zu 20 Prozent** als nicht unangemessen angesehen, ggf. auch bis zu 30 Prozent. Mehrkosten von 75 Prozent werden dagegen ohne Weiteres für unverhältnismäßig gehalten.[295]
> Rechtswidrig dürfte ein Beschluss des Gemeinderats sein, der die Höhe der Kostenübernahme grundsätzlich auf die Beiträge beschränkt, die in städtischen Kindertagesstätten erhoben werden.[296]

Dass es sich bei § 5 Abs. 2 S. 1 SGB VIII um eine **Sollvorschrift** handelt, führt i.d.R. nicht zu einem gegenüber „Mussvorschriften" geringeren Grad an Verbindlichkeit. Vielmehr darf nur bei Vorliegen besonderer Umstände von Wahl bzw. Wunsch der Leistungsberechtigten abgewichen werden, soweit die übrigen Voraussetzungen vorliegen (Merksatz: „‚Soll' heißt ‚muss', außer in atypischen Fällen!").[297] Für stationäre Formen der Hilfe zur Erziehung, Eingliederungshilfe und Hilfe für junge Volljährige verschärft § 37c Abs. 3 S. 2 SGB VIII das Wunsch- und Wahlrecht ohnehin dergestalt, dass anstelle des intendierten Ermessens eine gebundene Entscheidung tritt.

Eine Einschränkung sehen § 5 Abs. 2 S. 2 und § 37c Abs. 3 S. 3 SGB VIII für die in § 78a Abs. 1 SGB VIII genannten **teilstationären und stationären Leistungen** vor: Soweit mit dem Träger der Einrichtung keine Leistungs-, Entgelt und Qualitätsentwicklungsvereinbarung (Vereinbarungen nach § 78b SGB VIII) abgeschlossen wurde, soll der Wahl nur entsprochen werden, wenn die Erbringung der Leistung in der betreffenden Einrichtung im Einzelfall oder nach Maßgabe des Hilfeplans geboten ist.[298]

---

[293] So VG Freiburg (Breisgau) BeckRS 2015, 40592.
[294] GK-SGB VIII/Wabnitz SGB VIII § 5 Rn. 8.
[295] Vgl. GK-SGB VIII/Wabnitz SGB VIII § 5 Rn. 9 f.; Krug/Riehle/Kunkel SGB VIII § 5 Rn. 20; BeckOK SozR/Winkler SGB VIII § 5 Rn. 11; LPK-SGB VIII/Schindler/Elmauer SGB VIII § 5 Rn. 14; Wiesner/Wapler/Wapler SGB VIII § 5 Rn. 16 m.w.N.
[296] Vgl. VG Freiburg (Breisgau) BeckRS 2015, 40592.
[297] GK-SGB VIII/Wabnitz SGB VIII § 5 Rn. 6. Für Hilfe zur Erziehung bzw. Eingliederungshilfe außerhalb der eigenen Familie enthält § 36 Abs. 1 S. 4 SGB VIII eine entsprechende Mussvorschrift.
[298] Von der Möglichkeit des § 78a Abs. 2 SGB VIII, den Anwendungsbereich der Vorschrift auf andere Leistungen sowie die Inobhutnahme auszudehnen, haben die größeren Länder keinen Gebrauch gemacht, vgl. dazu BeckOK SozR/Winkler SGB VIII § 78a Rn. 7.

b) Beteiligung von Kindern und Jugendlichen

Nach § 8 Abs. 1 S. 1 SGB VIII verfolgt die Jugendhilfe einen **partizipativen Ansatz**: Kinder und Jugendliche müssen ihrem Entwicklungsstand entsprechend an allen sie betreffenden Entscheidungen der öffentlichen Jugendhilfe beteiligt werden.

Zudem ist das Jugendamt gem. § 8 Abs. 2 SGB VIII **Ansprechpartner** für Kinder und Jugendliche. Diese haben das Recht, sich in allen Angelegenheiten ihrer Erziehung und Entwicklung nach dort zu wenden.

Das Jugendamt darf freilich **nicht hinter dem Rücken der Eltern** agieren.[299] Das ergibt sich aus dem Umkehrschluss aus § 8 Abs. 3 SGB VIII. Dieser gewährt einen Anspruch auf Beratung ohne Kenntnis des Personensorgeberechtigten nämlich nur, wenn eine solche Beratung aufgrund einer Not- und Konfliktlage erforderlich ist und solange durch die Mitteilung an die Personensorgeberechtigten der Beratungszweck vereitelt würde.

Zwar ergibt sich die Voraussetzung einer **Not- und Konfliktlage** seit Inkrafttreten des KJSG nicht mehr aus dem Wortlaut von § 8 Abs. 3 S. 1 SGB VIII. Der mit einer Beratung ohne Kenntnis der Personensorgeberechtigten verbundene Eingriff in das Elternrecht aus Art. 6 Abs. 2 GG kann jedoch ohne eine Notsituation des Kindes nicht gerechtfertigt werden. Deshalb ergibt sich aus einer verfassungskonformen Auslegung, dass der von der Vorschrift vorausgesetzte Beratungszweck weiter in einer ohne die Beratung hinter dem Rücken der Eltern nicht möglichen Abwendung einer Kindeswohlgefährdung liegen muss.[300]

c) Grundausrichtung der Erziehung

In § 9 SGB VIII sind Vorgaben hinsichtlich der Grundausrichtung der Erziehung enthalten, welche der **Träger der öffentlichen Jugendhilfe** zu beachten hat.[301]

So sind gem. § 9 Nr. 1 SGB VIII bei der Ausgestaltung der Leistungen und der übrigen Erfüllung ihrer Aufgaben die von den Personensorgeberechtigten bestimmte **Grundrichtung der Erziehung** sowie die Rechte der Personensorgeberechtigten und der Kinder bzw. Jugendlichen bei der Bestimmung der **religiösen Erziehung** zu beachten. Insbesondere dürfen Mitarbeiter der Jugendhilfe nicht ihre eigenen Wertvorstellungen über die der Eltern stellen, solange letztere mit dem Gesetz vereinbar sind.

---

299 Vgl. GK-SGB VIII/Wabnitz SGB VIII § 8 Rn. 34; JurisPK/Busse SGB VIII § 8 Rn. 49 (Eltern müssen informiert werden, soweit nicht Voraussetzungen des § 8 Abs. 3 SGB VIII vorliegen).
300 Ausführlich Schmidt NJW 2021, 1992 (1993) m.w.N.; a.A. Wiesner/Wapler/Wapler SGB VIII § 8 Rn. 43.
301 Vgl. Wiesner/Wapler/Wiesner SGB VIII § 9 Rn. 2; a.A. (Geltung auch für die freie Jugendhilfe) GK-SGB VIII/ Häbel SGB VIII § 9 Rn. 3.

> Praxishinweis:
>
> Wenn Eltern einen Platz in einer **Tageseinrichtung in kirchlicher Trägerschaft** in Anspruch nehmen, kann aus § 9 Nr. 1 SGB VIII nicht geschlussfolgert werden, dass der Träger der öffentlichen Jugendhilfe Einfluss dahin nehmen müsste, dass auf einen religiösen Bezug verzichtet wird. Denn insoweit sind die Wertungen von § 3 Abs. 1 und § 4 Abs. 1 S. 2 SGB VIII zu beachten.[302]

Nach § 9 Nr. 2 SGB VIII sind die wachsende Fähigkeit und das wachsende Bedürfnis des Kindes bzw. Jugendlichen zu **selbständigem, verantwortungsbewusstem Handeln** sowie die jeweiligen besonderen sozialen und kulturellen Bedürfnisse und Eigenarten junger Menschen und ihrer Familien zu berücksichtigen. Die Vorschrift geht über § 1626 Abs. 2 S. 1 BGB hinaus,[303] indem sie Verständnis für schichtspezifisch unterschiedliche Verhaltensweisen wecken will.[304]

Durch § 9 Nr. 3 SGB VIII ist vorgesehen, dass die Kinder- und Jugendhilfe die unterschiedlichen Lebenslagen von **Mädchen und Jungen** sowie transidenten, nichtbinären und intergeschlechtlichen jungen Menschen berücksichtigt, Benachteiligungen abbaut und eine Gleichberechtigung der Geschlechter fördert. Dies kann z.B. eine gezielte Jungen- und Mädchenarbeit erfordern.

Schließlich sieht § 9 Nr. 4 SGB VIII die **Inklusion** von jungen Menschen mit Behinderungen vor, indem er der Kinder- und Jugendhilfe aufgibt, die gleichberechtigte Teilhabe junger Menschen mit und ohne Behinderungen umzusetzen und vorhandene Barrieren abzubauen. Junge Menschen mit Behinderungen dürfen nicht von Leistungen der Jugendhilfe ausgeschlossen werden, auch wenn dafür spezifische organisatorische, personelle und räumliche Vorkehrungen erforderlich sind.[305]

d) Beratung von Adressaten

In einem engen sachlichen Zusammenhang mit dem Wunsch- und Wahlrecht nach § 5 SGB VIII steht die seit Inkrafttreten des KJSG in § 10a SGB VIII vorgesehene Beratung. Denn nach dieser Vorschrift sind junge Menschen, Eltern und ggf. andere Erziehungsberechtigte, die leistungsberechtigt sind oder als **Adressaten von Leistungen** in Betracht kommen, zur Wahrnehmung ihrer Rechte aus dem SGB VIII zu beraten.

Die Beratung, an der eine Vertrauensperson beteiligt werden kann, muss in einer für den zu Beratenden verständlichen, nachvollziehbaren und wahrnehmbaren Form, also **barrierefrei** erfolgen. Dies schließt in geeigneten Fällen die Verwendung der sog. Leichten Sprache ein.[306]

Die **Inhalte** der Beratung sind denkbar weit gefasst. Sie werden durch § 10a Abs. 2 SGB VIII umrissen, ohne dass die darin enthaltene Aufzählung abschließend wäre („insbesondere").

---

302 Dazu vgl. GK-SGB VIII/Wabnitz SGB VIII § 4 Rn. 29 ff.
303 Dazu s.o. unter IV. 2. b) aa).
304 Wiesner/Wapler/Wiesner SGB VIII § 9 Rn. 23.
305 Wiesner/Wapler/Wiesner SGB VIII § 9 Rn. 41.
306 Gesetzesbegründung, BT-Drs. 19/26107, S. 78; BeckOK SozR/Winkler SGB VIII § 10a Rn. 9.

So werden u.a. umfasst

- die familiäre bzw. persönliche Situation des jungen Menschen, Bedarfe, Ressourcen und mögliche Hilfen,
- die Leistungen der Kinder- und Jugendhilfe,
- die in Betracht kommenden Leistungen anderer Leistungsträger, etwa der Arbeitsförderung, der gesetzlichen Krankenversicherung oder der Rentenversicherung,
- mögliche Auswirkungen der Hilfen wie eine Entfremdung von Eltern und Kind bei stationären Leistungen oder Kostenbeiträge,
- Verfahrensfragen und Verwaltungsabläufe und
- Hinweise auf Leistungsanbieter sowie andere Hilfemöglichkeiten und Beratungsangebote im Sozialraum.

Ferner ist, soweit erforderlich, **Hilfe bei der Antragstellung**, bei der Klärung weiterer zuständiger Leistungsträger, bei der Inanspruchnahme von Leistungen sowie bei der Erfüllung von Mitwirkungspflichten zu erbringen.

Bei einer **falschen oder unvollständigen Beratung** kommen Schadensersatzansprüche gegen den Träger der öffentlichen Jugendhilfe wegen Amtspflichtverletzung gem. Art. 34 GG i.V.m. § 839 BGB in Betracht.[307] Die Erfüllung des Beratungsanspruchs ist vor diesem Hintergrund eine Herausforderung für die Mitarbeitenden Allgemeiner Sozialer Dienste (ASD); sie ist aber zugleich eine Chance für solche Leistungsberechtigten, für die Leistungen andernfalls schwer erreichbar wären.

e) Sozialdatenschutz

Der Sozialdatenschutz ist **Voraussetzung professioneller Arbeit** in der Kinder- und Jugendhilfe. Denn gerade im erzieherischen Bereich werden Eltern den zuständigen Fachkräften nur dann familiäre Probleme anvertrauen, wenn sie sicher sein können, dass mit den Informationen sensibel umgegangen wird.

aa) Gegenstand

Unter **Sozialdaten** sind nach der Definition des § 67 Abs. 2 S. 1 SGB X alle personenbezogenen Daten zu verstehen, die von einem Sozialleistungsträger, z.B. einem Träger der öffentlichen Jugendhilfe, im Hinblick auf seine Aufgaben nach dem SGB verarbeitet werden. Dabei sind personenbezogene Daten gem. Art. 4 Nr. 1 DS-GVO alle Informationen, die sich auf eine identifizierte oder identifizierbare natürliche Person beziehen. Hierunter fallen Alter bzw. Geburtsdatum, Geschlecht, Anschrift, Konfession, Familienstand, Erkrankung, aber auch Wertungen von Fachkräften und alle weiteren Informationen. Letztlich gibt es keine „belanglosen" Daten im Sozialrecht.[308]

---

[307] BeckOK SozR/Winkler SGB VIII § 10a Rn. 12.
[308] LPK-SGB X/Stähler SGB X § 67 Rn. 4; Mrozynski SGB I § 35 Rn. 49; BeckOGK/Leopold SGB X § 67 Rn. 10 m.w.N.

Nach dem **Sozialgeheimnis** des § 35 Abs. 1 S. 1 SGB I hat jeder einen Anspruch darauf, dass die ihn betreffenden Sozialdaten von den Leistungsträgern nicht unbefugt verarbeitet werden. Auch innerhalb der Leistungsträger ist sicherzustellen, dass die Sozialdaten nur Befugten zugänglich sind oder nur an diese weitergegeben werden, § 35 Abs. 1 S. 2 SGB I.

Unter **Datenverarbeitung** fällt nach Art. 4 Nr. 2 DS-GVO u.a. das Erheben, die Speicherung und die Übermittlung von Daten. Das Sozialgeheimnis führt deshalb zu einem Verbot mit Erlaubnisvorbehalt: Jedes Erheben, Speichern, Übermitteln und jede sonstige Nutzung von Daten ist verboten, es sei denn, sie wird ausdrücklich durch das Gesetz erlaubt.[309]

Für die **freien Träger** gilt der gesetzliche Sozialdatenschutz nicht unmittelbar.

Praxishinweis:
Insoweit ist neben DS-GVO, BDSG und den Landesdatenschutzgesetzen das EKD-Datenschutzgesetz (DSG-EKD, evangelische Kirche) bzw. das Gesetz über den Kirchlichen Datenschutz (KDG, katholische Kirche) zu beachten. Wohlfahrtsverbände arbeiten zum Teil mit Handreichungen. Zudem können sich Sorgfaltspflichten aus (Betreuungs-)Verträgen als vertragliche Nebenpflichten gem. § 241 Abs. 2, § 242 BGB ergeben. Letztlich gelten dadurch **ähnliche Maßstäbe** wie für öffentliche Träger; teilweise wird sogar von einer „mittelbaren Geltung" des Sozialdatenschutzes gesprochen.[310]

bb) Erhebung von Daten

Mit dem Erheben von Daten wird ein Vorgang bezeichnet, bei dem diese **erstmals** in die Verfügungsgewalt des Verantwortlichen gelangen.[311]

Die Erhebung von Sozialdaten ist nach § 62 Abs. 1 SGB VIII nur erlaubt, soweit die Kenntnis der Daten zur Erfüllung der jeweiligen Aufgabe **erforderlich** ist. Das entspricht dem Grundsatz der Datenminimierung in Art. 5 Abs. 1 lit. c) DS-GVO, wonach personenbezogene Daten dem Zweck angemessen und erheblich sowie auf das für die Zwecke der Verarbeitung notwendige Maß beschränkt sein müssen.

Erforderlich ist die Datenerhebung dann, wenn ohne die Daten eine Subsumption unter die Tatbestandsmerkmale der Aufgabennorm nicht möglich, der Jugendhilfeträger also für die Aufgabenwahrnehmung **auf die Kenntnis angewiesen** ist. Informationen, die nicht erforderlich sind, dürfen nicht gesammelt werden.[312]

---

309 BeckOGK/Schifferdecker SGB I § 35 Rn. 83; Schmidt, Kinder- und Jugendhilferecht, S. 239.
310 Vgl. Wiesner/Wapler/Walther SGB VIII § 61 Rn. 9 ff.; Kunkel, Sozialdatenschutz in Kindergärten.
311 BeckOGK/Cormann SGB X § 67a Rn. 7.
312 LPK-SGB VIII/Kunkel SGB VIII § 62 Rn. 3; BeckOK SozR/Winkler SGB VIII § 62 Rn. 2.

> **Praxishinweis:**
>
> Allgemeine **Gespräche** können für die Aufgabenwahrnehmung erforderlich sein, wenn sie dazu dienen, eine Beziehung zum Leistungsempfänger aufzubauen bzw. als Ausdruck persönlicher Zuwendung zu werten sind („Wie war der Urlaub?").[313]

Wenn eine Datenerhebung zulässig ist, hat diese gem. § 62 Abs. 2 S. 1 SGB VIII grundsätzlich beim **Betroffenen** zu erfolgen bzw. mit dessen Zustimmung bei Dritten. Betroffener ist der Dateninhaber. So sind Betroffene bei der Einholung von Informationen über die familiäre Situation eines Kindes das Kind, dessen Eltern und ggf. Geschwister.[314]

Ohne Zustimmung des Betroffenen ist die Erhebung von Daten bei Dritten (sog. **Dritterhebung**) nur ausnahmsweise gem. § 62 Abs. 3, 4 SGB VIII zulässig.[315] Das betrifft z.B. den Schutzauftrag bei einer Gefährdung des Kindeswohls, wenn die Erhebung beim Betroffenen nicht möglich ist oder die Wahrnehmung des Schutzauftrags die Erhebung bei anderen erfordert.

Ist eine unzulässige Datenerhebung erfolgt, gilt die „**Domino-Theorie**": Jeder weitere Umgang mit den Daten wird ebenfalls unzulässig, die Daten sind zu löschen.[316]

> **Praxishinweis:**
>
> Das Jugendamt darf z.B. bei einem freien Träger, der eine Tageseinrichtung für Kinder oder eine Heimeinrichtung betreibt, einen **Bericht** über ein Kind bzw. einen Jugendlichen grundsätzlich nur dann anfordern, wenn die Personensorgeberechtigten und ggf. (bei Einsichtsfähigkeit) der Jugendliche selbst eingewilligt haben. Das gilt auch dann, wenn das Jugendamt die Daten benötigt, um gegenüber dem Familiengericht eine Stellungnahme in einem Sorgerechts- oder Umgangsverfahren abzugeben. Anders könnte der Fall liegen, wenn es um ein Verfahren wegen Gefährdung des Kindeswohls nach §§ 1666 f. BGB ginge.[317]
>
> Werden in einer Tageseinrichtung **Fotoaufnahmen** von Kindern gefertigt und ausgestellt oder interessierten Eltern zum Erwerb angeboten, so ist bereits die Datenerhebung nicht von § 62 Abs. 1 SGB VIII gedeckt.

cc) Speichern von Daten

Eine Speicherung von Daten kann nicht nur elektronisch, sondern in jedweder Form erfolgen, z.B. durch **handschriftliche Notizen**.

Aus dem Umstand, dass Daten rechtmäßig erhoben werden durften oder dem Träger der Jugendhilfe von außen bekannt gemacht wurden, folgt noch nicht, dass

---

313 Vgl. JurisPK/Kirchhoff SGB VIII § 62 Rn. 27; BeckOK SozR/Winkler SGB VIII § 62 Rn. 2.
314 LPK-SGB VIII/Kunkel SGB VIII § 62 Rn. 5.
315 Dazu LPK-SGB VIII/Kunkel SGB VIII § 62 Rn. 12 ff.; Krug/Riehle/Schwarz SGB VIII § 62 Rn. 29; GK-SGB VIII/Kunkel SGB VIII § 62 Rn. 16 ff.
316 GK-SGB VIII/Kunkel SGB VIII § 62 Rn. 5, 10.
317 Kunkel, Sozialdatenschutz in Kindergärten.

diese gespeichert werden dürfen. Insoweit ist nach § 63 Abs. 1 SGB VIII erneut auf die **Erforderlichkeit** zur Erfüllung der jeweiligen Aufgabe abzustellen.[318]

> Praxishinweis:
>
> So darf nicht über jedes Gespräch ein Vermerk angefertigt werden. Auch die Nutzung von **Formularen** birgt die Gefahr einer unzulässigen „Speicherung von Sozialdaten auf Vorrat".[319]

dd) Übermittlung und Nutzung von Daten

Die Übermittlung und Nutzung von Daten ist nach § 64 Abs. 1 SGB VIII zu dem **Zweck** zulässig, zu dem die Daten erhoben wurden. Das entspricht der Zweckbindung des Art. 5 Abs. 1 lit. b DS-GVO.

Nach Maßgabe der §§ 68 ff. SGB X ist auch eine Übermittlung bei **Änderung des Zwecks** statthaft. Allerdings ist eine Übermittlung, die nach § 69 SGB X befugt wäre, gem. § 64 Abs. 2 SGB VIII unzulässig, wenn dadurch der Erfolg einer zu gewährenden Jugendhilfeleistung in Frage gestellt würde.[320]

Eine weitere Einschränkung ergibt sich nach § 65 Abs. 1 SGB VIII für Sozialdaten, die dem Mitarbeiter eines öffentlichen Trägers der Jugendhilfe zum Zweck persönlicher und erzieherischer Hilfe **anvertraut** sind. Diese dürfen v.a. weitergegeben werden,

- wenn derjenige, der die Daten anvertraut hat, in die Weitergabe einwilligt,
- anderen Fachkräften zur Abschätzung des Gefährdungsrisikos bei einer möglichen Kindeswohlgefährdung (dann i.d.R. anonymisiert bzw. pseudonymisiert) sowie
- wenn dies sonst zur Abwendung einer Kindeswohlgefährdung erforderlich ist, v.a. bei einer Übermittlung an das Familiengericht.

> Praxishinweis:
>
> So dürfen Mitarbeiter einer Tageseinrichtung Informationen über eine mögliche **Kindeswohlgefährdung** (z.B. wahrgenommene Hämatome) eines betreuten Kindes gem. § 69 Abs. 1 Nr. 1 SGB X an das Jugendamt übermitteln, damit dieses die Gefährdung abwenden kann. Wenn die Gefahr für das Kind nicht anders abgewendet werden kann, gilt dies nach § 65 Abs. 1 S. 1 Nr. 5 SGB VIII i.V.m. § 34 StGB auch dann, wenn ein Elternteil der Fachkraft in der Einrichtung die Hinweise auf die Kindeswohlgefährdung anvertraut hat und mit der Übermittlung der Information an das Jugendamt nicht einverstanden ist.

---

318 BeckOK SozR/Winkler SGB VIII § 63 Rn. 1.
319 Wiesner/Wapler/Walther SGB VIII § 63 Rn. 13.
320 GK-SGB VIII/Kunkel SGB VIII § 64 Rn. 3.

Dagegen ist eine Datenübermittlung an **Rechtsanwälte und Verfahrensbeistände** grundsätzlich nur mit Einwilligung der Personensorgeberechtigten (bei gemeinsamer Sorge also beider Eltern) erlaubt.[321] Unzulässig dürfte es auch sein, wenn ein freier Träger ohne Einwilligung der Eltern dem Jugendamt **Wartelisten** mit Namen und Anschriften der betroffenen Kinder übermittelt.[322]

5. Schutz vor Kindeswohlgefährdung

Neben den Familiengerichten kommt der Jugendhilfe eine zentrale Funktion zu, soweit es um die Wahrnehmung des **staatlichen Wächteramts** geht.[323]

Wichtige Vorschriften sind in diesem Zusammenhang §§ 8a f., 42 SGB VIII und § 4 KKG.

> **Praxishinweis:**
>
> Nachlässigkeiten in diesem Bereich können zu zivilrechtlicher Haftung führen. Ebenso kann eine strafrechtliche Verantwortlichkeit bestehen.[324]

a) Jugendämter

Die Jugendämter erhalten mit § 8a Abs. 1, 2 SGB VIII einen **Fahrplan**, wie sie mit möglichen Kindeswohlgefährdungen umzugehen haben.

Danach müssen zunächst **gewichtige Anhaltspunkte** einer Kindeswohlgefährdung vorliegen. Ist das der Fall, hat im zweiten Schritt eine **Gefährdungseinschätzung** zu folgen. Vom Ergebnis dieser Gefährdungseinschätzung hängt das **weitere Vorgehen** ab.

aa) Gewichtige Anhaltspunkte einer Kindeswohlgefährdung

Der Begriff der **Kindeswohlgefährdung** ist in § 8a Abs. 1 S. 1 SGB VIII nicht anders auszulegen als in § 1666 Abs. 1 BGB.[325]

Allerdings muss eine Kindeswohlgefährdung für ein Tätigwerden des Jugendamts anders als für einen Sorgerechtseingriff des Familiengerichts nicht mit dem erforderlichen Grad an Gewissheit festgestellt werden können. Vielmehr genügen **gewichtige Anhaltspunkte**, also Indikatoren, die auf eine Gefährdungslage hindeuten bzw. diese als wahrscheinlich erscheinen lassen.[326]

Nicht entscheidend ist, aus welcher **Quelle** das Jugendamt von der Kindeswohlgefährdung erfährt. So ist möglich, dass das Jugendamt bei der Wahrnehmung anderer Aufgaben, etwa im Rahmen von Hilfeplangesprächen oder der Mitwirkung in Verfahren vor den Familien- bzw. Jugendgerichten Anhaltspunkte für eine Kindeswohlgefährdung erhält. Eine Information ist zudem durch freie Träger

---

321 Kunkel, Sozialdatenschutz in Kindergärten.
322 Bericht SRa 2005, 230 (ohne Verf.).
323 Zur Ausübung des staatlichen Wächteramts durch die Familiengerichte s.o. unter IV. 2. e).
324 Vgl. etwa zur strafrechtlichen Garantenstellung von Fachkräften im Jugendamt Krug/Riehle/Uhl/Kunkel SGB VIII § 8a Rn. 3; OLG Hamm NZFam 2020, 1124 m. Anm. Schmidt = BeckRS 2020, 29548.
325 Dazu s.o. unter IV. 2. e) aa) (1).
326 Wiesner/Wapler/Wapler SGB VIII § 8a Rn. 13a und 13c.

der Jugendhilfe möglich, ebenso durch andere Behörden (z.B. Schule, Polizei) und durch Private (z.B. Familienangehörige, Nachbarn). Auch anonyme Hinweise müssen ernst genommen werden.[327]

> **Praxishinweis:**
>
> Dagegen kann aus fachlicher Sicht als widerlegt angesehen werden, dass die Nichtwahrnehmung ggf. durch Landesrecht vorgeschriebener Vorsorgeuntersuchungen (sog. **U-Untersuchungen**) ein Indiz für eine Kindeswohlgefährdung ist.[328]

bb) Einschätzung des Gefährdungsrisikos

Liegen gewichtige Anhaltspunkte einer Kindeswohlgefährdung vor, so hat das Jugendamt gem. § 8a Abs. 1 S. 1 SGB VIII das Gefährdungsrisiko für das Kind einzuschätzen. Ist ein anderes Jugendamt für die Gewährung von Leistungen zuständig, muss dieses gem. § 8a Abs. 6 SGB VIII informiert werden.[329]

Die Gefährdungseinschätzung dient der Klärung von **Wahrscheinlichkeit** und **Gefährlichkeit** des drohenden Schadens.

Dafür benötigt das Jugendamt oft weitere **Informationen**. Diese können z.B. durch eine Befragung des Kindes bzw. Jugendlichen, durch Gespräche mit Eltern, Erziehern, Lehrern und weiteren Personen erlangt werden.[330]

Ausdrücklich vorgesehen ist in § 8a Abs. 1 S. 2 Nr. 1 SGB VIII die Durchführung eines **Hausbesuchs**, sofern dies nach fachlicher Einschätzung erforderlich ist. Dieser kann v.a. dann aussagekräftige Informationen liefern, wenn er nicht vorab angekündigt wurde.[331]

In geeigneten Fällen (z.B. bei möglichen Sexualdelikten) kann zudem gem. § 31 BZRG ein **erweitertes Führungszeugnis** angefordert werden.

Die Gefährdungseinschätzung selbst hat im **Zusammenwirken mehrerer Fachkräfte** zu erfolgen, § 8a Abs. 1 S. 1 SGB VIII. Zudem sind gem. § 8a Abs. 1 S. 2 SGB VIII sorgeberechtigte **Eltern**, andere Erziehungsberechtigte i.S.v. § 7 Abs. 1 Nr. 6 SGB VIII sowie das **Kind** bzw. der Jugendliche in die Gefährdungseinschätzung einzubeziehen, soweit der wirksame Schutz dadurch nicht in Frage gestellt wird.

> **Praxishinweis:**
>
> Wichtig ist für die Kommunikation mit den Eltern, dass diese **nicht Beschuldigte** eines Strafverfahrens sind. Es geht nicht darum, Eltern Vorwürfe zu machen, sondern darum, mit ihnen partnerschaftlich Lösungen für ggf. bestehende Probleme zu finden.[332]

---

327 Vgl. Schmidt, Kinder- und Jugendhilferecht, S. 69 ff.
328 Wiesner/Wapler/Wapler SGB VIII § 8a Rn. 14c.
329 Die Zuständigkeit für Leistungen ergibt sich aus § 86 SGB VIII.
330 Vgl. MüKoBGB/Tillmanns SGB VIII § 8a Rn. 4 m.w.N.
331 Ein Betretungsrecht des Jugendamts gegen den Willen des Hausrechtsinhabers besteht allerdings nicht.
332 Wiesner/Wapler/Wapler SGB VIII § 8a Rn. 17.

> Fälle, in denen Eltern und Kind nicht einbezogen werden müssen, können z.B. bei besonderer **Eilbedürftigkeit** gegeben sein.

cc) Weiteres Vorgehen

Abhängig vom **Ergebnis der Gefährdungseinschätzung** bestehen verschiedene Handlungsalternativen.

(1) Keine Maßnahmen

So ist möglich, dass zwar gewichtige Anhaltspunkte einer Kindeswohlgefährdung vorgelegen haben, die Einschätzung des Gefährdungsrisikos aber zu dem Ergebnis geführt hat, dass eine **Gefährdung nicht besteht**. Dann sind ggf. keine Maßnahmen veranlasst.

Dasselbe gilt, wenn die Beratung der Eltern dazu geführt hat, dass diese willens und in der Lage sind, eine Kindeswohlgefährdung selbst oder mit Hilfe Dritter abzuwenden. Denn der **Vorrang elterlicher Selbsthilfe** gem. § 1666 Abs. 1 BGB[333] ist auch in der Kinder- und Jugendhilfe beachtlich.

(2) Gewährung von Hilfen

Unabhängig davon, ob ursprünglich eine Kindeswohlgefährdung bestanden hat, kann ein Bedarf in Bezug auf Hilfen des Jugendamts bestehen, v.a. **Hilfe zur Erziehung** nach §§ 27 ff. SGB VIII.[334]

Reicht die Gewährung von Hilfe zur Abwendung der Gefährdung aus oder besteht ein Hilfebedarf, ohne dass eine Kindeswohlgefährdung vorliegen würde, haben die Fachkräfte des Jugendamtes bei den Eltern um die Inanspruchnahme der Hilfe **zu werben**. Das ergibt sich auch aus § 8a Abs. 1 S. 3 SGB VIII. Danach hat das Jugendamt den Erziehungsberechtigten nämlich die Gewährung von Hilfen anzubieten, wenn es diese zur Abwendung der Gefährdung für geeignet und notwendig hält

Dabei ist nicht nur die Gewährung ambulanter, sondern ebenso teilstationärer und **stationärer Hilfen** denkbar, also solcher, die mit einer Fremdplatzierung des Kindes verbunden sind. Selbst wenn stationäre Hilfen unabdingbar, die Eltern aber im erforderlichen Umfang zur Mitwirkung bereit sind, bedarf es keiner Anrufung des Familiengerichts.

(3) Tätigwerden Dritter

Hält das Jugendamt zur Abwendung der Gefahr ein Tätigwerden **anderer Leistungsträger**, der Einrichtungen der Gesundheitshilfe oder der Polizei für notwendig, so hat es bei den Erziehungsberechtigten darauf hinzuwirken, dass entsprechende Anträge gestellt bzw. sonstige Schritte eingeleitet werden. Nur wenn ein

---

333 Dazu s.o. unter IV. 2. e) aa) (2).
334 Dazu s. unter 9.

sofortiges Tätigwerden erforderlich ist und die Erziehungsberechtigten nicht mitwirken, hat sich das Jugendamt unmittelbar an die zuständige Stelle zu wenden.

> **Praxishinweis:**
>
> Das Jugendamt ist keine Strafverfolgungsbehörde. Außer in Fällen des § 138 StGB besteht deshalb **keine Anzeigepflicht** geplanter oder begangener Straftaten gegenüber Polizei und Staatsanwaltschaft.[335]

(4) Anrufung des Familiengerichts

Eine Anrufung des Familiengerichts hat nach § 8a Abs. 2 S. 1 SGB VIII zu erfolgen, wenn das Jugendamt dessen Tätigwerden für erforderlich hält. Das ist der Fall, wenn es eines **Eingriffs in die elterliche Sorge** nach § 1666 Abs. 1 BGB bedarf. Denn das Jugendamt selbst kann den Schutz des Kindes außerhalb einer Inobhutnahme nicht gegen den Willen der Personensorgeberechtigten durchsetzen.

Ebenso ist die Anrufung des Familiengerichts erforderlich, wenn aufgrund einer fehlenden **Mitwirkung der Eltern** das Gefährdungsrisiko nicht eingeschätzt werden kann, die Eltern also z.B. nicht bereit sind, mit den Fachkräften des Jugendamts zu sprechen.

(5) Inobhutnahme

Besteht eine dringende Gefahr und kann die Entscheidung des Gerichts nicht abgewartet werden, so ist das Jugendamt gem. § 8a Abs. 2 S. 2 und § 42 Abs. 1 S. 1 Nr. 2b SGB VIII neben der Anrufung des Familiengerichts verpflichtet, das Kind bzw. den Jugendlichen in Obhut zu nehmen.

Eine Entscheidung des Gerichts kann nicht abgewartet werden, wenn ein wirksamer Schutz des Minderjährigen durch die vorrangig hierzu berufenen **Familiengerichte** nicht (mehr) möglich ist.

Zudem muss die Inobhutnahme dem Grundsatz der **Verhältnismäßigkeit** entsprechen.[336]

> **Praxishinweis:**
>
> Der Vorrang der Familiengerichte führt dazu, dass eine Inobhutnahme nach § 8a Abs. 2 S. 2, § 42 Abs. 1 S. 1 Nr. 2b SGB VIII i.d.R. ausscheidet, solange ein Richter des zuständigen Amtsgerichts **dienstbereit** ist. Denn das Gericht kann bei entsprechender Eilbedürftigkeit sogar am Telefon eine (vorläufige) Entscheidung treffen.[337] Eine Missachtung des Richtervorbehalts kann gem. § 235 Abs. 1 StGB strafbar sein.[338]

---

[335] FK/Meysen SGB VIII § 8a Rn. 52 m.w.N.
[336] BeckOGK/Schmidt SGB VIII § 42 Rn. 25, 27 m.w.N.
[337] Das gilt auch an Wochenenden während der Bereitschaftszeiten, vgl. BeckOGK/Schmidt SGB VIII § 42 Rn. 35 f.
[338] BeckOGK/Schmidt SGB VIII § 42 Rn. 36.

Um das Kind in Obhut zu nehmen, ist das Jugendamt nach § 42 Abs. 1 S. 2 Hs. 2 SGB VIII berechtigt, das Kind von einer anderen Person **wegzunehmen**. Hierzu zählen auch die Eltern. Ist dafür die Anwendung unmittelbaren Zwangs erforderlich, sind gem. § 42 Abs. 6 SGB VIII die dazu befugten Stellen, i.d.R. also die Beamten des Polizeivollzugsdienstes hinzuzuziehen.

Die Inobhutnahme umfasst gem. § 42 Abs. 1 S. 2 Hs. 1 SGB VIII die Befugnis, ein Kind oder einen Jugendlichen bei einer geeigneten Person, in einer geeigneten Einrichtung oder in einer sonstigen Wohnform **vorläufig unterzubringen**. Insoweit kommen neben der Bereitschaftspflege z.B. Kinderschutzzentren in Betracht. Die Unterbringung kann aber auch bei (nicht sorgeberechtigten) Elternteilen, anderen Verwandten oder Freunden erfolgen.[339]

Während der Inobhutnahme hat das Jugendamt gem. § 42 Abs. 2 S. 3 SGB VIII für das **Wohl des Kindes** bzw. Jugendlichen zu sorgen. Soweit noch nicht erfolgt, sind die Personensorge- oder Erziehungsberechtigten nach § 42 Abs. 3 S. 1 SGB VIII unverzüglich von der Inobhutnahme zu unterrichten.

Widersprechen die Personensorge- oder Erziehungsberechtigten der Inobhutnahme, so hat das Jugendamt nach § 42 Abs. 3 S. 2 SGB VIII entweder das Kind oder den Jugendlichen an diese zu übergeben oder die Inobhutnahme aufrechtzuerhalten und das Familiengericht anzurufen. Entscheidend ist, ob eine Gefährdung des Kindeswohls besteht und ob die Personensorge- bzw. Erziehungsberechtigten ggf. bereit und in der Lage sind, die Gefährdung abzuwenden.

Die **Inobhutnahme endet** nach § 42 Abs. 4 SGB VIII mit der Übergabe des Minderjährigen an die Personensorge- oder Erziehungsberechtigten oder mit einer Entscheidung über die Gewährung von Hilfen.

> **Exkurs:**
> Weitere Konstellationen, in denen das Jugendamt zur Inobhutnahme eines Kindes berechtigt und verpflichtet ist, ergeben sich aus § 42 Abs. 1 S. 1 Nrn. 1, 2a und 3 SGB VIII.
> Danach ist das Jugendamt ebenfalls zur Inobhutnahme berechtigt und verpflichtet,
> - wenn ein Minderjähriger um Obhut bittet (sog. **Selbstmelder**),
> - wenn eine dringende Gefahr die Inobhutnahme erfordert und die Personensorgeberechtigten nicht widersprechen und
> - wenn ein **ausländischer Minderjähriger** unbegleitet nach Deutschland kommt und sich hier keine Erziehungsberechtigten aufhalten.

b) Freie Jugendhilfe

Der Fahrplan des § 8a Abs. 1, 2 SGB VIII gilt nur für die Jugendämter. Denn das Sozialrecht regelt als Teilbereich des öffentlichen Rechts die Rechtsbeziehungen

---

339 Ist eine Unterbringung bei einem Elternteil oder anderen Bezugspersonen möglich, dürfte dies gegenüber einer Fremdunterbringung vorzugswürdig sein, vgl. BeckOGK/Schmidt SGB VIII § 42 Rn. 92 ff.

zwischen dem Staat als Träger hoheitlicher Gewalt und seinen Bürgern, während es sich bei freien Trägern um Zivilrechtssubjekte handelt, die mit dem Bürger auf einer Ebene stehen.[340]

Allerdings wäre es nicht hinzunehmen, wenn einem Träger der freien Jugendhilfe Hinweise auf eine Kindeswohlgefährdung bekannt würden und dieser nicht professionell damit umginge. Vor diesem Hintergrund verpflichtet § 8a Abs. 4 SGB VIII das Jugendamt, in Vereinbarungen mit Trägern von Einrichtungen und Diensten, die Leistungen nach dem SGB VIII erbringen, sicherzustellen, dass deren Fachkräfte bei Bekanntwerden **gewichtiger Anhaltspunkte** einer Kindeswohlgefährdung eine **Gefährdungseinschätzung** vornehmen.

Bei der Gefährdungseinschätzung ist eine insoweit **erfahrene Fachkraft** beratend hinzuziehen. Ebenso wie beim Jugendamt sind zudem die Erziehungsberechtigten und das Kind bzw. der Jugendliche in die Gefährdungseinschätzung einzubeziehen, soweit der wirksame Schutz dadurch nicht in Frage gestellt wird.

Anders als beim Jugendamt besteht allerdings keine Zuständigkeit der freien Träger zur Gewährung (weiterer) Hilfen bzw. zur Anrufung des Familiengerichts. Deshalb ist in die Vereinbarung die Verpflichtung aufzunehmen, dass die freien Träger bei den Erziehungsberechtigten auf die **Inanspruchnahme von Hilfen** hinwirken, wenn sie diese für erforderlich halten und das **Jugendamt informieren**, falls die Gefährdung nicht anders abgewendet werden kann. Das Jugendamt muss dann wiederum nach § 8a Abs. 1, 2 SGB VIII vorgehen.

Zur freien Jugendhilfe zählen auch **Kindertagespflegepersonen**. Allerdings können diese nicht unter § 8a Abs. 4 SGB VIII subsumiert werden, da es sich bei ihnen nicht um Träger von Einrichtungen und Diensten handelt. Vor diesem Hintergrund wurde durch das KJSG in § 8a Abs. 5 SGB VIII für Tagespflegepersonen eine Abs. 4 vergleichbare Regelung geschaffen.

c) Regelungen für Berufsgeheimnisträger

Angehörige bestimmter Berufsgruppen (sog. Berufsgeheimnisträger), die unbefugt ein fremdes Geheimnis offenbaren, das ihnen wegen ihrer beruflichen Stellung anvertraut oder sonst bekanntgeworden ist, können sich nach § 203 Abs. 1 StGB wegen **Verletzung von Privatgeheimnissen** strafbar machen. Das gilt unabhängig davon, ob sie selbständig sind oder im Angestelltenverhältnis arbeiten, ob sie in der Privatwirtschaft oder im öffentlichen Dienst tätig sind.

Die Pflicht zur Verschwiegenheit kann allerdings in einem **Spannungsverhältnis zum Kinderschutz** stehen. Das ist dann der Fall, wenn ihnen eine Kindeswohlgefährdung bekannt wird, die entsprechenden Informationen aber der Schweigepflicht unterfallen.

---

340 Dazu s.o. unter I. 2.

> **Praxishinweis:**
> Anders als staatlich anerkannte Sozialarbeiter und Sozialpädagogen sind **Erzieher** und **Kindheitspädagogen grundsätzlich** keine Berufsgeheimnisträger.[341] Zwar müssen sie den Sozialdatenschutz beachten, unterfallen aber nicht der Strafandrohung des § 203 Abs. 1 StGB. Etwas anderes kann tätigkeitsbezogen gelten, wenn sie z.B. in einer Erziehungsberatungsstelle beschäftigt sind (§ 203 Abs. 1 Nr. 4).[342]

aa) Voraussetzungen

Einem **Teil der Berufsgeheimnisträger** gibt § 4 KKG einen Fahrplan an die Hand, wie mit Hinweisen auf eine Kindeswohlgefährdung umzugehen ist.

Wer davon in **persönlicher Hinsicht** umfasst ist, ergibt sich aus § 4 Abs. 1 KKG. Hierzu zählen Ärzte und Zahnärzte, Hebammen, Berufspsychologen, Ehe-, Familien-, Erziehungs- bzw. Jugendberater, staatlich anerkannte Sozialarbeiter bzw. Sozialpädagogen sowie Lehrer an öffentlichen und an staatlich anerkannten Privatschulen.[343]

Weitere Voraussetzung ist das Bekanntwerden **gewichtiger Anhaltspunkte** einer Kindeswohlgefährdung in Ausübung der **beruflichen Tätigkeit**.

bb) Rechtsfolge

Liegen die Voraussetzungen vor, besteht nach § 4 Abs. 2 KKG zur Einschätzung der Kindeswohlgefährdung ein **Beratungsanspruch** gegenüber dem Jugendamt.

Die Beratung ist durch eine insoweit **erfahrene Fachkraft** zu leisten. Dabei dürfen die Berufsgeheimnisträger die Situation schildern, müssen personenbezogene Daten aber pseudonymisieren.

Im Rahmen der Beratung kann geklärt werden,

- ob eine Kindeswohlgefährdung i.S.v. § 1666 Abs. 1 BGB vorliegt,
- wie wahrscheinlich ein Schadenseintritt ist,
- wie gefährlich der Schaden wäre,
- ob der Schutz des Minderjährigen durch eine Erörterung der (möglichen) Gefährdung mit den Personensorgeberechtigten in Frage gestellt wird und
- welche Hilfen ggf. angezeigt sein könnten.

Sinnvollerweise sollte die Beratung wahrgenommen werden, bevor das Gespräch mit Eltern und Kind bzw. Jugendlichem gesucht wird.[344] Eine **Pflicht zur Beratung** besteht allerdings **nicht**.

---

341 Schönke/Schröder/Eisele StGB § 203 Rn. 68.
342 Ebenso, wenn Kindheitspädagogen Mitarbeiter des Jugendamts sind, § 203 Abs. 2 S. 1 Nr. 1 StGB.
343 Zur Kritik am Personenkreis vgl. GK-SGB VIII/Kunkel KKG § 4 Rn. 3; Wiesner/Wapler/Walther KKG § 4 Rn. 3 f.
344 Vgl. Krug/Riehle/Riehle KKG § 4 Rn. 17; a.A. offenbar („Stufe 2") GK-SGB VIII/Kunkel KKG § 4 Rn. 7.

> **Praxishinweis:**
> Ein Beratungsanspruch von Personen, die beruflich in Kontakt mit Kindern und Jugendlichen stehen, wird unabhängig von der Eigenschaft als Berufsgeheimnisträger durch § 8b Abs. 1 SGB VIII begründet. Diese Vorschrift gilt auch für **Erzieher** und **Kindheitspädagogen**!

Unabhängig von einer Beratung nach § 4 Abs. 2 KKG sollen die Berufsgeheimnisträger nach § 4 Abs. 1 KKG mit den Erziehungsberechtigten und dem Minderjährigen die **Situation erörtern** und, soweit erforderlich, auf die Inanspruchnahme von Hilfe hinwirken.

Etwas anderes gilt nur dann, wenn dadurch der wirksame Schutz des Kindes bzw. Jugendlichen in Frage gestellt würde. So hat ein gemeinsames Gespräch zu unterbleiben, wenn der damit verbundene **zeitliche Aufschub** dazu führen würde, dass jede Hilfe zu spät käme.

Scheidet eine Erörterung mit den Erziehungsberechtigten (ausnahmsweise) aus oder bleibt sie erfolglos und halten die Geheimnisträger ein Tätigwerden des Jugendamts zur Abwendung der Gefahr für erforderlich, so sind sie nach § 4 Abs. 3 S. 1, 2 KKG befugt, das **Jugendamt** zu **informieren** und diesem die erforderlichen Daten mitzuteilen. Die Betroffenen sind darauf möglichst vorab hinzuweisen.

Zwar spricht der Wortlaut der Norm („befugt") dafür, dass keine **Offenbarungspflicht**, sondern lediglich ein Recht zu Information des Jugendamtes begründet werden sollte. Etwas anderes gilt nach § 4 Abs. 3 S. 3 KKG nur für Angehörige der Heilberufe (Ärzte, Zahnärzte und Hebammen), die unverzüglich das Jugendamt informieren sollen, wenn eine dringende Gefahr für das Wohl des Kindes oder Jugendlichen das Tätigwerden des Jugendamtes erfordert. Doch auch bei Geheimnisträgern außerhalb des medizinischen Bereichs kommt im Fall einer unterlassenen Mitteilung an das Jugendamt eine Strafbarkeit wegen § 323c StGB (unterlassene Hilfeleistung) in Betracht.[345]

Das Jugendamt seinerseits hat die Information nach Maßgabe von **§ 8a Abs. 1, 2 SGB VIII** zu behandeln. Soweit dies nach fachlicher Einschätzung erforderlich ist, hat es den Berufsgeheimnisträger in geeigneter Weise an der Gefährdungseinschätzung zu beteiligen. Zudem soll das Jugendamt dem Berufsgeheimnisträger gem. § 4 Abs. 4 KKG zeitnah eine Rückmeldung geben, ob es die gewichtigen Anhaltspunkte einer Kindeswohlgefährdung bestätigt sieht und insoweit tätig geworden ist.

Ebenso wie die von § 4 Abs. 1 KKG erfassten Berufsgeheimnisträger haben **Gerichte und Strafverfolgungsbehörden** gem. § 5 KKG einen Beratungsanspruch gegenüber dem Jugendamt, wenn in einem Strafverfahren gewichtige Anhaltspunkte einer Kindeswohlgefährdung bekannt werden. Zudem müssen sie das Jugendamt

---

[345] Erst recht kann eine Strafbarkeit bei einer Garantenstellung gem. § 13 Abs. 1 StGB gegeben sein, vgl. dazu Wiesner/Wapler/Walther KKG § 4 Rn. 33; LPK-SGB VIII/Kunkel/Kemper KKG § 4 Rn. 14; GK-SGB VIII/Kunkel KKG § 4 Rn. 13; dagegen die Freiwilligkeit betonend FK/Meysen Anh. I (KKG) Rn. 105.

unverzüglich über mögliche Kindeswohlgefährdungen informieren und die erforderlichen Daten dorthin übermitteln.

6. Frühe Hilfen

Der Begriff der **Frühen Hilfen** wird durch § 1 Abs. 4 S. 2 KKG definiert. Danach handelt es sich im Kern um die Vorhaltung eines möglichst frühzeitigen, koordinierten und multiprofessionellen Angebots im Hinblick auf die Entwicklung von Kindern v.a. in den ersten Lebensjahren. Leistungsempfänger sind neben Eltern bereits schwangere Frauen und werdende Väter.

Zu unterscheiden ist zwischen einer **universellen/primären Prävention**, die sich an alle (künftigen) Eltern mit ihren Kindern richtet, und einer **selektiven/sekundären Prävention**, die sich an Familien in besonderen Problemlagen wendet.[346]

Konkret sieht § 2 Abs. 1 KKG vor, dass Eltern sowie werdende Mütter und Väter über die im örtlichen Einzugsbereich bestehenden Leistungsangebote zur Beratung und Hilfe in Fragen der Schwangerschaft, Geburt und der Entwicklung des Kindes in den ersten Lebensjahren **informiert** werden.

Diese Information kann z.B. durch **Begrüßungsschreiben** oder -pakete, aber auch fernmündlich erfolgen.[347] Nach § 2 Abs. 2 KKG sind Jugendämter oder andere nach Landesrecht zuständige Stellen befugt, ein **persönliches Gespräch** anzubieten. Dieses kann auf Wunsch der Eltern in deren Wohnung stattfinden.

> **Praxishinweis:**
>
> Für die Eltern sind Willkommens- oder Familienbesuche **freiwillig**. Das ist ihnen ungefragt mitzuteilen. Entsprechend sind Eltern nicht verpflichtet, dem Jugendamt das Kinderzimmer zu zeigen.[348]

Inhaltlich bezieht sich die Information auf **sämtliche Angebote**, die in den ersten Lebensphasen des Kindes in Betracht kommen.

> **Beispiele:**
>
> Leistungen der Eingliederungshilfe für Eltern mit Behinderung, Leistungen von Hebammen bzw. Entbindungspflegern, Frühförderung von Kindern mit (drohender) Behinderung, Arbeitsförderung und Arbeitsvermittlung, Elterngeld und Grundsicherungsleistungen[349]

Ergeben sich bei einem Willkommensbesuch Hinweise auf eine **Kindeswohlgefährdung** und wird der Besuch durch das Jugendamt durchgeführt, ist nach dem Fahrplan des § 8a Abs. 1, 2 SGB VIII zu verfahren, bei freien Trägern nach § 8a Abs. 4 SGB VIII.[350]

---

346 Gesetzesbegründung, BT-Drs. 17/6256, S. 17.
347 FK/Meysen Anh. I (KKG) Rn. 18.
348 GK-SGB VIII/Grühn KKG § 2 Rn. 5 f.; FK/Meysen Anh. I (KKG) Rn. 20 f.
349 GK-SGB VIII/Grühn KKG § 2 Rn. 3; FK/Meysen Anh. I (KKG) Rn. 17.
350 Krug/Riehle/Riehle KKG § 2 Rn. 17

> **Praxishinweis:**
>
> Bisher fehlt es an einer bundesgesetzlichen Befugnisnorm, nach der eine **Datenübermittlung** durch die Meldebehörden zulässig wäre. Für die Jugendämter ist es daher z.T. mühsam, an die Adressen zu kommen. Landesrechtliche Befugnisnormen bestehen in Bayern, Brandenburg, Bremen, Hamburg, im Saarland und in Thüringen.[351]

Unabhängig davon, welche Stelle nach Landesrecht für die Information der (künftigen) Eltern nach § 2 KKG zuständig ist, stellt § 16 Abs. 3 SGB VIII klar, dass Frühe Hilfen „zum unverzichtbaren Basisangebots jedes Jugendamts" zählen.[352] Denn nach dieser Vorschrift sollen Müttern und Vätern sowie schwangeren Frauen und werdenden Vätern Beratung und Hilfe in **Fragen der Partnerschaft** sowie des Aufbaus **elterlicher Erziehungs- und Beziehungskompetenzen** angeboten werden. Ein entsprechender Beratungs- und Hilfebedarf kann im Rahmen einer Information nach § 2 KKG zutage treten.[353]

> **Praxishinweis:**
>
> Indem die Beratung in Fragen der Partnerschaft eine Leistung der Kinder- und Jugendhilfe ist, erkennt der Gesetzgeber an, dass es für Kinder grundsätzlich das Beste ist, in einer **intakten Familie** aufzuwachsen.
> Die Jugendhilfe bezieht sich damit auch auf die Paarebene!

Rahmenbedingungen **verbindlicher Netzwerkstrukturen** im Bereich Früher Hilfen sieht § 3 KKG vor.

7. Hilfen in besonderen Lebenslagen

Als Hilfen in besonderen Lebenslagen werden die **§§ 17–21 SGB VIII** bezeichnet. Hierauf bestehen klagbare Ansprüche.

Daneben findet sich im selben Abschnitt mit § 16 SGB VIII die **allgemeine Förderung** der Erziehung in der Familie. Diese sollen nach Abs. 1 Erziehungsberechtigte bei der Wahrnehmung ihrer Verantwortung unterstützen und dazu beitragen, dass Familien sich die erforderlichen Kenntnisse und Fähigkeiten in Fragen von Erziehung, Beziehung und Konfliktbewältigung, von Gesundheit, Bildung, Medienkompetenz, Hauswirtschaft sowie der Vereinbarkeit von Familie und Erwerbstätigkeit aneignen können. Weiter sollen sie Wege aufzeigen, wie Konfliktsituationen in der Familie gewaltfrei gelöst werden können. Dabei umfasst die allgemeine Förderung gem. § 16 Abs. 2 SGB VIII insbesondere Angebote der Familienbildung (Nr. 1), der Familienberatung (Nr. 2) sowie der Familienfreizeit und Familienerholung (Nr. 3).[354]

---

[351] GK-SGB VIII/Grühn KKG § 2 Rn. 4 (dort auch Nachweise zum Landesrecht); FK/Meysen Anh. I (KKG) Rn. 19; Krug/Riehle/Riehle KKG § 2 Rn. 8.
[352] FK/Tammen SGB VIII § 16 Rn. 13.
[353] Vgl. Wiesner/Wapler/Struck SGB VIII § 16 Rn. 44.
[354] Zu § 16 Abs. 3 SGB VIII s.o. unter 6.

> **Praxishinweis:**
>
> **Familienfreizeit** und **Familienerholung** richten sich v.a. an Familien in belastenden Situationen (z.B. kinderreiche Familien, Familien mit behinderten oder kranken Kindern, Familien aus sozialen Brennpunkten).[355] Sie sollen bei Bedarf die erzieherische Betreuung der Kinder einschließen.

a) Beratung in Fragen der Partnerschaft, Trennung und Scheidung

Nach § 17 Abs. 1 SGB VIII haben Mütter und Väter einen Anspruch auf Beratung in Fragen der **Partnerschaft**, wenn sie für ein Kind oder einen Jugendlichen zu sorgen haben oder tatsächlich sorgen. Hintergrund der Vorschrift ist, dass Kinder unter Partnerschaftsproblemen ihrer Eltern leiden können, v.a. dann, wenn diese zu einer Beendigung der Paarbeziehung führen.[356]

Erfasst sind **Eltern** unabhängig davon, ob diese sorgeberechtigt sind. Gleiches gilt für den nur leiblichen Vater, also den Mann, von dem das Kind biologisch abstammt, der aber nicht Vater i.S.d. §§ 1592 ff. BGB ist.[357] Überwiegend wird die Vorschrift zudem auf Stief- und Pflegeeltern angewendet, die mit dem Minderjährigen auf Dauer angelegt zusammenleben.[358] Gleiches muss für werdende Eltern gelten.[359]

Zweck der Beratung ist zunächst, ein partnerschaftliches Zusammenleben in der Familie aufzubauen bzw. Konflikte und Krisen zu bewältigen. Die **Paarbeziehung** der Eltern soll möglichst erhalten werden.

Erst wenn das nicht gelingt, also Trennung bzw. Scheidung unausweichlich sind, sollen die Bedingungen für eine dem Wohl des Kindes bzw. Jugendlichen förderliche Wahrnehmung der Elternverantwortung geschaffen werden. In diesem Fall geht es darum, die Paar- von der **Elternebene** zu trennen und Verständnis dafür zu schaffen, dass eine Kooperation auf Elternebene für das Kind wichtig ist.

Entsprechend sind Eltern für den Fall von Trennung und Scheidung gem. § 17 Abs. 2 SGB VIII unter angemessener Beteiligung des Kindes bzw. Jugendlichen bei der Entwicklung eines **einvernehmlichen Konzepts** für die Wahrnehmung der elterlichen Sorge und der elterlichen Verantwortung zu unterstützen. Dies schließt eine Mediation ein.[360]

Bei der Entwicklung dieses Konzepts ist zunächst die Frage zu klären, für welches Betreuungsmodell sich die Eltern entscheiden (**Wechsel- bzw. Residenzmodell**). Im Fall des Residenzmodells muss weiter geklärt werden, bei welchem Elternteil das Kind seinen **gewöhnlichen Aufenthalt** haben soll und wie der **Umgang** mit dem anderen Elternteil ausgestaltet wird. Dabei ist zu berücksichtigen, dass eine

---

355 Beispiele bei Wiesner/Wapler/Struck SGB VIII § 16 Rn. 38.
356 GK-SGB VIII/Bernzen SGB VIII § 17 Rn. 1.
357 Dazu s.o. unter IV. 1. a) bb).
358 GK-SGB VIII/Bernzen SGB VIII § 17 Rn. 6; BeckOK SozR/Winkler SGB VIII § 17 Rn. 4; BeckOGK/Schermaier-Stöckl SGB VIII § 17 Rn. 9 m.w.N.
359 FK/Tammen/Trenczek SGB VIII § 17 Rn. 11.
360 Schmidt ZKM 2015, 114 (116); ders. ZKM 2020, 128 (129).

dauerhafte Beziehung des Kindes zu beiden Elternteilen dem Kindeswohl i.d.R. am besten entsprechen wird.[361]

> Praxishinweis:
>
> Die Hilfe nach § 17 Abs. 2 SGB VIII anzunehmen ist Pflicht der Eltern, deren Unterlassung als **kindeswohlfeindliche Unterlassung** gewertet werden kann.[362] Eltern können also darauf hingewiesen werden, dass es im Rahmen eines Verfahrens über die elterliche Sorge nach § 1671 Abs. 1 S. 1, 2 Nr. 2 BGB negative Konsequenzen haben kann, sich der Beratung zu verweigern.

Damit das Jugendamt die Beratung in Fragen von Partnerschaft, Trennung und Scheidung nach § 17 SGB VIII **proaktiv**, also vor Einleitung eines Sorge- oder Umgangsverfahrens anbieten kann, teilt ihm das Familiengericht gem. § 17 Abs. 3 SGB VIII die Rechtshängigkeit von Scheidungssachen mit, wenn gemeinschaftliche minderjährige Kinder vorhanden sind.

> Praxishinweis:
>
> Sinnvoll ist, Eltern **möglichst frühzeitig**, am besten vor der Trennung, auf die Leistungen nach § 17 Abs. 1, 2 SGB VIII aufmerksam zu machen. So kann im Idealfall die Beziehung „gerettet" werden. Zudem ist eine schnelle Hilfe ein gutes Mittel, ein Eskalieren von Auseinandersetzungen im Zusammenhang mit der Trennung zu verhindern.

Eine Kostenbeteiligung wird durch §§ 90 ff. SGB VIII nicht geregelt. Die Leistungen nach § 17 Abs. 1, 2 SGB VIII sind daher für die Leistungsberechtigten **kostenfrei**.

b) Ausübung von Personensorge und Umgangsrecht

In § 18 SGB VIII werden **verschiedene Ansprüche** zusammengefasst.

So betrifft Abs. 1 die Beratung und Unterstützung Alleinerziehender, Abs. 2 die Beratung unverheirateter Eltern über die Abgabe einer Sorgeerklärung bzw. die Möglichkeit der gerichtlichen Übertragung der gemeinsamen elterlichen Sorge, Abs. 3 die Beratung und Unterstützung hinsichtlich Umgangs- bzw. Auskunftsrechten und Abs. 4 die Beratung und Unterstützung junger Volljähriger bis 21 Jahre bei der Geltendmachung von Unterhalts- bzw. Unterhaltsersatzansprüchen.

Für die Leistungsberechtigten sind sämtliche in § 18 SGB VIII geregelten Ansprüche **kostenfrei**.

aa) Beratung und Unterstützung Alleinerziehender

Nach § 18 Abs. 1 SGB VIII haben **Mütter und Väter**, die allein für ein Kind zu sorgen haben oder tatsächlich sorgen, einen Anspruch auf Beratung und Unterstützung

---

[361] Vgl. BGH NJWE-FER 2000, 278 (279) = BeckRS 2000, 30113575; Schmidt, Kinder- und Jugendhilferecht, S. 113.
[362] OLG Zweibrücken NJW-RR 2000, 957 (958) = BeckRS 9998, 02139.

- bei der Ausübung der Personensorge einschließlich der Geltendmachung von Unterhalts- oder Unterhaltsersatzansprüchen des Kindes oder Jugendlichen sowie
- bei der Geltendmachung eigener Unterhaltsansprüche aus § 1615l BGB.

In personeller Hinsicht genügt die **faktische Sorge**, so dass nicht nur allein sorgeberechtigte Eltern erfasst sind, sondern auch gemeinsam sorgeberechtigte, die das Kind tatsächlich allein aufziehen, ggf. auch Stief- und Pflegeeltern.[363]

Da über die Beratung hinaus eine **Unterstützung** geschuldet ist, muss das Jugendamt z.B. weitere Recherchen durchführen und Hilfe bei Anträgen leisten.[364]

Der Begriff der **Personensorge** entspricht dem des § 1631 Abs. 1 BGB, umfasst also u.a. Pflege, Erziehung, Aufsicht und Aufenthaltsbestimmung.[365]

Unterhalts- und Unterhaltsersatzansprüche i.S.v. § 18 Abs. 1 SGB VIII umfassen Ansprüche auf Leistungen nach dem UhVorschG,[366] Ansprüche des Kindes auf Unterhalt aus § 1601 BGB und Ansprüche des alleinerziehenden Elternteils auf Unterhalt aus § 1615l BGB. Während § 1601 BGB den sog. Verwandtenunterhalt regelt, v.a. also den Unterhaltsanspruch gegen den anderen Elternteil, werden in § 1615l BGB Unterhaltsansprüche unverheirateter Eltern gegeneinander zusammengefasst, deren wichtigster der sog. Betreuungsunterhalt ist. Dieser wird geschuldet, wenn ein Elternteil aufgrund von Pflege und Erziehung einer Erwerbstätigkeit nicht nachgehen kann.

Keine Beratung und Unterstützung schuldet das Jugendamt demgegenüber hinsichtlich Ansprüchen auf Trennungsunterhalt gem. § 1361 Abs. 1 BGB und auf nachehelichen Unterhalt gem. §§ 1570 ff. BGB.[367]

> **Praxishinweis:**
>
> Ein Beratungsanspruch von **Vormündern** und **Pflegern** folgt aus § 53 Abs. 2 SGB VIII.

bb) Beratung hinsichtlich gemeinsamer Sorge

Mütter und Väter, die nicht miteinander verheiratet sind und bei Geburt des Kindes auch **nicht verheiratet** waren, haben nach § 18 Abs. 2 SGB VIII einen Anspruch auf Beratung über die Abgabe einer Sorgeerklärung nach § 1626a Abs. 1 Nr. 1 i.V.m. §§ 1626b ff. BGB und über die Möglichkeit der gerichtlichen Übertragung der gemeinsamen Sorge nach § 1626a Abs. 1 Nr. 3, Abs. 2 BGB.[368]

---

363 GK-SGB VIII/Heuerding/Schleicher SGB VIII § 18 Rn. 9 ff.
364 BeckOK SozR/Winkler SGB VIII § 18 Rn. 4.
365 Dazu s.o. unter IV. 2. a) aa).
366 Dazu s. unter VI. 4.
367 Zum Unterhaltsrecht vgl. Schmidt, Familienrecht Rn. 530 ff.
368 Dazu s.o. unter IV. 2. c) aa).

> Praxishinweis:
> Hinsichtlich der Mutter folgt eine entsprechende Pflicht zur Beratung **unmittelbar nach der Geburt** des Kindes auch aus § 52a Abs. 1 S. 1, 2 Nr. 5 SGB VIII.

cc) Beratung und Unterstützung hinsichtlich des Umgangsrechts

Einen Anspruch auf Beratung und Unterstützung hinsichtlich des Umgangsrechts haben nach § 18 Abs. 3 S. 1, 3 SGB VIII alle nach bürgerlichem Recht **Umgangsberechtigten**, also Kinder hinsichtlich des Umgangs mit ihren Eltern, ferner die Eltern, Großeltern, Geschwister, sonstige Bezugspersonen und leibliche, nicht rechtliche Väter.[369] Ebenso haben die Personen, in deren Obhut sich das Kind befindet, i.d.R. also beide Eltern oder ein Elternteil, einen Anspruch auf Beratung bzw. Unterstützung.

Kinder sollen nach § 18 Abs. 3 S. 2 SGB VIII zudem darin unterstützt werden, dass die anderen Umgangsberechtigten den Umgang zu ihrem Wohl ausüben.

Zuletzt ergibt sich aus § 18 Abs. 3 S. 4 SGB VIII ein Anspruch auf **Vermittlung** und ggf. **Hilfestellung** bei der Herstellung von Umgangskontakten, bei der Ausführung gerichtlicher oder vereinbarter Umgangsregelungen sowie bei der Befugnis, nach § 1686 bzw. § 1686a Abs. 1 Nr. 2 BGB Auskunft über die persönlichen Verhältnisse des Kindes zu verlangen.

Entsprechend hat das Jugendamt z.B. gemeinsame (**Mediations-**)**Gespräche** der Eltern zu ermöglichen bzw. sich in Fällen des § 1684 Abs. 4 S. 3 BGB um eine **Begleitung des Umgangs** zu kümmern.[370]

> Praxishinweis:
> Die Vorschrift korrespondiert mit § 1626 Abs. 3 BGB. Danach entspricht der Umgang des Kindes mit beiden Elternteilen i.d.R. dem Wohl des Kindes. Gleiches gilt für den Umgang mit anderen Bezugspersonen, wenn die Aufrechterhaltung der Bindungen für die Entwicklung des Kindes förderlich ist. Beratung und Unterstützung haben deshalb eine Tendenz: **Im Zweifel für den Umgang!**

c) Gemeinsame Wohnformen für Mütter bzw. Väter und Kinder

Nach § 19 Abs. 1 S. 1, 2 SGB VIII sollen Mütter und Väter, die allein für ein Kind unter sechs Jahren zu sorgen haben oder tatsächlich sorgen, gemeinsam mit dem Kind (und ggf. dessen älteren Geschwistern) in einer geeigneten Wohnform betreut werden, wenn und solange sie aufgrund ihrer Persönlichkeitsentwicklung dieser Form der Unterstützung bei Pflege und Erziehung bedürfen. Meist handelt es sich um sog. **Mutter-Kind-Einrichtungen**.

---

369 Zu den Umgangsrechten vgl. IV. 3.
370 Vgl. GK-SGB VIII/Heuerding/Schleicher SGB VIII § 18 Rn. 69. Ausnahmen sind aufgrund der Soll-Regelung in atypischen Fällen denkbar.

Naben der Voraussetzung, dass das Kind bei Beginn der Maßnahme nicht älter als fünf Jahre sein darf und der Elternteil entweder (rechtlich) allein sorgeberechtigt oder (tatsächlich) alleinerziehend sein muss, stellt das Gesetz maßgeblich auf den Unterstützungsbedarf von Mutter bzw. Vater ab. Maßstab ist deren **Persönlichkeitsentwicklung**.

Das führt dazu, dass in gemeinsamen Wohnformen nach § 19 SGB VIII oft sehr junge Elternteile leben, die ihre **Schul- bzw. Berufsausbildung** noch nicht abgeschlossen haben und weder vom anderen Elternteil noch von der eigenen Familie, etwa ihren Eltern, die erforderliche Unterstützung erhalten. Entsprechend soll darauf hingewirkt werden, dass die Mutter bzw. der Vater die Ausbildung beginnt bzw. fortführt oder eine Berufstätigkeit aufnimmt, § 19 Abs. 3 SGB VIII.

Ein **Höchstalter** des alleinerziehenden Elternteils besteht aber nicht. In geeigneten Fällen sind deshalb auch ältere Eltern anspruchsberechtigt.

Nach § 19 Abs. 2 SGB VIII soll mit Zustimmung des betreuten Elternteils der **andere Elternteil** oder eine sonstige Person, die tatsächlich für das Kind sorgt, in die Betreuung einbezogen werden, wenn dies dem Zweck der Leistung dient. Dabei ist auch eine gemeinsame Betreuung beider Eltern mit dem Kind möglich.

Die **Dauer der Hilfe** bemisst sich nach dem Bedarf im Einzelfall. So kann eine Betreuung über mehrere Jahre geleistet werden, und zwar auch dann, wenn das Kind zwischenzeitlich das sechste Lebensjahr vollendet.[371]

Die Erhebung von **Kostenbeiträgen** wird durch § 91 Abs. 1 Nr. 2 SGB VIII geregelt. Nach § 92 Abs. 4 S. 2 SGB VIII ist allerdings von der Heranziehung der Eltern **abzusehen**, wenn die Leistungsberechtigte schwanger ist oder ein leibliches Kind unter sechs Jahren betreut.

> **Praxishinweis:**
>
> Nach § 19 Abs. 1 S. 4 SGB VIII kann eine **schwangere Frau** bereits vor der Geburt des Kindes in der Wohnform betreut werden. Die Kinder- und Jugendhilfe leistet damit einen Beitrag zum Schutz ungeborenen Lebens: Keine Frau soll einen Schwangerschaftsabbruch durchführen lassen, weil sie keine Unterstützung erfährt oder Nachteile mit Blick auf Schule und Ausbildung befürchtet! Unter dem Schutz der Einrichtung – frei von einer Einflussnahme durch Dritte, z.B. den eigenen Eltern – kann z.B. eine Schülerin entscheiden, ob sie das Kind nach der Geburt zur Adoption freigeben oder weiter in der gemeinsamen Wohnform unterstützt werden möchte.
> Fachkräfte der Kinder- und Jugendhilfe sollten sich daher dem **Schutz des ungeborenen Lebens** verschreiben und in geeigneten Fällen um Inanspruchnahme von Mutter-Kind-Einrichtungen durch Schwangere werben.[372]

---

[371] VGH München BeckRS 2013, 50877; Krug/Riehle/Riehle SGB VIII § 19 Rn. 45; BeckOK SozR/Winkler SGB VIII § 19 Rn. 3.
[372] Vgl. dazu Schmidt ZfL 2019, 175 ff.

d) Betreuung und Versorgung von Kindern in Notsituationen

In Notsituationen können Eltern nach § 20 SGB VIII einen Anspruch gegen das Jugendamt auf Unterstützung bei der **Betreuung und Versorgung** des gem. § 7 Abs. 1 Nr. 1 SGB VIII noch nicht 14 Jahre alten Kindes Hilfe haben.

Voraussetzung hierfür ist, dass

- ein Elternteil aus gesundheitlichen oder anderen zwingenden Gründen ausfällt,
- dieser bisher überwiegend das Kind betreut hat,[373]
- das Wohl des Kindes nicht anderweitig, insbesondere durch eine Übernahme der Betreuung durch den anderen Elternteil gewährleistet werden kann,
- der familiäre Lebensraum für das Kind erhalten bleiben soll und
- Betreuungsangebote von Tageseinrichtungen und Kindertagespflege nicht ausreichen.

Ein **zwingender Grund** ist gegeben, wenn der Ausfall nicht zumutbar verhindert werden kann. Beispiele sind schwere Erkrankung, berufliche Pflichten, Pflege naher Angehöriger (Eltern, andere Kinder) sowie Alkohol- bzw. Betäubungsmittelentzug.[374]

Eine **überwiegende Betreuung** liegt vor, wenn ein Elternteil das Kind im Verhältnis zum anderen Elternteil zu mehr als der Hälfte betreut.[375] Kritikwürdig ist, dass Fälle, in denen die Eltern das Kind zu gleichen Teilen betreuen, nicht erfasst werden. Vor Inkrafttreten des KJSG war eine Betreuung und Versorgung des Kindes immerhin vorgesehen, wenn in solchen Konstellationen beide Eltern zugleich ausfielen. Die Verschlechterung durch die Neuregelung ist nicht zeitgemäß. Allerdings dürfte eine analoge Anwendung der Vorschrift in Ermangelung einer planwidrigen Regelungslücke ausscheiden.[376]

> **Praxishinweis:**
>
> Wenn Eltern bei annähernd gleichen Betreuungsanteilen übereinstimmend vortragen, dass ein Elternteil die Betreuung zu (etwas) mehr als 50 Prozent übernommen hätte, dürfte dies kaum zu widerlegen sein.

Fälle, in denen der andere Elternteil die Betreuung nicht übernehmen kann, liegen v.a. dann vor, wenn dieser **berufsbedingt abwesend** ist. Dies muss nicht mit einer außerhäusigen Übernachtung verbunden sein. Es genügt, dass neben der Berufstätigkeit eine Betreuung und Versorgung des Kindes nicht ohne Hilfe gewährleistet werden kann. Allerdings muss in zumutbarem Maß versucht werden, Urlaub zu nehmen oder andere Gestaltungsmöglichkeiten zu nutzen.[377]

---

[373] Die gesetzliche Formulierung, die von einer überwiegenden Verantwortung spricht, ist insoweit verfehlt, als bei gemeinsamer Sorge die Eltern gleichermaßen verantwortlich sind.
[374] LPK-SGB VIII/Kunkel/Kepert SGB VIII § 20 Rn. 4.
[375] BeckOK SozR/Winkler SGB VIII § 20 Rn. 4; LPK-SGB VIII/Kunkel/Kepert SGB VIII § 20 Rn. 3.
[376] Schmidt NJW 2021, 1992 (1994); a.A. (Redaktionsversehen) Wiesner/Wapler/Struck SGB VIII § 20 Rn. 8.
[377] GK-SGB VIII/Bernßen SGB VIII § 20 Rn. 17; BeckOK SozR/Winkler SGB VIII § 20 Rn. 9.

Nicht für das Wohl des Kindes **erforderlich** ist die Hilfe, wenn ältere Geschwister dessen Versorgung übernehmen können oder wenn eine Haushaltshilfe nach § 38 SGB V erbracht wird, und diese tatsächlich sofort zur Verfügung steht.[378] Neben einer Betreuung in Tageseinrichtungen und Kindertagespflege sind zudem Angebote von Ganztagsschulen vorrangig, soweit diese tatsächlich in Anspruch genommen werden können.[379]

Im **Todesfall** kommt die Hilfe bis zur Klärung der Verhältnisse in Betracht.[380]

Die Art und Weise der Unterstützung sowie der zeitliche Umfang von Betreuung und Versorgung des Kindes sollen sich gem. § 20 Abs. 2 S. 2 SGB VIII nach dem **Bedarf im Einzelfall** richten. Möglich ist daher eine stundenweise Betreuung, aber auch eine Hilfe über Tag und Nacht.[381] In ambulanter Form wird die Hilfe im elterlichen Haushalt erbracht, in (teil-)stationärer Form wird das Kind außerhalb des Elternhauses versorgt.

Vor dem Hintergrund dessen, dass die Hilfe oftmals ohne Vorlaufzeit nötig wird, soll gem. § 20 Abs. 3 i.V.m. § 36a Abs. 2 SGB VIII die **niedrigschwellige unmittelbare Inanspruchnahme** insbesondere dann zugelassen werden, wenn die Hilfe von einer Erziehungsberatungsstelle oder anderen Einrichtung nach § 28 SGB VIII angeboten oder vermittelt wird. Möglich ist gem. § 20 Abs. 2 S. 1 i.V.m. Abs. 3 S. 2 SGB VIII auch der Einsatz ehrenamtlicher Paten, die professionell angeleitet werden.

Für teilstationäre bzw. stationäre Formen der Hilfe ist gem. § 91 Abs. 1 Nr. 3 bzw. Abs. 2 Nr. 1 SGB VIII die Erhebung von Kostenbeiträgen vorgesehen. Vorrangig ist allerdings eine Versorgung des Kindes **im elterlichen Haushalt**.[382] In diesem Fall ist die Leistung **kostenfrei**.[383]

> Praxishinweis:
>
> Dabei ist nicht zwingend, dass eine Pflegeperson das Kind durchgehend 24 Stunden am Tag betreut. Vielmehr sind auch „**Schichtlösungen**" denkbar. Gegenüber einer Kurzzeitpflege haben diese den Vorteil, dass das Kind in der elterlichen Wohnung bleiben kann.[384]

e) Unterbringung zur Erfüllung der Schulpflicht

Einen Anspruch auf **Beratung und Unterstützung**, haben Personensorgeberechtigte gem. § 21 S. 1 SGB VIII in Bezug auf die Unterbringung von Kindern bzw. Jugendlichen außerhalb ihres Haushalts, wenn

---

378 LPK-SGB VIII/Kunkel/Kepert SGB VIII § 20 Rn. 10; BeckOK SozR/Winkler SGB VIII § 20 Rn. 9. Über die Haushaltshilfe nach § 38 SGB V hinaus vgl. Wiesner/Wapler/Struck SGB VIII § 20 Rn. 34 ff.
379 Wiesner/Wapler/Struck SGB VIII § 20 Rn. 17.
380 So Wiesner/Wapler/Struck SGB VIII § 20 Rn. 16; a.A. wohl LPK-SGB VIII/Kunkel/Kepert SGB VIII § 20 Rn. 6.
381 Beschlussempfehlung und Bericht des Ausschusses für Familie, Senioren, Frauen und Jugend zum KJSG, BT-Drs. 19/28870, S. 92.
382 OVG Lüneburg BeckRS 1997, 21789.
383 BeckOGK/Schermaier-Stöckl SGB VIII § 20 Rn. 49.
384 Schmidt, Kinder- und Jugendhilferecht, S. 129.

- sie einer **beruflichen Tätigkeit** nachgehen, die mit ständigen Ortswechseln verbunden ist und
- deshalb die Erfüllung der **Schulpflicht** nicht sicherstellen können.

> **Beispiele:**
> Binnenschiffer, Schausteller, Zirkusartisten, Vertreter im Außendienst[385]

Die Beratung und Unterstützung bezieht sich dabei nicht nur auf die Entscheidung des „ob" und „wie" der Unterbringung, sondern umfasst darüber hinaus Familienfreizeiten und Familienbildungsmaßnahmen, mit denen der **Kontakt des Kindes zu seinen Eltern** aufrechterhalten wird (z.B. Hilfe bei Besuchen, Familienfreizeiten).[386] Die Unterbringung kann in einer anderen Familie, einem Internat oder einer Heimeinrichtung erfolgen, aber auch in speziellen „5-Tages-Gruppen", die es ermöglichen, dass das Kind das Wochenende mit seinen Eltern verbringt.[387]

Ergänzend zu Beratung und Unterstützung können gem. § 21 S. 2 SGB VIII in geeigneten Fällen die **Kosten der Unterbringung** übernommen werden. Nach § 21 S. 3 SGB VIII ist das sogar über das schulpflichtige Alter hinaus möglich, solange eine begonnene Schulausbildung nicht abgeschlossen ist, längstens jedoch bis zum Alter von 20 Jahren.

Ein für die Übernahme der Kosten „geeigneter Fall" liegt vor, wenn beide Elternteile aus wirtschaftlichen Gründen **auf die Reisetätigkeit angewiesen** sind und die Unterbringung deshalb notwendig ist.[388] Das dem Jugendamt zustehende Ermessen ist in solchen Fällen regelmäßig auf null reduziert, so dass trotz der „Kann-Regelung" ein Anspruch auf Übernahme der Kosten besteht.[389]

Kostenbeiträge werden nach § 91 Abs. 1 Nr. 4 SGB VIII erhoben, wenn es sich um eine vollstationäre Maßnahme handelt, das Jugendamt also nicht lediglich nach § 21 S. 1 SGB VIII Beratung und Unterstützung leistet.

8. Tageseinrichtungen und Tagespflege

Bundesgesetzliche Vorgaben zur **Förderung** von Kindern in Tagesbetreuung (Tageseinrichtungen und Tagespflege) enthalten die §§ 22 ff. SGB VIII.

Vorangestellt ist dem Abschnitt mit § 22 Abs. 1 SGB VIII eine **Legaldefinition** beider Betreuungsformen. **Gemeinsame Vorgaben** für beide Betreuungsformen enthalten § 22 Abs. 2–4, während §§ 22a und 23 jeweils für Tageseinrichtungen bzw. Tagespflege gelten.

---

385 BeckOK SozR/Winkler SGB VIII § 21 Rn. 2; Wiesner/Wapler/Struck SGB VIII § 21 Rn. 7; zu weiteren Fallkonstellationen vgl. BeckOGK/Schermaier-Stöckl SGB VIII § 21 Rn. 7 f. m.w.N.
386 FK/Struck SGB VIII § 21 Rn. 3.
387 LPK-SGB VIII/Kunkel/Kepert SGB VIII § 21 Rn. 4.
388 LPK-SGB VIII/Kunkel/Kepert SGB VIII § 21 Rn. 5.
389 Krug/Riehle/Riehle SGB VIII § 21 Erl. II. 2.; GK-SGB VIII/Schleicher SGB VIII § 21 Rn. 4; Wiesner/Wapler/Struck SGB VIII § 21 Rn. 10; a.A. (Ermessen) LPK-SGB VIII/Kunkel/Kepert SGB VIII § 21 Rn. 8.

Rechtsansprüche auf Förderung in Tageseinrichtungen bzw. Tagespflege werden durch § 24 SGB VIII geregelt. Die jeweilige Ausgestaltung hängt dabei vom Alter der Kinder ab.

Außerhalb der Leistungen des zweiten Kapitels enthalten die §§ 43 und 45 SGB VIII Regelungen zu Erlaubnispflicht sowie Voraussetzungen einer **Erlaubnis** für die Betreuung von Kindern in Tagespflege und Tageseinrichtungen.

Die **Finanzierung** von Tageseinrichtungen wird durch § 74a SGB VIII, die Finanzierung der Kindertagespflege (wenig systematisch) durch § 23 Abs. 2 geregelt. Vorgaben zur **Kostenbeteiligung** enthält § 90 Abs. 1 Nr. 3, Abs. 3, 4 SGB VIII.

Zusätzlich bestehen **landesrechtliche Regelungen**.

Beispiele:

Baden-Württemberg: Kindertagesbetreuungsgesetz (KiTaG), Kindertagesstättenverordnung (KiTaVO)
Bayern: Bayerisches Kinderbildungs- und -betreuungsgesetz (BayKiBiG), Kinderbildungsverordnung (AVBayKiBiG)
Niedersachsen: Niedersächsisches Gesetz über Kindertagesstätten und Kindertagespflege (NKiTaG), Niedersächsisches Gesetz zur Ausführung des Achten Buchs des Sozialgesetzbuchs und zur Niedersächsischen Kinder- und Jugendkommission (Nds. AG SGB VIII), Verordnung zur Durchführung des NKiTaG (DVO-NKiTaG),
Nordrhein-Westfalen: Kinderbildungsgesetz (KiBiz), Durchführungsverordnung KiBiz (DVO KiBiz)

---

a) Gemeinsame Vorgaben

Tageseinrichtungen für Kinder und Kindertagespflege sollen nach § 22 Abs. 2 S. 1 SGB VIII

- die Entwicklung des Kindes zu einer selbstbestimmten, eigenverantwortlichen und gemeinschaftsfähigen Persönlichkeit **fördern,**
- die Erziehung und Bildung in der Familie **unterstützen** und **ergänzen** sowie
- den Eltern helfen, **Erwerbstätigkeit**, Kindererziehung und familiäre Pflege besser miteinander vereinbaren zu können.

Die Aufgaben der Tagesbetreuung sind damit **kindbezogen, familienbezogen** und **gesellschaftsbezogen**. Dabei steht die Förderung des Kindes an erster Stelle. Denn die Kinder- und Jugendhilfe soll nach § 1 Abs. 1 und 3 SGB VIII zur Verwirklichung des Rechts junger Menschen auf Förderung ihrer Entwicklung und Erziehung beitragen.

aa) Förderungsgrundsatz

Konkretisiert wird der **Förderungsgrundsatz** durch § 22 Abs. 3 SGB VIII. Er umfasst Erziehung, Bildung und Betreuung des Kindes, bezieht sich auf die soziale, emotionale, körperliche und geistige Entwicklung und schließt die Vermittlung orientierender Werte und Regeln ein.

Dabei sind die **Erziehungsbedingungen** des jeweiligen Kindes zu berücksichtigen. So soll sich die Förderung an Alter und Entwicklungsstand, an sprachlichen und sonstigen Fähigkeiten, an der Lebenssituation sowie an den Interessen und Bedürfnissen des einzelnen Kindes orientieren und dessen ethnische Herkunft berücksichtigen.

Anhand des Förderungsgrundsatzes lassen sich Tageseinrichtungen und Tagespflege von Betreuungsformen ohne pädagogischen Anspruch abgrenzen (z.B. **Kinderbetreuung während des Einkaufs**).[390]

bb) Unterstützung von Bildung und Erziehung in der Familie

Soweit § 22 Abs. 2 S. 1 Nr. 2 SGB VIII die Unterstützungs- und Ergänzungsfunktion hinsichtlich der Erziehung in der Familie betont, wäre es ein Missverständnis, von einer Konkurrenz zwischen Tagesbetreuung und Erziehung durch die Eltern zu sprechen.[391] Vielmehr hat das BVerfG klargestellt, dass es die **Eltern** sind, die „ihr familiäres Leben nach ihren Vorstellungen planen und verwirklichen und insbesondere in ihrer Erziehungsverantwortung **entscheiden** [dürfen], ob und in welchem Entwicklungsstadium das Kind überwiegend von einem Elternteil allein, von beiden Eltern in wechselseitiger Ergänzung oder von einem Dritten betreut werden soll. Die Eltern bestimmen [...], ob und inwieweit sie andere zur Erfüllung ihres Erziehungsauftrags heranziehen wollen".[392]

Tageseinrichtungen und Tagespflegepersonen müssen grundsätzlich die Entscheidungen der Eltern zu Erziehung und Bildung respektieren.[393] Überlegungen, auf der Grundlage einfachen Rechts eine **Kindergartenpflicht** einführen zu wollen, sind verfassungswidrig.[394]

Zur Konkretisierung des Bildungsauftrags haben die Bundesländer Bildungsprogramme bzw. **Bildungspläne** entwickelt, deren rechtliche Verbindlichkeit zweifelhaft ist.[395]

> Praxishinweis:
>
> In Tageseinrichtungen (nicht aber in Kindertagespflege) wird aufgrund des Bildungsauftrags von einer wöchentlichen **Mindestbetreuungsdauer** von etwa acht bis zehn Wochenstunden ausgegangen.[396] Damit dürften Zwei- bzw. Drei-Tages-Gruppen allerdings zulässig sein.

cc) Vereinbarkeit von Erwerbstätigkeit, Kindererziehung und Pflegeaufgaben

Mit Blick auf die Vorgaben zur besseren **Vereinbarkeit von Erwerbstätigkeit, Kindererziehung und familiärer Pflege** ist darauf zu achten, dass wirtschaftliche Inter-

---

[390] FK/Beckmann SGB VIII § 22 Rn 20; Wiesner/Wapler/Struck/Schweigler SGB VIII § 22 Rn. 15.
[391] Vgl. Wiesner/Wapler/Struck/Schweigler SGB VIII Vorb. v. § 22 Rn. 12.
[392] BVerfG NJW 1999, 557 (558) = BeckRS 1998, 30032626.
[393] BeckOK SozR/Winkler SGB VIII § 22 Rn. 23.
[394] Wiesner/Wapler/Struck/Schweigler SGB VIII § 22 Rn. 16 u. Vorb. v. § 22 Rn. 17.
[395] Dazu Wiesner/Wapler/Struck/Schweigler SGB VIII Vorb. v. § 22 Rn. 7 u. 15.
[396] Vgl. FK/Beckmann SGB VIII § 22 Rn 21.

essen gegenüber den Bedürfnissen der Kinder eine **nachrangige Bedeutung** haben. So wird darauf hingewiesen, dass bei der Forderung flexibler Betreuungszeiten nicht aus dem Blick geraten dürfe, dass sich Politik und Gewerkschaften für familienfreundliche Arbeitsbedingungen einsetzen müssten.[397] Eltern sollten ihrerseits zwischen eigenen Bedürfnissen und denen des Kindes unterscheiden. Denn ggf. kann ein größerer Anteil familiärer Betreuung für Kinder auch dann sinnvoll sein, wenn das damit verbunden ist, dass Eltern beruflich kürzertreten.

> Praxishinweis:
>
> Der Gedanke, dass bis zur Vollendung des dritten Lebensjahres eine außerhäusige Betreuung weniger sinnvoll ist, liegt auch dem Unterhaltsrecht zugrunde. So besteht der Unterhaltsanspruch geschiedener Ehegatten wegen Betreuung von Kindern gem. § 1570 S. 1 BGB mindestens für die Dauer von drei Jahren nach der Geburt; gleiches gilt für den Unterhaltsanspruch unverheirateter Eltern gem. § 1615l (Abs. 4 S. 1 i.V.m.) Abs. 2 S. 3 BGB.

Unbeschadet dessen hat die Vorschrift des § 22 Abs. 2 S. 1 Nr. 3 SGB VIII auch insoweit Bedeutung, als ggf. **Amtshaftungsansprüche** gem. Art. 34 GG i.V.m. § 839 BGB geltend gemacht werden können, wenn durch den nicht rechtzeitig erfolgten Nachweis eines Betreuungsplatzes eine Arbeitsstelle nicht angetreten werden kann oder Aufwendungen für Pflegeleistungen erforderlich werden.[398]

> Praxishinweis:
>
> Zur Unterstützung bei der Eingliederung in Arbeit kann nach § 16a Nr. 1 SGB II als **kommunale Eingliederungsleistung** u.a. die Betreuung minderjähriger Kinder oder von Kindern mit Behinderungen erbracht werden.

b) Tageseinrichtungen

aa) Gegenstand

Tageseinrichtungen werden durch § 22 Abs. 1 S. 1 SGB VIII **legal definiert** als Einrichtungen, in denen sich Kinder für einen Teil des Tages oder ganztägig aufhalten und in Gruppen gefördert werden. Konstitutiv sind damit drei Elemente:

- der **Einrichtungscharakter,** der gem. § 45a SGB VIII die Verantwortung eines Trägers voraussetzt und der bei familienähnlichen Betreuungsformen nur vorliegen kann, wenn diese fachlich und organisatorisch in eine entsprechende Einrichtung eingebunden sind,
- die **begrenzten Öffnungszeiten,** die eine Betreuung rund um die Uhr ausschließen und mit denen Tageseinrichtungen von Heimerziehung gem. § 34 Abs. 1 S. 1 SGB VIII abgegrenzt werden können[399] sowie

---

[397] Wiesner/Wapler/Struck/Schweigler SGB VIII Vorb. v. § 22 Rn. 13; vgl. zum Nachrang der gesellschaftsbezogenen Komponente auch Krug/Riehle/Riehle SGB VIII § 22 Rn. 31.
[398] Vgl. Wiesner/Wapler/Struck/Schweigler SGB VIII § 22 Rn. 18a.
[399] Das gilt auch, soweit 24-Stunden-Einrichtungen ein höchstmögliches Maß an Flexibilität bieten, vgl. LPK-SGB VIII/Kaiser SGB VIII § 22 Rn. 4; Wiesner/Wapler/Struck/Schweigler SGB VIII § 22 Rn. 7; a.A. FK/Beckmann SGB VIII § 22 Rn 11.

- der **gruppenpädagogische Ansatz** unter Einschluss offener pädagogischer Konzepte ohne feste Gruppenzuordnung.[400]

Praxishinweis:
Anders als im SGB VIII werden Tageseinrichtungen – abhängig vom Alter der betreuten Kinder – auch als **Krippe, Kindergarten** oder **Hort** bezeichnet.

bb) Beschäftigung von Fachkräften

Nicht ausdrücklich in den §§ 22 ff. SGB VIII geregelt, aber von § 22a Abs. 2 S. 1 SGB VIII vorausgesetzt wird, dass in Tageseinrichtungen **Fachkräfte** tätig sind. Dabei handelt es sich nach der Legaldefinition des § 72 Abs. 1 S. 1 SGB VIII um Personen, die sich für die jeweilige Aufgabe nach ihrer Persönlichkeit eignen und eine dieser Aufgabe entsprechende Ausbildung erhalten haben.

Hinsichtlich der **Ausbildung** wird bisher gefordert, dass es sich um Erzieher, ggf. auch um Sozialassistenten handelt. Im Zuge der fortschreitenden Akademisierung des Bildungssektors ist jedoch anzustreben, dass Führungskräfte ein Studium der Kindheitspädagogik absolviert haben.[401]

cc) Weitere inhaltliche Vorgaben

Weitere **inhaltliche Vorgaben** enthält § 22a SGB VIII. Diese betreffen

- die Sicherstellung und Weiterentwicklung der Qualität der Förderung einschließlich eines pädagogischen Konzepts und Verfahren zur Evaluation (Abs. 1),
- die Zusammenarbeit mit Erziehungsberechtigten, Tagespflegepersonen, Schulen und anderen kinder- bzw. familienbezogenen Institutionen (Abs. 2),
- die pädagogische und organisatorische Orientierung an den Bedürfnissen der Kinder und deren Familien (Abs. 3) und
- die Integration bzw. Inklusion von Kindern mit Behinderung (Abs. 4).

Diese Vorgaben gelten unmittelbar nur für Einrichtungen des öffentlichen Trägers. Dieser hat nach § 22a Abs. 5 SGB VIII die Realisierung des Förderungsauftrags nach Maßgabe der Abs. 1 bis 4 in Einrichtungen **freier Träger** durch geeignete Maßnahmen sicherzustellen, etwa durch vertragliche Vereinbarungen.[402]

(1) Qualitätssicherung

Nach § 22a Abs. 1 SGB VIII muss[403] die Qualität der Förderung durch geeignete Maßnahmen sichergestellt und **weiterentwickelt** werden.

Dazu gehört ein **pädagogisches Konzept** als Grundlage der Erfüllung des Förderauftrags ebenso wie der Einsatz von Instrumenten und Verfahren zur Evaluation.

---

400 GK-SGB VIII/Gerstein SGB VIII § 22 Rn. 2.
401 Schmidt, Kinder- und Jugendhilferecht, S. 139.
402 Vgl. zum Schutzkonzept „übers Eck" auch 5. b).
403 BeckOK SozR/Winkler SGB VIII § 22a Rn. 3.

Das pädagogische Konzept muss so ausgestaltet sein, dass sich jedes Kind in der Einrichtung **sicher, akzeptiert und wohl fühlt**. Es muss sich als Person mit seinen Wünschen und Bedürfnissen einbringen können und die Möglichkeit haben, positive Beziehungen zu anderen Kindern und zu Erwachsenen aufzubauen.[404]

Vom Gesetz vorausgesetzt wird insoweit, dass Qualitätsentwicklung und -sicherung dem **Stand der Wissenschaft** entsprechen.[405]

> **Praxishinweis:**
> Werden Kinder in einer Tageseinrichtung durch ein Fehlverhalten geschädigt, das auf fehlerhafte Qualitätsentwicklungskonzepte bzw. auf ein dadurch hervorgerufenes Fehlverständnis der Rechtslage zurückzuführen ist, kommt das Bestehen von **(Amts-)Haftungsansprüchen** in Betracht.[406]

(2) Zusammenarbeit mit Erziehungsberechtigten und Dritten

Die Fachkräfte in den Tageseinrichtungen sollen sich in dreifacher Hinsicht **vernetzen**.

So ist zum Wohl der Kinder und zur Sicherung der Kontinuität im Erziehungsprozess gem. § 22a Abs. 2 S. 1 Nr. 1 SGB VIII eine Zusammenarbeit mit Erziehungsberechtigten und Tagespflegepersonen geboten. Dabei kommt den **Eltern** eine besondere Stellung zu. Denn nach § 9 Nr. 1 SGB VIII ist die von den Personensorgeberechtigten bestimmte Grundrichtung der Erziehung zu beachten.[407] Allerdings ist die Zusammenarbeit keine Einbahnstraße. So hat das Personal in Tageseinrichtungen ggf. darauf hinzuwirken, dass schädigende Einflüsse im Elternhaus thematisiert und abgebaut werden.[408] Grundlage der Erziehungspartnerschaft sind eine vertrauensvolle und offene Atmosphäre, eine gegenseitige Wertschätzung und ein kontinuierlicher Austausch.[409]

Über die Zusammenarbeit des § 22a Abs. 2 S. 1 Nr. 1 SGB VIII hinaus sieht S. 2 die Beteiligung an Entscheidungen in **wesentlichen Angelegenheiten** vor. Der Begriff der Beteiligung geht dabei über eine bloße Information hinaus.[410] Er erfordert, dass sich Fachkräfte und Erziehungsberechtigte um gemeinsam getragene Lösungen bemühen. Dazu dienen Elternabende, Elternbeiräte und Elternausschüsse.

Die Zusammenarbeit mit **Tagespflegepersonen** ist in der Phase des Übergangs von Kindertagespflege zur Tageseinrichtung sowie bei einer ergänzenden Betreuung in Kindertagespflege von Bedeutung, z.B., wenn Kinder vormittags in der Tageseinrichtung und im Anschluss von einer Tagespflegeperson betreut werden.[411]

---

404 So die Gesetzesbegründung, BT-Drs. 15/3676, S. 32.
405 Gesetzesbegründung, BT-Drs. 15/3676, S. 32.
406 JurisPK/Rixen SGB VIII § 22a Rn. 23; Schmidt, Kinder- und Jugendhilferecht, S. 143.
407 Dazu s.o. unter 4. c).
408 FK/Beckmann SGB VIII § 22a Rn. 6.
409 Wiesner/Wapler/Struck/Schweigler SGB VIII § 22a Rn. 5.
410 Vgl. Krug/Riehle/Riehle SGB VIII § 22a Rn. 45.
411 Schmidt, Kinder- und Jugendhilferecht, S. 140.

Nach § 22a Abs. 2 S. 1 Nr. 2 soll eine Zusammenarbeit mit anderen kinder- bzw. **familienbezogenen Institutionen** und Initiativen im Gemeinwesen erfolgen, insbesondere mit solchen der Familienbildung und der Familienberatung. So kommt eine Kooperation mit Kirchen, Vereinen und Elterngruppen ebenso in Betracht wie mit Familienzentren und mit Mehrgenerationenhäusern.[412] Entscheidend ist, „ob die Kooperation zum pädagogischen Konzept [der Einrichtung] in einem kohärenten Zusammenhang steht (Konzeptkohärenz)".[413]

Zuletzt sieht § 22a Abs. 2 S. 1 SGB VIII eine Zusammenarbeit mit den **Schulen** vor. Diese soll einen guten Übergang von der Tageseinrichtung in die Schule sichern und die Arbeit mit Schulkindern in Horten bzw. altersgemischten Gruppen unterstützen.

Sinnvoll kann z.B. sein, die Schulen vor dem Schuleintritt über den Entwicklungsstand und Schwierigkeiten einzelner Kinder zu unterrichten.[414] Freilich sind dabei die Vorgaben des **Sozialdatenschutzes** zu beachten.[415]

> Praxishinweis:
>
> Soweit sich die Schulen, für die nicht das SGB VIII, sondern das Schulrecht der Länder maßgeblich ist, einer Zusammenarbeit verweigern, kann die staatliche **Schulaufsicht** oder der kommunale Schulträger um Vermittlung gebeten werden.

(3) Bedürfnisse der Kinder und ihrer Familien

Das Angebot von Tageseinrichtungen soll sich gem. § 22a Abs. 3 SGB VIII pädagogisch und organisatorisch an den Bedürfnissen der Kinder und ihrer Familien orientieren. Dazu gehört die Sicherstellung einer Betreuungsmöglichkeit während der **Ferienzeiten**.

Allerdings ergibt sich aus dem Wortlaut der Vorschrift, dass die **Kinder an erster Stelle** stehen. So sollen die Öffnungszeiten zwar auf eine Erwerbstätigkeit der Eltern Rücksicht nehmen. Das Kindeswohl setzt der täglichen Betreuungszeit aber eine Obergrenze. Einzelinteressen Erwachsener, gleichstellungspolitische oder privatwirtschaftliche Interessen sind von nachrangiger Bedeutung.[416] Jugendämter und freie Träger sind nicht verpflichtet, jedem aus Elternsicht verständlichen Wunsch nach einer Erweiterung bzw. Flexibilisierung von Öffnungszeiten zu folgen.

(4) Integration und Inklusion

Nach § 22a Abs. 4 S. 1 SGB VIII sollen Kinder **mit und ohne Behinderung** gemeinsam gefördert werden. Der Vorbehalt, dass dies nur gelten solle, sofern der Hilfebedarf dies zulässt, wurde durch das KJSG gestrichen.

---

412 Schmidt, Kinder- und Jugendhilferecht, S. 141.
413 JurisPK/Rixen SGB VIII § 22a Rn. 14.
414 Schmidt, Kinder- und Jugendhilferecht, S. 140.
415 So Wiesner/Wapler/Struck/Schweigler SGB VIII § 22a Rn. 14. Zum Sozialdatenschutz vgl. V. 4. e).
416 Wiesner/Wapler/Struck/Schweigler SGB VIII § 22a Rn. 15 f.; BeckOGK/Etzold SGB VIII § 22a Rn. 25.

Allerdings stellt § 22a Abs. 4 S. 2 SGB VIII klar, dass die besonderen Bedürfnisse von Kindern mit Behinderungen und von Kindern, die von Behinderungen bedroht sind, beachtet werden müssen. Mit anderen Worten: Inklusion darf **kein Sparmodell** zulasten von Menschen mit Behinderungen sein, sondern soll diesen zugutekommen.

Soweit eine fachlich notwendige Förderung nicht gewährleistet werden kann, bleibt es bei der Förderung in spezialisierten Einrichtungen. Dafür ist im Lichte der **UN-Behindertenrechtskonvention** allerdings erforderlich, dass die gemeinsame Betreuung mit Lasten verbunden wäre, die unter Berücksichtigung der finanziellen Leistungsfähigkeit des Trägers schlechterdings unzumutbar sind.[417] Regelfall ist die gemeinsame Betreuung.[418]

Kritisch ist zu bewerten, dass die Inklusion nach der Gesetzesbegründung zwar eine **objektiv-rechtliche Verpflichtung** ist, klagbare Rechte aus § 22a Abs. 4 S. 1 SGB VIII aber nicht hergeleitet werden können.[419]

dd) Pluralität und Trägervielfalt

Die gesetzlichen Vorgaben geben Rahmenbedingungen vor, innerhalb derer eine Vielzahl **unterschiedlicher Konzepte** verwirklicht werden kann, und zwar sowohl mit Blick auf die pädagogische und inhaltliche Ausrichtung als auch mit Blick auf Organisation und Umfang der Betreuung.

Diese unterschiedlichen Konzepte werden durch die **Trägervielfalt** verdeutlicht. So können Tageseinrichtungen vom örtlichen Träger der öffentlichen Jugendhilfe ebenso wie von Gemeinden ohne eigenes Jugendamt betrieben werden. Die meisten Tageseinrichtungen werden von anerkannten Trägern der freien Jugendhilfe geführt, etwa von den Kirchen und deren Wohlfahrtsverbänden (Evangelisches Werk für Diakonie, Deutscher Caritasverband, Zentralwohlfahrtsstelle der Juden), vom Deutschen Roten Kreuz (DRK), Arbeiterwohlfahrt (AWO), Lebenshilfe und Paritätischem Gesamtverband. Daneben können privat-gewerbliche Träger Tageseinrichtungen betreiben.

Soweit Mütter, Väter und andere Erziehungsberechtigte die Förderung von Kindern **selbst organisieren** wollen, soll gem. § 25 SGB VIII Beratung und Unterstützung durch das Jugendamt erfolgen. Entsprechende Selbsthilfeinitiativen können z.B. als Spielstuben, Mini-Clubs oder Krabbelgruppen bezeichnet werden.[420] Bundesweit gibt es mehr als 7.500 Elterninitiativen, in denen über 200.000 Kinder betreut werden.[421]

---

[417] Vgl. Schmidt, Kinder- und Jugendhilferecht, S. 142 m.w.N.
[418] FK/Beckmann SGB VIII § 22a Rn. 13.
[419] BT-Drs. 19/26107, S. 81; BeckOK SozR/Winkler SGB VIII § 22a Rn. 16.
[420] FK/Beckmann SGB VIII § 25 Rn. 1; BeckOK SozR/Winkler SGB VIII § 25 Rn. 2.1.
[421] Vgl. Homepage der Bundesarbeitsgemeinschaft Elterninitiativen e.V., http://www.bage.de; letzter Zugriff am 5.5.2023.

> **Praxishinweis:**
> Ein **Finanzierungsanspruch** von Elterninitiativen besteht unabhängig von § 25 SGB VIII, wenn Leistungsberechtigte die dort vorgehaltenen Betreuungsplätze im Rahmen des Wunsch- und Wahlrechts nach § 5 SGB VIII in Anspruch nehmen bzw. wenn das Jugendamt vertragliche Vereinbarungen mit der Elterninitiative abschließt, um Rechtsansprüche auf Betreuungsplätze zu befriedigen.[422]

ee) Erlaubnispflicht und Erlaubniserteilung

Der Träger einer Tageseinrichtung bedarf gem. § 45 Abs. 1 i.V.m. § 45a SGB VIII der **Erlaubnis**.[423] Die Erlaubnis wird gem. § 85 Abs. 2 Nr. 6 SGB VIII durch das Landesjugendamt erteilt. Dieses ist nach § 85 Abs. 2 Nr. 7 SGB VIII auch für die Beratung der Träger während Planung und Betriebsführung zuständig.

Maßstab für die Erteilung der Erlaubnis ist § 45 Abs. 2 SGB VIII. Danach ist die Erlaubnis zu erteilen, wenn das **Wohl der Kinder** in der Einrichtung gewährleistet ist. Das ist in der Regel anzunehmen, wenn

- der Träger die erforderliche **Zuverlässigkeit** besitzt, was z.B. bei einem wiederholten Verstoß gegen behördliche Auflagen zu verneinen ist,
- die dem Zweck und der Konzeption der Einrichtung entsprechenden räumlichen, fachlichen, gesellschaftlichen und **personellen Voraussetzungen** für den Betrieb erfüllt sind und durch den Träger auch für Krankheitsausfälle, urlaubsbedingte Abwesenheiten, Besprechungszeiten u.ä.[424] gewährleistet werden,
- die gesellschaftliche und sprachliche **Integration** und ein gesundheitsförderndes Lebensumfeld in der Einrichtung unterstützt werden und
- zur Sicherung der Rechte und des Wohls der zu betreuenden Kinder ein Konzept zum **Schutz vor Gewalt**, geeignete Verfahren der Selbstvertretung und Beteiligung geeignete Verfahren der Beteiligung sowie der Möglichkeit der Beschwerde in persönlichen Angelegenheiten innerhalb und außerhalb der Einrichtung gewährleistet werden.

Bei der Prüfung dieser Voraussetzungen trifft den Träger der Einrichtung gem. § 45 Abs. 3 SGB VIII eine Mitwirkungspflicht: Dieser muss u.a. die **Konzeption** der Einrichtung vorlegen und nachweisen, dass hinsichtlich des Personals die Vorlage bzw. Prüfung von **Ausbildungsnachweisen** sowie erweiterten **Führungszeugnissen** gem. § 30a Abs. 1 Nr. 2 a) BZRG sichergestellt ist. Die Führungszeugnisse sind in regelmäßigen Abständen, etwa alle drei bis fünf Jahre,[425] erneut anzufordern und zu prüfen.[426]

Wenn sich nach Erteilung der Erlaubnis herausstellt, dass in der Einrichtung das Wohl der dort betreuten Kinder gefährdet und der Träger nicht bereit oder nicht

---

422 FK/Beckmann SGB VIII § 25 Rn. 1 m.w.N.
423 Gleiches gilt z.B. für Heimeinrichtungen und sonstige betreute Wohnformen (§ 34 SGB VIII).
424 OVG Berlin-Brandenburg BeckRS 2022, 23128.
425 BeckOGK/Janda SGB VIII § 45 Rn. 75 m.w.N.
426 Strittig ist, ob die Prüfung der Führungszeugnisse durch den Träger der Einrichtung oder (auch) durch die Aufsichtsbehörde zu erfolgen hat, vgl. dazu FK/Smessaert/Struck SGB VIII § 45 Rn. 39 ff.

in der Lage ist, die Gefährdung abzuwenden, muss die **Erlaubnis** nach § 45 Abs. 7 SGB VIII **aufgehoben** werden. Sie kann überdies aufgehoben werden, wenn ihre Voraussetzungen nicht mehr vorliegen. Vorrangig ist entsprechend dem Grundsatz der Verhältnismäßigkeit jedoch ein Vorgehen nach § 45 Abs. 6 SGB VIII, zu dem eine Beratung über die Möglichkeiten zur Beseitigung der Mängel zählt.

> Praxishinweis:
>
> Sobald die geforderten **Mindeststandards** eingehalten werden, besteht ein klagbarer Anspruch auf Erteilung der Genehmigung. Ob für die Einrichtung ein Bedarf besteht[427] und ob sie z.B. in personeller Hinsicht über den Mindeststandard hinaus ausgestattet werden soll, ist allein Sache des Trägers.[428] Freilich besteht hinsichtlich höherer Standards kein zwingender Finanzierungsanspruch gegenüber der öffentlichen Jugendhilfe.[429]

ff) Finanzierung

Die Finanzierung von Tageseinrichtungen für Kinder wird gem. § 74a S. 1 SGB VIII durch Landesrecht, also von den Bundesländern geregelt. Dabei haben sich **unterschiedliche Finanzierungssysteme** herausgebildet. Diese weichen von der Förderungs- bzw. Entgeltfinanzierung der §§ 74, 78a ff. SGB VIII ab.

Ob und inwieweit Träger **privatgewerblicher**, nicht gemeinnütziger Tageseinrichtungen in die Förderung einbezogen werden sollen, wird gem. § 74a S. 2 SGB VIII in das Ermessen der Länder gestellt.[430] Die Kostenbeteiligung („Elternbeiträge") richtet sich gem. § 74a S. 3 nach § 90 SGB VIII.

> Beispiele:
>
> In **Baden-Württemberg** wird die Förderung von Einrichtungen freier Träger durch § 8 KiTaG geregelt. Zuständig sind die Standortgemeinden. Zugleich sieht § 8a KiTaG einen interkommunalen Kostenausgleich für auswärtige Kinder vor. In **Bayern** finden sich Bestimmungen zu den Fördervoraussetzungen sowie zum Umfang der Förderung in Art. 19, 21 ff. BayKiBiG. Das Land **Niedersachsen** regelt die Finanzierung von Tageseinrichtungen durch §§ 23 ff. NKiTaG, das Land **Nordrhein-Westfalen** durch §§ 32 ff. KiBiz.[431]

c) Kindertagespflege

Der Gegenstand der Kindertagespflege wird durch § 22 Abs. 1 S. 2 bis 4 SGB VIII vorgegeben und durch Landesrecht näher ausgestaltet. Ob die Tagespflege erlaubnispflichtig ist, richtet sich nach § 43 Abs. 1 SGB VIII. Die Leistungen des Jugendamts im Kontext der Tagespflege ergeben sich aus §§ 23 SGB VIII.

---

[427] VGH München BeckRS 2017, 119306; BeckOK SozR/Winkler SGB VIII § 45 Rn. 8.1.
[428] VGH München BeckRS 2016, 51382.
[429] Vgl. BeckOK SozR/Winkler SGB VIII § 45 Rn. 18.
[430] GK-SGB VIII/Wabnitz SGB VIII § 74a Rn. 35 ff.; BeckOGK/Janda SGB VIII § 74a Rn. 11.
[431] Ausführlich zu den Regelungen aller Bundesländer GK-SGB VIII/Wabnitz SGB VIII § 74a Rn. 7 ff.

aa) Gegenstand

Die Kindertagespflege wird gem. § 22 Abs. 1 S. 2 SGB VIII von geeigneten Tagespflegepersonen **in deren Haushalt**, im Haushalt der Erziehungsberechtigten oder in anderen geeigneten Räumen geleistet.

Von der Betreuung in einer Tageseinrichtung unterscheidet sich die Tagespflege zunächst durch deren **nicht-institutionellen Charakter**. Das Kind ist der Tagespflegeperson persönlich zugeordnet.[432]

Zwar arbeiten die meisten Tagespflegepersonen **selbständig**, einige sind allerdings abhängig beschäftigt. Dabei kommt eine Anstellung nicht nur durch Eltern, sondern auch durch Träger von Tageseinrichtungen in Betracht, um z.B. die Betreuung einzelner Kinder in Randzeiten zu ermöglichen.[433]

Die persönliche Zuordnung der Kinder zu einer bestimmten Tagespflegeperson schreibt § 22 Abs. 1 S. 3 SGB VIII auch für den Fall fest, dass mehrere Kindertagespflegepersonen Räumlichkeiten gemeinsam nutzen. Die dadurch ermöglichte **Großtagespflege** ähnelt von außen betrachtet einer kleinen Tageseinrichtung,[434] auch ist gem. § 22 Abs. 1 S. 4 SGB VIII eine gegenseitige kurzzeitige Vertretung der Tagespflegeperson aus wichtigem Grund zulässig, etwa bei einem unaufschiebbaren Arzttermin.[435]

> Praxishinweis:
>
> Aus Sicht der **Kommunalpolitik** können Betreuungsangebote in kleinen Ortschaften aufrechterhalten werden, wenn Tagespflegepersonen Räumlichkeiten für eine Großtagespflege zur Verfügung gestellt werden. Das kommt z.B. in Betracht, wenn eine Tageseinrichtung aufgrund zu geringer Kinderzahlen aufgegeben werden muss.
> Dabei sind die Bestimmungen in den **Ausführungsgesetzen der Bundesländer** zu beachten, die besondere Anforderungen an die Qualifikation der Tagespflegepersonen in der Großtagespflege beinhalten. So muss in **Baden-Württemberg** gem. Ziff. 1.2 lit. c) VwV Kindertagespflege ab dem achten zu betreuenden Kind eine Tagespflegeperson entweder Fachkraft i.S.v. § 7 Abs. 2 bis 4 KiTaG sein oder eine Ausbildung von wenigstens 300 Unterrichtseinheiten durchlaufen und eine 5-jährige praktische Erfahrung haben. In **Bayern** muss gem. Art. 9 Abs. 2 S. 2, 3 BayKiBiG bei gemeinsamer Betreuung von mehr als acht Kindern eine Tagespflegeperson eine pädagogische Fachkraft i.S.v. § 16 AVBayKiBiG sein; unter bestimmten Voraussetzungen (Betreuung von gleichzeitig mehr als zehn oder insgesamt mehr als 16 Kindern sowie bei dauerhafter Tätigkeit von mehr als drei Tagespflegepersonen zur Betreuung derselben Kinder) ist eine Erlaubnis gem. § 45 SGB VIII erforderlich. In **Niedersachsen** muss vorbehaltlich einer Übergangsregelung gem. § 19 Abs. 3 NKiTaG eine Tagespflegeperson pädagogische Fachkraft i.S.v. § 9 Abs. 2 S. 1 NKiTaG sein, wenn mehr als acht gleichzeitig

---

432 BeckOGK/Etzold SGB VIII § 22 Rn. 19; LPK-SGB VIII/Kaiser SGB VIII § 22 Rn. 5.
433 Vgl. BeckOGK/Etzold SGB VIII § 22 Rn. 19.1.
434 Vgl. Wiesner/Wapler/Struck/Schweigler SGB VIII § 22 Rn. 12: Abgrenzung nicht immer offensichtlich.
435 BeckOK SozR/Winkler SGB VIII § 22 Rn. 14b; zur Dauer einer kurzzeitigen Vertretung vgl. Beschlussempfehlung und Bericht des Ausschusses für Familie, Senioren, Frauen und Jugend zum KJSG, BT-Drs. 19/28870, S. 93 (maximal die Dauer der halben täglichen Betreuungszeit).

anwesende, fremde Kinder in Zusammenarbeit mehrerer Tagespflegepersonen betreut werden. Und in **Nordrhein-Westfalen** bedarf es gem. § 22 Abs. 3 i.V.m. Abs. 2 S. 3 KiBiZ einer besonders intensiven Ausbildung, wenn zwischen zehn und 15 Kinder in der Großtagespflege betreut werden sollen.

Als Tagespflegeperson **geeignet** ist gem. § 23 Abs. 3 S. 1 SGB VIII, wer sich durch seine Persönlichkeit, seine Sachkompetenz und seine Kooperationsbereitschaft mit Erziehungsberechtigten und anderen Tagespflegepersonen auszeichnet. Sollen die Kinder im Haushalt der Tagespflegeperson betreut werden, muss diese zusätzlich über kindgerechte Räumlichkeiten verfügen.

> **Praxishinweis:**
>
> Die mit Blick auf die Sachkompetenz erforderlichen vertieften Kenntnisse hinsichtlich der Anforderungen der Kindertagespflege sollen Tagespflegepersonen gem. § 23 Abs. 3 S. 2 SGB VIII in **qualifizierten Lehrgängen** erworben oder auf andere Weise nachgewiesen haben. Letzteres ist z.B. der Fall bei Kindheitspädagogen, Erziehern und Kinderpflegern. Diese müssen nicht einen (zusätzlichen) Lehrgang besuchen.[436] Ob darüber hinaus eine mehrjährige Praxis ohne fundierte Ausbildung ausreichen kann, ist umstritten.[437]

Anders als in Tageseinrichtungen muss der Kindertagespflege kein gruppenpädagogischer Ansatz zugrunde liegen. Aus § 43 Abs. 3 S. 1 SGB VIII ergibt sich zwar, dass eine Betreuung von **bis zu fünf** gleichzeitig anwesenden, fremden Kindern möglich ist. Allerdings kann auch eine Einzelbetreuung erfolgen.[438]

bb) Erlaubnispflicht und Erlaubniserteilung

Einer Erlaubnis zur Kindertagespflege bedarf nach § 43 Abs. 1 SGB VIII, wer

- ein oder mehrere Kinder
- außerhalb des Haushalts der Erziehungsberechtigten
- während eines Teils des Tages
- mehr als 15 Stunden wöchentlich
- gegen Entgelt
- länger als drei Monate betreuen will.

Fehlt es an einem dieser Merkmale, besteht eine Erlaubnispflicht nicht bzw. nach anderen Vorschriften. So ist die Betreuung von Jugendlichen **erlaubnisfrei**, gleiches gilt für die Betreuung von Kindern im Haushalt der Erziehungsberechtigten, für eine Betreuung von weniger als 15 Stunden wöchentlich, für eine unentgeltliche Betreuung und für eine kurzfristige (Ferien-)Betreuung.[439] Soll ein Kind durchgehend über Tag und Nacht betreut werden, handelt es sich nicht um eine Kinder-

---

[436] BeckOGK/Etzold SGB VIII § 23 Rn. 44; FK/Beckmann SGB VIII § 23 Rn. 21; vgl. jedoch für Nordrhein-Westfalen § 21 Abs. 1 S. 4 KiBiz.
[437] Dafür Wiesner/Wapler/Struck/Schweigler SGB VIII § 23 Rn. 36; dagg. BeckOGK/Etzold SGB VIII § 23 Rn. 44; vgl. auch GK-SGB VIII/Gerstein SGB VIII § 23 Rn. 26.
[438] LPK-SGB VIII/Kaiser SGB VIII § 22 Rn. 5.
[439] Ob auch die entgeltliche Verwandtenpflege erlaubnisfrei sein soll, ist strittig, vgl. dazu BeckOK SozR/Winkler SGB VIII § 43 Rn. 9.

tagespflege, sondern um eine nach Maßgabe von § 44 Abs. 1 SGB VIII erlaubnispflichtige Vollzeitpflege.

> Praxishinweis:
>
> Deshalb bedürfen Au-Pairs und **Babysitter**, die das Kind im Haushalt der Erziehungsberechtigten betreuen, keiner Erlaubnis.[440] Demgegenüber kann eine Erlaubnispflicht nicht dadurch umgangen werden, dass das Entgelt als **Aufwandsentschädigung** gewährt wird.[441]

Zuständig für die Erlaubniserteilung ist anders als bei Tageseinrichtungen gem. § 85 Abs. 1 SGB VIII das **Jugendamt**.

Die Erlaubnis ist zu erteilen, wenn die Tagespflegeperson **geeignet**[442] und **nicht einschlägig vorbestraft** ist. Insoweit soll sich das Jugendamt gem. § 43 Abs. 2 S. 4 i.V.m. § 72a Abs. 1 S. 2 SGB VIII in regelmäßigen Zeitabständen erweiterte Führungszeugnisse vorlegen lassen.

Wird eine Erlaubnis erteilt, ist diese auf fünf Jahre zu befristen, § 43 Abs. 3 S. 4 SGB VIII. Sie erlaubt gem. Abs. 3 S. 1, 2 die Betreuung von **bis zu fünf gleichzeitig anwesenden, fremden Kindern**, kann im Einzelfall aber auch für eine geringere Zahl von Kindern erteilt werden, etwa vor dem Hintergrund der zur Verfügung stehenden Räumlichkeiten.[443] Andersherum kann Landesrecht nach § 43 Abs. 3 S. 3 SGB VIII die Betreuung von mehr als fünf Kindern zulassen, wenn die Person über eine pädagogische Ausbildung verfügt. Davon hat Nordrhein-Westfalen in § 22 Abs. 2 S. 2, 3 KiBiz Gebrauch gemacht.[444]

> Praxishinweis:
>
> Nach § 43 Abs. 3 S. 6 SGB VIII hat die Tagespflegeperson das Jugendamt über **wichtige Ereignisse** zu unterrichten, die für die Betreuung des Kindes bedeutsam sind. Zu beachten ist aber der Datenschutz; auch ist eine Missachtung der Pflicht nicht sanktionsbewehrt.[445]

cc) Leistungen des Jugendamts

Die Leistungen des Jugendamts im Rahmen der Förderung der Kindertagespflege ergeben sich aus § 23 SGB VIII.

(1) Beratung und Vermittlung

Dieser sieht zunächst in Abs. 4 S. 1 einen Anspruch von Erziehungsberechtigten und Tagespflegepersonen auf Beratung in allen Fragen der Kindertagespflege vor. Die Beratung kann bereits in Anspruch genommen werden, bevor die Eltern sich

---

440 BeckOGK/Janda SGB VIII § 43 Rn. 32; MüKoBGB/Tillmanns SGB VIII § 43 Rn. 2.
441 MüKoBGB/Tillmanns SGB VIII § 43 Rn. 2; Wiesner/Wapler/Wiesner SGB VIII § 43 Rn. 17; BeckOGK/Janda SGB VIII § 43 Rn. 40; FK/Smessaert SGB VIII § 43 Rn. 9.
442 Dazu s.o. unter aa).
443 Vgl. BeckOGK/Janda SGB VIII § 43 Rn. 81.
444 Danach ist die Betreuung von bis zu acht Kindern erlaubt, bei einer Betreuung von mehr als fünf fremden Kindern gleichzeitig allerdings eine Erlaubnis gem. § 45 SGB VIII erforderlich, dazu s.o. unter b) ee).
445 BeckOGK/Janda SGB VIII § 43 Rn. 90; GK-SGB VIII/Gerstein SGB VIII § 43 Rn. 12.

für eine Kindertagespflege entscheiden. Inhaltlich umfasst sie neben pädagogischen auch administrative Fragen.[446]

Wollen die Erziehungsberechtigten ihr Kind im Wege der Tagespflege betreuen lassen, können sie entweder selbst eine Tagespflegeperson suchen oder die **Vermittlung** des Kindes zu einer Tagespflegeperson nach § 23 Abs. 1 SGB VIII in Anspruch nehmen.

(2) Finanzierung und Fortbildung

Die Finanzierung der Kindertagespflege wird i.d.R. über das **jugendhilferechtliche Dreiecksverhältnis**[447] abgewickelt. Dabei schließen die Erziehungsberechtigten einen zivilrechtlichen Betreuungsvertrag mit der Tagespflegeperson. Gleichzeitig beantragen sie beim Jugendamt die Gewährung einer laufenden Geldleistung nach § 23 Abs. 1 bis 2a SGB VIII. Bei Vorliegen der Anspruchsvoraussetzungen[448] zahlt das Jugendamt diese unmittelbar an die Tagespflegeperson.

Die **Höhe der laufenden Geldleistung** wird von dem örtlichen Träger der öffentlichen Jugendhilfe festgelegt. Sie umfasst

- die Erstattung angemessener Kosten, die der Tagespflegeperson für **Sachaufwand** entstehen (z.B. Spielmaterialien und sonstige Ausrüstungsgegenstände, aber auch Kosten für Heizung, Strom, Wasser usw.),[449]
- einen **Betrag zur Anerkennung der Förderungsleistung**, der leistungsgerecht auszugestalten ist und den zeitlichen Umfang der Leistung sowie Anzahl und Förderbedarf der betreuten Kinder zu berücksichtigen hat (der Arbeitslohn),
- die Erstattung nachgewiesener Aufwendungen für Beiträge zu einer angemessenen **Unfallversicherung**[450] sowie
- die hälftige Erstattung nachgewiesener Aufwendungen zu einer angemessenen **Alterssicherung** sowie einer angemessenen **Kranken- und Pflegeversicherung**.[451]

Angemessen sind die Kosten für Sachaufwand, Alterssicherung sowie Kranken- und Pflegeversicherung, wenn sich diese an den realistisch entstehenden Aufwendungen orientieren. Dabei ist es üblich, dass die Kosten für Sachaufwand pauschaliert werden. Auch für die Anerkennung der Förderungsleistung werden meist **Beträge pro Betreuungsstunde und Kind** festgelegt, die bei einem besonderen Förderbedarf höher sind. Demgegenüber müssen die Beiträge für die Versicherungen von der Tagespflegeperson konkret nachgewiesen werden.[452]

---

446 Vgl. Krug/Riehle/Riehle SGB VIII § 23 Rn. 74. Aus § 43 Abs. 4 SGB VIII folgt, dass der Beratungsanspruch nicht die (sonstige) öffentliche Förderung voraussetzt.
447 Dazu s.o. unter 3.
448 Dazu s. unter e).
449 GK-SGB VIII/Gerstein SGB VIII § 23 Rn. 11.
450 Eine Versicherungspflicht der Tagespflegeperson in der gesetzlichen Unfallversicherung folgt aus § 2 Abs. 1 Nr. 9 SGB VII, vgl. dazu LPK-SGB VII/Franke SGB VII § 2 Rn. 87.
451 Dazu ausführlich GK-SGB VIII/Gerstein SGB VIII § 23 Rn. 14 ff.; Krug/Riehle/Riehle SGB VIII § 23 Rn. 56 ff.; LPK-SGB VIII/Kaiser SGB VIII § 23 Rn. 13 f.
452 Vgl. Schmidt, Kinder- und Jugendhilferecht, S. 147.

> **Praxishinweis:**
> Für die Anerkennung der Förderungsleistung gilt nicht der gesetzliche **Mindestlohn**. Denn bei einer Finanzierung über das jugendhilferechtliche Dreiecksverhältnis ist die Tagespflegeperson selbständig tätig. Der Mindestlohn kann auch nicht zur Entwicklung eines geeigneten Maßstabs herangezogen werden.[453]
> Das BVerwG hatte für das Kindergartenjahr 2014/15 einen Anerkennungsbeitrag von 2,70 Euro je Betreuungsstunde und Kind für angemessen gehalten.[454] Eine solch niedrige Bemessung durch den örtlichen Träger der öffentlichen Jugendhilfe trägt freilich zur **sozialen Ungleichheit** bei. Denn in der Praxis verlangen Tagespflegepersonen oft zusätzliche, vom Gesetzgeber nicht vorgesehene Elternbeiträge, und zwar insbesondere solche Tagespflegepersonen mit besonders qualifiziertem Angebot.
> In **Baden-Württemberg** sind als Pauschbetrag zur Anerkennung der Förderungsleistung bzw. für Sachkosten gem. § 8b Abs. 2 S. 2 KiTaG die vom Kommunalverband für Jugend und Soziales als überörtlichem Träger der öffentlichen Jugendhilfe gemeinsam mit dem Landkreis- und dem Städtetag festgesetzten Beträge zugrunde zu legen (derzeit für Kinder unter drei Jahren 7,50 €/Stunde, für Kinder ab drei Jahren 6,50 €/Stunde, jeweils inklusive 2,00 € Sachkosten).[455] Diese können von den örtlichen Trägern jedoch überschritten werden.

Neben der Finanzierung umfasst die Förderung durch das Jugendamt nach § 23 Abs. 1 SGB VIII die fachliche **Beratung, Begleitung und weitere Qualifizierung** der Tagespflegeperson. Dies ist durch eigene Fachkräfte des Jugendamts oder durch freie Träger mit geeignetem Fachpersonal sicherzustellen.[456] Dabei soll eine institutionalisierte Unterstützung angeboten werden, z.B. in Form regelmäßiger Fachveranstaltungen oder betreuter Treffen. Auch eine Anbindung von fachlicher Begleitung und Fortbildung an Tageseinrichtungen kommt in Betracht.[457]

(3) Betreuung bei Ausfall der Tagespflegeperson

Nach § 23 Abs. 4 S. 2 SGB VIII hat das Jugendamt für Ausfallzeiten der Tagespflegeperson rechtzeitig eine **andere Betreuungsmöglichkeit** für das Kind sicherzustellen.

Zu solchen Ausfallzeiten kann es aus ganz unterschiedlichen Gründen kommen, z.B. aufgrund von Urlaub und Krankheit. Die Betreuung kann in solchen Fällen durch andere Tagespflegepersonen erfolgen (z.B. in sog. „**Vertretungsringen**"). Denkbar ist auch die Einrichtung von Bereitschaftspflegestellen oder eine Zusammenarbeit mit Tageseinrichtungen.[458] Dass die andere Betreuungsmöglichkeit „rechtzeitig" sicherzustellen ist, bedeutet, dass keine Betreuungslücke entstehen soll.[459]

---

453 OVG Bremen NZFam 2019, 321 m. Anm. Schmidt = BeckRS 2019, 2611.
454 BVerwG NZS 2018, 551 m. krit. Anm. Schmidt = BeckRS 2018, 6384.
455 Vgl. Rundschreiben KVJS/Landkreistag/Städtetag an die Stadt- und Landkreise mit eigenem Jugendamt v. 3.2.2023. Die Empfehlungen gelten zunächst bis zum 31.12.2025.
456 GK-SGB VIII/Gerstein SGB VIII § 23 Rn. 6.
457 So LPK-SGB VIII/Kaiser SGB VIII § 23 Rn. 8.
458 BeckOK SozR/Winkler SGB VIII § 23 Rn. 28; Wiesner/Wapler/Struck/Schweigler SGB VIII § 23 Rn. 63; LPK-SGB VIII/Kaiser SGB VIII § 23 Rn. 28.
459 FK/Beckmann SGB VIII § 23 Rn. 43.

> **Praxishinweis:**
> Schwierigkeiten, die das Jugendamt zu berücksichtigen hat, können sich daraus ergeben, dass die **zur Verfügung stehenden Plätze** bei anderen Tagespflegepersonen bzw. in Tageseinrichtungen belegt sind. Entsprechend darf die Bedarfsplanung nicht „auf Kante genäht" sein – ein gutes Argument für Reserven bei der Gruppengröße in Tageseinrichtungen!

d) Beratung bei Inanspruchnahme von Tagesbetreuung

Durch § 24 Abs. 5 S. 1 SGB VIII wird das Jugendamt verpflichtet, Eltern oder Elternteile, die Leistungen von Tageseinrichtungen bzw. Kindertagespflege in Anspruch nehmen wollen, über Fördermöglichkeiten in unterschiedlichen Altersgruppen und deren **Konzeption** zu unterrichten.[460]

Die Information durch das Jugendamt ermöglicht den Eltern, von ihrem **Wunsch- und Wahlrecht** nach § 5 SGB VIII Gebrauch zu machen.[461]

Dabei kann die Beratung über vom Jugendamt beauftragte **Dritte** erfolgen. Wichtig ist aber, dass die Beratung an einer Stelle erfolgt, die Eltern also darauf verwiesen werden, bei den einzelnen Trägern und Tagespflegepersonen Erkundigungen einzuholen.

e) Ansprüche auf Förderung

Ob und inwieweit Ansprüche, also subjektive Rechte auf Förderung in Tageseinrichtungen bzw. Kindertagespflege bestehen bzw. das Jugendamt objektiv verpflichtet ist, eine Förderung zu ermöglichen, hängt vom **Alter des Kindes** ab. Dabei unterscheidet § 24 SGB VIII zwischen Kindern, die das erste Lebensjahr noch nicht vollendet haben (Abs. 1), Kindern im Alter von ein und zwei Jahren (Abs. 2), Kindern ab drei Jahren, die noch nicht die Schule besuchen (Abs. 3) und schulpflichtigen Kindern (Abs. 4).

Landesrechtliche Vorschriften, die weitergehende Ansprüche gewähren, bleiben nach § 24 Abs. 6 SGB VIII unberührt. Mit anderen Worten: Die Regelungen der Abs. 1 bis 5 enthalten **Mindeststandards**.

---

460 Vgl. BeckOK SozR/Winkler SGB VIII § 24 Rn. 51 f.; LPK-SGB VIII/Kaiser SGB VIII § 24 Rn. 40.
461 Dazu s.o. unter 4. a).

> **Praxishinweis:**
> Soweit Rechtsansprüche auf Förderung bestehen, ist das **Kind Anspruchsinhaber**. Dieses wird gem. § 1629 BGB durch sorgeberechtigte Eltern vertreten. Hinsichtlich der Eltern selbst sind die Anspruchsgrundlagen drittschützend, so dass **Amtshaftungsansprüche** bestehen können, wenn der örtliche Träger der öffentlichen Jugendhilfe seiner Pflicht zum Nachweis eines Betreuungsplatzes nicht nachkommt, Eltern deshalb keiner Erwerbstätigkeit nachgehen können und einen Verdienstausfall erleiden. Dabei spricht ein Anscheinsbeweis für ein Verschulden des örtlichen Trägers, der nicht mit allgemeinen finanziellen Engpässen entkräftet werden kann.[462]
> Ansprüche des Kindes auf **Aufwendungsersatz** für einen selbstbeschafften Kinderbetreuungsplatz können sich aus analoger Anwendung von § 36a Abs. 3 SGB VIII ergeben, wenn das Jugendamt rechtzeitig vor der Selbstbeschaffung über den Bedarf in Kenntnis gesetzt wurde, die Voraussetzungen für die Gewährung der Leistung vorgelegen haben und die Deckung des Bedarfs keinen zeitlichen Aufschub geduldet hat.[463]

aa) Kinder unter einem Jahr

Kinder unter einem Jahr sind nach § 24 Abs. 1 SGB VIII aus kind- oder elternbezogenen Gründen in einer **Tageseinrichtung** oder in **Kindertagespflege** zu fördern. Hinsichtlich der Form der Betreuung ist das Wunsch- und Wahlrecht gem. § 5 SGB VIII zu berücksichtigen.

Kindbezogene Gründe liegen vor, wenn die Leistung für die Entwicklung des Kindes zu einer selbstbestimmten, eigenverantwortlichen und gemeinschaftsfähigen Persönlichkeit geboten ist. Insoweit ist die kindliche Perspektive maßgebend. Allerdings darf die Tagesbetreuung kein Ersatz für eine Hilfe zur Erziehung sein, sondern kann diese ggf. nur ergänzen.[464]

Für die Frage, ob kindbezogene Gründe vorliegen, ist das **Interpretationsprimat** der Eltern zu beachten: Soweit deren Einschätzung nicht evident kindeswohlwidrig ist, hat das Jugendamt diese zu akzeptieren.[465]

Eine Förderung aus **elternbezogenen Gründen** hat zu erfolgen, wenn die Erziehungsberechtigten bzw. ein alleinerziehender Elternteil

- einer Erwerbstätigkeit nachgehen, eine Erwerbstätigkeit aufnehmen oder arbeitssuchend sind,
- sich in einer beruflichen Bildungsmaßnahme, in der Schulausbildung oder der Hochschulausbildung befinden oder
- Leistungen zur Eingliederung in Arbeit nach dem SGB II erhalten.

---

462 BGH SRa 2017, 33 (34 ff.) = BeckRS 2016, 19372; a.A. noch OLG Dresden NZFam 2015, 915 (916 f.) = BeckRS 2015, 14848.
463 BVerwG NJW 2014, 1256 (1257 f.) = BeckRS 2014, 45321.
464 Vgl. FK/Beckmann SGB VIII § 24 Rn. 26.
465 JurisPK/Rixen SGB VIII § 24 Rn. 10.

Der **Umfang** der Förderung richtet sich gem. § 24 Abs. 1 S. 3 SGB VIII nach dem individuellen Bedarf unter Berücksichtigung der (kind- bzw. elternbezogenen) Gründe der Betreuung. Das Jugendamt kann also verpflichtet sein, einen Ganztagsplatz zur Verfügung zu stellen.

Allerdings gewährt § 24 Abs. 1 SGB VIII **keine klagbaren Ansprüche**.[466] Schadensersatzansprüche bei Nichterfüllung der dem Jugendamt obliegenden, objektiv-rechtlichen Pflicht bestehen nicht.

> **Praxishinweis:**
>
> Die (statistische) Bedeutung der Betreuung von Kindern unter einem Jahr ist gering. So lag der Betreuungsanteil der betreffenden Kinder 2020 bei nur **1,8 Prozent**.[467]

bb) Kinder im Alter von ein und zwei Jahren

Für Kinder im Alter von einem und zwei Jahren besteht nach § 24 Abs. 2 S. 1 SGB VIII **unabhängig von weiteren Voraussetzungen** ein **klagbarer Anspruch** auf Förderung in einer Tageseinrichtung oder in Kindertagespflege. Hinsichtlich der Form der Betreuung ist erneut das Wahl- und Wunschrecht des § 5 SGB VIII zu beachten. Das gilt allerdings nur, soweit ein (Alternativ-)Angebot überhaupt besteht. Eltern können also auf die Tagespflege verwiesen werden, wenn Betreuungsplätze in einer Tageseinrichtung nicht zur Verfügung stehen – oder umgekehrt.[468]

Der Umfang der Förderung richtet sich aufgrund der Verweisung in § 24 Abs. 2 S. 2 auf Abs. 1 S. 3 nach dem individuellen Bedarf, so dass der Anspruch auf einen **Ganztagsplatz** gerichtet sein kann. Unter „individuellem Bedarf" ist nach der Rechtsprechung der von den Erziehungsberechtigten definierte Bedarf zu verstehen, begrenzt durch das Wohl des zu betreuenden Kindes.[469]

Allerdings bedeutet das nicht, dass ein erhöhter Bedarf jeder Überprüfung durch die Behörden bzw. Gerichte entzogen wäre und von den Erziehungsberechtigten nach eigenen, an keinerlei objektivierbaren Kriterien orientierten Wünschen definiert werden könnte. Vielmehr legt bereits der Begriff des „Bedarfs" nahe, dass es sich um ein **plausibles kind- oder elternbezogenes Interesse** handeln muss.[470]

Die **Obergrenze** der Betreuung wird unter Kindeswohlgesichtspunkten i.d.R. bei 45 Stunden wöchentlich bzw. bei neun Stunden täglich liegen.[471] Eine Betreuung in den Nachtstunden kommt nur in Betracht, wenn den Eltern keine Erwerbstätigkeit ohne Nachtarbeit zugemutet werden kann. Zudem ist zu prüfen, ob eine

---

466 Wiesner/Wapler/Struck/Schweigler SGB VIII § 24 Rn. 8; BeckOK SozR/Winkler SGB VIII § 24 Rn. 12; FK/Beckmann SGB VIII § 24 Rn. 25.
467 Vgl. Erhebung des Statistischen Bundesamts zur Betreuungsquote am 1.3.2020, online verfügbar unter https://de.statista.com/statistik/daten/studie/159655/umfrage/bildungsbeteiligung-von-kindern-in-tagesbetreuung, letzter Zugriff am 5.5.2023.
468 BVerwG NJW 2018, 1489 (1493) = BeckRS 2017, 140847; a.A. (absolutes Wahlrecht) VGH München NJW 2016, 1340 = BeckRS 2016, 41519.
469 BVerwG NVwZ-RR 2019, 326 (328) = BeckRS 2018, 36502.
470 OVG Hamburg NZS 2020, 477 (477) m. Anm. Schmidt = BeckRS 2020, 632.
471 OVG Münster NJW 2013, 3802 (3805) = BeckRS 2013, 54285; OVG Bautzen BeckRS 2018, 40696; VG Dresden BeckRS 2023, 4202; LPK-SGB VIII/Kaiser SGB VIII § 24 Rn. 17.

Kindertagespflege im Haushalt der Eltern eingerichtet werden kann, die einer 24-Stunden-Kita vorzuziehen ist.[472]

In **örtlicher Hinsicht** muss der Betreuungsplatz für Eltern und Kind in zumutbarer Weise erreichbar sein. Dafür sind die Entfernung zu Arbeitsstätte bzw. Wohnung sowie der mit dem Bringen und Abholen verbundene Aufwand maßgeblich.[473] Richtwert kann ein Gehweg von 30 Minuten sein.[474]

> Praxishinweis:
>
> Der Rechtsanspruch des § 24 Abs. 2 SGB VIII ist nicht erfüllt, wenn das Jugendamt einen Betreuungsplatz nachweist, der nur in Anspruch genommen werden kann, wenn Eltern und Kind weitere, gesetzlich nicht geregelte Voraussetzungen erfüllen. Deshalb kann ein Betreuungsplatz z.B. nicht von einer **Grundimmunisierung** im Sinne der Empfehlungen der Ständigen Impfkommission abhängig gemacht werden.[475]

cc) Kinder ab drei Jahren bis zum Schuleintritt

Kinder, die das dritte Lebensjahr vollendet haben, haben nach § 24 Abs. 3 S. 1 SGB VIII einen klagbaren Anspruch auf Förderung in einer **Tageseinrichtung**. Eine Förderung in Kindertagespflege kommt nach Abs. 3 S. 3 nur bei besonderem Bedarf oder ergänzend in Betracht. Ein solcher besonderer Bedarf kann z.B. vorliegen bei Krankheit, Behinderung oder Schwierigkeiten mit der Gruppenkonfiguration.[476] Hinsichtlich der Förderung in Kindertagespflege besteht dann pflichtgemäßes Ermessen.

Anders als ein- und zweijährige Kinder haben dreijährige Kinder unabhängig vom individuellen Bedarf keinen Anspruch auf einen **Ganztagsplatz**. Der Träger der öffentlichen Jugendhilfe ist aber nach § 24 Abs. 3 S. 2 SGB VIII objektiv-rechtlich verpflichtet, auf ein bedarfsgerechtes Angebot an Ganztagsplätzen hinzuwirken. Im Übrigen gelten für die Betreuung der Kinder ab drei Jahren dieselben Maßstäbe wie für die Betreuung ein- und zweijähriger Kinder.[477]

dd) Schulpflichtige Kinder

Hinsichtlich der Förderung schulpflichtiger Kinder in Tageseinrichtungen (sog. Hortangebote) bzw. Kindertagespflege bestehen **keine klagbaren Rechte**.

Der öffentliche Träger der Jugendhilfe ist aber nach § 24 Abs. 4 S. 1 SGB VIII **objektiv-rechtlich verpflichtet**, ein bedarfsgerechtes Angebot in Tageseinrichtungen vorzuhalten. Aufgrund der Verweise in Abs. 4 S. 2 richtet sich der Umfang der

---

[472] Wiesner/Wapler/Struck/Schweigler SGB VIII § 24 Rn. 39.
[473] BVerwG NJW 2018, 1489 (1493) = BeckRS 2017, 140847.
[474] BeckOK SozR/Winkler SGB VIII § 24 Rn. 29.
[475] Vgl. VG Gera BeckRS 2019, 7068. Etwas anderes gilt gem. § 20 Abs. 9 i.V.m. § 33 Nr. 1 IfSG für die Masern-Schutzimpfung, dazu BeckOK SozR/Winkler SGB VIII § 24 Rn. 16.2.
[476] FK/Beckmann SGB VIII § 24 Rn. 56; Wiesner/Wapler/Struck/Schweigler SGB VIII § 24 Rn. 69.
[477] Dazu s.o. unter bb).

täglichen Förderung nach dem individuellen Bedarf und kann das Kind bei besonderem Bedarf bzw. ergänzend in Kindertagespflege gefördert werden.[478]

Über die derzeitig bestehende objektive Pflicht hinaus gewährt § 24 Abs. 4 SGB VIII in der **ab dem 1.8.2026** geltenden Fassung Kindern, die ab dem Schuljahr 2026/27 die erste Klassenstufe besuchen, bis zum Beginn der fünften Klasse einen klagbaren Anspruch auf Förderung in einer Tageseinrichtung. Der Umfang des Betreuungsanspruchs wird werktäglich acht Stunden betragen, wobei die Unterrichtszeiten sowie Angebote von Ganztagsgrundschulen auf diese Zeit angerechnet werden.

Da eine Förderung von Jugendlichen nicht vorgesehen ist, liegt die **Altersgrenze bei 14 Jahren**. Das gilt sowohl nach dem gegenwärtigen als auch nach dem künftigen Recht.

ee) Anmeldefristen

Nach § 24 Abs. 5 S. 2 SGB VIII kann das Landesrecht bestimmen, dass die Erziehungsberechtigten den Träger der öffentlichen Jugendhilfe oder eine von ihm beauftragte Stelle innerhalb einer bestimmten **Frist** vor der beabsichtigten Inanspruchnahme der Leistung in Kenntnis setzen müssen. Zweck ist, dass die Jugendämter den Bedarf frühzeitig kennen und so die Bereitstellung eines Platzes entsprechend den elterlichen Wünschen sichergestellt werden kann.[479] Soweit eine gesetzliche Regelung nicht besteht, kann die Frist durch kommunales Satzungsrecht festgelegt werden.[480]

Das Jugendamt bleibt aber zur Leistung verpflichtet, wenn die Frist deshalb versäumt wird, weil ein Bedarf **plötzlich und unvorhersehbar** auftaucht, etwa aufgrund eines beruflich bedingten Umzugs. Selbst bei einer Fristversäumung aus Nachlässigkeit ist das Jugendamt verpflichtet, sich im Rahmen des Möglichen um einen Platz zu bemühen. Denn die Nachlässigkeit der Eltern soll sich nicht zum Nachteil der Kinder auswirken.[481]

f) Elternbeiträge

Die Beteiligung von Bürgern an den Kosten der Kinder- und Jugendhilfe wird durch §§ 90 ff. SGB VIII geregelt. Dabei betreffen die Kostenbeiträge der §§ 91 ff. stationäre und teilstationäre Leistungen sowie vorläufige Maßnahmen, also nicht ambulante Leistungen wie die Kinderbetreuung nach §§ 22 ff. SGB VIII. Für solche ambulanten Maßnahmen kann eine **Kostenbeteiligung** nur nach § 90 erfolgen. Dessen Abs. 1 Nr. 3 erlaubt die Festsetzung von Kostenbeiträgen für die Inanspruchnahme von Tageseinrichtungen und Tagespflege.

---

[478] Auch insoweit bestehen keine subjektiven Rechte und damit auch kein Anspruch auf ermessensfehlerfreie Entscheidung, vgl. OVG Lüneburg BeckRS 2017, 115292.
[479] Krug/Riehle/Riehle SGB VIII § 24 Rn. 47.
[480] So für Niedersachsen ausdrücklich § 20 Abs. 4 S. 1 NKiTaG; vgl. LPK-SGB VIII/Kaiser SGB VIII § 24 Rn. 41.
[481] So zu Recht Krug/Riehle/Riehle SGB VIII § 24 Rn. 47.

Dabei ist gem. § 90 Abs. 3 SGB VIII eine **Staffelung** der Beiträge nach sozialen Kriterien wie dem Einkommen der Eltern, der Anzahl der kindergeldberechtigten Kinder und der täglichen Betreuungszeit des Kindes vorzunehmen.[482] Zulässig ist nach der bundesgesetzlichen Regelung sowohl eine degressive Staffelung, bei der ein Höchstbetrag in Stufen ermäßigt wird, als auch eine progressive Staffelung, bei der ein Mindestbetrag bis zu einem Höchstbetrag in Stufen gesteigert wird.[483]

> Praxishinweis:
>
> In den meisten Bundesländern[484] haben Sorgeberechtigte die Möglichkeit, eine kommunale **Kindertagesstättengebührensatzung** im Wege des Normenkontrollverfahrens nach § 47 VwGO überprüfen zu lassen. Das gilt auch dann, wenn ihr Kind zwar in der Tageseinrichtung eines freien Trägers betreut wird, sie aber aufgrund eines öffentlich-rechtlichen Vertrags zwischen Einrichtungsträger und Satzungsgeber in den Anwendungsbereich der angegriffenen Satzungsregelung einbezogen sind.[485]

Wenn die Belastung den Eltern und dem Kind nicht zuzumuten ist, muss der Kostenbeitrag gem. § 90 Abs. 4 SGB VIII auf Antrag **erlassen** bzw. vom Träger der öffentlichen Jugendhilfe übernommen werden. Dabei erfolgt ein Erlass, wenn der leistungszuständige Träger die Kosten selbst erhoben hat, während eine Übernahme erfolgt, wenn die Kosten von einem anderen (i.d.R. freien) Träger erhoben wurden. Die Eltern sind vom Jugendamt insoweit zu beraten.

Landesrechtlich bestehen unterschiedliche Regelungen. Diese sind zulässig, weil Kostenbeiträge nach § 90 Abs. 1 Nr. 3 SGB VIII zwar festgesetzt werden dürfen, nicht aber festgesetzt werden müssen. So sieht **Baden-Württemberg** in § 6 KiTaG die Erhebung von Elternbeiträgen vor. **Bayern** entlastet die Eltern von ein- und zweijährigen Kindern mit dem (einkommensabhängigen) Krippengeld des Art. 23a BayKiBiG und ab dem vollendeten dritten Lebensjahr bis zum Schuleintritt mit einem antragsunabhängigen Zuschuss zum Elternbeitrag gem. Art. 23 Abs. 3 BayKiBiG. In **Niedersachsen** ist der Besuch einer Tageseinrichtung gem. § 22 Abs. 2 NKiTaG für Kinder ab drei Jahren im Umfang von bis zu acht Stunden täglich beitragsfrei. **Nordrhein-Westfalen** hat in § 50 Abs. 1 KiBiz eine Beitragsfreiheit in den letzten zwei Jahren vor Schuleintritt eingeführt.

9. Hilfe zur Erziehung

Hilfe zur Erziehung wird in § 27 Abs. 1 SGB VIII **legal definiert** als diejenige Hilfe, die Personensorgeberechtigten bei der Erziehung eines Kindes bzw. Jugendlichen gewährt wird.

Die Tatbestandsvoraussetzungen eines Anspruchs auf Hilfe zur Erziehung ergeben sich ebenfalls aus § 27 Abs. 1. In den §§ 28 bis 35 folgen vertypte Hilfeformen (Regelbeispiele). Vorgaben zum Hilfeplanverfahren und zur Zusammenarbeit mit

---

[482] Dazu vgl. GK-SGB VIII/Nellissen SGB VIII § 90 Rn. 42.
[483] VGH Kassel NVwZ 1995, 406 (408) = BeckRS 1995, 20274; GK-SGB VIII/Nellissen SGB VIII § 90 Rn. 43.
[484] Vgl. BeckOK VwGO/Giesberts VwGO § 47 Rn. 23 ff.; Schoch/Schneider/Panzer VwGO § 47 Rn. 20 ff.
[485] BVerwG NVwZ 2019, 1685 (1686 f.) = BeckRS 2019, 9879; BeckOK SozR/Winkler SGB VIII § 90 Rn. 24.

Eltern bei Hilfen außerhalb der eigenen Familie, zu Unterhalt und Krankenhilfe enthalten die §§ 36 ff. SGB VIII.

a) Voraussetzungen

Ein klagbarer **Anspruch** auf Hilfe zur Erziehung besteht nach § 27 Abs. 1 SGB VIII dann, wenn eine dem Wohl des Kindes oder des Jugendlichen entsprechende Erziehung nicht gewährleistet ist, also eine Bedarfslage besteht, und die Hilfe für seine Entwicklung geeignet und notwendig ist.

Eine **Bedarfslage** liegt nicht erst dann vor, wenn das Wohl des Kindes oder Jugendlichen gefährdet ist.[486] Denn Ziel der Hilfe ist, das Entstehen einer Gefährdung bereits im Vorfeld zu verhindern. Andererseits begründet nicht jede Mangelsituation im außererzieherischen Umfeld Minderjähriger eine dem Wohl des Kindes oder Jugendlichen nicht entsprechende Erziehung. Vielmehr ist erforderlich, dass im Hinblick auf das Ziel, Kinder und Jugendliche zu einer selbstbestimmten, eigenverantwortlichen und gemeinschaftsfähigen Persönlichkeit zu erziehen, eine **Fehlentwicklung droht** oder bereits eingetreten ist.[487]

Maßgebend ist, ob die körperliche, geistige und seelische Entwicklung altersentsprechend ist, und ob kindliche Grundbedürfnisse wie Liebe, Akzeptanz, stabile Bindungen zu Bezugspersonen, Versorgung, Körperpflege, Gesundheitsfürsorge, Schutz vor Gefahren sowie geistige und soziale Bildung befriedigt werden.[488] Entsprechend genügen **Faktoren, die die Entwicklung belasten** und die bei ihrer Fortdauer mit hinreichender Wahrscheinlichkeit zu einer Schädigung führen.[489]

Das Erfordernis der **Eignung** grenzt die zu leistende Hilfe nach unten ab. Die Hilfe muss der festgestellten Bedarfslage wirksam begegnen und eine dem Kindeswohl entsprechende Erziehung sichern können. Wenn eine solche Erziehung nicht erreicht werden kann, ist die Hilfe zu gewähren, die den Bedarf so weit wie möglich deckt.[490]

Dabei umfasst Hilfe zur Erziehung gem. § 27 Abs. 3 SGB VIII insbesondere die Gewährung **pädagogischer** und damit verbundener **therapeutischer Leistungen**. Zwar soll sie ggf. sozialpädagogisch begleitete Ausbildungs- und Beschäftigungsmaßnahmen einschließen. Ein bloß materieller Bedarf (z.B. Wohnbedarf) führt aber nicht zur Gewährung von Hilfe zur Erziehung.[491]

Während das Kriterium der Eignung sicherstellt, dass nicht „zu wenig" gewährt wird, dient die **Notwendigkeit** der Abgrenzung nach oben: Es darf nicht eine intensivere Hilfe gewährt werden, als erforderlich ist, um den erzieherischen Bedarf zu decken.[492] So ist eine stationäre Hilfe regelmäßig nicht notwendig, wenn

---

[486] Gesamtkommentar SRB/Berneiser SGB VIII § 27 Rn. 16; BeckOK SozR/Winkler SGB VIII § 27 Rn. 4.
[487] OVG Lüneburg BeckRS 2019, 21491; VGH Kassel BeckRS 2016, 115799.
[488] OVG Lüneburg BeckRS 2019, 21491.
[489] Vgl. JurisPK/Nellissen SGB VIII § 27 Rn. 42 m.w.N.
[490] Vgl. FK/Tammen/Trenczek SGB VIII § 27 Rn. 10.
[491] GK-SGB VIII/Häbel SGB VIII § 27 Rn. 17.
[492] Vgl. FK/Tammen/Trenczek SGB VIII § 27 Rn. 11.

eine teilstationäre oder ambulante Hilfe ausreicht, und eine teilstationäre Hilfe ist nicht notwendig, wenn eine ambulante Hilfe ausreicht.

> Praxishinweis:
>
> Entscheidend sind **nicht finanzielle Aspekte**, etwa die Kosten der Maßnahme, sondern die damit einhergehende Belastung für das Kind und seine Familie. Entsprechend geht z.B. eine Sozialpädagogische Familienhilfe gem. § 31 SGB VIII der Vollzeitpflege gem. § 33 SGB VIII auch dann vor, wenn die Kosten der ambulanten Maßnahme höher sind.
> Eine Vollzeitpflege geht ihrerseits der Heimerziehung gem. § 34 SGB VIII vor. Insbesondere kann eine Heimerziehung nicht damit begründet werden, dass nicht ausreichend **Pflegepersonen** zur Verfügung stünden. Denn das Jugendamt trifft insoweit nach § 79 Abs. 2 S. 1 Nr. 1 SGB VIII eine Gewährleistungspflicht.

Hilfe zur Erziehung kann nicht von Amts wegen gewährt werden. Vielmehr ist eine **eindeutige Willensbekundung** der Personensorgeberechtigten erforderlich, im Fall gemeinsamer elterlicher Sorge von Mutter und Vater.[493]

Das bedeutet allerdings nicht, dass das Jugendamt in Kenntnis einer Bedarfslage untätig bleiben und auf die Antragstellung warten dürfte. Vielmehr muss die Hilfe **proaktiv** angeboten und um deren Inanspruchnahme geworben werden, um dem Auftrag des § 1 Abs. 3 SGB VIII gerecht zu werden.

> Praxishinweis:
>
> Dass Hilfe zur Erziehung freiwillig in Anspruch genommen wird, schließt nicht aus, dass andernfalls **Maßnahmen nach §§ 1666 ff. BGB** erforderlich werden können. So kann nach einem (teilweisen) Entzug der elterlichen Sorge ein Ergänzungspfleger bzw. Vormund die Gewährung von Hilfe zur Erziehung beantragen. Allerdings kommt ein entsprechendes Vorgehen nur in Betracht, wenn eine Kindeswohlgefährdung besteht, der nicht ohne die von den Personensorgeberechtigten abgelehnte Hilfe begegnet werden kann.[494]

b) Regelbeispiele

Regelbeispiele der Gewährung von Hilfe zur Erziehung finden sich in §§ 28 bis 35 SGB VIII. Diese sind **nicht abschließend**. Das verdeutlicht das Wort „insbesondere" in § 27 Abs. 2 S. 1 SGB VIII, das übersetzt werden kann mit „vor allem, aber nicht nur". Entscheidend hinsichtlich Art und Umfang ist der erzieherische Bedarf im Einzelfall, § 27 Abs. 2 S. 2 Hs. 1.

Hilfe zur Erziehung kann deshalb auch in Formen erbracht werden, die im Katalog der §§ 28 ff. nicht enthalten sind (sog. **Hilfe nach Maß**).[495]

Ebenso können vertypte Hilfeformen untereinander oder mit anderen Leistungen **kombiniert** werden, soweit damit dem erzieherischen Bedarf besser begegnet oder

---

[493] Wiesner/Wapler/Wapler SGB VIII § 27 Rn. 50; Krug/Riehle/Riehle SGB VIII § 27 Rn. 42.
[494] Dazu s. unter IV. 2. e) aa).
[495] GK-SGB VIII/Häbel SGB VIII § 27 Rn. 30; FK/Tammen/Trenczek SGB VIII § 27 Rn. 18.

eine intensivere (z.B. stationäre) Maßnahme verhindert werden kann. Das ergib sich seit Inkrafttreten des KJSG aus § 27 Abs. 2 S. 3 bzw. Abs. 3 S. 2 SGB VIII.

Die Reihung der Regelbeispiele orientiert sich von § 28 bis § 34 SGB VIII an deren **pädagogischer Intensität**.[496] So regeln die §§ 28 bis 31 ambulante Hilfeformen, § 32 eine teilstationäre und schließlich die §§ 33 und 34 vollstationäre Hilfen. Ein Merksatz hinsichtlich der §§ 28 bis 34 lautet deshalb: „Soweit eine im Gesetz früher genannte Hilfe geeignet ist, den erzieherischen Bedarf zu befriedigen, scheidet die andere Hilfe als nicht notwendig aus."

Die **Intensive sozialpädagogische Einzelbetreuung** (§ 35) schließlich kann in ambulanter und stationärer Form erbracht werden.[497]

aa) Ambulante Hilfeformen

Bei ambulanten Hilfen kann das Kind im **bisherigen Umfeld** verbleiben.

Die Erhebung von Kostenbeiträgen ist bei ambulanten Formen der Hilfe zur Erziehung nicht in §§ 90 ff. SGB VIII vorgesehen. Die Hilfen sind daher **kostenfrei**.

(1) Erziehungsberatung

Die Erziehungsberatung soll Kinder und Jugendliche, deren Eltern und andere Erziehungsberechtigte nach § 28 S. 1 SGB VIII

- bei der Klärung und Bewältigung **individueller und familienbezogener Probleme** und der zugrunde liegenden Faktoren,
- bei der Lösung von **Erziehungsfragen** und
- bei Problemen im Kontext von **Trennung** und Scheidung unterstützen.

> **Praxishinweis:**
>
> Erziehungsberatungsstellen werden oft als **Familien- oder Lebensberatungsstellen** bezeichnet. Möglich und seit der Corona-Pandemie nicht unüblich sind auch Online-Beratungsangebote sowie die Kombination von digitalen Formaten und Präsenzangeboten.[498]

Kennzeichnend für die Arbeit von Erziehungsberatungsstellen ist deren **Multidisziplinarität**. Entsprechend sollen nach § 28 S. 2 SGB VIII Fachkräfte verschiedener Fachrichtungen zusammenwirken, die mit unterschiedlichen methodischen Ansätzen vertraut sind. Hierzu können Psychologen und Psychotherapeuten, Sozialarbeiter und Sozialpädagogen, Erzieher und Kindheitspädagogen, Heilpädagogen, Ärzte u.a. zählen.[499]

Die Erziehungsberatung umfasst **therapeutische Angebote**, für deren Umfang der Einzelfall maßgebend ist. So kann eine Kurztherapie auf sechs bis zehn Stunden

---

[496] Vgl. FK/Tammen/Trenczek SGB VIII § 27 Rn. 20.
[497] Allerdings nur für Jugendliche, nicht für Kinder. Deshalb wird auf § 35 SGB VIII nicht näher eingegangen.
[498] Dazu ausführlich Wiesner/Wapler/Wapler SGB VIII § 28 Rn. 16 m.w.N.
[499] BeckOGK/Bohnert SGB VIII § 28 Rn. 21; Krug/Riehle/Riehle SGB VIII § 28 Rn. 51.

begrenzt sein, während bei entsprechenden Problemlagen auch 20 Termine und mehr denkbar sind.[500]

Häufige Gründe für Erziehungsberatung sind Belastungen des Kindes bzw. Jugendlichen durch familiäre Probleme, gefolgt von Entwicklungsauffälligkeiten und seelischen Problemen, mangelnder elterlicher Erziehungskompetenz, Auffälligkeiten im sozialen Verhalten und schulische bzw. berufliche Probleme. Weitere Gründe können Belastungen durch Problemlagen der Eltern, (mögliche) Gefährdungen des Kindeswohls sowie eine unzureichende Betreuung und Versorgung sein.[501]

Hinsichtlich der Beratung haben die Fachkräfte die **Schweigepflicht** zu beachten, deren Verletzung nach § 203 Abs. 1 Nr. 4 StGB strafbewehrt ist.

Nach § 36a Abs. 2 SGB VIII sollen die Beratungsstellen unmittelbar aufgesucht werden können. Eine Antragstellung beim Jugendamt ist nicht erforderlich.[502] Durch diese **Niedrigschwelligkeit** soll der Zugang erleichtert werden.

> **Praxishinweis:**
>
> Trotz der normativ unterschiedlichen Regelungen wird in Erziehungsberatungsstellen regelmäßig auch Beratung nach § 8 Abs. 3, § 11 Abs. 1, 3 Nr. 6, §§ 16 bis 18 SGB VIII angeboten. Auch **Tageseinrichtungen** und Tagespflegepersonen können für eine (anonyme) Fachberatung auf Erziehungsberatungsstellen zurückgreifen.[503]

(2) Soziale Gruppenarbeit

Die Teilnahme an sozialer Gruppenarbeit soll **älteren Kindern** und Jugendlichen bei der Überwindung von Entwicklungsschwierigkeiten und Verhaltensproblemen helfen. Methodisch soll dabei auf der Grundlage eines gruppenpädagogischen Konzepts die Entwicklung durch soziales Lernen in der Gruppe gefördert werden, § 29 SGB VIII.

Neben Einzelfallhilfe und Gemeinwesenarbeit gilt die soziale Gruppenarbeit als eine der klassischen Methoden Sozialer Arbeit.[504] Entsprechend kann ein **vielfältiges Angebot** geschaffen werden, das passgenau auf unterschiedliche Bedarfslagen bzw. Zielgruppen anzupassen ist.[505] Überwiegend haben sich Mischformen handlungs- und erlebnispädagogischer Ansätze durchgesetzt, die mit freizeitpädagogischen und gesprächsorientierten Elementen verbunden werden.[506]

Soweit ernsthafte **psychische Erkrankungen** oder verfestigte seelische Behinderungen Ursache von Entwicklungsschwierigkeiten bzw. Verhaltensproblemen sind, kommt eine soziale Gruppenarbeit allenfalls zusätzlich in Betracht. Im Vorder-

---

500 Wiesner/Schmid-Obkirchner (5. Aufl. 2015) SGB VIII § 28 Rn. 16 f.
501 Menne, S. 242.
502 BeckOK SozR/Winkler SGB VIII § 28 Rn. 14.
503 Vgl. JurisPK/Nellissen SGB VIII Rn. 57; Wiesner/Schmid-Obkirchner (5. Aufl. 2015) SGB VIII § 28 Rn. 31.
504 Krug/Riehle/Schwarz SGB VIII § 29 Rn. 1.
505 FK/Struck/Trenczek SGB VIII § 29 Rn. 3.
506 LPK-SGB VIII/Kunkel/Kepert SGB VIII § 29 Rn. 9.

grund müssen in solchen Fällen vielmehr medizinische Maßnahmen bzw. Eingliederungshilfe stehen.[507]

> **Praxishinweis:**
> Die soziale Gruppenarbeit kann mit **anderen Angeboten** verbunden werden, z.B. mit der Erziehungsbeistandschaft (als „Einzel- und Gruppencoaching").[508]

(3) Erziehungsbeistandschaft und Betreuungshilfe

Der Erziehungsbeistand soll Kinder und Jugendliche bei der Bewältigung von **Entwicklungsproblemen** unterstützen. Dabei soll das soziale Umfeld möglichst einbezogen werden.[509] Zugleich soll unter Erhaltung des Lebensbezugs zur Familie die **Verselbständigung** gefördert werden, § 30 SGB VIII.

Die Betreuungshilfe, die sich hinsichtlich der Vorgaben im Gesetz nicht von der Erziehungsbeistandschaft unterscheidet, hat (fast) nur Bedeutung als **Weisung in Jugendstrafverfahren** nach § 10 Abs. 1 S. 3 Nr. 5 JGG.[510]

Gegenstand der Erziehungsbeistandschaft können **soziale Schwierigkeiten** sein (z.B. Isolation in der Schulklasse), aber auch die Herstellung tragfähiger Familienbeziehungen, ferner die Identitätsbildung, das Leistungsverhalten in Schule bzw. Ausbildung sowie der Zugang zu materieller Grundsicherung. Auch bei strukturellen Risiken, etwa psychisch kranken Eltern, kommt eine Erziehungsbeistandschaft in Betracht.[511]

Die Hilfe setzt ein **Reflexionsvermögen** voraus, das ab einem Alter von etwa 12 Jahren vorhanden ist.[512] Eine absolute Altersgrenze besteht allerdings nicht. In der Praxis werden deshalb auch für Kinder unter sechs Jahren Erziehungsbeistandschaften eingerichtet.[513]

Hinsichtlich des (wöchentlichen) **Stundenbudgets** und der **Dauer der Maßnahme** ist auf den Bedarf im Einzelfall abzustellen, nicht auf die (finanziellen) Ressourcen des Jugendamts. Meist dauert die Hilfe etwa ein bis drei Jahre.[514]

(4) Sozialpädagogische Familienhilfe

Die sozialpädagogische Familienhilfe soll Familien gem. § 31 SGB VIII durch **intensive Betreuung** und Begleitung unterstützen und Hilfe zur Selbsthilfe geben

---

507 So BeckOGK/Bohnert SGB VIII § 29 Rn. 16.
508 Vgl. FK/Struck/Trenczek SGB VIII § 29 Rn. 5; Schmidt, Kinder- und Jugendhilferecht, S. 165.
509 Familie, Freunde, Nachbarschaft, Schule, vgl. GK-SGB VIII/Fieseler/Kunkel/Pothmann SGB VIII § 30 Rn. 2.
510 JurisPK/Nellissen SGB VIII § 30 Rn. 37.
511 FK/Struck/Trenczek SGB VIII § 30 Rn. 3; ausführlich zu möglichen Problemlagen BeckOGK/Bohnert SGB VIII § 30 Rn. 10 ff.
512 JurisPK/Nellissen SGB VIII § 30 Rn. 20.
513 FK/Struck/Trenczek SGB VIII § 30 Rn. 2.
514 Vgl. Wiesner/Wapler/Wapler SGB VIII § 30 Rn. 7.

- bei der Bewältigung von Alltagsproblemen,
- bei der Lösung von Konflikten und Krisen sowie
- im Kontakt mit Ämtern und Institutionen.

Die Maßnahme ist in der Regel auf **längere Zeit** angelegt und erfordert die Mitarbeit der Familie. Ausgehend von einem weiten Familienbegriff, der z.B. Alleinerziehende und nichteheliche Lebensgemeinschaften, ggf. aber auch Großeltern, Geschwister u.a. umfasst, wird das Familiensystem insgesamt einbezogen.[515]

Häufig wird die sozialpädagogische Familienhilfe in „heillos überforderten" Familien mit ganz unterschiedlichen Problemlagen erbracht. In Betracht kommen äußere Belastungen wie Arbeitslosigkeit, wirtschaftliche Schwierigkeiten, Überschuldung, desolate Wohnverhältnisse und das Leben in sozialen Brennpunkten ebenso wie innerfamiliäre Probleme, etwa Alkoholsucht und Gewalt.[516]

Dabei berät der Familienhelfer die Familie nicht nur im Innenverhältnis, sondern unterstützt sie auch **im Kontakt mit Dritten**. So kann bei der Suche nach einem Kindergartenplatz geholfen oder ein (überfälliger) Arzttermin organisiert werden. Gemeinsam mit den Eltern kann der Familienhelfer Sozialleistungen beantragen[517] oder erste Schritte zu einem Verbraucherinsolvenzverfahren einleiten.[518] Das alles soll dazu beitragen, das System Familie zu erhalten und eine Fremdunterbringung des Kindes bzw. Jugendlichen zu vermeiden.[519]

Tätig sind als **Familienhelfer** i.d.R. Sozialarbeiter bzw. Sozialpädagogen, (Kindheits-)Pädagogen sowie Erzieher mit einschlägiger Fortbildung, die während der Tätigkeit die Möglichkeit zu fachlichem Austausch, Beratung und Supervision haben.[520]

Ebenso wichtig wie die Ausbildung ist, dass ein **Vertrauensverhältnis** zur Familie aufgebaut wird. So wird die „Familienhelferin [...] für die Familie zugleich Freundin, Mithausfrau, Bezugsperson, Vorbild, Beraterin, ja zu einem Teil des erweiterten Familiensystems".[521] Eine Herausforderung besteht darin, sich einerseits nicht distanzlos mit der Familie zu solidarisieren, der Familie aber andererseits nicht in falscher Distanz die eigenen Normen und Veränderungskonzepte aufzunötigen.[522]

---

515 BeckOK SozR/Winkler SGB VIII § 31 Rn. 5; LPK-SGB VIII/Frings/Kunkel/Kepert SGB VIII § 31 Rn. 5.
516 LPK-SGB VIII/Frings/Kunkel/Kepert SGB VIII § 31 Rn. 6; JurisPK/Nellissen SGB VIII § 31 Rn. 15.
517 Als Beistand gem. § 13 Abs. 4 SGB X, vgl. LPK-SGB VIII/Frings/Kunkel/Kepert SGB VIII § 31 Rn. 9.
518 LPK-SGB VIII/Frings/Kunkel/Kepert SGB VIII § 31 Rn. 9; BeckOK SozR/Winkler SGB VIII § 31 Rn. 9.
519 JurisPK/Nellissen SGB VIII § 31 Rn. 18.
520 Vgl. Wiesner/Wapler/Wapler SGB VIII § 31 Rn. 16 f.; JurisPK/Nellissen SGB VIII § 31 Rn. 30.
521 Achter Jugendbericht, BT-Drs. 11/6576, S. 139.
522 Achter Jugendbericht, BT-Drs. 11/6576, S. 139.

> Praxishinweis:
>
> Dienstanweisungen des Jugendamts, mit denen die sozialpädagogische Familienhilfe kontingentiert wird (z.B. im Rahmen sog. „Sozialraumbudgets") oder eine **Begrenzung der Dauer der Hilfe** bzw. der zu leistenden Stunden (z.B. höchstens zwei Jahre und 20 Stunden/Woche) vorgenommen wird, sind **rechtswidrig** und unbeachtlich. Zulässiger Maßstab ist allein der Hilfebedarf im Einzelfall.[523]

bb) Teil- und vollstationäre Hilfeformen

Vollstationäre Hilfeformen sind **Vollzeitpflege** nach § 33 und **Heimerziehung** nach § 34 SGB VIII.

Demgegenüber wird die Erziehung in einer **Tagesgruppe** nach § 32 SGB VIII als teilstationär bezeichnet. Sie unterscheidet sich von den vollstationären Hilfen dadurch, dass das Kind (oder der Jugendliche) nicht durchgehend fremdplatziert ist, sondern weiter bei seiner Familie lebt. Anders als bei den ambulanten Hilfeformen erfolgt aber zeitweise eine Versorgung außerhalb der Familie.[524]

Vorgaben hinsichtlich der Beratung und Unterstützung der Eltern sowie der **Zusammenarbeit mit der Herkunftsfamilie** bei teil- und vollstationären Formen der Hilfe enthält § 37 SGB VIII.

Nach dessen Abs. 1 S. 1 haben Eltern bei teil- und vollstationären Hilfen einen Anspruch auf Beratung und Unterstützung sowie auf **Förderung der Eltern-Kind-Beziehung**.[525]

> Praxishinweis:
>
> Das schließt die aktive Förderung **regelmäßiger Umgangskontakte** durch das Jugendamt ein. Die in der Praxis bisweilen beobachtete planmäßige Eltern-Kind-Entfremdung, bei der Pflegeeltern darauf bestehen, den Umgang zunächst auf ein Minimum zu reduzieren, damit das Kind sich schneller eingewöhnt und leichter händelbar ist, steht dem diametral entgegen und lässt Zweifel an der Eignung der Pflegeeltern aufkommen.[526]

Durch § 37 Abs. 1 S. 2 SGB VIII wird sichergestellt, dass das Jugendamt ergänzende Leistungen erbringt, die eine **Rückkehr des Kindes oder Jugendlichen in die elterliche Familie** ermöglichen. Denn danach sollen die dortigen Erziehungsbedingungen durch Beratung und Unterstützung innerhalb eines im Hinblick auf die Entwicklung des Kindes oder Jugendlichen vertretbaren Zeitraums so weit verbessert werden, dass eine Rückkehr des Kindes oder Jugendlichen möglich ist. Diese

---

523 Vgl. LPK-SGB VIII/Frings/Kunkel SGB VIII § 31 Rn. 5 und 7. Soweit unter Bezugnahme auf OVG Lüneburg BeckRS 2010, 50652 davon ausgegangen wird, dass bei einer Leistungserbringung über mehr als fünf Jahre im Regelfall von einer Zweckverfehlung auszugehen sei, wird übersehen, dass auch bei einer sozialpädagogischen Familienhilfe die Hilfe zur Selbsthilfe nicht der einzige Leistungszweck ist.
524 Zum Nachrang gegenüber ambulanten Hilfeformen s.o. unter a).
525 Vgl. zur Zusammenarbeit zwischen Pflegeperson bzw. Einrichtung und Eltern auch § 37 Abs. 2 S. 1 SGB VIII.
526 Vgl. GK-SGB VIII/Nothacker SGB VIII § 37 Rn. 16.

Rückkehr muss bereits aus verfassungsrechtlichen Gründen primäres Ziel jeder Fremdunterbringung sein.[527]

> **Praxishinweis:**
>
> Entsprechend **intensiv** müssen die Bemühungen des Jugendamtes ausfallen. So kann z.B. eine sozialpädagogische Familienhilfe gem. § 31 SGB VIII erbracht werden,[528] hinsichtlich deren Umfang finanzielle Gesichtspunkte nicht maßgebend sein dürfen. Die Hilfe kann auch nach der Rückkehr fortgesetzt werden. Weitere mögliche Unterstützungsleistungen sind z.B. die Hilfe bei der Suche nach einer **Wohnung oder Arbeit,** eine Schuldner- oder Suchtberatung sowie psychotherapeutische Hilfen.[529]

Für Pflegeeltern ist es nicht leicht, die erforderliche **Bindungstoleranz** zu entwickeln. Sie sollen einerseits dem Kind bzw. Jugendlichen eine Erziehung im familiären Rahmen ermöglichen und ihm Nestwärme und Geborgenheit geben, andererseits aber dürfen sie nicht am Kind klammern. Es ist daher gem. § 37a SGB VIII Aufgabe des Jugendamtes, Pflegepersonen insoweit zu unterstützen.[530]

> **Praxishinweis:**
>
> In diesem Zusammenhang kann darauf hingewiesen werden, dass nach Beendigung des Pflegeverhältnisses i.d.R. ein **Umgangsrecht der Pflegeeltern** aus § 1685 Abs. 2 BGB besteht.[531]

Nur dann, wenn trotz allem eine nachhaltige Verbesserung der Erziehungsbedingungen in der Herkunftsfamilie nicht rechtzeitig erreichbar ist, dienen die Beratung und Unterstützung der Eltern gem. § 37 Abs. 1 S. 3 SGB VIII der Erarbeitung und Sicherung einer anderen, dem Kindeswohl dienlichen und **auf Dauer angelegten Perspektive.**

> **Praxishinweis:**
>
> Auch bei einem dauerhaften Verbleib des Kindes in Vollzeitpflege endet das **Umgangsrecht der Eltern** aus § 1684 Abs. 1 BGB nicht.[532]

Annexleistungen der **wirtschaftlichen Jugendhilfe** werden durch §§ 39 f. geregelt (Leistungen zum Unterhalt des Kindes oder Jugendlichen, Krankenhilfe).

Anders als bei ambulanten Hilfeformen sehen § 91 Abs. 1 Nr. 5 und Abs. 2 Nr. 2 SGB VIII bei teil- und vollstationären Hilfeformen die Erhebung von **Kostenbeiträgen** vor.

---

527 FK/Eschelbach/Schönecker SGB VIII § 37c Rn. 7.
528 Dazu s.o. unter b) aa) (4).
529 BeckOK SozR/Winkler SGB VIII § 37 Rn. 11.
530 Schmidt, Kinder- und Jugendhilferecht, S. 175.
531 Dazu s.o. unter IV. 3. c).
532 Anders bei einer Adoption, vgl. dazu IV. 1. b) aa) (5) bzw. IV. 3.

Die Vollzeitpflege und der Betrieb von Einrichtungen, in denen Kinder bzw. Jugendliche teil- oder vollstationär betreut werden, ist nach §§ 44 f. SGB VIII erlaubnisbedürftig.[533]

(1) Erziehung in einer Tagesgruppe

Hilfe zur Erziehung in einer **Tagesgruppe** soll gem. § 32 S. 1 SGB VIII die Entwicklung des Kindes bzw. Jugendlichen durch soziales Lernen in der Gruppe, Begleitung der schulischen Förderung und Elternarbeit unterstütze. Gleichzeitig soll der Verbleib des Kindes oder Jugendlichen in seiner Familie gesichert werden.

Typischerweise bietet sich die Erziehung in einer Tagesgruppe an, wenn Kinder oder Jugendliche in ihrer Herkunftsfamilie nicht ausreichend versorgt werden und deshalb einer **familienergänzenden Betreuung** bedürfen, die Eltern aber andererseits – ggf. mit intensiver Unterstützung – noch Restfunktionen übernehmen können.[534]

Das **soziale Lernen in der Gruppe** beinhaltet dabei gruppenpädagogische Konzepte, geht dabei aber in der Intensität über eine soziale Gruppenarbeit nach § 29 hinaus. Die **schulische Förderung** betrifft die Beseitigung von Lernproblemen ebenso wie das Sozialverhalten in der Schule. Hinsichtlich der **Elternarbeit** kommen informelle und systematische Gespräche und gemeinsame Freizeitaktivitäten ebenso in Betracht wie familientherapeutische Ansätze.[535]

Erbracht werden kann die Hilfe in **Kleingruppen** (höchstens 10 Kinder bzw. Jugendliche), die von mindestens zwei, besser drei sozialpädagogischen Fachkräften angeleitet werden. In der Regel sind diese an eine Tageseinrichtung i.S.v. § 22 Abs. 1 S. 1, eine Heimeinrichtung i.S.v. § 34 Abs. 1 S. 1 SGB VIII oder an eine Schule angebunden, können aber auch selbständig geführt werden.[536] Daneben ermöglicht § 32 S. 2 SGB VIII eine Erbringung der Hilfe in geeigneten Formen der **Familienpflege**, also durch Privatpersonen.[537]

(2) Vollzeitpflege

Die Vollzeitpflege i.S.d. § 33 SGB VIII ist eine zeitlich befristete oder auf Dauer angelegte Erziehung von Kindern und Jugendlichen in einer anderen **Familie**, unabhängig davon, ob das Kind am Wochenende in die eigene Familie zurückkehrt (sog. Wochenpflege).[538] Abzugrenzen ist die Vollzeitpflege von der Adoptionspflege und der Bereitschaftspflege.[539]

---

533 Zur Erlaubnis nach § 45 SGB VIII s.o. unter 8. b) ee).
534 Vgl. BeckOK SozR/Winkler SGB VIII § 32 Rn. 3; Schmidt, Kinder- und Jugendhilferecht, S. 173.
535 JurisPK/Nellissen SGB VIII § 32 Rn. 20 ff.
536 Vgl. BeckOGK/Bohnert SGB VIII § 32 Rn. 21; JurisPK/Nellissen SGB VIII § 32 Rn. 26 f.
537 BeckOK SozR/Winkler SGB VIII § 32 Rn. 9.
538 BeckOK SozR/Winkler SGB VIII § 33 vor Rn. 1; JurisPK/Nellissen SGB VIII § 33 Rn. 23 u. 32.
539 Dazu s.o. unter IV. 1. b) aa) (8) bzw. V. 5. a) cc) (5); vgl. weiter JurisPK/Nellissen SGB VIII § 33 Rn. 127 ff.; LPK-SGB VIII/Kunkel/Kepert SGB VIII § 33 Rn. 6 f.; a.A. hinsichtlich der Bereitschaftspflege FK/Struck/Eschelbach SGB VIII § 33 Rn. 8.

> Praxishinweis:
>
> Auch wenn eine Vollzeitpflege nicht als Wochenpflege ausgestaltet wird, bleibt es grundsätzlich beim **elterlichen Umgangsrecht** aus § 1684 Abs. 1 BGB.

Eine **andere Familie** ist jede Familie, in der nicht die rechtlichen Eltern Erziehungsverantwortung tragen. Es steht einer Vollzeitpflege daher nicht entgegen, wenn ein Kind bei Verwandten (z.B. Großeltern) oder bei einem Vormund lebt.[540]

Ob die Vollzeitpflege **zeitlich befristet** sein soll, ist mit den Personensorgeberechtigten möglichst vor der Inpflegegabe abzustimmen.[541] Hierfür eignet sich das Hilfeplanverfahren. Bleibt unklar, ob sich die Erziehungsbedingungen in der Herkunftsfamilie ausreichend verbessern lassen, hat die Rückkehroption Vorrang.[542]

> Praxishinweis:
>
> Auch wenn die Beteiligten ursprünglich von einer Inpflegegabe auf Dauer ausgehen, ist eine spätere **Rückkehr möglich**. So wird die Vollzeitpflege zu Beginn der Maßnahme zwar nur bei wenigen Kindern befristet, das ändert aber nichts daran, dass knapp viermal so viele (39 Prozent) zu ihrer Herkunftsfamilie oder zu nahen Verwandten zurückkehren.[543]

Für besonders entwicklungsbeeinträchtigte Kinder und Jugendliche sind nach § 33 S. 2 SGB VIII **Sonderpflegestellen** zu schaffen. Diese werden als heilpädagogische Pflegestellen, sozialpädagogische Pflegestellen oder Erziehungsstellen bezeichnet, wobei letztere auch eine Form der Heimerziehung nach § 34 sein können.[544]

> Praxishinweis:
>
> Teilweise wird bei Kindern ab etwa 11 Jahren die Heimerziehung der Vollzeitpflege vorgezogen.[545] Ohne einen konkreten pädagogischen Bedarf ist das jedoch nicht notwendig i.S.v. § 27 Abs. 1 SGB VIII – und daher rechtswidrig.[546] Zudem dürfte auch für ältere Kinder und für Jugendliche das **familiäre Setting der Vollzeitpflege** meist besser sein.

(3) Heimerziehung und sonstige betreute Wohnformen

Die Heimerziehung wird in § 34 Abs. 1 S. 1 SGB VIII **definiert** als Hilfe zur Erziehung in einer Einrichtung über Tag und Nacht. Ähnlich wie die Abgrenzung zwischen Tageseinrichtung und Kindertagespflege[547] liegt der zentrale Unterschied zur Vollzeitpflege darin, dass keine persönliche Zuordnung des Kindes bzw. Jugendlichen zu einer bestimmten Person erfolgt.

---

540 FK/Struck/Eschelbach SGB VIII § 33 Rn. 5 f.; LPK-SGB VIII/Kunkel/Kepert SGB VIII § 33 Rn. 4 f.
541 BT-Drs. 11/5948, S. 71; MüKoBGB/Tillmanns SGB VIII § 33 Rn. 3.
542 Vgl. LPK-SGB VIII/Kunkel/Kepert SGB VIII § 33 Rn. 3.
543 Vgl. dazu GK-SGB VIII/Salgo SGB VIII § 33 Rn. 2 m.w.N.
544 Dazu LPK-SGB VIII/Kunkel/Kepert SGB VIII § 33 Rn. 9 f.
545 JurisPK/Nellissen SGB VIII § 33 Rn. 29, wenn auch unter Ablehnung „starre[r] Altersgrenzen".
546 Zur Notwendigkeit i.S.v. § 27 Abs. 1 SGB VIII sowie zum Verhältnis von Vollzeitpflege und Heimerziehung s.o. unter a) und b).
547 Dazu s.o. unter 8. b) aa) bzw. c) aa).

Abhängig von **Konzeption** und **Zielgruppe** bestehen unterschiedliche Formen der Heimeinrichtung. Beispiele sind Wohngruppen, Familiengruppen, Kinderhäuser, Kleinstheime und geschlossene Einrichtungen für strafunmündige Intensivtäter.[548]

Der Heimerziehung gleichgestellt sind **sonstige betreute Wohnformen**. Diese unterscheiden sich von der Heimerziehung v.a. durch ihre Zielsetzung, die vorrangig in der Verselbständigung liegt. Beispiele sonstiger betreuter Wohnformen sind Kinder- und Jugenddörfer, betreute Jugendwohngemeinschaften und betreutes Einzelwohnen.[549]

Als **pädagogisches Mittel** gibt § 34 S. 1 SGB VIII die Förderung der Entwicklung durch Verbindung von Alltagserleben mit pädagogischen und therapeutischen Angeboten vor. Kinder und Jugendliche sollen sich in der Einrichtung wohl und zuhause fühlen. Die Arbeit geht über die bloße Verwahrung und Betreuung hinaus und soll partizipatorische Elemente einschließen, die für die Subjektbildung wichtig sind.[550] Allerdings genügt die Heimerziehung wegen ihrer organisatorischen Grundstruktur nur bedingt dem Bedürfnis nach einer dauerhaften emotionalen Bindung zu einer erwachsenen Bezugsperson;[551] dafür sind Formen der Vollzeitpflege besser geeignet.[552]

Hilfeziel ist gem. § 34 S. 2 SGB VIII abhängig von Alter und Entwicklungsstand des Kindes bzw. Jugendlichen sowie den Möglichkeiten der Verbesserung der Erziehungsbedingungen in der Herkunftsfamilie

- eine Rückkehr in die eigene Familie zu erreichen,
- die Erziehung in einer anderen Familie vorzubereiten oder
- eine auf längere Zeit angelegte Lebensform zu bieten und auf ein selbständiges Leben vorzubereiten.

Eine Rückkehr in die **Herkunftsfamilie** hat dabei bereits wegen Art. 6 Abs. 2 GG Vorrang. Deshalb müssen eine intensive Elternarbeit und Kontaktpflege Bestandteile der Hilfe sein.[553]

Eine Erziehung in einer **anderen Familie** ist zum einen bei einem Wechsel der Hilfeform von Heimerziehung zu Vollzeitpflege gegeben. Kinder mit spezifischem Hilfebedarf können zunächst in einer Heimeinrichtung durch qualifizierte Fachkräfte betreut werden, später aber bei Pflegeeltern in einem familiären Setting leben. Auch kann die Heimerziehung eine Adoption vorbereiten.

---

548 JurisPK/Nellissen SGB VIII § 34 Rn. 19; BeckOK SozR/Winkler SGB VIII § 34 Rn. 6. Zu geschlossenen Heimen s. auch IV. 2. a) aa) (3).
549 JurisPK/Nellissen SGB VIII § 34 Rn. 38; BeckOK SozR/Winkler SGB VIII § 34 Rn. 7; Krug/Riehle/Riehle SGB VIII § 34 Rn. 33.
550 So Krug/Riehle/Riehle SGB VIII § 34 Rn. 16.
551 So LPK-SGB VIII/Kepert/Dexheimer SGB VIII § 34 Rn. 13.
552 Entsprechend ist die längerfristige Heimerziehung in den zurückliegenden Jahren kontinuierlich zurückgegangen, vgl. Krug/Riehle/Riehle SGB VIII § 34 Rn. 18 m.w.N.
553 Wiesner/Wapler/Wapler SGB VIII § 34 Rn. 19; BeckOK SozR/Winkler SGB VIII § 34 Rn. 10; Krug/Riehle/Riehle SGB VIII § 34 Rn. 48.

Als dauerhafte Lebensform mit anschließender **Verselbständigung** wird die Heimerziehung v.a. bei älteren Jugendlichen angezeigt sein, die nicht mehr in das Elternhaus zurückkehren.[554]

Unabhängig vom Hilfeziel sollen Jugendliche in Fragen von **Ausbildung und Beschäftigung** sowie der allgemeinen Lebensführung beraten und unterstützt werden, § 34 S. 3 SGB VIII. Ziel ist erneut die Ertüchtigung zu einem selbständigen Leben.

> Praxishinweis:
>
> Über das **Taschengeld** gem. § 39 Abs. 2 S. 2 SGB VIII dürfen die Kinder bzw. Jugendlichen allein verfügen. Die betreuenden Fachkräfte dürfen dieses nicht ganz oder teilweise entziehen, auch nicht aus disziplinarischen Gründen.[555]

c) Hilfeplanverfahren

Nach § 36 Abs. 1 S. 1 Abs. 1 sind die **Personensorgeberechtigten** und das Kind bzw. der Jugendliche vor der Entscheidung über die Inanspruchnahme von Hilfe und vor jeder notwendigen Änderung von Art und Umfang der Hilfe zu **beraten**. Zudem sind sie auf die möglichen Folgen für die Entwicklung des Kindes oder des Jugendlichen hinzuweisen (z.B. Entfremdung von den Eltern bei enger Bindung an Pflegeeltern oder den Umstand, dass das Familiengericht eine Verbleibensanordnung gem. § 1632 Abs. 4 BGB treffen kann).[556]

Soweit nicht nach § 36a Abs. 2 SGB VIII die niedrigschwellige unmittelbare Inanspruchnahme ambulanter Hilfen, insbesondere der Erziehungsberatung, zugelassen wird[557] und die Hilfe voraussichtlich über längere Zeit, d.h. **länger als sechs Monate**[558] erbracht werden muss, hat der Hilfegewährung ein spezifisches **Verwaltungsverfahren**[559] vorauszugehen. Vorgaben hierzu enthalten §§ 36 ff. SGB VIII, die neben der Hilfe zur Erziehung (§ 27 Abs. 1) auch für die **Eingliederungshilfe** (§ 35a) gelten.[560]

So soll die Entscheidung über die im konkreten Fall angezeigte Hilfeart nach § 36 Abs. 2 S. 1 SGB VIII im Zusammenwirken **mehrerer Fachkräfte** erfolgen.

Grundlage der Entscheidung ist ein sog. **Hilfeplan**, der gem. § 36 Abs. 2 S. 2 SGB VIII zusammen mit den Personensorgeberechtigten und dem Kind bzw. Jugendlichen aufzustellen ist. Dieser enthält Feststellungen über den Bedarf, die zu gewährende Art der Hilfe sowie die notwendigen Leistungen. Hat das Kind oder der Jugendliche Geschwister, so ist die Geschwisterbeziehung bereits bei Aufstellung des Hilfeplans zu berücksichtigen, was v.a. hinsichtlich stationärer Hilfen wichtig ist, § 36 Abs. 2 S. 3 SGB VIII.[561]

---

554 Vgl. GK-SGB VIII/Häbel SGB VIII § 34 Rn. 17.
555 FK/Tammen SGB VIII § 39 Rn. 14.
556 BeckOK SozR/Winkler SGB VIII § 36 Rn. 5; zur Verbleibensanordnung s.o. unter IV. 2. e) bb) (1).
557 Dazu s.o. unter b) aa) (1).
558 BeckOK SozR/Winkler SGB VIII § 36 Rn. 8 m.w.N.
559 Dazu näher unter 11.
560 Zur Eingliederungshilfe s. unter 10.
561 Zum Inhalt des Hilfeplans vgl. GK-SGB VIII/Nothacker/Schäfer SGB VIII § 36 Rn. 41.

Auch ist das Hilfeplanverfahren **kein abgeschlossener Vorgang**. Vielmehr ist in regelmäßigen Zeitabständen zu prüfen, ob die gewählte Hilfeart weiter geeignet und notwendig ist, d.h., ob nach den inzwischen vorliegenden Informationen und den im Rahmen der Leistungserbringung gesammelten Erfahrungen die gewährte Hilfe einerseits noch ausreicht, andererseits weiter erforderlich ist (sog. Fortschreibung der Hilfeplanung). Das ergibt sich aus § 36 Abs. 2 S. 2 Hs. 2 SGB VIII.

Werden bei der Durchführung der Hilfe **freie Träger** tätig, so sind diese bzw. deren Mitarbeiter nach § 36 Abs. 3 S. 1 SGB VIII an der Aufstellung des Hilfeplans und an seiner Überprüfung zu beteiligen. Gleiches gilt für andere Mitarbeiter des Jugendamtes. Neu durch das KJSG eingeführt und sehr zu begrüßen ist die Bestimmung des § 36 Abs. 5 SGB VIII, nach der auch solche Eltern beteiligt werden sollen, die **nicht personensorgeberechtigt** sind, soweit dies zur Feststellung des Bedarfs oder von Art und Umfang der Hilfe erforderlich ist und der Hilfezweck dadurch nicht in Frage gestellt wird.

Dies entspricht der Regelung des § 27 Abs. 2 S. 2 Hs. 2 SGB VIII, nach der zur Klärung des erzieherischen Bedarfs das **engere soziale Umfeld** des Minderjährigen einbezogen werden soll, wozu neben nicht sorgeberechtigte Eltern(teilen), auch Großeltern, Stiefeltern, Freunde und Lehrer zählen können.

Bei der Aufstellung bzw. Fortschreibung des Hilfeplans muss nach § 37c Abs. 1 SGB VIII im Fall einer beabsichtigten stationären Hilfe, v.a. also der Vollzeitpflege oder Heimerziehung, prozesshaft die **Perspektive der Hilfe** geklärt werden. Damit ist die Frage gemeint, ob die Hilfe voraussichtlich für einen vorübergehenden Zeitraum oder auf Dauer erbracht wird. Dabei können sich die unterschiedlichen Einschätzungen der Beteiligten, etwa von Kindern, Jugendlichen, Eltern und Pflegepersonen, im Lauf der Zeit ändern. Die Dokumentation dieser Einschätzungen im Hilfeplan soll für alle Seiten Transparenz schaffen.[562]

Maßgebliches Kriterium der Perspektivklärung ist gem. § 37c Abs. 2 SGB VIII, ob die **Erziehungsbedingungen in der Herkunftsfamilie** durch Gewährung von Hilfe zur Erziehung oder Eingliederungshilfe innerhalb eines im Hinblick auf die Entwicklung des Kindes oder Jugendlichen vertretbaren Zeitraums hinreichend verbessert werden können.[563]

> **Praxishinweis:**
>
> Beachten Sie, dass auch im Rahmen des Hilfeplanverfahrens der **Sozialdatenschutz** gilt.[564] Hierzu zählt u.a. § 65 SGB VIII, der einen besonderen Vertrauensschutz von Daten vorsieht, die Mitarbeitern zum Zweck persönlicher oder erzieherischer Hilfe anvertraut worden sind.
> Bei Einbeziehung von Fachkräften, die nicht Mitarbeiter des öffentlichen Trägers sind, ist zudem zu beachten, dass § 64 Abs. 2a SGB VIII regelmäßig die Anonymisierung bzw. **Pseudonymisierung** von Daten fordert.[565]

---

562   Gesetzesbegründung, BT-Drs. 19/26107, S. 91.
563   Dazu s.o. unter b) bb).
564   Dazu s.o. unter V. 4. e).
565   Vgl. dazu Krug/Riehle/Riehle SGB VIII § 36 Rn. 165 m.w.N.

10. Eingliederungshilfe

Die Eingliederungshilfe für **seelisch behinderte** Kinder bzw. Jugendliche wird durch § 35a SGB VIII geregelt. Demgegenüber werden Leistungen für Kinder bzw. Jugendliche mit körperlicher oder geistiger Behinderung durch das SGB IX gewährt. Trifft eine seelische mit einer körperlichen oder geistigen Behinderung zusammen, geht die SGB IX-Leistung vor. Das ergibt sich aus der Konkurrenzregelung des § 10 Abs. 4 S. 2 SGB VIII. Mit anderen Worten: Eingliederungshilfe nach dem SGB VIII erhalten bisher nur junge Menschen[566] mit einer seelischen, aber ohne geistige oder körperliche Behinderung.[567]

Ebenso wie bei Hilfe zur Erziehung sind ambulante Formen der Eingliederungshilfe kostenfrei, während für teilstationäre und stationäre Hilfeformen gem. § 91 Abs. 1 Nr. 6 bzw. Abs. 2 Nr. 3 SGB VIII **Kostenbeiträge** erhoben werden.

a) Voraussetzungen

Der Anspruch auf Eingliederungshilfe steht dem Kind bzw. Jugendlichen zu, das durch die Personensorgeberechtigten gesetzlich vertreten wird.[568] Ein Anspruch auf Eingliederungshilfe besteht bei Vorliegen einer Gesundheitsbeeinträchtigung, die kausal zu einer Teilhabebeeinträchtigung führt (§ 35a Abs. 1 S. 1 SGB VIII). Ebenfalls werden Leistungen erbracht, wenn der Minderjährige von einer seelischen Behinderung bedroht ist (§ 35a Abs. 1 S. 2).[569]

Die **Gesundheitsbeeinträchtigung** liegt vor, wenn die seelische Gesundheit mit hoher Wahrscheinlichkeit länger als sechs Monate von dem für das Lebensalter typischen Zustand abweicht, § 35a Abs. 1 S. 1 Nr. 1 SGB VIII. Nicht erforderlich ist dafür, dass die Beeinträchtigung bereits seit sechs Monaten besteht.[570]

Insoweit hat das Jugendamt nach § 35a Abs. 1a SGB VIII die **Stellungnahme** einzuholen

- eines Arztes für Kinder- und Jugendpsychiatrie und -psychotherapie,
- eines Kinder- und Jugendlichenpsychotherapeuten, eines Psychotherapeuten mit einer Weiterbildung für die Behandlung von Kindern und Jugendlichen oder
- eines Arztes bzw. psychologischen Psychotherapeuten, der über besondere Erfahrungen auf dem Gebiet seelischer Störungen bei Kindern und Jugendlichen verfügt.

In der Stellungnahme ist u.a. darzulegen, ob die Gesundheitsbeeinträchtigung Krankheitswert hat.

---

566 Im Fall junger Volljähriger über die „Brücke" des § 41 Abs. 1 u. 2 SGB VIII, vgl. dazu Schmidt, Kinder- und Jugendhilferecht, S. 197 ff.
567 Zur Kritik an der Aufteilung auf zwei Leistungssysteme („Verschiebebahnhof") vgl. Krug/Riehle/Riehle SGB VIII Vorb v. § 35a Rn. 1.
568 Ab einem Alter von 15 Jahren kommt gem. § 36 SGB I eine eigene Antragstellung in Betracht.
569 Der Wortlaut von § 35a Abs. 1 ist insoweit missverständlich, vgl. dazu Wiesner/Wapler/Wiesner SGB VIII § 35a Rn. 26 (Redaktionsversehen).
570 BeckOGK/Bohnert SGB VIII § 35a Rn. 41; GK-SGB VIII/Nothacker/Heuerding SGB VIII § 35a Rn. 14.

V. Kinder- und Jugendhilferecht

> **Beispiele:**
>
> psychische Störungen bzw. Verhaltensstörungen infolge **Substanzmissbrauchs** (Alkohol, Cannabis, Lösungsmittel, sonstige Drogen), affektive Störungen, Panikstörungen, **Essstörungen**, Persönlichkeits- und **Verhaltensstörungen**, frühkindliche **Bindungsstörungen** und autistische Störungen[571]

Eine **Teilhabebeeinträchtigung** liegt nach § 35a Abs. 1 S. 1 Nr. 2 SGB VIII vor, wenn die Teilhabe des Betroffenen am gesellschaftlichen Leben bereits beeinträchtigt oder eine solche Beeinträchtigung zu erwarten ist.

Relevant ist hier insbesondere die Einbindung in den Bereichen Familie und Verwandtschaft, **Kindergarten** bzw. Schule und Beruf sowie Freundeskreis und Freizeit.[572]

Zuständig für die Feststellung der Teilhabebeeinträchtigung sind die **Fachkräfte des Jugendamts**.[573] Soweit die hinsichtlich der Gesundheitsbeeinträchtigung eingeholte Stellungnahme bereits Ausführungen zu der Teilhabebeeinträchtigung enthält, sollen diese gem. § 35a Abs. 1a S. 4 SGB VIII durch das Jugendamt angemessen berücksichtigt werden.

Eine **drohende seelische Behinderung** setzt nach § 35a Abs. 1 S. 2 SGB VIII voraus, dass eine Teilhabebeeinträchtigung nach fachlicher Erkenntnis mit hoher Wahrscheinlichkeit zu erwarten ist. Eine hohe Wahrscheinlichkeit setzt voraus, dass diese wesentlich höher als 50 Prozent ist.[574]

b) Form der Leistungsgewährung

Die Hilfe wird gem. § 35a Abs. 2 und 3 SGB VIII nach dem Bedarf im Einzelfall erbracht

- in ambulanter Form (Abs. 2 Nr. 1),
- in Tageseinrichtungen für Kinder bzw. anderen teilstationären Einrichtungen (Abs. 2 Nr. 2),
- durch geeignete Pflegepersonen (Abs. 2 Nr. 3) und
- in Einrichtungen über Tag und Nacht sowie sonstigen Wohnformen (Abs. 2 Nr. 4).

In **ambulanter Form** wird Eingliederungshilfe z.B. durch Beratungsangebote, Frühförderstellen sowie Ernährungs- und Bewegungskurse angeboten.[575]

Unter **Tageseinrichtungen** bzw. anderen teilstationären Einrichtungen sind v.a. solche zu verstehen, die sich auf die Betreuung von Kindern mit Behinderung spezialisiert haben bzw. integrative Angebote vorhalten.[576]

---

571 BeckOGK/Bohnert SGB VIII § 35a Rn. 22 ff.
572 FK/v. Boetticher SGB VIII § 35a Rn. 40 m.w.N.
573 OVG Lüneburg NVwZ-RR 2008, 792 (793) = BeckRS 2008, 36006.
574 BVerwG BeckRS 1998, 30036133; GK-SGB VIII/Nothacker/Heuerding SGB VIII § 35a Rn. 14c; BeckOK SozR/Winkler SGB VIII § 35a Rn. 6.
575 LPK-SGB VIII/Kepert/Dexheimer SGB VIII § 35a Rn. 60; JurisPK/v. Koppenfels-Spies SGB VIII § 35a Rn. 59.
576 BeckOK SozR/Winkler SGB VIII § 35a Rn. 17.

Bei der Hilfe durch geeignete **Pflegepersonen,** v.a. in Sonderpflegestellen, kann es sich um teilstationäre, aber auch um stationäre Leistungen handeln.[577]

Zu den Einrichtungen über Tag und Nacht zählt v.a. die **Heimerziehung** i.S.v. § 34 S. 1.[578]

Dadurch, dass auf den Bedarf im Einzelfall abgestellt wird, besteht derselbe Maßstab wie bei der Hilfe zur Erziehung: Es wird die Hilfe geschuldet, die einerseits **geeignet,** andererseits aber auch **notwendig** ist, nicht mehr und nicht weniger.[579]

Hinsichtlich Aufgaben und Zielen der Hilfe, der Bestimmung des Personenkreises sowie Art und Form der Leistungen verweist § 35a Abs. 3 auf Teile des **SGB IX,** namentlich auf die §§ 28–35, 90, 109–116, soweit diese auf seelisch behinderte oder von einer solchen Behinderung bedrohte Personen Anwendung finden.

Nach § 90 Abs. 1 SGB IX ist **Aufgabe der Eingliederungshilfe,** Leistungsberechtigten eine individuelle Lebensführung zu ermöglichen, die der Würde des Menschen entspricht, und die volle, wirksame und gleichberechtigte Teilhabe am Leben in der Gesellschaft zu fördern. Die Leistung soll sie befähigen, ihre Lebensplanung und -führung möglichst selbstbestimmt und eigenverantwortlich wahrnehmen zu können.

Durch §§ 109 ff. SGB IX werden Leistungen der **medizinischen Rehabilitation,** der **Teilhabe am Arbeitsleben,** der **Teilhabe an Bildung** und der **sozialen Teilhabe** vorgesehen.

So kann z.B. ein **Integrationshelfer** die Begleitung von Schülern mit Schulängsten und Schulphobie auf dem Schulweg übernehmen, Aufmerksamkeit und Ausdauer fördern und in Fällen frühkindlichen Autismus bei der Kommunikation helfen.[580]

Neben der Ausführung von Leistungen durch Jugendamt bzw. freie Träger (§ 28 SGB IX) kann die Gewährung eines **Persönlichen Budgets** verlangt werden (§ 29 SGB IX). Leistungsberechtigte können so selbst entscheiden, welche Hilfe sie wann in Anspruch nehmen und durch wen die Hilfe erbracht wird.[581]

Für den Fall, dass gleichzeitig **Eingliederungshilfe und Hilfe zur Erziehung** zu leisten sind, sollen nach § 35a Abs. 4 S. 1 SGB VIII Träger in Anspruch genommen werden, die geeignet sind, beide Bedarfe zu decken.

Sind heilpädagogische Maßnahmen für Kinder, die noch nicht im schulpflichtigen Alter sind, in **Tageseinrichtungen** zu gewähren und lässt der Hilfebedarf es zu, sollen gem. § 35a Abs. 4 S. 2 Einrichtungen **mit einer integrativen Betreuung** in Anspruch genommen werden. Der Träger der öffentlichen Jugendhilfe muss im Rahmen seiner Gesamtverantwortung dafür sorgen, dass es genügend Tagesein-

---

577 LPK-SGB VIII/Kepert/Dexheimer SGB VIII § 35a Rn. 60; JurisPK/v. Koppenfels-Spies SGB VIII § 35a Rn. 62.
578 Wiesner/Wapler/Wiesner SGB VIII § 35a Rn. 149; LPK-SGB VIII/Kepert/Dexheimer SGB VIII § 35a Rn. 60.
579 BeckOK SozR/Winkler SGB VIII § 35a Rn. 11; OVG Schleswig BeckRS 2019, 32595.
580 BeckOGK/Bohnert SGB VIII § 35a Rn. 101.
581 BT-Drs. 15/1514, S. 72.

richtungen gibt, die die Voraussetzungen für eine solche gemeinsame Betreuung erfüllen.[582]

Die §§ 36 ff. SGB VIII, insbesondere zum **Hilfeplanverfahren** und zur Zusammenarbeit bei **teilstationären bzw. stationären Hilfen** gelten für die Eingliederungshilfe ebenso wie für Hilfe zur Erziehung.[583]

c) Exkurs: Eingliederungshilfe nach dem SGB IX

Liegt bei einem Kind bzw. Jugendlichen eine körperliche oder geistige Behinderung vor, kommen Leistungen der Eingliederungshilfe nach dem SGB IX in Betracht.

Anspruchsgrundlage ist § 99 SGB IX. Seit Inkrafttreten des KJSG nimmt bei minderjährigen Leistungsberechtigten gem. § 10a Abs. 3 SGB VIII das Jugendamt mit Zustimmung der Personensorgeberechtigten an dem nach §§ 117 ff. SGB IX durchzuführenden Gesamtplanverfahren teil. Die im Kontext der Jugendhilfeleistungen dargestellten Leistungsformen gelten auch hier, sodass Leistungen der medizinischen Rehabilitation, der Teilhabe am Arbeitsleben, der Teilhabe an Bildung und der sozialen Teilhabe vorgesehen sind.

Die **Träger der Eingliederungshilfe** werden gem. § 94 Abs. 1 SGB IX durch die Bundesländer bestimmt.

Entsprechend sind in **Baden-Württemberg** nach § 1 Abs. 1 AGSGB IX die Stadt- und Landkreise Träger der Eingliederungshilfe.

In **Bayern** obliegen die entsprechenden Aufgaben nach Art. 66d Abs. 1 S. 1 AGSG den Bezirken.

Niedersachsen unterscheidet in § 2 Nds. AG SGB IX/XII zwischen örtlichen und überörtlichen Trägern. Örtliche Träger sind danach die Landkreise und die kreisfreien Städte sowie die Region Hannover. Diese sind nach § 3 Abs. 2 Nds. AG SGB IX/XII u.a. für Leistungen der Eingliederungshilfe an Minderjährige zuständig.

In **Nordrhein-Westfalen** sind die Kreise und kreisfreien Städte zuständige Träger der Eingliederungshilfe für Leistungen an Personen bis zur Beendigung der Schulausbildung an einer allgemeinen Schule oder Förderschule, § 1 Abs. 2 AG-SGB IX NRW. Ausgenommen sind

- Leistungen über Tag und Nacht gem. § 27c Abs. 1 Nr. 1, 2 SGB XII,
- Leistungen zur Betreuung in einer Pflegefamilie nach § 80 SGB IX,
- Leistungen in heilpädagogischen Tagesstätten, in Kindertageseinrichtungen sowie in der Kindertagespflege und
- Leistungen der Frühförderung gem. § 79 i.V.m. § 46 Abs. 2, 3 SGB IX,

---

[582] LPK-SGB VIII/Kepert/Dexheimer SGB VIII § 35a Rn. 63; krit. zur Verbindlichkeit der Regelung GK-SGB VIII/Nothacker/Heuerding SGB VIII § 35a Rn. 64.
[583] Dazu s.o. unter 9. b) bb) bzw. 9. c).

hinsichtlich derer nach § 1 Abs. 1 AG-SGB IX NRW die Landschaftsverbände Leistungsträger sind.

> **Praxishinweis:**
>
> Beachten Sie die stufenweise vorgesehene Umsetzung der sog. „Großen Lösung", bei der die Jugendhilfe **ab 1.1.2028** für junge Menschen eine einheitliche Zuständigkeit für Leistungen der Eingliederungshilfe haben soll. Allerdings handelt es sich hierbei um einen ungedeckten Scheck. Denn Voraussetzung der Großen Lösung ist gem. Art. 10 Abs. 3 KJSG, dass bis zum 1.1.2027 ein Bundesgesetz auf Grundlage einer prospektiven Gesetzesevaluation verkündet wurde, durch welches das Nähere über den leistungsberechtigten Personenkreis, Art und Umfang der Leistung, die Kostenbeteiligung und das Verfahren bestimmt wird.[584] Unabhängig von den Voraussetzungen des Art. 10 Abs. 3 KJSG tritt am 1.1.2024 die Vorschrift des § 10b SGB VIII in Kraft. Diese sieht vor, dass junge Menschen, die Leistungen der Eingliederungshilfe geltend machen oder bei denen solche Leistungsansprüche in Betracht kommen, bei der Antragstellung, Verfolgung und Wahrnehmung dieser Leistungen einen Anspruch auf Begleitung durch einen **Verfahrenslotsen** haben. Gleiches gilt für die Eltern der jungen Menschen sowie für Erziehungsberechtigte.

11. Verwaltungsverfahren und gerichtliche Kontrolle

Die Entscheidung des öffentlichen Trägers der Jugendhilfe über die Gewährung von Leistungen, aber auch über die Wahrnehmung sonstiger Aufgaben mit Außenwirkung, beispielsweise die Inobhutnahme eines Kindes oder Jugendlichen oder die Erteilung einer Erlaubnis zur Kindertagespflege, zur Vollzeitpflege bzw. zum Betrieb einer Einrichtung erfolgt i.d.R. durch **Verwaltungsakt** gem. § 31 S. 1 SGB X.[585]

Dieser Verwaltungsakt ergeht im **Verwaltungsverfahren**, dessen Grundsätze durch die §§ 8 ff. SGB X geregelt werden.

Gegen Verwaltungsakte kann ein Bürger **Widerspruch** gem. §§ 68 ff. VwGO einlegen, wenn er geltend machen kann, dass er in eigenen Rechten beschwert ist. Das ist der Fall, wenn der Verwaltungsakt (möglicherweise rechtswidrig) in seine Rechte eingreift. Ebenso besteht eine Widerspruchsbefugnis, wenn der Bürger behaupten kann, durch die Ablehnung eines begünstigenden Verwaltungsakts in seinen Rechten verletzt zu sein.

> **Beispiele:**
>
> So können sorgeberechtigte Eltern einen (Anfechtungs-)Widerspruch gegen die Inobhutnahme ihres Kindes erheben. Ebenso kann gegen die Ablehnung eines Kindergartenplatzes oder gegen die Ablehnung von Hilfe zur Erziehung (Verpflichtungs-)Widerspruch eingelegt werden.

---

584 Vgl. Schmidt NJW 2021, 1992 (1993): „politische Absichtserklärung in Gesetzesform".
585 Vgl. etwa zur Inobhutnahme BeckOGK/Schmidt SGB VIII § 42 Rn. 50.

V. Kinder- und Jugendhilferecht

Der Widerspruch muss gem. § 70 VwGO schriftlich und binnen Monatsfrist eingelegt werden. Das Widerspruchsverfahren endet mit dem **Widerspruchsbescheid** gem. § 73 VwGO.

> **Praxishinweis:**
>
> Teilweise wurde das Widerspruchsverfahren landesgesetzlich auf der Grundlage von § 68 Abs. 1 S. 2 VwGO abgeschafft, so z.B. in **Niedersachsen** gem. § 80 NJG. **Nordrhein-Westfalen** hat gem. § 110 Abs. 1 S. 1 JustG NRW das Widerspruchsverfahren zwar grundsätzlich abgeschafft, gem. Abs. 2 S. 1 Nr. 9 aber nicht für den Bereich der Kinder- und Jugendhilfe. **Bayern** hat es seinen Bürgern insoweit gem. Art. 12 Abs. 1 S. 1 Nr. 4 AGVwGO freigestellt, Widerspruch oder unmittelbar Klage zu erheben. **Baden-Württemberg** hält dagegen grundsätzlich am Widerspruchsverfahren fest.

Ist der Bürger nach Erlass des Widerspruchsbescheids (weiter) beschwert bzw. das Widerspruchsverfahren landesgesetzlich abgeschafft, kann er binnen der Monatsfrist des § 74 VwGO **Anfechtungs- bzw. Verpflichtungsklage** erheben. Dabei setzt er sich mit der Anfechtungsklage gegen den belastenden Verwaltungsakt zur Wehr, während er mit der Verpflichtungsklage in Form der Versagungsgegenklage die Verurteilung zum Erlass des abgelehnten Verwaltungsaktes begehrt, § 42 Abs. 1 VwGO.

Bleibt das Jugendamt auf einen Antrag des Bürgers bzw. nach Widerspruch gegen einen Verwaltungsakt untätig, kann i.d.R. nach drei Monaten **Untätigkeitsklage** gem. § 75 VwGO erhoben werden.

Ein **Eilrechtsschutz** ist **gegen belastende Verwaltungsakte** grundsätzlich entbehrlich. Denn Widerspruch und Anfechtungsklage haben gem. § 80 Abs. 1 VwGO aufschiebende Wirkung. Etwas anderes gilt mit Blick auf die Kinder- und Jugendhilfe neben der Anforderung von öffentlichen Abgaben und Kosten (§ 80 Abs. 2 S. 1 Nr. 1 VwGO) nur dann, wenn die sofortige Vollziehung durch das Jugendamt gem. § 80 Abs. 2 S. 1 Nr. 4 VwGO angeordnet wurde (sog. Sofortvollzug).

In diesen Fällen kann ein Antrag auf Anordnung bzw. Wiederherstellung der aufschiebenden Wirkung und, wenn der belastende Verwaltungsakt, z.B. die Inobhutnahme, bereits vollzogen wurde, auf Aufhebung der Vollziehung gestellt werden, § 80 Abs. 5 VwGO.[586]

Lehnt das Jugendamt zu Unrecht eine Leistung ab und besteht eine Eilbedürftigkeit, so kann im Eilrechtsschutz ein Antrag auf Erlass einer **einstweiligen Anordnung** gem. § 123 VwGO gestellt werden.

---

[586] BeckOGK/Schmidt SGB VIII § 42 Rn. 189.

> **Praxishinweis:**
> Entsprechend kann im Hauptsacheverfahren mit Verpflichtungsklage und im Eilrechtsschutz mit Antrag auf Erlass einer einstweiligen Anordnung ein **Betreuungsplatz in einer Tageseinrichtung** für Kinder geltend gemacht werden, soweit hierauf ein Anspruch besteht.[587]

Zuständig für das Gerichtsverfahren sind in allen o.g. Fällen die **Verwaltungsgerichte**. Das ergibt sich aus § 40 Abs. 1 VwGO. Insbesondere liegt keine Zuweisung an die Sozialgerichte vor. Das ist insoweit beachtlich, als die Kinder- und Jugendhilfe Teil des (materiellen) Sozialrechts ist. Anders als z.B. hinsichtlich Angelegenheiten der Grundsicherung für Arbeitsuchende und der Sozialhilfe sieht § 51 SGG eine Zuständigkeit der Sozialgerichte aber hinsichtlich des SGB VIII nicht vor.

Die Verfahren sind nach § 188 S. 2 VwGO **gerichtskostenfrei**.[588]

> **Reflexionsfragen**
>
> 1. Erklären Sie, warum das Wunsch- und Wahlrecht und der Sozialdatenschutz im SGB VIII so wichtig sind.
> 2. Wie kommen Jugendämter ihrem Schutzauftrag bei Kindeswohlgefährdung nach? Nach welcher Vorschrift kann sich ein Erzieher oder ein Kindheitspädagoge bei der Einschätzung einer Kindeswohlgefährdung beraten lassen?
> 3. Was verstehen Sie unter Frühen Hilfen, was unter Hilfe in besonderen Lebenslagen?
> 4. Welche inhaltlichen Vorgaben enthält das SGB VIII für Tageseinrichtungen und Kindertagespflege? Welche Rechtsansprüche bestehen insoweit?
> 5. Was verstehen Sie unter Hilfe zur Erziehung? Erklären Sie anhand des Gesetzes, weshalb diese stets „passgenau" gewährt werden muss. Gehen Sie dabei auf die Voraussetzungen der Eignung und der Notwendigkeit ein.
> 6. In welchen Fällen wird Eingliederungshilfe nach dem SGB VIII, in welchen nach dem SGB IX gewährt? Welche Leistungen kommen als Eingliederungshilfe im Kontext frühkindlicher Bildung in Betracht?

Einführende Literaturempfehlungen

Schmidt, Christopher: Kinder- und Jugendhilferecht: Lehr- und Praxisbuch, 2. Auflage, Weinheim u.a. 2021.

Emanuel, Markus/Müller-Alten, Lutz/Rabe, Annette: Kinder- und Jugendhilfe: Das Lehrbuch über die strukturellen Arbeitsbedingungen. Das Strukturmodell der Kinder- und Jugendhilfe (SKJ), Weinheim u.a. 2017.

Winkler, Jürgen, in: Schleicher, Hans (Begr.): Jugend- und Familienrecht, 15. Auflage, München 2020, S. 41 ff.

Weitergehende Literaturempfehlung

Kunkel, Peter-Christian: Jugendhilferecht, 10. Auflage, Baden-Baden 2022.

---

[587] OVG Münster BeckRS 2017, 138153.
[588] Zu den wenigen Ausnahmen vgl. Schoch/Schneider/Bier/Clausing/Kimmel VwGO § 188 Rn. 12.

VI. Wichtige existenzsichernde Sozialleistungen für Kinder und ihre Familien

> **Zusammenfassung**
>
> In diesem Kapitel erfahren Sie Grundlegendes zum Elterngeld, zum Kindergeld, zum Kinderfreibetrag und zum Kinderzuschlag sowie zum Unterhaltsvorschuss, zum Wohngeld, zum Bürgergeld und zu weiteren Leistungen nach dem Sozialgesetzbuch II. Nach der Lektüre dieses Kapitels kennen Sie die Zielsetzungen, Anspruchsvoraussetzungen und Umfänge der zuvor genannten Sozialleistungen, die entweder nebeneinander gewährt werden oder sich gegenseitig ausschließen können.

Die finanzielle Ausstattung und Absicherung von Kindern und ihren Familien ist für das kindgerechte Aufwachsen sowie die Teilhabe von Kindern am gesellschaftlichen Leben von großer Bedeutung. In Deutschland waren im Jahr 2022 laut Mitteilung des Statistischen Bundesamtes anhand von Ergebnissen der Erhebung zu Einkommen und Lebensbedingungen (EU-SILC) knapp 2,2 Millionen Kinder und Jugendliche unter 18 Jahren armutsgefährdet; dies entspricht einer Armutsgefährdungsquote von 14,8 Prozent. Eine Person gilt dann als armutsgefährdet, wenn sie über weniger als 60 Prozent des mittleren Einkommens der Gesamtbevölkerung verfügt. Kinder und Jugendliche von Eltern mit einem niedrigen Bildungsabschluss sind in besonderem Maße von Armut bedroht. Die Armutsgefährdungsquote von unter 18-jährigen Menschen, deren Eltern über einen niedrigen Bildungsabschluss wie etwa einen Haupt- oder Realschulabschluss ohne einen beruflichen Abschluss als höchsten Abschluss verfügten, betrug in Deutschland im Jahr 2022 37,6 Prozent.[589]

Armut stellt ein mehrdimensionales Phänomen dar und kann sich nicht nur in finanziellen, sondern auch in sozialen Faktoren äußern. Im Jahr 2022 waren 24 Prozent der unter 18-jährigen Menschen in Deutschland von Armut oder sozialer Ausgrenzung bedroht. Eine Person gilt in der Europäischen Union (EU) als von Armut oder sozialer Ausgrenzung bedroht, wenn mindestens eine der folgenden drei Bedingungen vorliegt: Ihr Einkommen befindet sich unter der Armutsgefährdungsgrenze, ihr Haushalt ist von erheblicher materieller sowie sozialer Entbehrung betroffen oder sie lebt in einem Haushalt mit einer sehr geringen Erwerbsbeteiligung.[590]

Vor dem Hintergrund, dass Armut[591] in Deutschland weit verbreitet ist, sind für Fachkräfte Grundkenntnisse über die wichtigsten existenzsichernden Sozialleistungen für Kinder und Eltern wichtig. Mit verschiedenen staatlichen Leistungen werden Familien in Deutschland finanziell entlastet und unterstützt. Die Frage, ob die aktuell gewährten Leistungen angemessen und ausreichend sind, ist angesichts der hohen Anzahl von Kindern, die von Armut betroffen sind, allerdings höchst zweifelhaft. Vor diesem Hintergrund sieht der Koalitionsvertrag 2021–2025 zwischen SPD, Bündnis 90 / DIE GRÜNEN und FDP die Einführung einer sogenannten **Kindergrundsicherung** in dieser Wahlperiode vor.[592] Die Koalitionspartner konkretisieren ihr Vorhaben wie folgt:

---

589 Zum ganzen Absatz Statistisches Bundesamt.
590 Zum ganzen Absatz Statistisches Bundesamt.
591 Vgl. zum Begriff der Kinderarmut Kohl NZFam 2016, 219 ff.
592 https://www.bundesregierung.de/resource/blob/974430/1990812/1f422c60505b6a88f8f3b3b5b8720bd4/2021-12-10-koav2021-data.pdf?download=1, S. 100, letzter Zugriff am 2.4.2023.

VI. Wichtige existenzsichernde Sozialleistungen für Kinder und ihre Familien

„In einem Neustart der Familienförderung wollen wir bisherige finanzielle Unterstützungen – wie Kindergeld, Leistungen aus SGB II/XII für Kinder, Teile des Bildungs- und Teilhabepakets, sowie den Kinderzuschlag – in einer einfachen, automatisiert berechnet und ausgezahlten Förderleistung bündeln. Diese Leistung soll ohne bürokratische Hürden direkt bei den Kindern ankommen und ihr neu zu definierendes soziokulturelles Existenzminimum sichern.
Die Kindergrundsicherung soll aus zwei Komponenten bestehen: Einem einkommensunabhängigen Garantiebetrag, der für alle Kinder und Jugendlichen gleich hoch ist, und einem vom Elterneinkommen abhängigen, gestaffelten Zusatzbetrag. Volljährige Anspruchsberechtigte erhalten die Leistung direkt."[593]
Die erforderlichen gesetzgeberischen Vorarbeiten für die Einführung einer Kindergrundsicherung sind insbesondere aufgrund der Vielzahl der Nahtstellen mit ihren teilweise unbeabsichtigten und nur schwer zu überschauenden Wechselwirkungen mit anderen Sozialleistungssystemen komplex und anspruchsvoll.[594] Außerdem bestehen derzeit (Juli 2023) erhebliche Differenzen zwischen den Koalitionspartnern im Hinblick auf die Ausgestaltung konkreter Maßnahmen zur Bekämpfung von Kinderarmut,[595] so dass mit langwierigen Verhandlungen zu rechnen sein dürfte, die auch das Risiko des Scheiterns der Einführung einer Kindergrundsicherung in dieser Wahlperiode in sich tragen. Zugleich ist es gleichermaßen wichtig und dringlich, durch geeignete Maßnahmen der in Deutschland weit verbreiteten und oftmals verdeckten Armut von Minderjährigen wirksam entgegen zu treten.[596]
Zu den **wichtigsten staatlichen Hilfen** gehören derzeit folgende finanzielle Leistungen bzw. Entlastungen:

- Elterngeld
- Kindergeld/Kinderfreibetrag
- Kinderzuschlag
- Unterhaltsvorschuss
- Wohngeld
- Bürgergeld, Grundsicherung nach dem SGB II
- Sofortzuschlag

Im Folgenden werden einzelne staatliche Leistungen für Kinder und ihrer Familien dargestellt mit dem Ziel, einen **kompakten Überblick** für die tägliche Berufspraxis in Arbeitsfeldern der Kindheitspädagogik zu geben. Um diesem Ziel gerecht werden zu können, werden die wichtigsten gesetzlichen Regelungen aufgezeigt und seltene Ausnahmeregelungen sowie Detailfragen nicht berücksichtigt.

1. Elterngeld

Mit dem Elterngeld soll ein Einkommenswegfall durch die Reduzierung der Arbeitszeit oder die vollständige Beurlaubung von der Erwerbstätigkeit eines Eltern-

---

[593] Ebd.
[594] BeckOK SozR/Harich SGB II § 72 Rn. 1.
[595] Vgl. hierzu beispielsweise Butterwegge, Blätter für deutsche und internationale Politik 2023, Heft 4, S. 21 ff.
[596] Vgl. Butterwegge, Blätter für deutsche und internationale Politik 2023, Heft 4, S. 21 ff.

teils bzw. beider Eltern in der ersten Zeit nach der Geburt des Kindes zum Teil ausgeglichen werden. Das Elterngeld stellt somit eine wichtige finanzielle Unterstützungsleistung für Familien **in der ersten Zeit nach der Geburt** ihres Kindes dar.

Das Gesetz zum Elterngeld und zur Elternzeit (BEEG) enthält die bundesweit geltenden Regelungen, die in verschiedenen Bundesländern durch Landesgesetze ergänzt werden.

a) Elterngeldberechtigte

Einen Anspruch auf Elterngeld hat gemäß § 1 Abs. 1 BEEG, wer

- einen Wohnsitz oder seinen bzw. ihren gewöhnlichen Aufenthalt in Deutschland hat (zu den Ausnahmen vgl. § 1 Abs. 2 BEEG),
- mit seinem bzw. ihrem Kind in einem Haushalt lebt (zu den Ausnahmen vgl. § 1 Abs. 3 BEEG),
- dieses Kind selbst betreut und erzieht und
- nicht oder nicht voll erwerbstätig ist (d.h., wenn gemäß § 1 Abs. 6 BEEG die Arbeitszeit 32 Wochenstunden im Durchschnitt des Lebensmonats nicht überschritten wird, sie bzw. er eine Beschäftigung zur Berufsbildung ausübt oder sie bzw. er eine geeignete Tagespflegeperson im Sinne des § 23 SGB VIII ist und nicht mehr als fünf Kinder in Tagespflege betreut).

Elterngeld bekommen nicht nur **Arbeitnehmerinnen und Arbeitnehmer**, sondern auch **Personen**, die vor der Geburt ihres Kindes selbstständig oder überhaupt nicht erwerbstätig waren. Der Anspruch auf Elterngeld ist nicht vom Geschlecht abhängig.[597]

Ein Anspruch auf Elterngeld entfällt nach § 1 Abs. 8 S. 1 BEEG dann, wenn die berechtigte Person im letzten abgeschlossenen Veranlagungszeitraum ein zu versteuerndes Einkommen in Höhe von mehr als 250.000 Euro erzielt hat. Sofern auch eine andere Person berechtigt ist, Elterngeld zu beziehen, entfällt nach § 1 Abs. 8 S. 2 BEEG der Anspruch dann, wenn die Summe des zu versteuernden Einkommens beider Personen 300.000 Euro übersteigt.

Gemäß § 3 Abs. 1 S. 1 Nr. 1 BEEG werden **Mutterschaftsleistungen** auf das Elterngeld angerechnet. Dies hat für die meisten Mütter zur Folge, dass ihnen im ersten Monat nach der Geburt kein Elterngeld und im zweiten Monat lediglich zumeist nur ein reduziertes Elterngeld zusteht.[598] Weitere Einnahmen, die auf das Elterngeld angerechnet werden und somit den Anspruch auf Elterngeld unmittelbar vermindern,[599] sind in § 3 BEEG genannt.

b) Basiselterngeld und Elterngeld Plus

Elterngeld wird gemäß § 4 Abs. 1 S. 1 BEEG als **Basiselterngeld** oder **Elterngeld Plus** gewährt. Eltern einschließlich alleinerziehender Elternteile können zwischen

---
[597] Marburger, S. 70.
[598] BeckOK ArbR/Röhl BEEG § 3 Rn. 14.
[599] BeckOK ArbR/Röhl BEEG § 3 Rn. 1.

VI. Wichtige existenzsichernde Sozialleistungen für Kinder und ihre Familien

dem Basiselterngeld und dem Elterngeld Plus (höchstens die Hälfte des monatlichen Basiselterngeldes mit doppelter Bezugsdauer, vgl. § 4a Abs. 2 BEEG) wählen oder diese beiden Möglichkeiten miteinander kombinieren.[600] Sowohl das Basiselterngeld als auch das Elterngeld Plus kann nach § 4 Abs. 1 S. 2 BEEG ab dem Tag der Geburt bezogen werden. Basiselterngeld kann nach § 4 Abs. 1 S. 3 BEEG bis zur Vollendung des 14. Lebensmonats des Kindes gewährt werden.[601] Elterngeld Plus hingegen kann gemäß § 4 Abs. 1 S. 4 BEEG bis zur Vollendung des 32. Lebensmonats des Kindes bezogen werden, solange es ab dem 15. Lebensmonat in aufeinander folgenden Lebensmonaten von zumindest einem Elternteil in Anspruch genommen wird. Für ein adoptiertes Kind bzw. ein Kind, das mit dem Ziel der Adoption in den eigenen Haushalt aufgenommen wurde,[602] kann Elterngeld gemäß § 4 Abs. 1 S. 5 BEEG ab Aufnahme bei der berechtigten Person längstens bis zur Vollendung des achten Lebensjahres des Kindes gewährt werden.

Nach § 4 Abs. 2 S. 1 BEEG wird Elterngeld in Monatsbeträgen für Lebensmonate des Kindes (sog. **Lebensmonatsprinzip**) gezahlt. Eltern haben zunächst nach § 4 Abs. 3 S. 1 BEEG gemeinsam einen Anspruch auf zwölf Monatsbeiträge Basiselterngeld. Dieser Anspruch kann sich gemäß § 4 Abs. 3 S. 2 BEEG um zwei zusätzliche – sogenannte Partnermonate – auf vierzehn Monate erhöhen. Voraussetzung für die Gewährung von Partnermonaten ist, dass mindestens ein Elternteil in diesen Monaten seine Erwerbstätigkeit unterbricht oder einschränkt, und zwar auf höchstens 32 Stunden wöchentlich im Durchschnitt eines Monats. Mit der Regelung sollen insbesondere Väter ermutigt werden, eine aktivere Rolle in ihrer Familie zu übernehmen; außerdem soll ihnen die Entscheidung auch gegenüber dritten Personen (z. B. ihrer Arbeitgeberin bzw. ihrem Arbeitgeber) erleichtert werden, sich in dieser Zeit der Betreuung ihres Kindes intensiv zu widmen.[603] Da der Anspruch auf Basiselterngeld für einen Elternteil gemäß § 4 Abs. 4 BEEG auf höchstens zwölf Monatsbeträge (zuzüglich Partnerschaftsbonus) begrenzt ist, sind bei Inanspruchnahme der vollen zwölf Monate Basiselterngeld durch einen Elternteil grundsätzlich[604] dem anderen Elternteil die zusätzlichen zwei Partnermonate vorbehalten.[605]

Allerdings gelten gemäß § 4 Abs. 4 S. 3 BEEG die Lebensmonate, in denen einem Elternteil bestimmte Leistungen – hierzu gehören auch Mutterschaftsleistungen gemäß § 3 Abs. 1 S. 1 Nr. 1 bis 3 BEEG – zustehen, als Monate, für die dieser Elternteil Basiselterngeld bezieht – diese Monate sind nach den Gesetzesmaterialien „als verbraucht" anzusehen.[606]

Statt für einen Monat Basiselterngeld in Anspruch zu nehmen, kann die berechtigte Person gemäß § 4 Abs. 3 S. 3 BEEG jeweils zwei Lebensmonate **Elterngeld Plus**

---

[600] Rancke/Pepping BEEG § 4, Rn. 3.
[601] Abweichend hiervon legt § 4 Abs. 5 BEEG eine längere Bezugsdauer für Eltern von besonders frühgeborenen Kindern fest.
[602] Vgl. hierzu Kap. IV 1 b) aa) (8).
[603] BT-Drs. 16/1889, S. 23.
[604] Zu den Ausnahmen vgl. § 4c BEEG.
[605] Knickrehm/Roßbach/Waltermann/von Koppenfels-Spies BEEG § 4 Rn. 13.
[606] Vgl. BT-Drs 16/1889, S 23.

beziehen. Mit dieser Möglichkeit soll eine bessere Förderung von Eltern erreicht werden, die nach der Geburt des Kindes in Teilzeit erwerbstätig sein möchten.[607]

Wenn beide Elternteile nicht weniger als 24 und nicht mehr als 32 Wochenstunden[608] im Durchschnitt des Lebensmonats erwerbstätig sind und die Voraussetzungen des § 1 BEEG erfüllen, hat jeder Elternteil gemäß § 4b Abs. 1 BEEG für diesen Lebensmonat Anspruch auf einen zusätzlichen Monatsbetrag Elterngeld Plus (**Partnerschaftsbonus**). Die Eltern haben nach § 4b Abs. 2 S. 1 BEEG je Elternteil Anspruch auf höchstens vier Monatsbeträge Partnerschaftsbonus; der Partnerschaftsbonus wird gemäß § 4b Abs. 2 S. 2 BEEG nur dann gewährt, wenn die Eltern ihn jeweils für mindestens zwei Lebensmonate beziehen. Die Eltern können gemäß § 4b Abs. 3 BEEG den Partnerschaftsbonus nur gleichzeitig und in aufeinander folgenden Lebensmonaten in Anspruch nehmen.

Das Elterngeld wird gemäß § 2 Abs. 1 S. 1 BEEG in Höhe von 67 Prozent des Einkommens aus der Erwerbstätigkeit vor der Geburt des Kindes gewährt. Maßgebend hierfür ist das durchschnittliche Nettoeinkommen der berechtigten Person in den zwölf Kalendermonaten vor dem Monat der Geburt des Kindes.[609] Das Elterngeld wird nach § 2 Abs. 1 S. 2 BEEG bis zu einem **Höchstbetrag von 1.800 Euro** monatlich für volle Monate gezahlt, in denen die berechtigte Person kein Einkommen aus Erwerbstätigkeit erzielt hat. Betrug das Einkommen aus der Erwerbstätigkeit vor der Geburt weniger als 1.000 Euro, erhöht sich nach § 2 Abs. 2 S. 1 BEEG der Prozentsatz von 67 Prozent um 0,1 Prozentpunkte je 2 Euro, um die dieses Einkommen den Betrag von 1.000 Euro unterschreitet, auf bis zu 100 Prozent. Lag der monatliche Durchschnittsverdienst beispielsweise bei 400 Euro vor der Geburt, steigt der Faktor von 67 Prozent auf 97 Prozent. War das Einkommen aus Erwerbstätigkeit vor der Geburt höher als 1.200 Euro, sinkt der Prozentsatz von 67 Prozent nach § 2 Abs. 2 S. 3 BEEG um 0,1 Prozentpunkte für je 2 Euro, um die dieses Einkommen den Betrag von 1.200 Euro überschreitet, auf bis zu 65 Prozent. Für den Fall, dass die elterngeldberechtigte Person nach der Geburt eine Erwerbstätigkeit in Teilzeit in den Grenzen des § 1 Abs. 6 BEEG ausübt und mit dieser weniger verdient als vor der Geburt ihres Kindes, ist für die Berechnung des Elterngeldes nach § 2 Abs. 3 S. 1 BEEG die Differenz zwischen dem Einkommen vor und nach der Geburt maßgeblich.[610] Elterngeld wird gemäß § 2 Abs. 4 S. 1 BEEG **mindestens** in Höhe von **300 Euro** gewährt. Dies gilt nach § 2 Abs. 4 S. 2 BEEG auch dann, wenn die anspruchsberechtigte Person vor der Geburt des Kindes kein Einkommen aus einer Erwerbstätigkeit erzielt hat.

Das Elterngeld wird gemäß § 2a Abs. 1 BEEG um den sogenannten **Geschwisterbonus** erhöht, wenn die berechtigte Person in einem Haushalt mit zwei Kindern, die noch nicht drei Jahre alt sind, oder mit drei oder mehr Kindern, die noch nicht sechs Jahre alt sind, lebt. Der Geschwisterbonus beträgt 10 Prozent, mindestens jedoch 75 Euro. Bei einer **Mehrlingsgeburt** erhöht sich das Elterngeld gemäß

---

607 HK-MuSchG/Martin Lenz/Nora Wagner BEEG § 4 Rn. 13.
608 Bei Kindern, die vor dem 1. September 2021 geboren wurden, muss der Umfang der Erwerbstätigkeit zwischen 25 und 30 Wochenstunden liegen, vgl. § 28 Abs. 1 BEEG.
609 HK-MuSchG/Martin Lenz/Nora Wagner BEEG § 2 Rn. 3.
610 Knickrehm/Kreikebohm/Waltermann/von Koppenfels-Spies BEEG § 2 Rn. 11.

VI. Wichtige existenzsichernde Sozialleistungen für Kinder und ihre Familien

§ 2 Abs. 4 BEEG für das zweite und jedes weitere Kind um je 300 Euro; diese Erhöhung wird als Mehrlingszuschlag bezeichnet.

Für die Berechnung des Elterngeldes Plus gelten Besonderheiten, die in § 4a BEEG zusammengefasst sind.

2. Kindergeld und Kinderfreibetrag

Nach der Geburt eines Kindes besteht regelmäßig ein Anspruch auf Kindergeld.[611] Die wichtigsten Regelungen zum Kindergeld sind im **Einkommenssteuergesetz (EStG)** und im **Bundeskindergeldgesetz (BKGG)** zu finden.

Das Kindergeld wird für den weitaus größten Teil der Bevölkerung auf der Grundlage der §§ 62 ff. EStG gewährt.[612] Voraussetzung für einen Anspruch auf Kindergeld ist gemäß § 62 Abs. 1 EStG, dass die das Kindergeld beantragende Person im Inland einen Wohnsitz oder ihren gewöhnlichen Aufenthalt hat oder ohne Wohnsitz oder gewöhnlichen Aufenthalt im Inland nach § 1 Abs. 2 EStG unbeschränkt einkommensteuerpflichtig ist oder nach § 1 Abs. 3 EStG als unbeschränkt einkommensteuerpflichtig behandelt wird. Für Personen, die nicht unbeschränkt steuerpflichtig sind, richtet sich der Anspruch auf Kindergeld nach den Vorschriften des BKGG.[613]

Das Kindergeld beträgt ab dem 1.1.2023 gemäß § 6 Abs. 1 BKGG bzw. § 66 Abs. 1 EStG für jedes Kind 250 Euro monatlich. Einen Anspruch auf Kindergeld haben nach § 2 Abs. 1 BKGG bzw. § 63 Abs. 1 EStG nicht nur Eltern, sondern auch **andere erziehungsberechtigte Personen** wie beispielsweise Pflegeeltern und Großeltern im Hinblick auf die Kinder, die gemeinsam mit ihnen im Haushalt leben.

Das Kindergeld wird zunächst für jedes einzelne Kind ab dem Geburtsmonat bis zu seinem 18. Geburtstag gezahlt. Auch wenn das Kind erst am Monatsende geboren wird, wird das Kindergeld nicht etwa anteilig, sondern für den vollen Monat gewährt. So steht Eltern beispielsweise für ihr am 31. Januar 2023 geborenes Kind ein Anspruch auf Kindergeld ab dem 1. Januar 2023 in Höhe von 250 Euro zu. Für volljährige Kinder wird **bis zum 21. Geburtstag** gemäß § 2 Abs. 1 S. 1 Nr. 1 BKGG bzw. § 32 Abs. 4 S. 1 Nr. 1 EStG Kindergeld gezahlt, wenn sie nicht in einem Beschäftigungsverhältnis stehen und bei einer Agentur für Arbeit im Inland als Arbeitsuchende gemeldet sind. Kindergeld wird nach § 2 Abs. 2 S. 1 Nr. 2 BKGG bzw. § 32 Abs. 4 S. 1 Nr. 2 EStG **bis zum 25. Geburtstag** für volljährige Kinder gezahlt, die sich in einer Ausbildung oder einer vergleichbaren Situation befinden. Die insoweit vergleichbaren Situationen werden in § 2 Abs. 2 S. 1 Nr. 2 BKGG bzw. § 32 Abs. 4 S. 1 Nr. 2 EStG aufgezählt; berücksichtigt werden u. a. volljährige Kinder in einer Übergangszeit von bis zu vier Monaten zwischen Ausbildungsabschnitten und volljährige Kinder, die ein freiwilliges soziales oder ökologisches Jahr oder einen Bundesfreiwilligendienst leisten. Für volljährige

---

611 Trenczek, S. 626.
612 Trenczek, S. 626.
613 Trenczek, S. 626.

Kinder, die aufgrund einer Behinderung für ihren Unterhalt nicht selbst sorgen können, existiert gemäß § 2 Abs. 2 Nr. 3 BKGG bzw. § 32 Abs. 4 S. 1 Nr. 3 EstG keine Altersgrenze für den Bezug von Kindergeld.

Das Kindergeld wird für jedes Kind nach § 3 Abs. 1 BKGG bzw. § 64 Abs. 1 EstG **nur einer Person** auf ihren Antrag hin ausgezahlt. Eltern können nach § 3 Abs. 2 BKGG bzw. § 64 Abs. 2 EstG grundsätzlich frei entscheiden, wer von ihnen das Kindergeld für die Kinder erhält, die zu ihrem Haushalt gehören. Bei mehreren Kindern werden die einzelnen Beträge in einer Summe ausgezahlt.

Das Kindergeld wird im laufenden Kalenderjahr auf entsprechenden Antrag an die berechtigte Person ausgezahlt. Bei der späteren Veranlagung zur Einkommensteuer prüft das zuständige Finanzamt von sich aus, ob mit dem Kindergeld die verfassungsgemäße Besteuerung des Einkommens sichergestellt wird. Ist dies nicht der Fall, wird der Kinder- sowie der Freibetrag für die Betreuung und Erziehung (bzw. der Ausbildung bei älteren Kindern) vom Einkommen abgezogen und das für das Kalenderjahr gezahlte Kindergeld verrechnet. Beim Kindergeld verbleibt es, wenn sich diese Variante für die anspruchsberechtigte Person finanziell günstiger auswirkt.

3. Kinderzuschlag

Während das Kindergeld unabhängig vom Einkommen der Eltern gewährt wird, stellt der Kinderzuschlag nach § 6a BKGG eine **einkommens- und vermögensabhängige Leistung** dar. Zielgruppe dieser Leistung sind Personen, die zwar in der Lage sind, für ihren eigenen Lebensunterhalt aus eigenen Kräften und Mitteln zu sorgen, nicht jedoch den Lebensunterhalt ihrer Kinder vollumfänglich bestreiten können.[614] Mithilfe dieses Zuschlages soll vermieden werden, dass Familien allein wegen ihrer Kinder auf Leistungen nach dem SGB II oder SGB XII angewiesen sind.[615]

Personen erhalten gemäß § 6a Abs. 1 BKGG für die in ihrem Haushalt lebenden unverheirateten oder – im Sinne des Lebenspartnerschaftsgesetzes – nicht verpartnerten Kinder **bis zum Alter von einschließlich 24 Jahren** einen Kinderzuschlag, wenn ihnen für diese Kinder ein Anspruch auf Kindergeld nach dem BKGG oder dem EStG zusteht und ihr Einkommen in einem bestimmten Rahmen liegt. Der Kinderzuschlag beträgt im Jahr 2023 bis zu 250 Euro pro Kind; in diesem Höchstbetrag ist der Sofortzuschlag für Kinder in Höhe von monatlich 20 Euro je Kind nach § 6a Abs. 2 S. 4 BKGG enthalten.[616] Der Kinderzuschlag wird gemäß § 6a Abs. 3 BKGG gemindert, wenn das Kind Einkommen oder Vermögen hat, das nach den §§ 11 bis 12 des Zweiten Buches Sozialgesetzbuch (SGB II) zu berücksichtigen ist. Ob der Kinderzuschlag in voller Höhe gezahlt wird, ist außerdem vom elterlichen Einkommen und Vermögen abhängig; Einzelheiten sind in § 6a Abs. 5 und 6 BKGG geregelt.

---

[614] Trenczek, S. 627.
[615] Trenczek, S. 627.
[616] Voigt NZS 2023, 87 (90).

Neben dem Anspruch auf Kinderzuschlag nach § 6a BKGG besteht ein Anspruch auf **Leistungen für Bildung und Teilhabe** nach § 6b BKGG, die gemäß § 6b Abs. 2 S. 1 BKGG den Leistungen für Bildung und Teilhabe nach dem § 28 Abs. 2 bis 7 SGB II[617] entsprechen.

4. Unterhaltsvorschuss und Unterhaltsausfallleistung

Durch das Unterhaltsvorschussgesetz (UhVorschG) wird die Zahlung des **Mindestunterhalts** aus öffentlichen Mitteln für Kinder alleinerziehender Elternteile gesichert, sofern ihnen der andere Elternteil nicht oder nicht regelmäßig Unterhalt gewährt.

Nach § 1 Abs. 1 UhVorschG haben minderjährige Kinder **bis zum Alter von einschließlich 11 Jahren** einen Anspruch auf Unterhaltsvorschüsse oder Unterhaltsausfallleistungen (**Unterhaltsleistung**), wenn sie

- im Geltungsbereich des UhVorschG bei einem ihrer Elternteile leben, der ledig, verwitwet oder geschieden ist oder von seinem Ehegatten oder Lebenspartner dauernd getrennt lebt und
- nicht oder nicht regelmäßig Unterhalt von dem anderen Elternteil oder, wenn dieser oder ein Stiefelternteil gestorben ist, Waisenbezüge mindestens in der in § 2 Abs. 1 und 2 UhVorschG bezeichneten Höhe erhalten.

Das Einkommen des alleinerziehenden Elternteils, bei dem das Kind lebt, ist nicht relevant.

Kindern **ab 12 Jahren steht bis zum Erreichen der Volljährigkeit** gemäß § 1 Abs. 1a UhVorschG ein Anspruch auf Unterhaltsleistung zu, wenn über die zuvor genannten Bedingungen hinaus eine der folgenden Voraussetzungen erfüllt ist:

- Sie erhalten keine Leistungen nach dem Sozialgesetzbuch II (SGB II) oder durch die Unterhaltsleistung kann die Hilfebedürftigkeit des Kindes nach § 9 SGB II vermieden werden oder
- der Elternteil, bei dem sie leben und der ledig, verwitwet oder geschieden ist oder von seinem Ehegatten oder Lebenspartner dauernd getrennt lebt, verfügt mit Ausnahme des Kindergeldes über Einkommen im Sinne des § 11 Abs. 1 S. 1 SGB II von mindestens 600 Euro, wobei Beträge nach § 11b SGB II nicht abzusetzen sind.

Die **Höhe des zu zahlenden Unterhaltsvorschusses** richtet sich nach § 2 UhVorschG. Aufgrund der Verweisungen in § 2 Abs. 1 UhVorschG auf den Mindestunterhalt nach § 1612a BGB und in § 2 Abs. 2 UhVorschG auf die Höhe des Kindergeldes kann der Umfang des Vorschusses regelmäßig nur mit Hilfe dieser beiden Rechenwerte ermittelt werden.[618]

Die ab dem 1.1.2023 festgelegte Höhe des Mindestunterhalts nach § 1612a Abs. 1 BGB beträgt gemäß § 1 der Fünften Verordnung zur Änderung der Mindestun-

---

[617] Zu den Einzelheiten s. VI. 6 c) dd).
[618] Ranke/Pepping//Wolfgang Conradis UVG § 2 Rn. 3.

terhaltsverordnung vom 30. November 2022[619] für Kinder bis zum sechsten Geburtstag 437 Euro, für Kinder im Alter von sechs bis elf Jahren 502 Euro und für Kinder ab dem 12. bis zum 18. Geburtstag 588 Euro. Auf diese Beträge sind gemäß § 2 Abs. 2 UhVorschG grundsätzlich das Kindergeld für das erste Kind – im Jahr 2023 also 250 Euro – anzurechnen, so dass der Unterhaltsvorschuss ab 1. Januar 2023

- für Kinder bis 5 Jahre 187 Euro,
- für Kinder von 6 bis 11 Jahren 252 Euro sowie
- für Kinder von 12 bis 17 Jahren 338 Euro

beträgt. Einzelheiten zur Anrechnung von Unterhaltszahlungen und Waisenbezügen auf die sich aus § 2 Abs. 1 und 2 UhVorschG ergebenden Unterhaltsleistungen folgen aus § 2 Abs. 3 UhVorschG. Außerdem enthält § 2 Abs. 4 UhVorschG eine Spezialregelung für die Einkommensanrechnung bei berechtigten Personen, die keine allgemeinbildende Schule mehr besuchen.

5. Wohngeld

„Das Recht auf angemessenen Wohnraum gehört zu den grundlegenden Menschenrechten."[620] Die Nachfrage nach Wohnraum in Deutschland ist hoch, allerdings ist insbesondere in den wirtschaftsstarken Regionen der Bedarf höher als das zur Verfügung stehende Angebot.[621] Die Finanzierung eines angemessenen Wohnraums stellt Familien und Alleinstehende oftmals vor große Herausforderungen, die für Haushalte mit geringem Einkommen eine nicht tragfähige Belastung bedeuten können. Dieser Personenkreis soll durch Zahlung von Wohngeld unterstützt werden. Das Wohngeld dient gemäß § 1 Abs. 1 des Wohngeldgesetzes (WoGG) der wirtschaftlichen Sicherung **angemessenen und familiengerechten Wohnens**. Es wird nach § 1 Abs. 2 WoGG als Zuschuss zur Miete (Mietzuschuss) oder als Zuschuss zur Belastung für den selbst genutzten Wohnraum (Lastenzuschuss) gewährt. Vorschriften zum Wohngeld sind insbesondere im WoGG zu finden; dieses regelt insbesondere die Voraussetzungen, das Verfahren, die Höhe und die Rückzahlung des Wohngeldes.[622] Die Einzelheiten zur Ermittlung der Miete bzw. der Wohngeld-Lastenberechnung sind in der Wohngeldverordnung (WoGV) geregelt.

Das Wohngeld zählt zu den **bedürftigkeitsabhängigen Sozialleistungen**[623] und richtet sich gemäß § 4 WoGG nach der Anzahl der zu berücksichtigenden Haushaltsmitglieder, der zu berücksichtigenden Miete oder Belastung für den selbst genutzten Wohnraum sowie dem Gesamteinkommen. Im Rahmen der Wohngeldreform 2023 wurden die in § 19 WoGG verwendeten Parameter im Hinblick auf den Zusammenhang zwischen Wohngeldanspruch, Einkommen und Wohnkosten

---

619 BGBl. I S. 2130.
620 BT-Drs. 14/5663 S. 67.
621 Vgl. zu weiteren Einzelheiten den Wohngeld- und Mietenbericht 2021/2022 der Bundesregierung (BT-Drs. 20/7165).
622 BeckOK SozR/Winkler WoGG § 1 Rn. 2.
623 Trenczek, S. 635.

VI. Wichtige existenzsichernde Sozialleistungen für Kinder und ihre Familien

angepasst, so dass sich der Kreis der leistungsberechtigten Personen deutlich vergrößert hat.[624] Voraussetzung für die Förderung ist nach §§ 5 ff. WoGG, dass angesichts der Höhe der Miete bzw. einer anderweitigen Belastung und der Anzahl der Haushaltsmitglieder Bedürftigkeit besteht, das vorhandene Einkommen also insoweit nicht ausreichend ist.

Die Vorschrift des § 12 WoGG legt **Höchstbeträge für Mieten und Belastungen** fest, bis zu denen die Kosten maximal berücksichtigt werden. Hierfür maßgeblich ist die Anzahl der zu berücksichtigenden Haushaltsmitglieder sowie die Mietenstufe der Gemeinde, in der sich der Wohnraum befindet. Auf diese Weise soll dem Umstand Rechnung getragen werden, dass die für den Wohnraum aufzuwendenden Kosten in Deutschland abhängig von der Region stark voneinander abweichen.

Die **Formel** zur Berechnung des Wohngeldes ergibt sich aus § 19 Abs. 1 WoGG:

> „Das ungerundete monatliche Wohngeld für bis zu zwölf zu berücksichtigende Haushaltsmitglieder beträgt
>
> $1{,}15 \times (M - (a + b \times M + c \times Y) \times Y)$ Euro."

„M" steht für die zu berücksichtigende monatliche Miete oder Belastung in Euro, „Y" für das monatliche Gesamteinkommen in Euro. Die Buchstaben „a", „b" und „c" geben die Anzahl der zu berücksichtigenden Haushaltsmitglieder wieder. Die in der Formel einzusetzenden Werte sind in der Anlage 2 zu § 19 Abs. 1 WoGG enthalten. In dieser Anlage werden die Werte für Haushalte mit maximal zwölf zu berücksichtigende Haushaltsmitglieder aufgeführt. In Haushalten mit **mehr als zwölf zu berücksichtigenden Haushaltsmitgliedern** wird das Wohngeld nach § 19 Abs. 3 WoGG ab dem 13. Haushaltsmitglied für jedes weitere Haushaltsmitglied pauschal um 57 Euro erhöht. Maximal wird die Miete oder die Belastung vollständig gezahlt.[625]

Die Höchstbeträge für Miete und Belastung ergeben sich aus der Anlage 1 zu § 12 Abs. 1 WoGG, die im Folgenden abgedruckt ist:

---

[624] Ekart/Rath NZS 2023, S. 206 (208).
[625] BeckOK SozR/Winkler WoGG § 19 Rn. 6.

5. Wohngeld

Anzahl der zu berücksichtigenden Haushaltsmitglieder	Mietenstufe	Höchstbetrag in Euro
1	I	347
	II	392
	III	438
	IV	491
	V	540
	VI	591
	VII	651
2	I	420
	II	474
	III	530
	IV	595
	V	654
	VI	716
	VII	788
3	I	501
	II	564
	III	631
	IV	708
	V	778
	VI	853
	VII	937
4	I	584
	II	659
	III	736
	IV	825
	V	909
	VI	995
	VII	1095

VI. Wichtige existenzsichernde Sozialleistungen für Kinder und ihre Familien

Anzahl der zu berücksichtigenden Haushaltsmitglieder	Mietenstufe	Höchstbetrag in Euro
5	I	667
	II	752
	III	841
	IV	944
	V	1038
	VI	1137
	VII	1251
Mehrbetrag für jedes weitere zu berücksichtigende Haushaltsmitglied	I	79
	II	90
	III	102
	IV	114
	V	124
	VI	143
	VII	157

Als weitere Leistungen sieht das Wohngeldgesetz eine **Entlastung bei den Heizkosten** und die Berücksichtigung der sog. **Klimakomponente** vor.

Der mit Wirkung zum 1.1.2021 neu eingefügte § 12 Abs. 6 WoGG enthielt zunächst nur eine geringere Entlastung bei den Heizkosten, die nach der Anzahl der zu berücksichtigenden Haushaltsmitglieder gestaffelt war und zu einer Erhöhung des Wohngeldes führte. Hintergrund war der Beginn der CO_2-Bepreisung für die Sektoren Verkehr und Wärme im Rahmen des Klimaschutzprogramms 2030 zur Umsetzung des Klimaschutzplans 2050, die zu höheren Heizkosten führen konnte.[626] Dieser Betrag zur Entlastung bei den Heizkosten auf Grund der CO_2-Bepreisung wurde mit Inkrafttreten des § 12 Abs. 6 WoGG in der ab dem 1.1.2023 gültigen Fassung um einen Betrag der dauerhaften Heizkostenkomponente[627] ergänzt. Die Beträge ergeben sich aus der in § 12 Abs. 6 WoGG enthaltenen Übersicht:

---

[626] BT-Drs. 19/17588, S. 1 f.
[627] Vgl. zu den aktuellen Entwicklungen im Bereich der Energieversorgung Ekart/Rath NZS 2023, S. 206 ff.

5. Wohngeld

Anzahl der zu berücksichtigenden Haushaltsmitglieder	Betrag zur Entlastung bei den Heizkosten auf Grund der CO_2-Bepreisung	Betrag der dauerhaften Heizkostenkomponente in Euro	Gesamtbetrag zur Entlastung bei den Heizkosten in Euro
1	14,40	96	110,40
2	18,60	124	142,60
3	22,20	148	170,20
4	25,80	172	197,80
5	29,40	196	225,40
Mehrbetrag für jedes weitere zu berücksichtigende Haushaltsmitglied	3,60	24	27,60

Außerdem wurde mit Wirkung zum 1.1.2023 mit der sog. Klimakomponente eine weitere Leistung eingeführt. Mit diesem Zuschlag sollen beim Wohngeld die zusätzlichen Wohnungskosten infolge der energetischen Sanierung der Gebäude zur Einhaltung der Klimaziele[628] Berücksichtigung finden.[629] Die Beträge ergeben sich aus der in § 12 Abs. 7 WoGG enthaltenen Übersicht:

Anzahl der zu berücksichtigenden Haushaltsmitglieder	Als Klimakomponente zu berücksichtigender Zuschlag zu den Höchstbeträgen nach § 12 Absatz 1 WoGG in Euro
1	14,40
2	18,60
3	22,20
4	25,80
5	29,40
Mehrbetrag für jedes weitere zu berücksichtigende Haushaltsmitglied	3,60

Auf der Website des Bundesministeriums für Wohnen, Stadtentwicklung und Bauwesen steht ein **Wohngeld-Plus-Rechner** zur Verfügung,[630] mit dem eine erste

---

[628] Zu den Zielen und Auswirkungen sowie zur möglichen Weiterentwicklung dieser gesetzlichen Regelung vgl. Ekardt/Rath NZS 2023, S. 206 (209).
[629] BT-Drs. 20/3936, S. 76.
[630] Online abrufbar unter https://www.bmwsb.bund.de/Webs/BMWSB/DE/themen/stadt-wohnen/wohnraumfoerderung/wohngeld/wohngeldrechner-2023-artikel.html, letzter Zugriff am 2.7.2023.

Berechnung vorgenommen werden kann. Eine rechtsverbindliche Berechnung ist allerdings nur durch die zuständige Wohngeldbehörde möglich.[631]

Sofern bei der Bewilligung von Wohngeld Kinder berücksichtigt werden, kann bei Vorliegen der in § 6b Abs. 1 BKGG genannten Voraussetzungen zusätzlich ein Anspruch auf Leistungen für **Bildung und Teilhabe** zu bejahen sein. Personen, denen Bürgergeld nach dem SGB II gewährt wird, sind nach § 7 Abs. 1 S. 2 Nr. 1 WoGG grundsätzlich vom Wohngeld ausgeschlossen, wenn bei deren Berechnung Kosten der Unterkunft berücksichtigt worden sind.

6. Bürgergeld, Grundsicherung für Arbeitssuchende

Das SGB II ist Teil des steuerfinanzierten Fürsorgesystems und soll den in Art. 1 in Verbindung mit Art. 20 des Grundgesetzes verankerten sozialstaatlichen Gestaltungsauftrag – Personen mit Hilfebedarf ein menschenwürdiges Existenzminimum und Dasein zu sichern – für den Kreis der Personen umsetzen, die erwerbsfähig sind und zugleich keiner oder keiner lebensbedarfsdeckenden Erwerbstätigkeit nachgehen.[632]

Das SGB II ist seit seinem Inkrafttreten mehrfach angepasst worden. Durch das zwölfte Gesetz zur Änderung des Zweiten Buches Sozialgesetzbuch und anderer Gesetze – Einführung eines Bürgergeldes (Bürgergeld-Gesetz) vom 16. Dezember 2022,[633] das überwiegend mit Wirkung zum 1.1.2023 in Kraft getreten ist,[634] sollte das bisherige System der Grundsicherung für Arbeitsuchende zum Jahreswechsel 2022/2023 abgelöst werden.[635] Zwar ist die Bezeichnung der zentralen Leistung des SGB II als „Bürgergeld" deutlich eingängiger und attraktiver als die bisherigen Begriffe „Arbeitslosengeld II" und „Sozialgeld", die bis zuletzt in breiten Teilen der Bevölkerung umgangssprachlich als „Hartz IV"[636] bezeichnet wurden.[637] Ein weitreichender systemischer Wandel, wie ihn der neue Begriff Bürgergeld nahelegen könnte, ist allerdings nicht erzielt und wohl auch nicht ernsthaft angestrebt worden.[638] Gleichwohl enthält das Bürgergeld-Gesetz Verbesserungen für leistungsberechtigte Personen vor allem bei den Regelbedarfen, den Bedarfen der Unterkunft sowie hinsichtlich der Berücksichtigung von Einkommen und Vermögen.[639]

---

631 Ebd.
632 GK-SRB/Herbe SGB II § 1 Rn. 1; Herbe/Palsherm § 2 Rn. 6.
633 BGBl. 2022 I, 2328 ff.
634 Weitere Regelungen traten bzw. treten gemäß Art. 13 des Bürgergeld-Gesetzes zum 1.7.2023, 1.1.2024 und 1.4.2024 in Kraft.
635 Spitzlei NZS 2023, S. 121; kritisch hierzu Butterwegge, Soziale Sicherheit 2022, S. 372 ff.
636 Die sogenannten Hartz-Gesetze beruhen auf den im Jahr 2003 beschlossenen Empfehlungen der Kommission unter dem Vorsitz des damaligen VW-Vorstandsmitglieds Peter Hartz (Edtbauer/Rabe, S. 2). Durch das vierte Gesetz für moderne Dienstleistungen am Arbeitsmarkt vom 24.12.2003 (BGBl. I, S. 2954 – sog. Hartz IV-Gesetz) ist in das Sozialgesetzbuch ein neues Zweites Buch – Grundsicherung für Arbeitssuchende eingefügt worden, das am 1. Januar 2005 in Kraft getreten ist.
637 Spitzlei NZS 2023, S. 121.
638 Groth/Güsow NJW 2023, 184 (188).
639 Groth/Güsow NJW 2023, 184 (188); vgl. zu den Änderungen im Einzelnen Herbe/Palsherm 2023.

Die Grundsicherung für Arbeitsuchende nach dem Zweiten Buch Sozialgesetzbuch (SGB II) soll

- nach § 1 Abs. 1 SGB II Leistungsberechtigten ermöglichen, ein menschenwürdiges Leben zu führen,
- gemäß § 1 Abs. 2 S. 1 SGB II „die Eigenverantwortung von erwerbsfähigen Leistungsberechtigten und Personen, die mit ihnen in einer Bedarfsgemeinschaft leben, stärken und dazu beitragen, dass sie ihren Lebensunterhalt unabhängig von der Grundsicherung aus eigenen Mitteln und Kräften bestreiten können" und
- nach § 1 Abs. 2 S. 2 SGB II „erwerbsfähige Leistungsberechtigte bei der Aufnahme oder Beibehaltung einer Erwerbsfähigkeit unterstützen und den Lebensunterhalt sichern, soweit sie ihn nicht auf andere Weise bestreiten können".

a) Überblick über die einzelnen Leistungen des SGB II

Die Grundsicherung für Arbeitsuchende beinhaltet gemäß § 1 Abs. 3 SGB II Leistungen zur Beratung, zur Beendigung oder Verringerung der Hilfebedürftigkeit – zum Beispiel durch Vermittlung in ein Ausbildung- oder Arbeitsverhältnis – und zur **Sicherung des Lebensunterhalts.** In diesem Kapitel werden im Folgenden lediglich die Leistungen des SGB II zur Sicherung des Lebensunterhalts gemäß §§ 19 ff. SGB II dargestellt.[640]

Die Leistungen zur Sicherung des Lebensunterhalts beinhalten insbesondere das Bürgergeld, das den Regelbedarf, Mehrbedarfe sowie die Bedarfe für Unterkunft und Heizung umfasst. Erwerbsfähige Leistungsberechtigte erhalten **Bürgergeld** nach § 19 Abs. 1 S. 1 SGB II. Nicht erwerbsfähige Leistungsberechtigte, die mit einer erwerbsfähigen leistungsberechtigten Person in einer Bedarfsgemeinschaft leben, bekommen Bürgergeld nach § 19 Abs. 1 S. 2 SGB II, sofern sie keinen Anspruch auf Leistungen nach dem Vierten Kapitel des SGB XII haben.

Darüber hinaus zählt die Absicherung der Leistungsberechtigten gegen die Risiken Krankheit und Pflegebedürftigkeit zum Bestandteil des Grundsicherungssystems.[641] Ferner können leistungsberechtigten Personen Ansprüche auf weitere Leistungen nach den §§ 24 bis 27 SGB II, auf Leistungen für Bildung und Teilhabe nach § 28 SGB II und auf Zahlung des Sofortzuschlags gemäß § 72 SGB II zustehen.

b) Leistungsberechtigte Personen

Der Kreis der berechtigten Personen, die einen Anspruch auf Leistungen der Grundsicherung für Arbeitsuchende nach dem SGB II haben, wird in **§ 7 Abs. 1 S. 1 und Abs. 2 SGB II** aufgeführt. Leistungen erhalten folglich

- Personen, die mindestens 15 Jahre alt sind und die Altersgrenze nach § 7a SGB II (Altersgrenze für die Regelaltersrente) noch nicht erreicht haben, er-

---

640 Vgl. zu den anderen Leistungen des SGB II Edtbauer/Rabe, S. 49 ff.
641 BeckOGK/Rolfs SGB II § 26 Rn. 3, 4.

werbsfähig und hilfebedürftig sind sowie ihren gewöhnlichen Aufenthalt in der Bundesrepublik Deutschland haben (sog. erwerbsfähige Leistungsberechtigte)[642] sowie

- nicht erwerbsfähige Personen, die mit einem erwerbsfähigen Leistungsberechtigten in einer sogenannten Bedarfsgemeinschaft leben.

aa) Erwerbsfähige Leistungsberechtigte

Zum Kreis der leistungsberechtigten Personen gehören zum einen die erwerbsfähigen Leistungsberechtigten. Zu prüfen sind das **Lebensalter**, die **Erwerbsfähigkeit**, die **Hilfebedürftigkeit** sowie der **gewöhnliche Aufenthalt** in der Bundesrepublik Deutschland. Darüber hinaus ist gemäß § 7b Abs. 1 S. 1 SGB II die Erreichbarkeit als weitere Leistungsvoraussetzung zu prüfen.[643]

Das Mindestalter, ab dem junge Menschen Leistungen als erwerbsfähige Personen nach dem SGB II erhalten können, beträgt 15 Jahre.[644] Außerdem darf die Altersgrenze nach § 7a SGB II noch nicht erreicht worden sein. Personen, die vor dem 1. Januar 1947 geboren sind, erreichen die Altersgrenze nach § 7a S. 1 SGB II mit Ablauf des Monats, in dem sie das 65. Lebensjahr vollenden. Lediglich bis zu diesem Zeitpunkt zählen sie zum Kreis der leistungsberechtigten Personen des § 7 Abs. 1 S. 1 Nr. 1 SGB II. Mit Erreichen der Altersgrenze endet ihr Anspruch auf Leistungen zur Sicherung des Lebensunterhalts nach den §§ 19 ff. SGB II und auf Leistungen zur Eingliederung in Arbeit nach den §§ 16 ff. SGB II.[645] Personen, die nach dem 31. Dezember 1946 geboren sind, erreichen gemäß § 7a S. 2 SGB II die Altersgrenze erst zu einem späteren Zeitpunkt. Ab dem Geburtsjahrgang 1947 bis zum Geburtsjahrgang 1958 erhöht sich die Altersgrenze zunächst um einen Monat je Geburtsjahrgang auf das 66. Lebensjahr; ab dem Geburtsjahrgang 1959 steigt die Altersgrenze um zwei Monate je Geburtsjahrgang.[646] Somit ergeben sich gemäß § 7a S. 2 SGB II folgende Altersgrenzen:

für den Geburtsjahrgang	erfolgt eine Anhebung um	auf den Ablauf des Monats, in dem ein Lebensalter verwirklicht wird von
1947	einen Monat	65 Jahren und einen Monat
1948	zwei Monate	65 Jahren und zwei Monaten
1949	drei Monate	65 Jahren und drei Monaten
1950	vier Monate	65 Jahren und vier Monaten

---

642 Zu den Ausnahmen für ausländische Personen vgl. § 7 Abs. 1 S. 2–7 SGB II.
643 Herbe/Palsherm 2023, S. 46 Rn. 56.
644 BeckOGK/Baldschun SGB II § 7 Rn. 32.
645 BeckOK SozR/Mushoff SGB II § 7a Rn. 4.
646 BeckOK SozR/Mushoff, SGB II § 7a Rn. 8.

für den Geburtsjahrgang	erfolgt eine Anhebung um	auf den Ablauf des Monats, in dem ein Lebensalter verwirklicht wird von
1951	fünf Monate	65 Jahren und fünf Monaten
1952	sechs Monate	65 Jahren und sechs Monaten
1953	sieben Monate	65 Jahren und sieben Monaten
1954	acht Monate	65 Jahren und acht Monaten
1955	neun Monate	65 Jahren und neun Monaten
1956	zehn Monate	65 Jahren und zehn Monaten
1957	elf Monate	65 Jahren und elf Monaten
1958	12 Monate	66 Jahren
1959	14 Monate	66 Jahren und zwei Monaten
1960	16 Monate	66 Jahren und vier Monaten
1961	18 Monate	66 Jahren und sechs Monaten
1962	20 Monate	66 Jahren und acht Monaten
1963	22 Monate	66 Jahren und zehn Monaten
ab 1964	24 Monaten	67 Jahren

Die Anhebung der Altersgrenze ist mit dem Geburtsjahrgang 1964 abgeschlossen, ab Jahresbeginn 2031 endet die Leistungsberechtigung mit Vollendung des 67. Lebensjahres. Die Altersgrenze nach § 7a SGB II korrespondiert mit der **Regelaltersgrenze** gemäß § 235 S. 1 Sozialgesetzbuch VI (SGB VI). Hiermit wird die Altersgrenze für die Leistungsberechtigung in der Grundsicherung für Arbeitsuche an die stufenweise Anhebung der Altersgrenze in der gesetzlichen Rentenversicherung angeglichen.[647]

---

[647] Zum ganzen Absatz BT-Drs. 16/3794, 44.

VI. Wichtige existenzsichernde Sozialleistungen für Kinder und ihre Familien

Eine weitere Voraussetzung für den Anspruch auf Leistungen nach dem § 7 Abs. 1 S. 1 Nr. 2 SGB II ist die Bejahung der **Erwerbsfähigkeit**. Personen sind nach § 8 Abs. 1 SGB II erwerbsfähig, wenn sie nicht aufgrund Krankheit oder Behinderung auf nicht[648] absehbare Zeit außerstande sind, unter den üblichen Bedingungen des allgemeinen Arbeitsmarktes **mindestens drei Stunden täglich** erwerbstätig zu sein. Diese gesetzliche Definition der Erwerbsfähigkeit[649] lässt sich inhaltlich leichter verstehen, wenn sie nicht negativ gefasst, sondern positiv formuliert wird, etwa wie folgt: Personen gelten als erwerbsfähig, wenn sie „innerhalb absehbarer Zeit gesundheitlich in der Lage sind, unter den üblichen Bedingungen des allgemeinen Arbeitsmarkes mindestens drei Stunden täglich erwerbstätig zu sein."[650] Die Erwerbsfähigkeit muss entweder bereits vorliegen oder in absehbarer Zeit – d. h. innerhalb der nächsten sechs Monate – zu erwarten sein.[651]

Ausländische Personen können im Sinne des § 8 Abs. 1 SGB II nach der Regelung in § 8 Abs. 2 S. 1 SGB II nur dann erwerbstätig sein, wenn ihnen die Aufnahme einer Beschäftigung erlaubt ist oder erlaubt werden könnte. Die rechtliche Möglichkeit, eine Beschäftigung vorbehaltlich einer Zustimmung nach § 39 des Aufenthaltsgesetzes aufzunehmen, ist gemäß § 8 Abs. 2 S. 2 SGB II ausreichend.

Der Anspruch auf Leistungen nach dem SGB II setzt außerdem nach § 7 Abs. 1 S. 1 SGB II **Hilfebedürftigkeit** im Sinne des § 9 SGB II voraus. In diesem Tatbestandsmerkmal kommt die Wertung der Gesetzgebung zum Tragen, dass die Menschen für die Finanzierung ihres Lebensunterhalts in erster Linie selbst die Verantwortung tragen.[652] Hilfebedürftig ist nach § 9 Abs. 1 SGB II die Person, die ihren Lebensunterhalt nicht oder nicht ausreichend aus dem zu berücksichtigenden **Einkommen** oder **Vermögen** sichern kann und die erforderliche Hilfe nicht von anderen, insbesondere Angehörigen oder von Trägern anderer Sozialleistungen, erhält. Leben Personen in einer Bedarfsgemeinschaft zusammen, sind nach § 9 Abs. 2 S. 1 SGB II auch das Einkommen und Vermögen des Partners zu berücksichtigen. Bei unverheirateten Kindern, die mit ihren Eltern oder einem Elternteil in einer Bedarfsgemeinschaft leben und die ihren Lebensunterhalt nicht aus eigenem Einkommen oder Vermögen sichern können, sind gemäß § 9 Abs. 2 S. 2 SGB II auch das Einkommen und Vermögen der Eltern oder des Elternteils und dessen in Bedarfsgemeinschaft lebenden Partners zu berücksichtigen. Dies gilt jedoch nach § 9 Abs. 3 SGB II nicht für ein Kind, das schwanger ist oder das eigene Kind bis zur Vollendung des sechsten Lebensjahres betreut. Kann in einer

---

648 Im Rahmen des Gesetzgebungsverfahrens wurde das Wort „nicht" im Passus „auf nicht absehbare Zeit" versehentlich nicht übernommen, vgl. hierzu Eicher/Luik/Harich/Blüggel SGB II § 8 Rn. 29; BeckOGK/Bender SGB II § 8 Rn. 34. Die Regelung in § 8 Abs. 1 SGB II ist folglich richtigerweise so zu lesen, dass die Person erwerbsfähig ist, die nicht wegen Krankheit oder Behinderung auf nicht absehbare Zeit außerstande ist, unter den üblichen Bedingungen des allgemeinen Arbeitsmarktes mindestens drei Stunden täglich erwerbstätig zu sein (BSG 21.12.2009 – B 14 AS 42/08 R, BSGE 105, 201, BeckRS 2010, 69591; SRH-Knickrehm/Krauß § 24 Rn. 10; BeckOGK/Bender SGB II § 8 Rn. 34).
649 Diese Definition ist an die rentenrechtliche Norm des § 43 Abs. 2 S. 2 SGB VI angelehnt (Fasselt/Schellhorn § 7 Rn. 4; SRH-Knickrehm/Krauß § 24 Rn. 10).
650 Edtbauer/Rabe, S. 48f.
651 Renn/Schoch/Löcher/Wendtland Rn. 56; BeckOK SozR/J. Neumann SGB II § 8 Rn. 24; GK-SRB/Ehmann SGB II § 8 Rn. 7.
652 BeckOGK/Bender SGB II § 9 Rn. 1.

Bedarfsgemeinschaft nicht der gesamte Bedarf aus eigenen Kräften und Mitteln gedeckt werden, gilt gemäß § 9 Abs. 2 S. 3 SGB II jede Person der Bedarfsgemeinschaft im Verhältnis des eigenen Bedarfs zum Gesamtbedarf als hilfebedürftig, hierbei bleiben die Bedarfe für Bildung und Teilhabe nach § 28 SGB II unberücksichtigt. Hilfebedürftig sind nach § 9 Abs. 4 SGB II auch diejenigen, denen der **sofortige Verbrauch oder die sofortige Verwertung** von zu berücksichtigendem Vermögen nicht möglich ist oder für die der sofortige Verbrauch oder die sofortige Verwertung des zu berücksichtigenden Vermögens eine **besondere Härte** bedeuten würde.

Leben leistungsberechtigte Personen in Haushaltsgemeinschaft mit Verwandten oder Verschwägerten, so wird nach § 9 Abs. 5 SGB II gesetzlich vermutet, dass sie von ihnen Leistungen erhalten, soweit dies nach deren Einkommen und Vermögen erwartet werden kann. Eine Haushaltsgemeinschaft ist dadurch gekennzeichnet, dass ihre Mitglieder nicht nur zusammenwohnen, sondern „aus einem Topf" wirtschaften; die Beweislast für das Vorliegen einer derartigen Haushaltsgemeinschaft liegt beim Grundsicherungsträger.[653] Die Regelung des § 9 Abs. 5 SGB II ist systematisch betrachtet gegenüber § 9 Abs. 2 S. 2 SGB II nachrangig und kommt erst dann zur Anwendung, wenn keine **Bedarfsgemeinschaft** vorliegt, sondern lediglich eine **Haushaltsgemeinschaft** zwischen verwandten und verschwägerten Personen besteht.[654] Die gesetzliche Vermutung kann dann als widerlegt betrachtet werden, wenn nach den konkreten Umständen des Einzelfalles mit hinreichender Sicherheit feststeht, dass die leistungsberechtigte Person von der mit ihr in Haushaltsgemeinschaft lebenden verwandten oder verschwägerten Person tatsächlich gar keine oder keine einen bestimmten Umfang überschreitenden Unterhaltsleistungen erhält.[655]

Wie oben bereits dargestellt, werden Leistungen zur Sicherung des Lebensunterhalts nach § 19 Abs. 3 S. 1 SGB II in Höhe der Bedarfe nach § 19 Abs. 1 und 2 SGB II erbracht, soweit diese nicht durch das zu **berücksichtigende Einkommen und Vermögen** gedeckt sind. Hieraus folgt, dass im Einzelfall dann, wenn zu berücksichtigendes Vermögen und Einkommen vorhanden ist und gleichzeitig aus diesem nicht alle Bedarfe gedeckt werden können, die insoweit nicht gedeckten Bedarfe anzuerkennen sind. Welches Einkommen in welchem Umfang zu berücksichtigen ist, ergibt sich aus den §§ 11 ff. SGB II in Verbindung mit der **Bürgergeld-Verordnung (Bürgergeld-V)**. Regelungen zur Berücksichtigung von Vermögen enthält § 12 SGB II.

Zum Kreis der leistungsberechtigten Personen zählt gemäß § 7 Abs. 1 S. 1 Nr. 4 SGB II nur, wer seinen **gewöhnlichen Aufenthalt** in der Bundesrepublik Deutschland hat. Dies ist gemäß § 30 Abs. 3 S. 2 SGB I dort, wo die Person sich unter Umständen aufhält, die erkennen lassen, dass sie an diesem Ort oder in diesem Gebiet nicht nur vorübergehend verweilt. Für die Beurteilung eines gewöhnlichen Aufenthaltes maßgeblich sind nach der Rechtsprechung des BSG „ein zeitliches Element

---

653 BSG NZS 2009, 681.
654 BSG 23.5.2013 – B 4 AS 67/11 R, BeckRS 2013, 72756 Rn. 17; Eicher/Luik/Mecke SGB II § 9 Rn. 84.
655 GK-SRB/Herbe SGB II § 9 Rn. 26.

("nicht nur vorübergehend"), der Wille der Person als subjektives Element und die objektiven Gegebenheiten („unter Umständen") mit einer vorausschauenden Betrachtung künftiger Entwicklungen, die eine gewisse Stetigkeit und Regelmäßigkeit des Aufenthaltes erfordern, nicht jedoch eine Lückenlosigkeit".[656]

Erwerbsfähige Leistungsberechtigte erhalten gemäß § 7b Abs. 1 S. 1 SGB II grundsätzlich nur dann Leistungen, wenn sie für das zuständige Jobcenter erreichbar sind. Die **Erreichbarkeit** ist nach § 7b Abs. 1 S. 2 SGB II zu bejahen, wenn sich die erwerbsfähigen Leistungsberechtigten im näheren Bereich des Jobcenters aufhalten und werktäglich dessen Mitteilungen und Aufforderungen zur Kenntnis nehmen und auf diese reagieren können. Ein Aufenthalt im näheren Bereich liegt gemäß § 7b Abs. 1 S. 3 SGB II u. a. dann vor, wenn die leistungsberechtigte Person eine Dienststelle des zuständigen Jobcenters oder einen möglichen Arbeitgeber in einer für den Vermittlungsprozess angemessenen Zeitspanne und ohne unzumutbaren oder die Eigenleistungsfähigkeit übersteigenden Aufwand erreichen kann. Nähere Einzelheiten sind in § 7b SGB II geregelt.

bb) Nicht erwerbsfähige Leistungsberechtigte in einer Bedarfsgemeinschaft

Zum Kreis der berechtigten Personen, die einen Anspruch auf Leistungen der Grundsicherung für Arbeitssuchende nach dem SGB II haben, gehören nach § 7 Abs. 2 SGB II zum anderen **nicht erwerbsfähige Personen**, die mit einer erwerbsfähigen leistungsberechtigten Person in einer sogenannten Bedarfsgemeinschaft leben.

Nach § 7 Abs. 3 SGB II gehören zur **Bedarfsgemeinschaft**

- die erwerbsfähigen **Leistungsberechtigten**,
- die im Haushalt lebenden **Eltern** oder der im Haushalt lebende Elternteil eines unverheirateten erwerbsfähigen Kindes, welches das 25. Lebensjahr noch nicht vollendet hat, und die im Haushalt lebende Partnerin oder der im Haushalt lebende Partner dieses Elternteils,
- als **Partnerin oder Partner** der erwerbsfähigen Leistungsberechtigten
  - die nicht dauernd getrennt lebende Ehegattin oder der nicht dauernd getrenntlebende Ehegatte,
  - die nicht dauernd getrennt lebende Lebenspartnerin oder der nicht dauernd getrenntlebende Lebenspartner,
  - eine Person, die mit der erwerbsfähigen leistungsberechtigten Person in einem gemeinsamen Haushalt so zusammenlebt, dass nach verständiger Würdigung der wechselseitige Wille anzunehmen ist, Verantwortung füreinander zu tragen und füreinander einzustehen.
- die dem Haushalt angehörenden unverheirateten **Kinder** der zuvor genannten Personen, wenn sie das 25. Lebensjahr noch nicht vollendet haben, soweit sie die Leistungen zur Sicherung ihres Lebensunterhalts nicht aus eigenem Ein-

---

[656] BSG SGb 2013, 416 = BeckRS 2012, 72966.

kommen oder Vermögen beschaffen können (**Verantwortungs- und Einstehensgemeinschaft**).

Nach § 7 Abs. 3a SGB II wird ein wechselseitiger **Wille, Verantwortung füreinander zu tragen** und füreinander einzustehen, dann vermutet, wenn Partner

- länger als ein Jahr zusammenleben oder
- mit einem gemeinsamen Kind zusammenleben oder
- Kinder oder Angehörige im Haushalt versorgen oder
- befugt sind, über das Einkommen oder Vermögen des anderen zu verfügen.

Diese gesetzliche **Vermutung kann widerlegt werden**; die betroffene Person hat hierzu Tatsachen, die die Vermutung entkräften, darzulegen und zu beweisen.[657]

c) Einzelne Leistungen zur Sicherung des Lebensunterhalts

Das Bürgergeld umfasst gemäß § 19 Abs. 1 S. 3 SGB II den Regelbedarf, Mehrbedarfe sowie die Bedarfe für Unterkunft und Heizung. Darüber hinaus gehört die Absicherung der Leistungsberechtigten gegen die Risiken Krankheit und Pflegebedürftigkeit zum selbstverständlichen Bestandteil des Grundsicherungssystems.[658] Außerdem kann einer leistungsberechtigten Person nach § 19 Abs. 2 S. 1 SGB II ein Anspruch auf Leistungen für Bildung und Teilhabe nach § 28 SGB II zustehen. Ferner sind besondere Bedarfe gemäß § 24 SGB II zu gewähren. Im Folgenden werden die einzelnen Leistungen zur Sicherung des Lebensunterhalts näher beschrieben.

aa) Regelbedarfe

Der Regelbedarf zur Sicherung des Lebensunterhalts umfasst gemäß § 20 Abs. 1 S. 1 SGB II **insbesondere**

- Ernährung,
- Kleidung,
- Körperpflege,
- Hausrat,
- Haushaltsenergie ohne die auf die Heizung und die Erzeugung von Warmwasser entfallenden Anteile sowie
- Bedürfnisse des täglichen Lebens, zu denen nach § 20 Abs. 1 S. 2 SGB II in vertretbarem Umfang eine Teilhabe am sozialen und kulturellen Leben in der Gemeinschaft gehört.

---

657 BeckOGK/Baldschun SGB II § 7 Rn. 76.
658 BeckOGK/Rolfs SGB II § 26 Rn. 3, 4.

VI. Wichtige existenzsichernde Sozialleistungen für Kinder und ihre Familien

In der folgenden Übersicht werden die **ab dem 1.1.2023** geltenden Regelbedarfe aufgelistet:

Regelbedarfsstufe	Personenkreis	Monatlicher Betrag
1 (vgl. § 20 Abs. 2 S. 1 SGB II)	Alleinstehende oder alleinerziehende Personen oder Personen, deren Partner minderjährig ist, erhalten einen Betrag in Höhe von	502 Euro
2 (vgl. § 20 Abs. 4 SGB II)	Sind zwei Partner einer Bedarfsgemeinschaft mindestens 18 Jahre alt, erhält jeder von ihnen einen Betrag in Höhe von	451 Euro
3 (vgl. § 20 Abs. 2 S. 2 Nr. 2 SGB II, § 20 Abs. 3 SGB II)	Andere erwerbsfähige Personen der Bedarfsgemeinschaft ab 18 Jahren sowie Personen bis zum Alter von 24 Jahren, die ohne Zusicherung des zuständigen kommunalen Trägers umziehen, bekommen einen Betrag in Höhe von	402 Euro
4 (vgl. § 20 Abs. 2 S. 2 Nr. 1 SGB II, § 23 Nr. Nr. 1 SGB II)	Andere erwerbsfähige Personen der Bedarfsgemeinschaft im Alter von 15 bis 17 Jahren sowie zur Bedarfsgemeinschaft gehörende Personen im Alter von 14 Jahren erhalten einen Betrag in Höhe von	420 Euro
5 (vgl. § 23 Nr. Nr. 1 SGB II)	Zur Bedarfsgemeinschaft gehörende Personen im Alter von 6 bis 13 Jahren bekommen einen Betrag in Höhe von	348 Euro
6 (vgl. § 23 Nr. Nr. 1 SGB II)	Zur Bedarfsgemeinschaft gehörende Personen bis zum Alter von einschließlich 5 Jahren erhalten einen Betrag in Höhe von	318 Euro

Die Höhe der Regelbedarfe wird **regelmäßig angepasst**; Einzelheiten hierzu ergeben sich aus § 20 Abs. 1a SGB II. Der Regelbedarf wird nach § 20 Abs. 1 S. 3 SGB II als Pauschalbetrag monatlich im Voraus ausbezahlt, über die konkrete Verwendung entscheiden die Leistungsberechtigten gemäß § 20 Abs. 1 S 4 SGB II in eigener Verantwortung. Bei ihren Entscheidungen haben sie auch unregelmäßig anfallende Bedarfe – zum Beispiel den Kauf von Geburtstagsgeschenken – zu berücksichtigen.

bb) Mehrbedarfe

Neben den Regelbedarfen werden Mehrbedarfe nach § 21 SGB II gewährt. Hierzu gehören Leistungen für

- werdende Mütter nach der 12. **Schwangerschaftswoche** (§ 21 Abs. 2 SGB II),
- **alleinerziehende** Personen (§ 21 Abs. 3 SGB II),
- erwerbsfähige Leistungsberechtigte mit einer **Behinderung**, die Leistungen zur Teilhabe am Arbeitsleben nach § 49 SGB IX,[659] sonstige Hilfen zur Erlangung eines geeigneten Arbeitsplatzes oder Leistungen zur Teilhabe an Bildung erhalten (§ 21 Abs. 4 SGB II),
- Personen, die aus medizinischen Gründen eine kostenaufwändige Ernährung[660] benötigen (§ 21 Abs. 5 SGB II),
- Personen mit einem **unabweisbaren, besonderen Bedarf im Einzelfall**; bei einmaligen Bedarfen ist weitere Voraussetzung, dass ein Darlehen nach § 24 Abs. 1 SGB II[661] ausnahmsweise nicht zumutbar oder wegen der Art des Bedarfs nicht möglich ist (§ 21 Abs. 6 SGB II),
- Schüler, die aufgrund der jeweiligen schulrechtlichen Bestimmungen oder schulischen Vorgaben Aufwendungen zur Anschaffung oder Ausleihe von Schulbüchern oder gleichstehenden Arbeitsheften haben (§ 21 Abs. 6a SGB II) und
- Personen in einer Wohnung mit **dezentraler Wasserversorgung** (§ 21 Abs. 7 SGB II).

Die Summe des insgesamt anerkannten Mehrbedarfs nach § 21 Abs. 2 bis 5 SGB II darf gemäß § 21 Abs. 8 SGB II die Höhe des für erwerbsfähige Leistungsberechtigte maßgebenden Regelbedarfs nicht überschreiten.

Für nicht erwerbsfähige Leistungsberechtigte enthalten die Regelungen in § 23 Nr. 2 bis 4 SGB II folgende Besonderheiten: Mehrbedarfe nach § 21 Abs. 4 SGB II werden auch bei Menschen mit Behinderungen, die das 15. Lebensjahr vollendet haben, anerkannt, wenn Leistungen zur Teilhabe an Bildung nach § 112 SGB IX erbracht werden. Ferner kann die Behörde nach Beendigung der Leistungen zur Teilhabe an Bildung gemäß § 112 SGB IX sodann entsprechend der Regelung in § 21 Abs. 4 S. 2 SGB II den Mehrbedarf weitergewähren. Außerdem wird bei nicht erwerbsfähigen Leistungsberechtigten, die voll erwerbsgemindert nach dem SGB VI sind, ein Mehrbedarf von 17 Prozent der nach § 20 SGB II maßgebenden Regelbedarfe anerkannt, wenn sie Inhaberin oder Inhaber eines Ausweises nach § 152 Abs. 5 SGB IX[662] mit dem Merkzeichen „G"[663] sind (§ 23 Nr. 5 SGB II).

---

[659] Ausgenommen sind eine Berufsvorbereitung einschließlich einer wegen der Behinderung erforderlichen Grundausbildung sowie die berufliche Ausbildung, auch soweit die Leistungen in einem zeitlich nicht überwiegenden Abschnitt schulisch durchgeführt werden, vgl. § 21 Abs. 4 SGB II.
[660] Vgl. hierzu Deutscher Verein 2020.
[661] Vgl. hierzu Ausführungen in diesem Kapitel unter ff).
[662] Dieser Ausweis – der als Schwerbehindertenausweis bezeichnet wird – gibt Auskunft über die Eigenschaft als Mensch mit Schwerbehinderung und den Grad der Behinderung sowie ggf. weitere gesundheitliche Merkmale, vgl. § 152 Abs. 5 SGB IX.
[663] Das Merkzeichen „G" wird eingetragen, wenn eine erhebliche Beeinträchtigung der Bewegungsfähigkeit im Straßenverkehr festgestellt wurde, § 3 Abs. 1 Nr. 7 der Schwerbehindertenausweisverordnung (SchwbAwV).

Dies gilt jedoch gemäß § 23 Nr. 4 SGB II nicht, wenn bereits ein Anspruch auf einen Mehrbedarf wegen Behinderung nach § 21 Abs. 4 SGB II oder nach § 23 Nr. 3 oder 4 SGB II besteht.

Im Folgenden wird auf die für die Praxis der Kindheitspädagogik besonders wichtigen Mehrbedarfe für werdende Mütter und Mehrbedarfe für alleinerziehende Personen näher eingegangen:

(1) Mehrbedarf für werdende Mütter

Schwangere Frauen erhalten gemäß § 21 Abs. 2 SGB II nach der **12. Schwangerschaftswoche bis zum Ende des Monats, in den die Entbindung fällt,** einen Mehrbedarf in Höhe von 17 Prozent des für sie nach § 20 SGB II maßgeblichen Regelbedarfs. Folgende Beträge lassen sich somit für das Jahr 2023 beispielsweise errechnen:

- Eine alleinstehende oder alleinerziehende Frau oder eine Frau mit einem minderjährigen Partner bzw. einer minderjährigen Partnerin in Bedarfsgemeinschaft erhält 17 Prozent von 502 Euro = 85,34 Euro.
- Eine erwachsene Frau mit einem volljährigen Partner oder einer volljährigen Partnerin in einer Bedarfsgemeinschaft erhält 17 Prozent von 451 Euro = 67,67 Euro.
- Eine Frau im Alter von 15 bis einschließlich 17 Jahren, die nicht verheiratet ist und als sonstige erwerbsfähige Angehörige mit ihren Eltern in einer Bedarfsgemeinschaft lebt, erhält 17 Prozent von 420 Euro = 71,40 Euro.
- Eine volljährige Frau, die noch im Haushalt ihrer Eltern lebt, nicht verheiratet und noch nicht 25 Jahre alt ist, erhält 17 Prozent von 402 Euro = 68,34.[664]

Dieser Mehrbedarf soll zur **Kompensation** von schwangerschaftsbedingten zusätzlichen Aufwendungen etwa in den Bereichen der Ernährung, der Köperpflege und der Fahrtkosten dienen.[665]

(2) Mehrbedarf für alleinerziehende Personen

Personen, die mit einem oder mehreren Kindern unter 18 Jahren zusammenleben und allein für ihre Pflege und Erziehung sorgen, erhalten einen Mehrbedarf gemäß § 21 Abs. 3 SGB II.

Bei der Beantwortung der Frage, wann eine Person allein für die Pflege und Erziehung eines Kindes sorgt, **kommt es nicht darauf an**, wer rechtlich zur Erziehung berechtigt und verpflichtet ist, **ob** also jemand **das alleinige oder ein gemeinsames Sorgerecht** mit dem anderen Elternteil besitzt.

Eine alleinige Sorge für die Pflege und Erziehung des minderjährigen Kindes ist nach der Rechtsprechung der beiden für die Grundsicherung für Arbeitsuchende zuständigen Senate des BSG grundsätzlich ausschließlich dann gegeben, wenn der hilfebedürftige Elternteil während der Betreuungszeit von dem anderen Elternteil,

---

[664] Vgl. zur Berechnung Edtbauer/Rabe, S. 82.
[665] BeckOGK/Düring SGB II § 21 Rn. 17.

Partner oder einer anderen Person „nicht in einem Umfang unterstützt wird, der es rechtfertigt, von einer nachhaltigen Entlastung auszugehen".[666] Es sei somit entscheidend, ob eine **andere Person** in erheblichem Umfang **bei der Pflege und Erziehung mitwirke**.[667] Leistungen, die von Dritten entgeltlich, etwa in einem Kindergarten, einem Hort oder im Rahmen einer Haushaltshilfe, erfolgen, stehen dem Anspruch auf Mehrbedarf gemäß § 21 Abs. 3 SGB II nicht entgegen.[668] Denn durch die Erbringung dieser Leistungen wird die Verantwortung für die Erziehung und Pflege des Kindes nicht gemindert.[669]

Die Regelung in § 21 Abs. 3 SGB II dient nach der Rechtsprechung des BSG dem **Zweck**, „den höheren Aufwand von Alleinerziehenden für die Versorgung und Pflege bzw. Erziehung der Kinder etwa wegen geringerer Beweglichkeit und zusätzlicher Aufwendungen für die Kontaktpflege oder Inanspruchnahme von Dienstleistungen Dritter in pauschalierter Form auszugleichen".[670]

Für alleinerziehende Leistungsberechtigte wird nach § 21 Abs. 3 Nr. 1 und 2 SGB II ein Mehrbedarf in Höhe von 12, 24, 36, 48 oder (höchstens) 60 Prozent des Regelbedarfs für Alleinerziehende gewährt. Abhängig vom Alter und der Anzahl der Kinder ergeben sich gemäß § 21 Abs. 3 SGB II folgende Mehrbedarfe:[671]

Anzahl und Alter des minderjährigen Kindes bzw. der minderjährigen Kinder	12 Prozent In 2023: 60,24 Euro	24 Prozent In 2023: 120,48 Euro	36 Prozent In 2023: 180,72 Euro	48 Prozent In 2023: 240,96 Euro	60 Prozent In 2023: 301,20 Euro
Ein Kind, das sechs Jahre alt oder jünger ist			X		
Ein Kind zwischen 7 und 17 Jahren	X				
Zwei Kinder, die noch nicht 16 Jahre alt sind			X		

---

666 BSG NJW 2020, 1094 (1095) = BeckRS 2019, 32907.
667 Ebd.
668 BeckOGK/Düring SGB II § 21 Rn. 21; vgl. auch BSG BeckRS 2012, 76327.
669 BeckOGK/Düring SGB II § 21 Rn. 21.
670 BSG, Urt. v. 23.8.2012 –B 4 AS 167/11 R = BeckRS 2012, 76327.
671 Vgl. Bundesagentur für Arbeit § 21 SGB II S. 2 Rn. 21.8.

VI. Wichtige existenzsichernde Sozialleistungen für Kinder und ihre Familien

Anzahl und Alter des minderjährigen Kindes bzw. der minderjährigen Kinder	12 Prozent In 2023: 60,24 Euro	24 Prozent In 2023: 120,48 Euro	36 Prozent In 2023: 180,72 Euro	48 Prozent In 2023: 240,96 Euro	60 Prozent In 2023: 301,20 Euro
Zwei Kinder, von denen ein Kind über sechs Jahre und ein Kind 16 oder 17 Jahre alt ist		X			
Drei Kinder			X		
Vier Kinder				X	
Fünf oder mehr Kinder					X

cc) Bedarfe für Unterkunft und Heizung

Die individuell berücksichtigungsfähigen Bedarfe für Unterkunft und Heizung stellen – neben dem pauschalierten Regelbedarf – die zweite große Säule der Existenzsicherung und der Sicherstellung eines menschenwürdigen Lebens im Sinne des Art. 1 Abs. 1 in Verbindung mit dem Sozialstaatsprinzip des Art. 20 Abs. 1 GG dar.[672] Zentrale Vorschrift ist § 22 SGB II, der die Übernahme angemessener Kosten für Unterkunft und Heizung nach dem individuellen Bedarf sicherstellt.[673] Der Bedarf für Unterkunft und Heizung gemäß § 22 SGB II ist nach § 19 Abs. 1 S. 3 SGB II Bestandteil des Bürgergeldes.

Die Bedarfe für Unterkunft und Heizung werden gemäß 22 Abs. 1 S. 1 SGB II in Höhe der tatsächlichen Aufwendungen anerkannt, soweit diese angemessen sind. Als Unterkunft im Sinne des § 22 SGB II ist jede Art von Wohnraum anzusehen, hierzu zählen sowohl Mietwohnungen und Mietshäuser als auch ein von der leistungsberechtigten Person selbstgenutztes Eigenheim oder eine selbst genutzte Eigentumswohnung.[674]

Bei Mietwohnungen zählen zu den Aufwendungen für die Unterkunft alle Zahlungsverpflichtungen, die sich aus dem zwischen den Mietparteien geschlossenen Mietvertrag für die Wohnung ergeben.[675] Hierzu gehören in erster Linie die

---

[672] BVerfG 9.2.2010 – 1 BvL 1/09 u. a., BVerfGE 125, 175, Rn. 135 = NJW 2010, 505; Eicher/Luik/Harich/Luik SGB II § 22 Rn. 10.
[673] BVerfGE 125, 175, Rn. 148 = NJW 2010, 505.
[674] BeckOK SozR/Breitkreuz SGB II § 22 Rn. 3.
[675] BSG BeckRS 2011, 69030 Rn. 15; BeckOGK/Lauterbach SGB II § 22 Rn. 19.

Nettokaltmiete sowie die kalten Betriebskosten,[676] die umgangssprachlich auch als Nebenkosten bezeichnet werden.[677] Betriebskosten sind nach der gesetzlichen Definition in § 556 Abs. 1 S. 2 BGB die Kosten, die dem Eigentümer oder Erbbauberechtigten durch das Eigentum oder das Erbbaurecht am Grundstück oder durch den bestimmungsmäßigen Gebrauch des Gebäudes, der Nebengebäude, Anlagen, Einrichtungen und des Grundstücks laufend entstehen. Für die Aufstellung der Betriebskosten ist nach § 556 Abs. 1 S. 3 BGB die Betriebskostenverordnung (BetrKV) vom 25.11.2003[678] maßgeblich. Diese Betriebskosten kann der Vermieter – sofern im Mietvertrag nicht etwas anderes vereinbar wurde – auf die Mieter umlegen.[679] Zu den umlagefähigen Betriebskosten zählen beispielsweise Grundsteuer, Kosten für Wasser und Abwasser, Gebühren für die Schornsteinreinigung, Kosten für Gebäudereinigung, Straßenreinigung und Müllentsorgung, Kosten für verschiedene Versicherungen sowie laufende Kosten für Gartenpflege.[680]

Bei einem von der leistungsberechtigten Person **selbstgenutzten Hausgrundstück** (Eigenheim) oder einer selbstgenutzten Eigentumswohnung sind die Aufwendungen als Unterkunftsbedarf zu berücksichtigen, die von den Leistungsberechtigten als mit dem Eigentum unmittelbar verbundene Kosten zu zahlen sind.[681] Hierzu gehören einmalig anfallende und dauernde Lasten, Grundsteuern, sonstige öffentliche Abgaben, Versicherungsbeiträge, Kosten für die Reinigung des Schornsteins und auch die Zinsen, die für ein zur Finanzierung der Immobilie aufgenommenes Darlehen im Bedarfszeitraum[682] durch die leistungsberechtigte Person zu entrichten sind.[683]

Zu den Aufwendungen im Rahmen des § 22 SGB II gehören außerdem die **Heizkosten**. Dies betrifft den finanziellen Aufwand, der notwendig ist, um die Unterkunft während Zeiten kalter Witterung zu erwärmen und somit bewohnbar zu erhalten.[684] Hierzu zählen die Abschlagszahlungen an Energieversorgungsunternehmen oder an die vermietende Person für die Versorgung mit Wärme über eine zentrale Heizungsanlage sowie die fälligen Nachzahlungen aufgrund von Abrechnungen auf Grundlage des erfolgten Verbrauchs.[685] Handelt es sich um eine Wohnung mit Einzelheizung, sind die Kosten für die Beschaffung von Brennmaterial zu übernehmen.[686]

Im Hinblick auf die Haushaltsenergie ist wie folgt zu differenzieren: Die Haushaltsenergie ist gemäß § 20 Abs. 1 S. 1 SGB II grundsätzlich Bestandteil des Regelbedarfs, ausdrücklich ausgenommen sind lediglich die auf die Heizung und Erzeu-

---

676 BeckOGK/Lauterbach SGB II § 22 Rn. 19; BeckOK SozR/Breitkreuz SGB II § 22 Rn. 4; Edtbauer/Rabe, S. 88.
677 Eicher/Luik/Harich/Luik SGB II § 22 Rn. 64.
678 BGBl. 2003 I S. 2346.
679 BeckOGK/Lauterbach SGB II § 22 Rn. 19.
680 Eicher/Luik/Harich/Luik SGB II § 22 Rn. 65.
681 BeckOGK/Lauterbach SGB II § 22 Rn. 22.
682 Zur Frage der Berücksichtigung der vertraglich geschuldeten Zahlungen für die Tilgung des zur Finanzierung der Immobilie aufgenommenen Darlehens als Unterkunftsaufwendungen vgl. BeckOGK/Lauterbach, SGB II § 22 Rn. 23.
683 BeckOGK/Lauterbach SGB II § 22 Rn. 22; Edtbauer/Rabe, S. 88.
684 BeckOGK/Lauterbach SGB II § 22 Rn. 24.
685 BeckOGK/Lauterbach SGB II § 22 Rn. 24.
686 BeckOGK/Lauterbach SGB II § 22 Rn. 24.

gung von Warmwasser entfallenden Anteile. Die Stromkosten, die im Rahmen des Betriebs einer Heizungsanlage – etwa die Kosten für eine Umwälzpumpe oder eine Wärmepumpe – entstehen, werden den Heizkosten zugeordnet und gehören somit zu den Bedarfen nach § 22 SGB II.[687] Bei einer zentralen Warmwassererzeugung, die bei einer Versorgung der Wohnung mit Fernwärme die Regel darstellt, zählen außerdem die anfallenden Kosten zu den Aufwendungen für die Heizung gemäß § 22 Abs. 1 SGB II.[688] Etwas anderes gilt bei Vorliegen einer dezentralen Warmwasserversorgung: wird das Wasser beispielsweise über einen Boiler im Bad oder in der Küche erhitzt, besteht ein Anspruch auf Mehrbedarf gemäß § 21 Abs. 7 SGB II.

Nach § 22 Abs. 1 S. 1 SGB II werden lediglich die Bedarfe für Unterkunft und Heizung in der tatsächlichen Höhe anerkannt, soweit sie **angemessen** sind. Für die Anerkennung der Bedarfe für Unterkunft gilt nach § 22 Abs. 1 S. 2 SGB II eine Karenzzeit von einem Jahr ab Beginn des Monats, für den erstmals Leistungen nach dem SGB II bezogen werden. Innerhalb dieser Karenzzeit werden gemäß § 22 Abs. 1 S. 3 SGB II die Bedarfe für Unterkunft in Höhe der tatsächlichen Aufwendungen anerkannt, sofern sich die Aufwendungen für Unterkunft und Heizung nicht infolge eines nicht erforderlichen Umzugs erhöht haben (vgl. § 22 Abs. 1 S. 6 SGB II). Die Karenzzeit gilt nicht für Heizkosten, so dass diese unabhängig von ihrer tatsächlichen Höhe nur übernommen werden, soweit sie angemessen sind.[689]

Als maßgebliche Kriterien für die **Angemessenheit** der Unterkunftskosten ist zum einen die sogenannte abstrakte Angemessenheit entscheidend. Es kommt insoweit auf die Wohnfläche, den Wohnstandard (insbesondere die Lage und die Ausstattung der Wohnung bzw. des Hauses) sowie das örtliche Preisniveau an.[690] Als Vergleichsraum ist hierbei grundsätzlich der Wohnort der leistungsberechtigten Person heranzuziehen.[691]

Zum anderen ist die konkrete Angemessenheit der Unterkunft zu prüfen; hierbei sind insbesondere gesundheitliche Einschränkungen und die familiäre Situation der leistungsberechtigten Person zu berücksichtigen; auch die konkrete Lage auf dem Wohnungsmarkt ist relevant.[692] Die Wahrnehmung des Umgangsrechts[693] kann typischerweise zu einem erhöhten Raumbedarf führen;[694] entscheidend sind die Umstände des Einzelfalls.[695] Bei der Einzelfallentscheidung im Hinblick auf die Prüfung eines erhöhten Raumbedarfs zur Wahrnehmung des Umgangsrechts ist zunächst die von den Eltern vereinbarte, von der sorgeberechtigten Person bestimmte oder durch das Familiengericht angeordnete konkrete Umgangsregelung als maßgeblich zugrunde zu legen.[696] Der 14. Senat des Bundessozialgerichts hat

---

[687] BeckOGK/Lauterbach SGB II § 22 Rn. 27.
[688] BeckOGK/Lauterbach SGB II § 22 Rn. 27.
[689] Ekardt/Rath NZS 2023, 206 (209); Berlit info also 2023, S. 17 (19).
[690] BeckOK SozR/Breitkreuz SGB II § 22 Rn. 13.
[691] BeckOK SozR/Breitkreuz SGB II § 22 Rn. 13.
[692] BeckOK SozR/Breitkreuz SGB II § 22 Rn. 14.
[693] Zu weiteren Einzelheiten siehe Kap. IV. 3.
[694] BR-Drs. 17/3404 S. 167.
[695] BeckOGK/Lauterbach SGB II § 22 Rn. 61.
[696] BSG BeckRS 2019, 31808 Rn. 32.

mit Urteil vom 29. August 2019 – Aktenzeichen B 14 AS 43/18 R[697] – zudem folgende Kriterien genannt:

„Ein zusätzlicher Wohnraumbedarf kann von vornherein nur in Betracht kommen, wenn der Ort des persönlichen Umgangs – wie regelmäßig – die Wohnung des Umgangsberechtigten ist. Er hängt darüber hinaus von der Anzahl der zu betreuenden Kinder ab. Weiter sind in den Blick zu nehmen insbesondere die Häufigkeit und Zeitdauer des Umgangs (nur „sporadischer", „erweiterter" oder „üblicher" vierzehntägiger Umgang an den Wochenenden sowie an einem Teil der Feiertage und in den Ferien), das Lebensalter und die Lebenssituation des Kindes (Säugling, Kindergarten- oder Grundschulkind, Besuch einer weiterführenden Schule, Ausbildungsbesuch), die Lebenssituation des Umgangsberechtigten (alleinstehend oder zusammenlebend mit einem neuen Partner und weiteren Kindern), sein Verhältnis zum Kind und das Verhältnis zwischen den getrennt lebenden Elternteilen sowie die konkreten Wohnverhältnisse (Zuschnitt der Wohnung). Je nach den Umständen des Einzelfalls kann auch die Entfernung zwischen den elterlichen Wohnungen ein Kriterium sein. Dies gilt insbesondere hinsichtlich des Platzbedarfs für die Lagerung größerer Gebrauchsgegenstände."[698]

Betreuen voneinander getrenntlebende Eltern hingegen ihr Kind in Form eines familienrechtlichen Wechselmodells,[699] hat das Kind einen gleichwertigen Wohnbedarf in den Wohnungen beider Elternteile und ist grundsicherungsrechtlich jeweils als weiteres Haushaltsmitglied zu berücksichtigen.[700]

Im Rahmen der konkreten Angemessenheit ist außerdem zu überprüfen, ob nach der Struktur des Wohnungsmarktes tatsächlich die konkrete Möglichkeit besteht, eine abstrakt als angemessen eingestufte Wohnung konkret auf dem Wohnungsmarkt anmieten zu können.[701] Ist eine solche konkrete Unterkunftsalternative nicht vorhanden, sind die Aufwendungen für die tatsächlich gemietete Unterkunft als konkret angemessen anzusehen und somit vom Leistungsträger zu übernehmen.[702]

Auch die Bedarfe für die Heizung werden gemäß § 22 Abs. 1 S. 1 SGB II nur anerkannt, soweit sie angemessen sind. Hierbei ist zu berücksichtigen, dass sich zahlreiche Faktoren auf die Höhe der Heizkosten auswirken, beispielsweise die Art der Beheizung, der technische Zustand und die Leistungsfähigkeit der Heizungsanlage, die Lage der Unterkunft, die Qualität der Wärmedämmung, meteorologische Faktoren sowie die Marktpreisentwicklung für die verschiedenen Brennstoffe.[703]

Soweit die Aufwendungen für die Unterkunft und Heizung den der Besonderheit des Einzelfalles angemessenen Umfang übersteigen, sind sie nach § 22 Abs. 1 S. 3

---

[697] BeckRS 2019, 31808.
[698] BSG BeckRS 2019, 31808 Rn. 33.
[699] Vgl. hierzu Kap. IV. 2. c) dd) (2) und IV. 3. a) cc).
[700] BSG NJW 2020, 1094 Rn. 21.
[701] BeckRS 2007, 41020 Rn. 22.
[702] BeckRS 2007, 41020 Rn. 22; BeckOGK/Lauterbach SGB II § 22 Rn. 63.
[703] BeckOGK/Lauterbach SGB II § 22 Rn. 56.

SGB II als Bedarf so lange anzuerkennen, wie es der alleinstehenden leistungsberechtigten Person oder der Bedarfsgemeinschaft nicht möglich oder nicht zuzumuten ist, durch einen Wohnungswechsel, durch Vermieten oder auf andere Weise die Aufwendungen zu senken, in der Regel jedoch längstens für sechs Monate.

Nutzt die leistungsberechtigte Person eine Unterkunft gemeinsam mit anderen Personen, insbesondere mit anderen Familienangehörigen, sind nach der Rechtsprechung des BSG die Unterkunftskosten grundsätzlich unabhängig von Alter und Nutzungsintensität anteilig pro Kopf zu verteilen (sog. **Kopfteilprinzip**).[704]

dd) Bedarfe für Bildung und Teilhabe

Zusätzlich werden bei Kindern, Jugendlichen und jungen Erwachsenen gemäß § 28 Abs. 1 S. 1 SGB II Bedarfe für Bildung und Teilhabe am sozialen und kulturellen Leben in der Gemeinschaft gesondert berücksichtigt. Mit den Regelungen in §§ 28 und 29 SGB II soll das Urteil des **BVerfG** vom 9. Februar 2010[705] umgesetzt werden, in dem dieses die Bedarfsbemessung bei Kindern, Jugendlichen und Heranwachsenden deutlich kritisiert hatte:

> „Der Gesetzgeber hat weder für das SGB II noch für die Regelsatzverordnung 2005 das Existenzminimum eines minderjährigen Kindes, das mit seinen Eltern in häuslicher Gemeinschaft zusammen lebt, ermittelt, obwohl schon Alltagserfahrungen auf einen besonderen kinder- und altersspezifischen Bedarf hindeuten. **Kinder sind keine kleinen Erwachsenen.**[706] Ihr Bedarf, der zur Sicherstellung eines menschenwürdigen Existenzminimums gedeckt werden muss, hat sich an kindlichen Entwicklungsphasen auszurichten und an dem, was für die Persönlichkeitsentfaltung eines Kindes erforderlich ist."[707]

Bedarfe für Bildung werden nach § 28 Abs. 1 S. 2 SGB II nur bei Personen anerkannt, die höchstens 24 Jahre alt sind, eine allgemein- oder berufsbildende Schule besuchen und keine Ausbildungsvergütung bekommen (**Schülerinnen und Schüler**).

Zu den Leistungen gehören nach § 28 Abs. 2 bis 7 SGB II

- die tatsächlichen Aufwendungen für **Schulausflüge** sowie für mehrtägige Klassenfahrten im Rahmen der schulrechtlichen Bestimmungen – diese Regelung gilt gemäß § 28 Abs. 2 S. 2 SGB II entsprechend auch für Kinder, die eine Tageseinrichtung besuchen oder für die Kindertagespflege geleistet wird;
- Ausstattung mit persönlichem **Schulbedarf** in Höhe von insgesamt 174 Euro pro Schuljahr (Stand: 1.1.2023), davon werden in der Regel ein Drittel des Betrages (im Jahr 2023 58 Euro) am 1. Februar und zwei Drittel des Betrages (im Jahr 2023 116 Euro) am 1. August 2023 ausgezahlt;

---

[704] BSG NZS 2018, 739.
[705] BVerfG NJW 2010, 505 (505 ff.) = BeckRS 2010, 109647.
[706] Hervorhebung durch die Verfasserin.
[707] BVerfG NJW 2010, 505 (514) = BeckRS 2010, 109647.

- die tatsächlich entstehenden Kosten für die **Beförderung zur Schule**, soweit sie erforderlich ist und nicht bereits von Dritten getragen werden;
- Aufwendungen für eine angemessene Lernförderung, das heißt für **Nachhilfeunterricht**, soweit dieser geeignet und erforderlich ist, um die wesentlichen Lernziele zu erreichen (Lernförderung bekommen Personen, die das Lernziel nicht erreichen oder deren Versetzung gefährdet ist. Übernommen werden Kosten, die sich an den ortsüblichen Preisen für Lernförderung orientieren);
- Aufwendungen für die Teilnahme an einer gemeinschaftlichen **Mittagsverpflegung** in der Schule (auch in Kooperation zwischen Hort und Schule), in Kindertagesstätten und in der Kindertagespflege;
- pauschal 15 Euro monatlich für die **Teilhabe am sozialen und kulturellen Leben** in der Gemeinschaft. Voraussetzung ist nach § 28 Abs. 7 S. 1 SGB II, dass bei minderjährigen Leistungsberechtigten tatsächliche Aufwendungen entstehen im Zusammenhang mit der Teilnahme an
  1. Aktivitäten in den Bereichen Sport, Spiel, Kultur und Geselligkeit,
  2. Unterricht in künstlerischen Fächern (beispielsweise Musikunterricht) und vergleichbare angeleitete Aktivitäten der kulturellen Bildung sowie
  3. Freizeiten.

Neben der Berücksichtigung dieser Bedarfe können gemäß § 28 Abs. 7 S. 2 SGB II auch **weitere tatsächliche Aufwendungen** berücksichtigt werden, wenn sie im Zusammenhang mit der Teilnahme an den zuvor genannten Aktivitäten nach § 28 Abs. 7 S. 1 SGB II entstehen und es den Leistungsberechtigten im begründeten Ausnahmefall nicht zugemutet werden kann, diese aus dem Regelbedarf zu bestreiten. Hierdurch soll gewährleistet werden, dass die Möglichkeit von Kindern, bei bestimmten Aktivitäten mitmachen zu können, nicht an den hohen Kosten etwa für die Anschaffung der bei bestimmten Sportarten erforderlichen Schutzkleidung oder für ein Musikinstrument scheitert.[708] Die Regelung ist allerdings sehr restriktiv formuliert, beschränkt die Gewährung dieser Leistungen auf begründete Ausnahmefälle und stellt sie ins Ermessen der kommunalen Träger.[709]

Die Leistungen zur Deckung der zuvor aufgelisteten Bedarfe werden gemäß § 29 Abs. 1 S. 1 SGB II erbracht durch

- Sach- und Dienstleistungen, insbesondere in Form von personalisierten **Gutscheinen,**
- **Direktzahlungen** an Personen oder Organisationen, die entsprechende Leistungen anbieten, oder
- **Geldleistungen.**

---

[708] BT-Drs. 17/12036, 7.
[709] Edtbauer/Rabe, S. 112.

> Praxishinweis:
> Bei der Planung von Ausflügen und mehrtägigen Fahrten sollte seitens der Fachkräfte darauf geachtet werden, dass **jedem Kind** unabhängig von den finanziellen Ressourcen der Familie die **Teilnahme ermöglicht wird**. Hierfür bieten sich vielfältige Strategien an, zu denen insbesondere auch die Inanspruchnahme von Leistungen für Bildung und Teilhabe gehören kann.

ee) Kranken- und Pflegeversicherung

Personen sind in der Zeit, für die sie Bürgergeld beziehen, in der Regel **Pflichtmitglied** in der Gesetzlichen Krankenversicherung und der Sozialen Pflegeversicherung. Dies folgt nicht aus dem SGB II selbst, sondern ergibt sich aus § 5 Abs. 1 Nr. 2a SGB V bzw. § 20 Abs. 1 S. 2 Nr. 2a SGB XI.[710] Dort wird auch geregelt, dass der Leistungsträger die Sozialversicherungsbeiträge unmittelbar an die jeweiligen Sozialversicherungsträger zahlt;[711] die Kosten hierfür übernimmt nach den §§ 251 Abs. 4 SGB V, 59 Abs. 1 SGB XI der Bund.

Kinder, die Bürgergeld erhalten, sind in der Regel als **Familienversicherte** kranken- und pflegeversichert. Für Personen, die Bürgergeld beziehen und von der Sozialversicherungspflicht befreit bzw. privat oder freiwillig versichert sind, wird gemäß § 26 SGB II ein Zuschuss zu den entsprechenden Versicherungen geleistet.

ff) Abweichende Erbringung von Leistungen

Nicht vom Regelbedarf umfasst sind gemäß § 24 Abs. 3 S. 1 SGB II die folgenden Bedarfe, die gesondert erbracht werden. Es handelt sich um

- **Erstausstattungen für die Wohnung** einschließlich Haushaltsgeräten (zum Beispiel Beschaffung einer Waschmaschine zur Ausstattung einer erst angemieteten Wohnung nach Auszug aus der gemeinsamen Ehewohnung infolge einer Trennung[712]),
- Erstausstattungen für Bekleidung und **Erstausstattungen bei Schwangerschaft und Geburt** sowie
- Anschaffung und Reparaturen von orthopädischen Schuhen, Reparaturen von **therapeutischen Geräten** und Ausrüstungen sowie die Miete von therapeutischen Geräten.

Leistungen nach § 24 Abs. 3 SGB II werden gemäß § 24 Abs. 3 S. 3 SGB II auch dann erbracht, wenn leistungsberechtigte Personen keine Leistungen zur Sicherung des Lebensunterhalts einschließlich der angemessenen Kosten für Unterkunft und Heizung benötigen, den Bedarf nach § 24 Abs. 3 S. 1 SGB II jedoch aus eigenen Kräften und Mitteln nicht oder nicht vollständig decken können. In diesem Fall kann gemäß § 24 Abs. 3 S. 4 SGB II das Einkommen berücksichtigt werden, das Leistungsberechtigte innerhalb eines Zeitraums von bis zu sechs Monaten nach Ablauf des Monats erwerben, in dem über die Leistung entschieden wird.

---

710 BeckOK SozR/Breitkreuz SGB II § 26 Rn. 1.
711 Trenczek, S. 555.
712 BSG BeckRS 2009, 53550.

Alle anderen erforderlichen An- oder **Ersatzbeschaffungen**, etwa für Möbel, Haushaltsgeräte oder Bekleidung außerhalb des besonderen und seltenen Falls der Erstausstattung, sind aus dem Regelbedarf zu zahlen.[713]

Kann im Einzelfall ein vom Regelbedarf zur Sicherung des Lebensunterhalts umfasster und nach den Umständen unabweisbarer Bedarf nicht gedeckt werden, erbringt die Agentur für Arbeit nach § 24 Abs. 1 S. 2 SGB II bei entsprechendem Nachweis den Bedarf als Sachleistung oder als Geldleistung und gewährt der leistungsberechtigten Person ein entsprechendes **Darlehen**.

7. Sofortzuschlag

Kinder, Jugendliche und junge Erwachsene, die Anspruch auf Bürgergeld haben, dem ein Regelbedarf nach den Regelbedarfsstufen 3, 4, 5 oder 6 zu Grunde liegt, haben gemäß § 72 Abs. 1 S. 1 SGB II zusätzlich Anspruch auf einen monatlichen Sofortzuschlag in Höhe von 20 Euro.[714] Dies gilt gemäß § 72 Abs. 1 S. 2 SGB II auch für Kinder, Jugendliche und junge Erwachsene, die

1. nur einen Anspruch auf eine Bildungs- und Teilhabeleistung haben oder
2. nur deshalb keinen Anspruch auf Bürgergeld haben, weil im Rahmen der Prüfung der Hilfebedürftigkeit Kindergeld berücksichtigt wurde (§ 11 Abs. 1 S. 5 SGB II).

Die Vorschrift des § 72 SGB II steht in einem engen Zusammenhang mit dem für die 20. Wahlperiode vorgesehenen sozialpolitischen Projekt der Einführung einer Kindergrundsicherung, das zu Beginn dieses Kapitels bereits beschrieben wurde. Die Vorschrift des § 72 SGB II löst in diesem Zusammenhang ein Wahlversprechen ein, indem bis zur Einführung einer Kindergrundsicherung ein Rechtsanspruch auf einen Sofortzuschlag normiert wird, um die finanzielle Situation von Kindern, Jugendlichen und jungen Erwachsenen – allerding nur in einem sehr überschaubaren Umfang – bereits zuvor zu verbessern.[715]

Reflexionsfragen:

1. Worin unterscheiden sich das Basiselterngeld und das Elterngeld plus?
2. Unter welchen Voraussetzungen hat ein minderjähriges Kind bis zum Alter von 11 Jahren bzw. ab dem Alter von 12 Jahren einen Anspruch auf Unterhaltsvorschuss oder Unterhaltsausfallleistung nach dem Unterhaltsvorschussgesetz?
3. Von welchen drei Faktoren ist die Höhe des Wohngeldes abhängig?
4. Wer zählt zu dem Kreis der leistungsberechtigten Personen, die einen Anspruch auf Leistungen der Grundsicherung für Arbeitsuchende nach dem SGB II haben?

---

[713] Trenczek, S. 552.
[714] Ein Anspruch auf Sofortzuschlag steht weiteren Personengruppen zu, vgl. zu weiteren Details Gesetz zur Regelung eines Sofortzuschlages und einer Einmalzahlung in den sozialen Mindestsicherungssystemen sowie zur Änderung des Finanzausgleichsgesetzes und weiterer Gesetze vom 23. Mai 2022 (BGBl. I, S. 760 ff.).
[715] Zum ganzen Absatz BeckOK SozR/Harich SGB II § 72 Rn. 1.

VI. Wichtige existenzsichernde Sozialleistungen für Kinder und ihre Familien

5. In welchem Umfang sind für alleinerziehende Eltern und schwangere Frauen, die einen Anspruch auf Leistungen nach dem SGB II haben, Mehrbedarfe anzuerkennen?
6. Welche Bedarfe für Bildung und Teilhabe gemäß § 28 SGB II sind für die Familien, die Sie im Rahmen Ihrer Berufspraxis begleiten, von Interesse? Wie können Sie auf diese Leistungen aufmerksam machen, um den betroffenen Familien den Zugang zu diesen Leistungen zu erleichtern?

Einführende Literaturempfehlungen:

Schaumberg, Torsten: Sozialrecht: Einführung, 4. Auflage, Baden-Baden 2023.
Wabnitz, Reinhard Joachim: Grundkurs Recht für die Soziale Arbeit: mit 97 Übersichten, 22 Fällen und Musterlösungen, 6. Auflage, München 2021, S. 149 ff.

Weiterführende Literaturempfehlungen:

Edtbauer, Richard/Rabe, Annette: Grundsicherungs- und Sozialhilferecht für soziale Berufe, 5. Auflage, München 2021.
Ehmann, Frank/Karmanski, Carten/Kuhn-Zuber, Gabriele (Hrsg.): Gesamtkommentar Sozialrechtsberatung, 3. Auflage, Baden-Baden 2023.
Fasselt, Ursula / Schellhorn, Helmut (Hrsg.): Handbuch Sozialrechtsberatung – HSRB, 6. Auflage, Baden-Baden 2021.
Herbe, Daniel/Palsherm, Ingo: Das neue Bürgergeld. Die rechtlichen Neuregelungen, Baden-Baden 2023.
Ruland, Franz/Becker, Ulrich/Axer, Peter (Hrsg.): Sozialrechtshandbuch – SRH, 7. Auflage, Baden-Baden 2022.

VII. Arbeitsrecht

> **Zusammenfassung**
>
> Für Fachkräfte, die ihre Arbeit auf Grundlage eines Arbeitsvertrages leisten, sind Kenntnisse auf dem Gebiet des Arbeitsrechts von großer Bedeutung. In diesem Kapitel erhalten Sie daher zunächst einen Überblick über dieses wichtige Rechtsgebiet und erfahren Näheres zu dem für das Arbeitsrecht zentralen Begriff des Arbeitnehmers. Außerdem können Sie mithilfe der Lektüre dieses Kapitels grundlegende Kenntnisse im Hinblick auf den Abschluss und die Kündigung von Arbeitsverträgen sowie die Formulierung und Bewertung von Arbeitszeugnissen erwerben. Das Kapitel enthält außerdem einen Exkurs zum Tarifvertrag des Öffentlichen Dienstes im Bereich der Vereinigung der kommunalen Arbeitgeberverbände.

1. Überblick

Das Arbeitsrecht beinhaltet das Recht für abhängig Beschäftigte (Arbeitnehmer).[716] Beim Arbeitsrecht handelt es sich nicht um ein geschlossenes Rechtsgebiet, vielmehr umfasst es eine **Vielzahl** europarechtlicher, verfassungsrechtlicher, privatrechtlicher, öffentlich-rechtlicher und kollektivrechtlicher Vorschriften.[717] Diese Regelungen dienen v.a. dem Ziel, Arbeitnehmer im bestehenden Arbeitsverhältnis zu schützen.[718]

Obwohl es immer wieder Pläne gab, das unübersichtlich gewordene Arbeitsrecht in einem **Arbeitsgesetzbuch** zusammenzufassen, hatten alle Bemühungen auf diesem Gebiet bislang keinen Erfolg.[719] Vor mehr als 30 Jahren wurde in Artikel 30 Abs. 1 Nr. 1 des Vertrags zwischen der Bundesrepublik Deutschland und der Deutschen Demokratischen Republik über die Herstellung der Einheit Deutschlands (Einigungsvertrag)[720] festgelegt, dass es Aufgabe der gesamtdeutschen Gesetzgebung sei, „das Arbeitsvertragsrecht sowie das öffentlich-rechtliche Arbeitszeitrecht einschließlich der Zulässigkeit von Sonn- und Feiertagsarbeit und den besonderen Frauenarbeitsschutz möglichst bald einheitlich neu zu kodifizieren." Trotz dieser eindeutigen Regelung ist jedoch bis zum heutigen Tage eine Kodifikation des Arbeitsvertragsrechts nicht gelungen.

Zahlreiche **Rechtsquellen** wirken auf das Arbeitsverhältnis ein, die das Arbeitsrecht zu einem besonders komplexen Rechtsgebiet machen. Hierzu gehören folgende Rechtsquellen:

- Internationales und supranationales Recht (insbesondere der Europäischen Union),
- Grundgesetz,
- einfachgesetzliche Regelungen,

---

716 Preis/Temming, S. 1 Rn. 1; Reinhardt/Klose, S. 15.
717 Preis/Temming, S. 1 Rn. 1.
718 Preis/Temming, S. 1 Rn. 1.
719 Preis/Temming, S. 7 Rn. 26.
720 BGBl. 1990 II S. 889.

- Rechtsverordnungen und Satzungen,
- Tarifverträge und Betriebsvereinbarungen sowie
- arbeitsvertragliche Vereinbarungen.[721]

Zu berücksichtigen sind darüber hinaus zahlreiche **Gestaltungsfaktoren** auf der arbeitsvertraglichen Ebene; zu diesen gehören:

- arbeitsvertragliche Einheitsregelungen,
- Gesamtzusagen,
- betriebliche Übung,
- Direktionsrecht (sog. Weisungsrecht).[722]

Schließlich sind gerichtliche Entscheidungen von ganz erheblicher Bedeutung für das Arbeitsrecht.[723] Dies ist Folge dessen, dass wichtige Teile des Arbeitsrechts nicht oder nur rudimentär durch die Gesetzgebung normiert worden sind und bestehende Lücken durch die **Arbeitsgerichte** im Wege der richterlichen Rechtsfortbildung geschlossen worden sind.[724]

Das Arbeitsrecht wird in das **Individualarbeitsrecht**, das **Kollektivarbeitsrecht** sowie das **Arbeitsschutzrecht** unterteilt.[725]

a) Individualarbeitsrecht

Zum Individualarbeitsrecht zählen die Regelungen über die Anbahnung, den Inhalt, den Übergang sowie die Beendigung des Arbeitsverhältnisses.[726] Im Zentrum stehen die Rechtsbeziehungen zwischen den Parteien des Arbeitsverhältnisses: dem Arbeitnehmer auf der einen und dem Arbeitgeber auf der anderen Seite.[727] Das Arbeitsverhältnis wird regelmäßig[728] durch einen **Arbeitsvertrag** im Sinne des § 611a BGB begründet.[729] Dieser Vertrag ist gemäß § 611a Abs. 1 S. 1 BGB dadurch gekennzeichnet, dass der Arbeitnehmer im Dienste eines anderen zur Leistung weisungsgebundener, fremdbestimmter Arbeit in persönlicher Abhängigkeit verpflichtet ist. Der Arbeitgeber ist nach § 611a Abs. 2 BGB zur Zahlung der vereinbarten Vergütung verpflichtet.

b) Kollektivarbeitsrecht

Zum kollektiven Arbeitsrecht hingegen gehören die Rechtsbeziehungen der **arbeitsrechtlichen Koalitionen** (Gewerkschaften, Arbeitgeberverbände, einzelne Arbeitgeber) und Belegschaftsvertretungen (Betriebsräte, Sprecherausschüsse, Perso-

---

721 Preis/Temming, S. 85 Rn. 377 f.; Reinhardt/Klose, S. 16 ff.
722 Preis/Temming, S. 85 Rn. 378.
723 Preis/Temming, S. 86 Rn. 379.
724 Preis/Temming, S. 86 Rn. 379.
725 Preis/Temming, S. 1 Rn. 3; Reinhardt/Klose, S. 16.
726 Preis/Temming, S. 1 Rn. 3.
727 Preis/Temming, S. 26 Rn. 121.
728 Zu den Ausnahmen vgl. ErfK/Preis BGB, § 611a Rn. 343.
729 Preis/Temming, S. 26 Rn. 121.

nalräte, Mitarbeitervertretungen) sowohl zu ihren Mitgliedern als auch im Verhältnis untereinander.[730]

In diesem Kontext sind etwa Fragen des Tarifrechts, des Arbeitskampfrechts und des Betriebsverfassungsrechts von Bedeutung.[731] Auch hier steht das Ziel im Fokus, das **Machtungleichgewicht** zwischen Arbeitnehmern und Arbeitgebern auszugleichen und für alle Beteiligten ausreichende Sicherheit innerhalb der bestehenden Arbeitsbeziehungen zu gewährleisten.[732] Vor diesen Hintergrund umfasst das kollektive Arbeitsrecht insbesondere Normen und Rechtsgrundsätze, die Voraussetzungen und Grenzen des Tätigwerdens von Gewerkschaften, Arbeitgeberverbänden, einzelnen Arbeitgebern, Betriebsräten, Personalräten und Mitarbeitervertretungen bestimmen.[733]

Tarifverträge werden von Gewerkschaften, einzelnen Arbeitgebern sowie Vereinigungen von Arbeitgebern ausgehandelt; diese Akteure werden gemäß § 2 Abs. 1 Tarifvertragsgesetz (TVG) als Tarifvertragsparteien bezeichnet. Außerdem können nach § 2 Abs. 2 TVG Zusammenschlüsse von Gewerkschaften und von Vereinigungen von Arbeitgebern (Spitzenorganisationen) im Namen der ihnen angeschlossenen Verbände Tarifverträge abschließen, wenn sie eine entsprechende Vollmacht besitzen.

Die Rechtsnormen des Tarifvertrages, die den Inhalt, den Abschluss oder die Beendigung von Arbeitsverhältnissen ordnen, gelten nach § 4 Abs. 1 TVG unmittelbar und zwingend zwischen den beiderseits Tarifgebundenen, die unter den Geltungsbereich des Tarifvertrages fallen. Eine Ausweitung der Bindungswirkung des Tarifvertrags über die Mitglieder der Koalitionen hinaus kann durch die sogenannte **Allgemeinverbindlicherklärung** gemäß § 5 TVG erfolgen.[734] Diese Allgemeinverbindlicherklärung des Tarifvertrags durch das Bundesministerium für Arbeit und Soziales hat nach § 5 Abs. 4 S. 1 TVG zur Folge, dass auch nicht tarifgebundene Arbeitnehmer sowie Arbeitgeber vom Tarifvertrag erfasst werden.[735]

Im Rahmen eines **Arbeitsvertrages** kann zudem **auf Tarifvertragsnormen Bezug genommen** werden mit der Folge, dass die auf diese Weise in den Arbeitsvertrag einbezogenen Normen schuldrechtlicher Inhalt des Arbeitsvertrags werden und somit auch bei fehlender Tarifgebundenheit tarifvertragliche Regelungen Anwendung finden.[736]

Das **kirchliche Selbstbestimmungsrecht** ermöglicht den kirchlichen Trägern, für die bei ihnen beschäftigten Arbeitnehmer eigene arbeitsrechtliche Regelungen zu entwickeln.[737] Bei den sogenannten Arbeitsvertragsrichtlinien (AVR), die von paritätisch besetzten arbeitsrechtlichen Kommissionen beschlossen werden, handelt es

---

730 Preis/Temming, S. 1 Rn. 6.
731 Preis/Temming, S. 1 f. Rn. 6.
732 Preis/Temming, S. 2 Rn. 7.
733 Ebd.
734 Preis/Temming, S. 153 Rn. 662.
735 Ebd.
736 Preis/Temming, S. 156 Rn. 675.
737 Reinhardt/Klose, S. 23.

VII. Arbeitsrecht

sich nach ständiger Rechtsprechung allerdings nicht um Tarifverträge, sondern um allgemeine Geschäftsbedingungen im Sinne der §§ 305 ff. BGB.[738]

Neben Tarifverträgen zählen **Betriebsvereinbarungen** zu den kollektivrechtlichen Verträgen, die den Arbeitsvertragsinhalt mit unmittelbarer und zwingender Wirkung gestalten können.[739] Betriebsvereinbarungen werden zwischen dem Arbeitgeber und dem Betriebsrat ausgehandelt; die gesetzlichen Grundlagen sind im Betriebsverfassungsgesetz (BetrVG) geregelt. Das BetrVG beinhaltet „die arbeitsrechtliche Grundordnung für die Zusammenarbeit des Arbeitgebers und der Arbeitnehmer im Betrieb"[740] und enthält u.a. zahlreiche Regelungen zur betrieblichen Mitwirkung und Mitbestimmung des Betriebsrats.

Gegenstände der betrieblichen Mitwirkung und Mitbestimmung sind:

- soziale Angelegenheiten (§§ 87 ff., 112 ff. BetrVG),
- die Gestaltung von Arbeitsplätzen, Arbeitsablauf und Arbeitsumgebung (§§ 90 f. BetrVG),
- personelle Angelegenheiten (§§ 92 ff. BetrVG) und
- wirtschaftliche Angelegenheiten (§§ 106 ff. BetrVG).[741]

Im Bereich des öffentlichen Dienstes (Verwaltungen, Betrieben und Gerichten des Bundes, der Länder, der Gemeinden und Gemeindeverbände sowie der Körperschaften, Anstalten und Stiftungen des öffentlichen Rechts) werden anstelle von Betriebsräten Personalräte gewählt. Die gesetzlichen Regelungen sind im Bundespersonalvertretungsgesetz bzw. in den Personalvertretungsgesetzen der Länder zu finden.[742] Im kirchlichen Bereich werden sogenannte Mitarbeitervertretungen gewählt, entsprechende Regelungen enthalten die verschiedenen Mitarbeitervertretungsgesetze bzw. die Mitarbeitervertretungsordnungen. Anstelle von Betriebsvereinbarungen werden im öffentlichen Dienst und im kirchlichen Bereich zwischen der Dienststellenleitung und dem Personalrat bzw. der Mitarbeitervertretung Dienstvereinbarungen abgeschlossen, soweit dies gesetzlich vorgesehen ist.

c) Arbeitsschutzrecht

Zum Teil gewährleistet der Staat den gesetzlichen Schutz der Arbeitnehmer vor **Gefahren am Arbeitsplatz** durch Zwang und Aufsicht selbst und überlässt den Arbeitnehmern und ihren Schutzvertretungen die Geltendmachung von Rechten nicht bzw. nicht allein. In diesem Kontext wird von Arbeitsschutzrecht im engeren Sinne gesprochen, zu den wichtigen Gesetzen zählen zum Beispiel das Jugendarbeitsschutzgesetz, das Mutterschutzgesetz und das Arbeitszeitgesetz.[743]

---

[738] BAG NZA 2019, 166.
[739] Preis/Temming, S. 2 Rn. 8.
[740] BeckOK ArbR/Besgen BetrVG § 1 Rn. 1.
[741] Trenczek, S. 793.
[742] Trenczek, S. 793.
[743] Zum ganzen Absatz Preis/Temming, S. 2 Rn. 9.

d) Arbeitsgerichtsbarkeit

Damit Arbeitnehmer ihre Ansprüche effektiv durchsetzen können und zugleich die berechtigten Interessen der Arbeitgeber hinreichend Berücksichtigung finden, existiert für Streitigkeiten aus dem Arbeitsverhältnis eine **Sondergerichtsbarkeit** in Form der Arbeitsgerichtsbarkeit.[744] Diese hat mit dem Arbeitsgerichtsgesetz, das auf der Zivilprozessordnung aufbaut, eine eigene Verfahrensordnung.[745]

2. Begriff des Arbeitnehmers

Zentrale Bedeutung für die Anwendung arbeitsrechtlicher Regelungen ist der Begriff des Arbeitnehmers.[746] Nur wenn ein Arbeitsverhältnis vorliegt und eine der beiden Vertragsparteien als Arbeitnehmer angesehen werden kann, sind alle Vorschriften des in der Regel den Arbeitnehmer schützenden Arbeitsrechts anwendbar.[747] Fehlt es hingegen an einer entsprechenden Zuordnung, sind die arbeitsrechtlichen Schutzregelungen regelmäßig nicht anzuwenden, es sei denn, es kommt ausnahmsweise eine analoge Anwendung in Betracht.[748] Arbeitnehmer ist, „wer aufgrund eines privatrechtlichen Vertrags im Dienste eines anderen zur Leistung **weisungsgebundener, fremdbestimmter Arbeit** in persönlicher Abhängigkeit verpflichtet ist."[749] Auf Grundlage dieser Definition ist im Rahmen einer wertenden Gesamtbetrachtung im konkreten Fall zu entscheiden, ob eine Person als Arbeitnehmer anzusehen ist.

3. Abschluss des Arbeitsvertrages

Wie jeder andere Vertrag kommt auch der Arbeitsvertrag im Sinne des § 611a BGB durch zwei aufeinander bezogene **Willenserklärungen** – Angebot und Annahme – zustande. Die Schriftform ist grundsätzlich keine Wirksamkeitsvoraussetzung.[750] In Ausnahmefällen kann jedoch der Abschluss eines Arbeitsvertrages selbst oder auch seine spätere Ergänzung einem Schriftformerfordernis unterliegen, wenn dies im Arbeitsvertrag, in einem Tarifvertrag oder gesetzlich festgelegt wurde.[751]

Durch § 2 Abs. 1 S. 1 des Nachweisgesetzes (**NachwG**) wird der Arbeitgeber verpflichtet, die wesentlichen Vertragsbedingungen des Arbeitsverhältnisses innerhalb bestimmter – in § 2 Abs. 1 S. 4 NachwG aufgelisteten – Fristen schriftlich niederzulegen, die Niederschrift zu unterzeichnen und dem Arbeitnehmer auszuhändigen. In die Niederschrift sind nach § 2 Abs. 1 S. 2 NachwG mindestens aufzunehmen:

---

744 Schaub/Linck § 1 Rn. 6.
745 Schaub/Linck § 1 Rn. 6.
746 Ascheid/Preis/Schmidt, 1. Teil C 1. Rn. 1.
747 BeckOK ArbR/Joussen BGB § 611a Rn. 6.
748 BeckOK ArbR/Joussen BGB § 611a Rn. 6.
749 BAG NZA 2021, 552 (Rn. 31); BAG NJW 2002, 2411 (2412) = NZA 2002, 787 (788) = BeckRS 2001, 30226097.
750 BeckOK ArbR/Joussen BGB § 611a Rn. 87. Zu Angebot und Annahme s. unter III. 1. a).
751 BeckOK ArbR/Joussen BGB § 611a Rn. 88.

„1. der Name und die Anschrift der Vertragsparteien,
2. der Zeitpunkt des Beginns des Arbeitsverhältnisses,
3. bei befristeten Arbeitsverhältnissen: das Enddatum oder die vorhersehbare Dauer des Arbeitsverhältnisses,
4. der Arbeitsort oder, falls der Arbeitnehmer nicht nur an einem bestimmten Arbeitsort tätig sein soll, ein Hinweis darauf, dass der Arbeitnehmer an verschiedenen Orten beschäftigt werden oder seinen Arbeitsort frei wählen kann,
5. eine kurze Charakterisierung oder Beschreibung der vom Arbeitnehmer zu leistenden Tätigkeit,
6. sofern vereinbart, die Dauer der Probezeit,
7. die Zusammensetzung und die Höhe des Arbeitsentgelts einschließlich der Vergütung von Überstunden, der Zuschläge, der Zulagen, Prämien und Sonderzahlungen sowie anderer Bestandteile des Arbeitsentgelts, die jeweils getrennt anzugeben sind, und deren Fälligkeit sowie die Art der Auszahlung,
8. die vereinbarte Arbeitszeit, vereinbarte Ruhepausen und Ruhezeiten sowie bei vereinbarter Schichtarbeit das Schichtsystem, der Schichtrhythmus und Voraussetzungen für Schichtänderungen,
9. bei Arbeit auf Abruf nach § 12 des Teilzeit- und Befristungsgesetzes:
    a) die Vereinbarung, dass der Arbeitnehmer seine Arbeitsleistung entsprechend dem Arbeitsanfall zu erbringen hat,
    b) die Zahl der mindestens zu vergütenden Stunden,
    c) der Zeitrahmen, bestimmt durch Referenztage und Referenzstunden, der für die Erbringung der Arbeitsleistung festgelegt ist, und
    d) die Frist, innerhalb derer der Arbeitgeber die Lage der Arbeitszeit im Voraus mitzuteilen hat,
10. sofern vereinbart, die Möglichkeit der Anordnung von Überstunden und deren Voraussetzungen,
11. die Dauer des jährlichen Erholungsurlaubs,
12. ein etwaiger Anspruch auf vom Arbeitgeber bereitgestellte Fortbildung,
13. wenn der Arbeitgeber dem Arbeitnehmer eine betriebliche Altersversorgung über einen Versorgungsträger zusagt, der Name und die Anschrift dieses Versorgungsträgers; die Nachweispflicht entfällt, wenn der Versorgungsträger zu dieser Information verpflichtet ist,
14. das bei der Kündigung des Arbeitsverhältnisses von Arbeitgeber und Arbeitnehmer einzuhaltende Verfahren, mindestens das Schriftformerfordernis und die Fristen für die Kündigung des Arbeitsverhältnisses, sowie die Frist zur Erhebung einer Kündigungsschutzklage; § 7 des Kündigungsschutzgesetzes ist auch bei einem nicht ordnungsgemäßen Nachweis der Frist zur Erhebung einer Kündigungsschutzklage anzuwenden,

15. ein in allgemeiner Form gehaltener Hinweis auf die auf das Arbeitsverhältnis anwendbaren Tarifverträge, Betriebs- oder Dienstvereinbarungen sowie Regelungen paritätisch besetzter Kommissionen, die auf der Grundlage kirchlichen Rechts Arbeitsbedingungen für den Bereich kirchlicher Arbeitgeber festlegen."

Der Nachweis der wesentlichen Vertragsbedingungen in elektronischer Form ist nach § 1 Abs. 1 S. 3 NachwG ausgeschlossen. Erhält der Arbeitnehmer keine schriftliche Niederlegung, wirkt sich dies auf den Bestand des Arbeitsvertrags nicht aus. Ein Verstoß gegen das Nachweisgesetz hat allerdings zur Folge, dass bei etwaigen Rechtsstreitigkeiten **Beweiserleichterungen** für den Arbeitnehmer gelten.[752]

Aus § 620 Abs. 1 und 3 BGB i.V.m. §§ 14 ff. **Teilzeit- und Befristungsgesetz** (TzBfG) folgt, dass ein Arbeitsverhältnis auch für einen befristeten Zeitraum abgeschlossen werden kann.[753] Die Befristung eines Arbeitsvertrages bedarf nach § 14 Abs. 4 TzBfG zu ihrer Wirksamkeit der Schriftform. Das befristete Arbeitsverhältnis endet mit Ablauf einer bestimmten Zeit oder mit Erreichen des vereinbarten Zwecks, ohne dass eine Kündigung erklärt werden muss.[754] Während der Laufzeit eines befristeten Arbeitsvertrages kann dieser nach § 15 Abs. 3 TzBfG lediglich dann ordentlich gekündigt werden, wenn dies einzelvertraglich oder im anwendbaren Tarifvertrag vereinbart ist. Eine außerordentliche Kündigung aus wichtigem Grund ist jedoch vor Ablauf der Befristung möglich, wenn die Voraussetzungen des § 626 BGB vorliegen.

Das TzBfG schränkt die Zulässigkeit befristeter Arbeitsverträge ein, um den **unbefristeten Arbeitsvertrag als Regeltypus** zu stärken und eine Umgehung des Kündigungsschutzes zu verhindern.[755] Gemäß § 14 Abs. 1 S. 1 TzBfG ist die Befristung eines Arbeitsvertrags bei Vorliegen eines sachlichen Grundes zulässig. Ein sachlicher Grund liegt nach § 14 Abs. 1 S. 2 TzBfG insbesondere vor, wenn

1. der betriebliche Bedarf an der Arbeitsleistung nur vorübergehend besteht,
2. die Befristung im Anschluss an eine Ausbildung oder ein Studium erfolgt, um den Übergang des Arbeitnehmers in eine Anschlussbeschäftigung zu erleichtern,
3. der Arbeitnehmer zur Vertretung eines anderen Arbeitnehmers beschäftigt wird,
4. die Eigenart der Arbeitsleistung die Befristung rechtfertigt,
5. die Befristung zur Erprobung erfolgt,
6. in der Person des Arbeitnehmers liegende Gründe die Befristung rechtfertigen,

---

752 Zum ganzen Absatz Reinhardt/Klose, S. 46.
753 Preis/Temming, S. 69 Rn. 291.
754 Preis/Temming, S. 69 Rn. 291.
755 Preis/Temming, S. 69 Rn. 292.

7. der Arbeitnehmer aus Haushaltsmitteln vergütet wird, die haushaltsrechtlich für eine befristete Beschäftigung bestimmt sind, und er entsprechend beschäftigt wird[756] oder
8. die Befristung auf einem gerichtlichen Vergleich beruht.

Die Befristung eines Arbeitsverhältnisses **ohne Vorliegen eines Sachgrundes** ist bei einer erstmaligen Beschäftigung eines Arbeitsnehmers für die Dauer von maximal zwei Jahren gemäß § 14 Abs. 2 S. 1 TzBfG zulässig; bis zu dieser Gesamtdauer von zwei Jahren ist auch die höchstens dreimalige Verlängerung eines kalendermäßig befristeten Arbeitsvertrages zulässig. Gemäß § 14 Abs. 3 TzBfG können durch Tarifvertrag die Anzahl der Verlängerungen oder die Höchstdauer der Befristung abweichend festgelegt werden; im Geltungsbereich eines solchen Tarifvertrages können nicht tarifgebundene Arbeitgeber und Arbeitnehmer die Anwendung der tariflichen Regelungen vereinbaren. Eine längere Befristung ohne Sachgrund ist bei der Neugründung eines Unternehmens nach § 14 Abs. 2a TzBfG und bei der Beschäftigung eines älteren Arbeitnehmers bei Vorliegen bestimmter Voraussetzungen gemäß § 14 Abs. 3 TzBfG zulässig.

4. Kündigung des Arbeitsverhältnisses

Arbeitsverhältnisse können auf verschiedene Weise beendet werden. Der wichtigste Beendigungstatbestand ist die Kündigung, die von Seiten des Arbeitnehmers oder von Seiten des Arbeitgebers entweder als ordentliche (fristgerechte) oder – sofern ein wichtiger Grund gemäß § 626 Abs. 1 BGB gegeben ist – als außerordentliche (regelmäßig fristlose) Kündigung erfolgen kann.[757]

Mit der **ordentlichen Kündigung** wird das Arbeitsverhältnis fristgerecht beendet. Die Kündigungsfrist ergibt sich entweder aus einer Regelung im Arbeitsvertrag, in einem anzuwendenden Tarifvertrag oder aus § 622 BGB. Der Zugang der Kündigung ist maßgeblich für die Berechnung der Kündigungsfrist.

Die **außerordentliche Kündigung** hingegen führt gemäß § 626 BGB zur sofortigen Beendigung des Arbeitsverhältnisses. Eine außerordentliche Kündigung kann gemäß § 626 Abs. 1 BGB lediglich dann erfolgen, wenn Tatsachen vorliegen, auf Grund derer der kündigenden Person unter Berücksichtigung aller Umstände des Einzelfalles und unter Abwägung der Interessen beider Vertragsteile die Fortsetzung des Dienstverhältnisses bis zum Ablauf der Kündigungsfrist oder bis zu der vereinbarten Beendigung des Dienstverhältnisses nicht zugemutet werden kann. Diese Regelung gilt für Arbeitnehmer sowie Arbeitgeber gleichermaßen.

Nach der Rechtsprechung des Bundesarbeitsgerichts (BAG) kennt das Gesetz **keine „absoluten" Kündigungsgründe**; vielmehr sei jeder Einzelfall gesondert zu bewerten. Im Rahmen dieser Bewertung sei auf der ersten Stufe zu prüfen, ob der Sachverhalt ohne seine besonderen Umstände „an sich", d. h. typischerweise

---

[756] Die Zulässigkeit der Befristung aus haushaltsrechtlichen Gründen ist rechtlich umstritten, vgl. zu den Einzelheiten BeckOK ArbR/Bayreuther TzBfG § 14 Rn. 73–75.
[757] Preis/Temming, S. 522 Rn. 2481.

als wichtiger Grund geeignet sei.⁷⁵⁸ Anschließend sei auf der zweiten Stufe zu prüfen, ob der oder dem Kündigenden die Fortsetzung des Arbeitsverhältnisses unter Berücksichtigung der konkreten Umstände des Falls und unter Abwägung der Interessen beider Vertragsteile – jedenfalls bis zum Ablauf der Kündigungsfrist – zumutbar sei oder nicht.⁷⁵⁹

Die außerordentliche Kündigung kann nach § 626 Abs. 2 S. 1 BGB nur innerhalb von zwei Wochen erfolgen. Die **Frist** beginnt gemäß § 626 Abs. 2 S. 2 BGB mit dem Zeitpunkt, in dem die kündigungsberechtigte Person von den für die Kündigung maßgebenden Tatsachen Kenntnis erhält.

Die Beendigung von Arbeitsverhältnissen durch Kündigung oder Auflösungsvertrag bedarf gemäß § 630 BGB zu ihrer Wirksamkeit der **Schriftform**; die elektronische Form ist ausgeschlossen. Diese Vorschrift gilt für Arbeitnehmer sowie Arbeitgeber gleichermaßen.

Die Kündigungsfreiheit der Arbeitgeber wird durch den allgemeinen und besonderen **Kündigungsschutz** eingeschränkt. Im Geltungsbereich des Kündigungsschutzgesetzes (KSchG) ist eine Kündigung lediglich dann wirksam, wenn sie sozial gerechtfertigt ist. Ob das KSchG auf ein Arbeitsverhältnis Anwendung findet, ist abhängig von der Größe des Betriebs und von der Erfüllung der Wartezeit durch den Arbeitnehmer. Hat das Arbeitsverhältnis am 1. Januar 2004 oder später begonnen, findet das KSchG gemäß § 23 Abs. 1 S. 3 KSchG dann Anwendung, wenn in dem Betrieb in der Regel mehr als zehn Arbeitnehmer beschäftigt sind. Hat das Arbeitsverhältnis bereits am 31. Dezember 2003 bestanden, findet das KSchG gemäß § 23 Abs. 1 S. 2 KSchG dann Anwendung, wenn in dem Betrieb am 31. Dezember 2003 in der Regel mehr als fünf Arbeitnehmer beschäftigt waren, die zum Zeitpunkt der Kündigung noch im Betrieb beschäftigt sind. Personen, die erst nach dem 31. Dezember 2003 eingestellt werden, sind insoweit nicht zu berücksichtigen. Um die Wartezeit zu erfüllen, muss das Arbeitsverhältnis im Zeitpunkt der Kündigung gemäß § 1 Abs. 1 KSchG mehr als sechs Monate bestehen.

Außerdem sind einzelne Personengruppen – beispielsweise **schwangere Arbeitnehmerinnen, junge Mütter in den ersten Wochen nach der Geburt,**⁷⁶⁰ Arbeitnehmer in **Elternzeit,** Familienpflegezeit oder Pflegezeit, Mitarbeitende mit **Schwerbehinderung** sowie Mandatsträger – gesondert und verstärkt vor der Kündigung ihres Arbeitsverhältnisses geschützt.

Besteht im Betrieb ein Betriebsrat, so ist dieser nach § 102 Abs. 1 S. 1 BetrVG vor jeder Kündigung zu hören. Eine ohne Anhörung des Betriebsrates ausgesprochene Kündigung ist gemäß § 102 Abs. 1 S. 3 BetrVG unwirksam. Liegt auf Seiten der zu kündigenden Person eine Schwerbehinderung vor, so ist vor Ausspruch der Kündigung außerdem die Schwerbehindertenvertretung anzuhören. Die Kündigung eines Menschen mit Schwerbehinderung, die der Arbeitgeber ohne eine Beteiligung der Schwerbehindertenvertretung ausspricht, ist gemäß § 178 Abs. 2

---

758 BAG NZA 2010, 1227 (1229) = BeckRS 2010, 70178.
759 BAG NZA 2010, 1227 (1229) = BeckRS 2010, 70178.
760 Vgl. zu Einzelheiten § 17 Mutterschutzgesetz.

S. 3 SGB IX unwirksam. Außerdem bedarf die Kündigung des Arbeitsverhältnisses eines Menschen mit Schwerbehinderung durch den Arbeitgeber nach § 168 SGB IX der vorherigen Zustimmung des Integrationsamtes.

Möchte ein Arbeitnehmer geltend machen, dass eine Kündigung sozial ungerechtfertigt oder aus anderen Gründen rechtsunwirksam ist, so muss er nach § 4 S. 1 KSchG innerhalb von drei Wochen nach Zugang der schriftlichen Kündigung Klage beim Arbeitsgericht auf Feststellung erheben, dass das Arbeitsverhältnis durch die Kündigung nicht aufgelöst ist (sog. **Kündigungsschutzklage**). Diese Regelung gilt für alle Arbeitnehmer unabhängig von der Größe des Betriebs und der Erfüllung der Wartezeit.[761]

5. Arbeitszeugnis

Arbeitnehmer haben bei Beendigung des Arbeitsverhältnisses einen Anspruch gegen ihre Arbeitgeber auf **Erteilung eines schriftlichen Arbeitszeugnisses**. Unterschieden wird zwischen einem einfachen und einem qualifizierten Zeugnis.

Während das einfache Zeugnis nur Aussagen zur Art und Dauer der Beschäftigung enthält, beinhaltet das **qualifizierte Zeugnis** zusätzlich Angaben zur Leistung und zum Verhalten des Arbeitsnehmers im Arbeitsverhältnis. Der Anspruch des Arbeitnehmers auf Erteilung eines Arbeitszeugnisses ergibt sich zum einen direkt aus dem Gesetz (§ 630 BGB i.V.m. § 109 GewO). Zum anderen enthalten viele Tarifverträge und Arbeitsvertragsrichtlinien entsprechende Regelungen. So ist beispielsweise in § 35 Abs. 1 TVöD VKA festgelegt, dass die Beschäftigten bei Beendigung des Arbeitsverhältnisses einen Anspruch auf ein schriftliches Zeugnis über Art und Dauer ihrer Tätigkeit haben, das sich auch auf Führung und Leistung erstrecken muss.

Innerhalb des laufenden Arbeitsverhältnisses können Arbeitnehmer bei Vorliegen eines triftigen Grundes – z. B. wegen eines Vorgesetztenwechsels oder der Übernahme eines neuen Verantwortungsbereichs – ein Zeugnis verlangen (sog. **Zwischenzeugnis**).

Der rechtlich geschuldete Inhalt eines Zeugnisses richtet sich nach den mit ihm verfolgten Zwecken. Arbeitnehmern dienen Arbeitszeugnisse regelmäßig als **Bewerbungsunterlage**. Für Arbeitgeber sind Arbeitszeugnisse im Rahmen ihrer Personalauswahl von Interesse.[762]

Arbeitszeugnisse haben der Wahrheit zu entsprechen.[763] Der Grundsatz der **Zeugniswahrheit** bezieht sich auf sämtliche Tatsachen, die für die Gesamtbewertung der Leistung und des Verhaltens der Arbeitnehmer von Bedeutung sind und an deren Kenntnis neue Arbeitgeber ein berechtigtes Interesse haben können, wenn sie über eine Neueinstellung entscheiden.[764] Bei der Formulierung des Zeugnisses haben Arbeitgeber den Grundsatz der **wohlwollenden Bewertung** zu berücksichti-

---

761 BeckOK ArbR/Kerwer KSchG § 4 Rn. 4 f.
762 Zum ganzen Absatz BAG Urteil vom 14.6.2016 – 9 AZR 8/15 = BeckRS 2016, 73357, Rn. 13.
763 BAG Urteil vom 14.6.2016 – 9 AZR 8/15 = BeckRS 2016, 73357, Rn. 13.
764 Schaub/Linck § 147 Rn. 28.

gen: Arbeitszeugnisse sollen demnach von verständigem Wohlwollen gegenüber den Arbeitnehmern getragen sein und ihnen das weitere berufliche Fortkommen nicht ungerechtfertigt erschweren.[765] Arbeitgeber haben ihrer Bewertung Tatsachen zugrunde zu legen, nicht hingegen Vermutungen oder Verdächtigungen. Das Zeugnis muss außerdem gemäß § 109 Abs. 2 GewO klar und verständlich formuliert sein.

Bei der Erstellung von qualifizierten Arbeitszeugnissen wird in der Praxis häufig die sogenannte **Zufriedenheitsskala** verwendet. Ausgehend von den dem Arbeitnehmer übertragenen Tätigkeiten und dem sich hieraus ergebenden Anforderungsprofil wird danach seine Leistung daran gemessen, inwieweit der Arbeitgeber mit der Aufgabenerfüllung „zufrieden" war. Abweichend vom üblichen Sprachgebrauch bezeichnet der Begriff „zufrieden" nicht die subjektive Befindlichkeit des Arbeitgebers. Vielmehr beinhaltet dieser eine auf die Arbeitsaufgabe abgestellte Bewertung, die sich an den objektiven Anforderungen orientiert, die üblicherweise an einen Arbeitnehmer mit vergleichbaren Aufgaben gestellt werden. Verstärkende oder abschwächende Zusätze führen zu einer mit Schul- oder Prüfungsnoten vergleichbaren Skala.[766] In der Praxis wird überwiegend eine **sechsstufige Notenskala** verwendet, die jedoch nicht einheitlich genutzt wird:

1	Eine sehr gute Leistung wird mit „stets[767] zu unserer vollsten Zufriedenheit" bewertet.
2	Eine gute Leistung wird mit „stets zu unserer vollen Zufriedenheit" beschrieben.
3	Wird die Leistung mit „stets zu unserer Zufriedenheit" oder „zu unserer vollen Zufriedenheit" bezeichnet, soll eine befriedigende bzw. gut durchschnittliche Bewertung deutlich werden.
4	Eine unterdurchschnittliche, aber noch ausreichende Leistung wird mit „zu unserer Zufriedenheit" bezeichnet.
5	Eine mangelhafte Leistung wird mit „insgesamt zu unserer Zufriedenheit" oder mit „eine im Großen und Ganzen zufriedenstellende Erledigung der Arbeit" umschrieben.
6	Mit der Formulierung „der Arbeitnehmer hat sich bemüht, die Arbeitsanforderungen zu erfüllen" wird verdeutlicht, dass der Arbeitnehmer eine unzureichende Leistung erbracht hat. Diese Bewertung entspricht der Schulnote ungenügend. Entsprechendes gilt, wenn im Arbeitszeugnis formuliert wird, dass der Arbeitnehmer „die übertragenen Aufgaben mit großem Fleiß und Interesse durchgeführt" hat.[768]

---

765 MüH/Francke § 138 Rn. 25.
766 Zum ganzen Absatz BAG NZA 2015, 435 (436) = BeckRS 2014, 74219.
767 Anstelle des Begriffs „stets" werden auch die Begriffe „jederzeit" oder „immer" verwendet.
768 Zur ganzen Tabelle Schaub/Linck § 147 Rn. 23.

Straftaten sind dann im Arbeitszeugnis zu erwähnen, wenn sie nachweisbar sind und Pflichten aus dem Arbeitsverhältnis berühren (z.B. beim Nachweis eines Vermögensdeliktes zulasten des Arbeitgebers).

Ob ein Arbeitszeugnis auch einen Hinweis auf ein **Ermittlungsverfahren** oder ein anhängiges Strafverfahren enthalten kann oder sogar muss, ist umstritten. Das BAG stellte in seinem Urteil vom 5. August 1976[769] fest, dass der Träger eines Jugendwohnheimes in einem Zeugnis für einen Erzieher auf das gegen ihn geführte Ermittlungsverfahren hinzuweisen habe, das gegen ihn wegen des Verdachts der Vornahme „unsittlicher Handlungen" an drei Jungen im Alter von 14 Jahren in der Erziehungsabteilung des Jugendwohnheimes geführt wurde. Das Arbeitsgericht (ArbG) Düsseldorf kam zwar in seinem Urteil vom 15.12.2003[770] zu dem Ergebnis, dass ein laufendes staatsanwaltliches Ermittlungsverfahren grundsätzlich nicht im Zeugnis aufzunehmen sei und der Arbeitgeber deshalb im Arbeitszeugnis nicht habe erwähnen dürfen, dass gegen den früheren Mitarbeiter ein Ermittlungsverfahren wegen „EDV-technisch unterstützter Vermögensdelikte zu Lasten unseres Unternehmens" laufe. Das ArbG Düsseldorf verglich diese Situation mit der des Erziehers in der vorher beschriebenen Entscheidung des BAG vom 5. August 1976 und kam zu dem Ergebnis, dass dort ein anderes Rechtsgut betroffen sei, „dem irreparabler Schaden drohte" und zudem dem Erzieher „diese Jungen gerade anvertraut worden" seien.[771]

Der **Grund und die Art der Beendigung** des Arbeitsverhältnisses sind in das Arbeitszeugnis nur dann aufzunehmen, wenn der Arbeitnehmer dies wünscht.

Arbeitszeugnisse enden typischerweise mit einer sogenannten **Schlussformel**, in der das Bedauern über das Ausscheiden, der Dank für die geleistete Arbeit sowie die Wünsche für die Zukunft zum Ausdruck gebracht werden.[772] Nach Ansicht des BAG ist der Arbeitgeber allerdings „nicht verpflichtet, ein Arbeitszeugnis mit einer Schlussformel zu versehen, in der er dem Arbeitnehmer für die geleistete Arbeit dankt und ihm für die Zukunft alles Gute und viel Erfolg wünscht."[773] Es besteht somit kein Anspruch auf die Aufnahme eines derartigen Schlusssatzes. Das Arbeitszeugnis schließt mit der eigenhändigen Unterschrift des Arbeitgebers oder der für ihn handelnden Vertretung.

6. Exkurs: Tarifvertrag des öffentlichen Dienstes (TVöD) VKA

Im Bereich der Kindheitspädagogik sind tarifvertragliche Regelungen von großer Bedeutung. Viele Fachkräfte sind in Kindertageseinrichtungen tätig, die **von Städten oder Gemeinden betrieben** werden. Weitere Fachkräfte sind in Jugendämtern oder in anderen kommunalen Behörden tätig. In diesen Arbeitsverhältnissen findet der Tarifvertrag für den öffentlichen Dienst (TVöD) im Bereich der Vereinigung

---

[769] BAG BB 1977, 297 = AP BGB § 630 Nr. 10.
[770] ArbG Düsseldorf NZA-RR 2004, 294 (294 ff.) = BeckRS 9998, 79906.
[771] ArbG Düsseldorf NZA-RR 2004, 294 (296) = BeckRS 9998, 79906.
[772] Schaub/Linck § 147 Rn. 27.
[773] Urteil vom 25.01.2022 – 9 AZR 146/21 = BAG NZA 2022, 783 = BeckRS 2022, 11135; vgl. auch BAG NJW 2013, 811 (811 f.) = NZA 2013, 324 (324 ff.) = BeckRS 2013, 65909.

der kommunalen Arbeitgeberverbände (VKA) – TVöD VKA – regelmäßig Anwendung. Auch viele freie Träger der Kinder- und Jugendhilfe orientieren sich an diesem Tarifvertrag – sei es, dass sie in ihren Arbeitsverträgen auf diesen vollständig oder in Teilen Bezug nehmen oder bei der Gestaltung eigener Tarifverträge oder der Entwicklung von Arbeitsvertragsrichtlinien die Vergütungsstrukturen allein oder kombiniert mit weiteren Regelungsinhalten des TVöD VKA als Referenzsystem nutzen.

a) TVöD – Allgemeiner Teil (AT) und Besonderer Teil (BT)

Der TVöD VKA besteht aus zwei Teilen: dem Allgemeinen Teil (AT) und dem Besonderen Teil (BT).[774] Der AT beinhaltet Regelungen für sämtliche Bereiche des öffentlichen Dienstes, während der BT[775] lediglich Bestimmungen für einen bestimmten Dienstleistungsbereich des öffentlichen Dienstes enthält.[776] AT und BT bilden gemeinsam den Tarifvertrag für den jeweiligen Dienstleistungsbereich, der auch als Sparte bezeichnet wird.[777]

Für die Berufsgruppe der Kindheitspädagogen ist der Besondere Teil Verwaltung (TVöD-V) bzw. der Besondere Teil für den Dienstleistungsbereich Pflege- und Betreuungseinrichtungen (TVöD-B) relevant. Der TVöD-V gilt immer dann, soweit für das Arbeitsverhältnis kein anderer Besonderer Teil einschlägig ist.[778] Der TVöD-B ist für Beschäftigte relevant, die in

- Heil-, Pflege- und Entbindungseinrichtungen,
- medizinischen Instituten von Heil- und Pflegeeinrichtungen,
- sonstigen Einrichtungen und Heimen, in denen die betreuten Personen in ärztlicher Behandlung stehen, wenn die Behandlung durch nicht in den Einrichtungen selbst beschäftigte Ärztinnen oder Ärzte stattfindet, oder
- Einrichtungen und Heimen, die der Förderung der Gesundheit, der Erziehung, der Fürsorge oder Betreuung von Kindern und Jugendlichen, der Fürsorge und Betreuung von obdachlosen, alten, gebrechlichen, erwerbsbeschränkten oder sonstigen hilfsbedürftigen Personen dienen, auch wenn diese Einrichtungen nicht der ärztlichen Behandlung der betreuten Personen dienen,

tätig sind, soweit die Einrichtungen nicht vom Geltungsbereich des § 1 Abs. 1 TVöD-K erfasst werden.

---

774 Bredemeier/Neffke/Bredemeier TVöD/TV-L Einf. Rn. 1.
775 Besondere Teile existieren für folgende Dienstleistungsbereiche: Verwaltung (BT-V), Krankenhäuser (BT-K), Pflege- und Betreuungseinrichtungen (BT-B), Sparkassen (BT-S), Flughäfen (BT-F) und Entsorgung (BT-E).
776 Bredemeier/Neffke/Bredemeier TVöD/TV-L Einf. Rn. 2.
777 Bredemeier/Neffke/Bredemeier TVöD/TV-L Einf. Rn. 2.
778 Bredemeier/Neffke/Bredemeier TVöD/TV-L Einf. Rn. 4.

> **Praxishinweis:**
> Die VKA und die beteiligten Gewerkschaften haben so genannte „durchgeschriebene Fassungen" des für die einzelnen Dienstleistungsbereiche geltenden Tarifrechts[779] erstellt,[780] um die Übersicht zu verbessern und die Lesbarkeit zu erleichtern.[781]
> Vor diesem Hintergrund ist es sinnvoll zunächst zu prüfen, welcher BT im konkreten Arbeitsverhältnis Anwendung findet und sodann mit der entsprechenden „durchgeschriebenen Fassung" weiterzuarbeiten.

Der TVöD-V und der TVöD-B gliedern sich jeweils in sechs Abschnitte und enthalten u.a. Regelungen zur **Arbeitszeit**, zur **Eingruppierung**, zum **Entgelt** und zu sonstigen Leistungen, zum **Urlaub** und zur Arbeitsbefreiung sowie zur Befristung und Beendigung von Arbeitsverhältnissen.

b) Eingruppierung

Beschäftigte erhalten gemäß § 15 Abs. 1 S. 1 TVöD monatlich ein **Tabellenentgelt**. Die Höhe bestimmt sich gemäß § 15 Abs. 1 S. 2 TVöD nach der Entgeltgruppe, in der die beschäftigte Person eingruppiert ist und nach der Stufe, der die Person zugeordnet wird.

Die beschäftigte Person ist nach § 12 Abs. 2 S. 1 TVöD in der Entgeltgruppe eingruppiert, deren Tätigkeitsmerkmale die gesamte von ihr nicht nur vorübergehend auszuübende Tätigkeit entspricht. Die gesamte auszuübende Tätigkeit entspricht § 12 Abs. 2 S. 2 TVöD den Tätigkeitsmerkmalen einer Entgeltgruppe, wenn zeitlich mindestens zur Hälfte Arbeitsvorgänge anfallen, die für sich genommen die Anforderungen eines Tätigkeitsmerkmals oder mehrerer Tätigkeitsmerkmale dieser Entgeltgruppe erfüllen. Ist jedoch innerhalb eines Tätigkeitsmerkmals selbst – wie beispielsweise in der Entgeltgruppe S 16, Fallgruppe 6[782] – ein abweichender zeitlicher Umfang bestimmt, gilt nach § 12 Abs. 2 S. 5 TVöD dieser Zeitumfang.

Die Eingruppierung von Beschäftigten im Sozial- und Erziehungsdienst („SuE") richtet sich grundsätzlich nach den Tätigkeitsmerkmalen in Teil B Abschnitt XXIV der Anlage 1 – Entgeltordnung (VKA), die Bestandteil des TVöD-V und des TVöD-B ist.[783] Dort sind für die Entgeltgruppen S 2 bis S 18 Tätigkeitsmerkmale aufgeführt, anhand derer die Eingruppierung erfolgt. In den Entgeltgruppen S 9, S 11a, S 13 sowie S 15 bis S 18 ist als ein Tätigkeitsmerkmal „Beschäftigte als Leiterinnen/Leiter von Kindertagesstätten" bzw. „Beschäftigte, die durch ausdrückliche Anordnung als ständige Vertreterinnen/Vertreter von Kindertagesstätten (…)

---

779 Online abrufbar z. B. unter https://www.vka.de/tarifvertraege-und-richtlinien/tarifvertraege/tvoed, letzter Zugriff am 25.4.2023.
780 Die durchgeschriebenen Fassungen stellen keine eigenständigen Tarifverträge mit eigenen Regelungen dar; werden die ihnen zu Grunde liegenden Tarifverträge – der AT und der jeweilige BT des TVöD – geändert, wirkt sich dies unmittelbar auf die durchgeschriebenen Fassungen aus (Bredemeier/Neffke/Bredemeier TVöD/TV-L Einf. Rn. 7).
781 Bredemeier/Neffke/Bredemeier TVöD/TV-L Einf. Rn. 7.
782 Dort heißt es: „…deren Tätigkeit sich mindestens zu einem Drittel durch besondere Schwierigkeit und Bedeutung aus der Entgeltgruppe S 12 heraushebt.".
783 Vereinigung der kommunalen Arbeitgeberverbände, TVöD-V bzw. TVöD-B.

bestellt sind" genannt. Die Anzahl der durchschnittlich belegten Plätze und die Art der Kindertagesstätte ist ausschlaggebend für die Geltung der jeweiligen Entgeltgruppe.

Innerhalb der Tätigkeitsmerkmale der einzelnen Entgeltgruppen der Entgeltordnung wird die Berufsgruppe der Kindheitspädagoginnen und Kindheitspädagogen bislang leider nicht explizit aufgeführt. Ausdrücklich genannt werden u. a. die Berufsgruppen der Kinderpflegerinnen und Kinderpfleger, der Erzieherinnen und Erzieher sowie der Sozialarbeiterinnen und der Sozialarbeiter. In den Tätigkeitsmerkmalen zahlreicher Entgeltgruppen findet sich allerdings nach der Auflistung bestimmter Berufsgruppen eine Erweiterung um „sonstige Beschäftigte, die aufgrund gleichwertiger Fähigkeiten und ihren Erfahrungen entsprechende Tätigkeiten ausüben". Gefordert wird eine fachliche und qualitative Verwendungsbreite wie bei den Beschäftigten, die Abschlüsse in den in den zuvor in der Beschreibung der jeweiligen Entgeltgruppe genannten Berufen erworben haben. Im konkreten Einzelfall ist bei der Einstellung eines Kindheitspädagogen ohne Leitungsfunktion in einer Kindertageseinrichtung somit zu prüfen, ob die Eingruppierung in eine bestimmte Entgeltgruppe über das Merkmal „sonstiger Beschäftigter" erfolgen kann.

Die Entgeltgruppen für Beschäftigte im Sozial- und Erziehungsdienst beinhalten gemäß Teil B Abschnitt XXIV der Anlage 1 – Entgeltordnung (VKA)[784] folgende Tätigkeitsmerkmale:

Entgeltgruppe	Beschreibung
S 2	Beschäftigte in der Tätigkeit von Kinderpflegerinnen/Kinderpflegern, Sozialassistentinnen/Sozialassistenten und Heilerziehungspflegehelferinnen/Heilerziehungspflegehelfern mit staatlicher Anerkennung oder mit staatlicher Prüfung. (Hierzu Protokollerklärungen Nrn. 1 und 3)
S 3	Kinderpflegerinnen/Kinderpfleger, Sozialassistentinnen/Sozialassistenten und Heilerziehungspflegehelferinnen/Heilerziehungspflegehelfern mit staatlicher Anerkennung oder mit staatlicher Prüfung und entsprechender Tätigkeit sowie sonstige Beschäftigte, die aufgrund gleichwertiger Fähigkeiten und ihrer Erfahrungen entsprechende Tätigkeiten ausüben. (Hierzu Protokollerklärungen Nrn. 1 und 3)

---

784 Vereinigung der kommunalen Arbeitgeberverbände, TVöD-V bzw. TVöD-B.

VII. Arbeitsrecht

Entgeltgruppe	Beschreibung
S 4	1. Kinderpflegerinnen/Kinderpfleger, Sozialassistentinnen/Sozialassistenten und Heilerziehungspflegehelferinnen/Heilerziehungspflegehelfern mit staatlicher Anerkennung oder mit staatlicher Prüfung und entsprechender Tätigkeit sowie sonstige Beschäftigte, die aufgrund gleichwertiger Fähigkeiten und ihrer Erfahrungen entsprechende Tätigkeiten ausüben, mit schwierigen fachlichen Tätigkeiten. (Hierzu Protokollerklärungen Nrn. 1, 2 und 3) 2. Beschäftigte im handwerklichen Erziehungsdienst mit abgeschlossener Berufsausbildung. (Hierzu Protokollerklärung Nr. 1) 3. Beschäftigte in der Tätigkeit von Erzieherinnen/Erziehern, Heilerziehungspflegerinnen/Heilerziehungspflegern oder Heilerzieherinnen/Heilerziehern mit staatlicher Anerkennung. (Hierzu Protokollerklärungen Nrn. 1 und 3)
S 5	[nicht besetzt]
S 6	[nicht besetzt]
S 7	Beschäftigte mit abgeschlossener Berufsausbildung als Gruppenleiterin/Gruppenleiter in Ausbildungs- oder Berufsförderungswerkstätten oder Werkstätten für behinderte Menschen. (Hierzu Protokollerklärungen Nrn. 1, 1a und 17)
S 8a	1. Erzieherinnen/Erzieher, Heilerziehungspflegerinnen/Heilerziehungspfleger und Heilerzieherinnen/Heilerzieher mit staatlicher Anerkennung und jeweils entsprechender Tätigkeit sowie sonstige Beschäftigte, die aufgrund gleichwertiger Fähigkeiten und ihrer Erfahrungen entsprechende Tätigkeiten ausüben. (Hierzu Protokollerklärungen Nrn. 1, 1a, 3 und 5) 2. Beschäftigte mit abgeschlossener Berufsausbildung und einer abgeschlossenen Weiterbildung als geprüfte Fachkraft für Arbeits- und Berufsförderung als Gruppenleiterin/Gruppenleiter in Ausbildungs- oder Berufsförderungswerkstätten oder Werkstätten für behinderte Menschen. (Hierzu Protokollerklärungen Nrn. 1 und 1a)

Entgeltgruppe	Beschreibung
S 8b	1. Erzieherinnen/Erzieher, Heilerziehungspflegerinnen/Heilerziehungspfleger sowie Heilerzieherinnen/ Heilerzieher mit staatlicher Anerkennung und jeweils entsprechender Tätigkeit sowie sonstige Beschäftigte, die aufgrund gleichwertiger Fähigkeiten und ihrer Erfahrungen entsprechende Tätigkeiten ausüben, mit besonders schwierigen fachlichen Tätigkeiten.
	(Hierzu Protokollerklärungen Nrn. 1, 1a, 3, 5 und 6)
	2. Handwerksmeisterinnen/Handwerksmeister, Industriemeisterinnen/Industriemeister oder Gärtnermeisterinnen/Gärtnermeister als Gruppenleiterin/Gruppenleiter in Ausbildungs- oder Berufsförderungswerkstätten oder Werkstätten für behinderte Menschen.
	(Hierzu Protokollerklärungen Nrn. 1 und 1a)
	3. Beschäftigte in der Tätigkeit von Sozialarbeiterinnen/Sozialarbeitern bzw. Sozialpädagoginnen/Sozialpädagogen mit staatlicher Anerkennung.
	(Hierzu Protokollerklärungen Nrn. 1 und 1a)
S 9	Erzieherinnen/Erzieher, Heilerziehungspflegerinnen/Heilerziehungspfleger und Heilerzieherinnen/Heilerzieher mit staatlicher Anerkennung und jeweils entsprechender Tätigkeit sowie sonstige Beschäftigte, die aufgrund gleichwertiger Fähigkeiten und ihrer Erfahrungen entsprechende Tätigkeiten ausüben, mit fachlich koordinierenden Aufgaben für mindestens drei Beschäftigte mindestens der Entgeltgruppe S 8b Fallgruppe 1.
	(Hierzu Protokollerklärungen Nrn. 1, 1a, 3 und 5)
	2. Heilpädagoginnen/ Heilpädagogen mit staatlicher Anerkennung und entsprechender Tätigkeit.
	(Hierzu Protokollerklärungen Nrn. 1, 1a und 7)
	3. Beschäftigte in der Tätigkeit von Heilpädagoginnen und Heilpädagogen mit abgeschlossener Hochschulbildung und – soweit nach dem jeweiligen Landesrecht vorgesehen – mit staatlicher Anerkennung.
	(Hierzu Protokollerklärungen Nrn. 1, 1a und 15)
	4. Beschäftigte als Leiterinnen/Leiter von Kindertagesstätten.
	(Hierzu Protokollerklärungen Nrn. 1a und 8)
	5. Beschäftigte, die durch ausdrückliche Anordnung als ständige Vertreterinnen/Vertreter von Leiterinnen/Leitern von Kindertagesstätten mit einer Durchschnittsbelegung von mindestens 40 Plätzen bestellt sind.
	(Hierzu Protokollerklärungen Nrn. 1a, 4, 8 und 9)

VII. Arbeitsrecht

Entgeltgruppe	Beschreibung
S 10	[nicht besetzt]
S 11a	Beschäftigte, die durch ausdrückliche Anordnung als ständige Vertreterinnen/Vertreter von Leiterinnen/Leitern von Kindertagesstätten für Menschen mit Behinderung im Sinne von § 2 SGB IX oder für Kinder und Jugendliche mit wesentlichen Erziehungsschwierigkeiten oder von Tagesstätten für erwachsene Menschen mit Behinderung im Sinne des § 2 SGB IX bestellt sind. (Hierzu Protokollerklärungen Nrn. 1a, 4 und 8)
S 11b	Sozialarbeiterinnen/Sozialarbeiter und Sozialpädagoginnen/Sozialpädagogen mit staatlicher Anerkennung sowie Heilpädagoginnen/Heilpädagogen mit abgeschlossener Hochschulbildung und – soweit nach dem jeweiligen Landesrecht vorgesehen – mit staatlicher Anerkennung mit jeweils entsprechender Tätigkeit sowie sonstige Beschäftigte, die aufgrund gleichwertiger Fähigkeiten und ihrer Erfahrungen entsprechende Tätigkeiten ausüben. (Hierzu Protokollerklärungen Nrn. 1 und 15)
S 12	Sozialarbeiterinnen/Sozialarbeiter und Sozialpädagoginnen/Sozialpädagogen mit staatlicher Anerkennung sowie Heilpädagoginnen/Heilpädagogen mit abgeschlossener Hochschulbildung und – soweit nach dem jeweiligen Landesrecht vorgesehen – mit staatlicher Anerkennung mit jeweils entsprechender Tätigkeit sowie sonstige Beschäftigte, die aufgrund gleichwertiger Fähigkeiten und ihrer Erfahrungen entsprechende Tätigkeiten ausüben, mit schwierigen Tätigkeiten. (Hierzu Protokollerklärungen Nrn. 1, 12 und 15)
S 13	1. Beschäftigte als Leiterinnen/Leiter von Kindertagesstätten mit einer Durchschnittsbelegung von mindestens 40 Plätzen. (Hierzu Protokollerklärungen Nrn. 1a, 8 und 9) 2. Beschäftigte, die durch ausdrückliche Anordnung als ständige Vertreterinnen/Vertreter von Leiterinnen/Leitern von Kindertagesstätten mit einer Durchschnittsbelegung von mindestens 70 Plätzen bestellt sind. (Hierzu Protokollerklärungen Nrn. 1a, 4, 8 und 9)

Entgeltgruppe	Beschreibung
S 14	Sozialarbeiterinnen/Sozialarbeiter und Sozialpädagoginnen/Sozialpädagogen mit staatlicher Anerkennung sowie Heilpädagoginnen/Heilpädagogen mit abgeschlossener Hochschulbildung und – soweit nach dem jeweiligen Landesrecht vorgesehen – mit staatlicher Anerkennung mit jeweils entsprechender Tätigkeit sowie sonstige Beschäftigte, die aufgrund gleichwertiger Fähigkeiten und ihrer Erfahrungen entsprechende Tätigkeiten ausüben, die Entscheidungen zur Vermeidung der Gefährdung des Kindeswohls treffen und in Zusammenarbeit mit dem Familiengericht bzw. Betreuungsgericht Maßnahmen einleiten, welche zur Gefahrenabwehr erforderlich sind, oder mit gleichwertigen Tätigkeiten, die für die Entscheidung zur zwangsweisen Unterbringung von Menschen mit psychischen Krankheiten erforderlich sind (z.B. Sozialpsychiatrischer Dienst der örtlichen Stellen der Städte, Gemeinden und Landkreise). (Hierzu Protokollerklärungen Nrn. 13, 14 und 15)
S 15	1. Beschäftigte als Leiterinnen/Leiter von Kindertagesstätten mit einer Durchschnittsbelegung von mindestens 70 Plätzen. (Hierzu Protokollerklärungen Nrn. 1a, 8 und 9) 2. Beschäftigte, die durch ausdrückliche Anordnung als ständige Vertreterinnen bzw. Vertreter von Leiterinnen/Leitern von Kindertagesstätten mit einer Durchschnittsbelegung von mindestens 100 Plätzen bestellt sind. (Hierzu Protokollerklärungen Nrn. 1a, 4, 8 und 9) 3. Beschäftigte als Leiterinnen/Leiter von Kindertagesstätten für Menschen mit Behinderung im Sinne von § 2 SGB IX oder für Kinder und Jugendliche mit wesentlichen Erziehungsschwierigkeiten oder von Tagesstätten für erwachsene Menschen mit Behinderung im Sinne des § 2 SGB IX. (Hierzu Protokollerklärungen Nrn. 1a und 8) 4. Beschäftigte, die durch ausdrückliche Anordnung als ständige Vertreterinnen/Vertreter von Leiterinnen/Leitern von Kindertagesstätten für Menschen mit Behinderung im Sinne von § 2 SGB IX oder für Kinder und Jugendliche mit wesentlichen Erziehungsschwierigkeiten oder von Tagesstätten für erwachsene Menschen mit Behinderung im Sinne des § 2 SGB IX mit einer Durchschnittsbelegung von mindestens 40 Plätzen bestellt sind. (Hierzu Protokollerklärungen Nrn. 1a, 4, 8 und 9)

VII. Arbeitsrecht

Entgeltgruppe	Beschreibung
	5. Beschäftigte, die durch ausdrückliche Anordnung als ständige Vertreterinnen/Vertreter von Leiterinnen/Leitern von Erziehungsheimen oder von Wohnheimen für erwachsene Menschen mit Behinderung im Sinne des § 2 SGB IX bestellt sind. (Hierzu Protokollerklärungen Nrn. 1, 1a, 4, 10 und 11) 6. Sozialarbeiterinnen/Sozialarbeiter und Sozialpädagoginnen/Sozialpädagogen mit staatlicher Anerkennung sowie Heilpädagoginnen/Heilpädagogen mit abgeschlossener Hochschulbildung und – soweit nach dem jeweiligen Landesrecht vorgesehen – mit staatlicher Anerkennung mit jeweils entsprechender Tätigkeit sowie sonstige Beschäftigte, die aufgrund gleichwertiger Fähigkeiten und ihrer Erfahrungen entsprechende Tätigkeiten ausüben, deren Tätigkeit sich mindestens zu einem Drittel durch besondere Schwierigkeit und Bedeutung aus der Entgeltgruppe S 12 heraushebt. (Hierzu Protokollerklärungen Nrn. 1 und 15)
S 16	1. Beschäftigte als Leiterinnen/Leiter von Kindertagesstätten mit einer Durchschnittsbelegung von mindestens 100 Plätzen. (Hierzu Protokollerklärungen Nrn. 1a, 8 und 9) 2. Beschäftigte, die durch ausdrückliche Anordnung als ständige Vertreterinnen/Vertreter von Leiterinnen/Leitern von Kindertagesstätten mit einer Durchschnittsbelegung von mindestens 130 Plätzen bestellt sind. (Hierzu Protokollerklärungen Nrn. 1a, 4, 8 und 9) 3. Beschäftigte als Leiterinnen/Leiter von Kindertagesstätten für Menschen mit Behinderung im Sinne von § 2 SGB IX oder für Kinder und Jugendliche mit wesentlichen Erziehungsschwierigkeiten oder von Tagesstätten für erwachsene Menschen mit Behinderung im Sinne des § 2 SGB IX mit einer Durchschnittsbelegung von mindestens 40 Plätzen. (Hierzu Protokollerklärungen Nrn. 1a, 8 und 9) 4. Beschäftigte, die durch ausdrückliche Anordnung als ständige Vertreterinnen/Vertreter von Leiterinnen/Leitern von Kindertagesstätten für Menschen mit Behinderung im Sinne von § 2 SGB IX oder für Kinder und Jugendliche mit wesentlichen Erziehungsschwierigkeiten oder von Tagesstätten für erwachsene Menschen mit Behinderung im Sinne des § 2 SGB IX mit einer Durchschnittsbelegung von mindestens 70 Plätzen bestellt sind. (Hierzu Protokollerklärungen Nrn. 1a, 4, 8 und 9)

Entgeltgruppe	Beschreibung
	5. Beschäftigte als Leiterinnen/Leiter von Erziehungsheimen oder von Wohnheimen für erwachsene Menschen mit Behinderung im Sinne des § 2 SGB IX. (Hierzu Protokollerklärungen Nrn. 1, 1a, 10 und 11) 6. Beschäftigte, die durch ausdrückliche Anordnung als ständige Vertreterinnen/Vertreter von Leiterinnen/Leitern von Erziehungsheimen oder von Wohnheimen für erwachsene Menschen mit Behinderung im Sinne des § 2 SGB IX mit einer Durchschnittsbelegung von mindestens 50 Plätzen bestellt sind. (Hierzu Protokollerklärungen Nrn. 1, 1a, 4, 9, 10 und 11)
S 17	1. Beschäftigte als Leiterinnen/Leiter von Kindertagesstätten mit einer Durchschnittsbelegung von mindestens 130 Plätzen. (Hierzu Protokollerklärungen Nrn. 1a, 8 und 9) 2. Beschäftigte, die durch ausdrückliche Anordnung als ständige Vertreterinnen/Vertreter von Leiterinnen/Leitern von Kindertagesstätten mit einer Durchschnittsbelegung von mindestens 180 Plätzen bestellt sind. (Hierzu Protokollerklärungen Nrn. 1a, 4, 8 und 9) 3. Beschäftigte als Leiterinnen/Leiter von Kindertagesstätten für Menschen mit Behinderung im Sinne von § 2 SGB IX oder für Kinder und Jugendliche mit wesentlichen Erziehungsschwierigkeiten oder von Tagesstätten für erwachsene Menschen mit Behinderung im Sinne des § 2 SGB IX mit einer Durchschnittsbelegung von mindestens 70 Plätzen. (Hierzu Protokollerklärungen Nrn. 1a, 8 und 9) 4. Beschäftigte, die durch ausdrückliche Anordnung als ständige Vertreterinnen/Vertreter von Leiterinnen/Leitern von Kindertagesstätten für Menschen mit Behinderung im Sinne von § 2 SGB IX oder für Kinder und Jugendliche mit wesentlichen Erziehungsschwierigkeiten oder von Tagesstätten für erwachsene Menschen mit Behinderung im Sinne des § 2 SGB IX mit einer Durchschnittsbelegung von mindestens 90 Plätzen bestellt sind. (Hierzu Protokollerklärungen Nrn. 1a, 4, 8 und 9)

VII. Arbeitsrecht

Entgeltgruppe	Beschreibung
	5. Beschäftigte, die durch ausdrückliche Anordnung als ständige Vertreterinnen/Vertreter von Leiterinnen/Leitern von Erziehungsheimen oder von Wohnheimen für erwachsene Menschen mit Behinderung im Sinne des § 2 SGB IX mit einer Durchschnittsbelegung von mindestens 90 Plätzen bestellt sind.
	(Hierzu Protokollerklärungen Nrn. 1, 1a, 4, 9, 10 und 11)
	6. Sozialarbeiterinnen/Sozialarbeiter und Sozialpädagoginnen/Sozialpädagogen mit staatlicher Anerkennung sowie Heilpädagoginnen/Heilpädagogen mit abgeschlossener Hochschulbildung und – soweit nach dem jeweiligen Landesrecht vorgesehen – mit staatlicher Anerkennung mit jeweils entsprechender Tätigkeit sowie sonstige Beschäftigte, die aufgrund gleichwertiger Fähigkeiten und ihrer Erfahrungen entsprechende Tätigkeiten ausüben, deren Tätigkeit sich durch besondere Schwierigkeit und Bedeutung aus der Entgeltgruppe S 12 heraushebt.
	(Hierzu Protokollerklärungen Nrn. 1 und 15)
	7. Psychagoginnen/Psychagogen mit staatlicher Anerkennung oder staatlich anerkannter Prüfung und entsprechender Tätigkeit.
	(Hierzu Protokollerklärung Nr. 16)
S 18	1. Beschäftigte als Leiterinnen/Leiter von Kindertagesstätten mit einer Durchschnittsbelegung von mindestens 180 Plätzen.
	(Hierzu Protokollerklärungen Nrn. 1a, 8 und 9)
	2. Beschäftigte als Leiterinnen/Leiter von Kindertagesstätten für Menschen mit Behinderung im Sinne von § 2 SGB IX oder für Kinder und Jugendliche mit wesentlichen Erziehungsschwierigkeiten oder von Tagesstätten für erwachsene Menschen mit Behinderung im Sinne des § 2 SGB IX mit einer Durchschnittsbelegung von mindestens 90 Plätzen.
	(Hierzu Protokollerklärungen Nrn. 1a, 8 und 9)
	3. Beschäftigte als Leiterinnen/Leiter von Erziehungsheimen oder von Wohnheimen für erwachsene Menschen mit Behinderung im Sinne des § 2 SGB IX mit einer Durchschnittsbelegung von mindestens 50 Plätzen.
	(Hierzu Protokollerklärungen Nrn. 1, 1a, 9, 10 und 11)

Entgeltgruppe	Beschreibung
	4. Sozialarbeiterinnen/Sozialarbeiter und Sozialpädagoginnen/Sozialpädagogen mit staatlicher Anerkennung sowie Heilpädagoginnen/Heilpädagogen mit abgeschlossener Hochschulbildung und – soweit nach dem jeweiligen Landesrecht vorgesehen – mit staatlicher Anerkennung mit jeweils entsprechender Tätigkeit sowie sonstige Beschäftigte, die aufgrund gleichwertiger Fähigkeiten und ihrer Erfahrungen entsprechende Tätigkeiten ausüben, deren Tätigkeit sich durch das Maß der damit verbundenen Verantwortung erheblich aus der Entgeltgruppe S17 Fallgruppe 6 heraushebt. (Hierzu Protokollerklärungen Nrn. 1 und 15)

Die im Teil B Abschnitt XXIV der Anlage 1 – Entgeltordnung (VKA) abgedruckten Protokollerklärungen enthalten zu einzelnen Eingruppierungsmerkmalen weitere Konkretisierungen.[785]

Wie oben bereits erwähnt, wird in verschiedenen Entgeltgruppen die Leitung bzw. stellvertretende Leitung von Kindertagestagesstätten als Tätigkeitsmerkmal genannt. Die konkrete Eingruppierung als Leitung oder stellvertretende Leitung ist abhängig von der Durchschnittsbelegung der belegbaren Plätze.[786] Im Rahmen der Tarifeinigung 2022 wurde die Protokollerklärung Nr. 9 angepasst, um eine stabilere Eingruppierungssituation zu erreichen.[787] Für die Berechnung der Durchschnittsbelegung für das jeweilige Kalenderjahr wird nunmehr gemäß der Protokollerklärung Nr. 9 S. 1 grundsätzlich die Zahl der vom 1. Januar bis 31. Dezember des Vorjahres vergebenen, je Tag gleichzeitig belegbaren Plätze zugrunde gelegt. Eine Unterschreitung von unter 7,5 Prozent führt gemäß der Protokollerklärung Nr. 9 S. 2 nicht zu einer Herabgruppierung. Eine Unterschreitung um mehr als 7,5 Prozent führt gemäß Protokollerklärung Nr. 9 S. 3 erst dann zu einer Herabgruppierung, wenn die maßgebliche Platzzahl drei Jahre hintereinander nicht erreicht wird. Werden aufgrund von zu betreuenden Kindern mit erhöhtem oder wesentlich erhöhtem Förderungsbedarf im Sinne der jeweiligen landesrechtlichen Regelungen entsprechende Betreuungsanforderungen festgestellt, wird bei Unterschreitung der maßgeblichen Platzzahl gemäß der Protokollerklärung Nr. 9 S. 4 ebenfalls keine Herabgruppierung vorgenommen. Gleiches gilt nach der Protokollerklärung Nr. 9 S. 5 und 6 dann, wenn die Unterschreitung der Platzzahl auf Grund von arbeitgeberseitigen Maßnahmen (zum Beispiel Qualitätsverbesserungen) erfolgt, sofern es sich nicht um organisatorische Maßnahmen infolge demographischer Handlungsnotwendigkeiten handelt.

Im Rahmen der TVöD-Tarifeinigung zum Sozial- und Erziehungsdienst 2022 wurde im TVöD-V bzw. im TVöD-B erstmals die Berufsgruppe der Kindheitspädagogen ausdrücklich berücksichtigt, wenn auch nur in einer Protokollerklärung. In der Neufassung der Protokollerklärung Nr. 13 zur Entgeltgruppe S 14 heißt

---

[785] Vereinigung der kommunalen Arbeitgeberverbände, TVöD-V.
[786] Günther ZAT 2022, 148 (155).
[787] Günther, ZAT 2022, 148 (155).

es nunmehr wie folgt: „Unter die Entgeltgruppe S 14 fallen auch Beschäftigte mit dem Abschluss Diplompädagogin/Diplompädagoge, Erziehungswissenschaftlerin/Erziehungswissenschaftler (Bachelor/Master) oder Kindheitspädagogin/Kindheitspädagoge (Bachelor/Master), die aufgrund gleichwertiger Fähigkeiten und ihrer Erfahrungen entsprechende Tätigkeiten von Sozialarbeiterinnen/Sozialarbeitern bzw. Sozialpädagogen/Sozialpädagoginnen mit staatlicher Anerkennung ausüben, denen Tätigkeiten der Entgeltgruppe S 14 übertragen sind".[788] Hierdurch wurde die Möglichkeit eröffnet, auf eine vereinfachte Prüfung des „sonstigen Beschäftigten" zurückgreifen zu können. Es bleibt zu hoffen, dass die Berufsgruppe der Kindheitspädagogen in den nächsten Tarifverhandlungsrunden im Bereich des Sozial- und Erziehungsdienstes stärker als bisher im Fokus stehen wird.

c) Stufenzuordnung

Die Entgeltgruppen S 2 bis S 18 umfassen nach § 16 Abs. 2.1 S. 1 TVöD-V/TVöD-B sechs Stufen.[789] Bei ihrer Einstellung werden die Beschäftigten gemäß § 16 Abs. 2.1 S. 2 TVöD-V/TVöD-B der Stufe 1 zugeordnet, sofern keine einschlägige **Berufserfahrung** vorliegt. Bei einer einschlägigen Berufserfahrung von mindestens einem Jahr erfolgt die Einstellung nach § 16 Abs. 2.1 S. 3 TVöD-V/TVöD-B in die Stufe 2 und bei einer einschlägigen Berufserfahrung von mindestens vier Jahren erfolgt in der Regel eine Zuordnung zur Stufe 3. Unabhängig hiervon kann der Arbeitgeber jedoch nach § 16 Abs. 2.1 S. 4 TVöD-V/TVöD-B bei Neueinstellungen zur Deckung des Personalbedarfs Zeiten einer vorherigen beruflichen Tätigkeit ganz oder teilweise für die Stufenzuordnung berücksichtigen, wenn diese Tätigkeit für die vorgesehene Tätigkeit förderlich ist. Bei der Einstellung von Beschäftigten in unmittelbarem Anschluss an ein Arbeitsverhältnis im öffentlichen Dienst oder zu einem Arbeitgeber, der einen dem TVöD vergleichbaren Tarifvertrag anwendet, kann nach § 16 Abs. 2.1 S. 5 TVöD-V/TVöD-B die in dem vorhergehenden Arbeitsverhältnis erworbene Stufe bei der Stufenzuordnung ganz oder teilweise berücksichtigt werden.

Die Beschäftigten erreichen gemäß § 16 Abs. 3.1 TVöD-V/TVöD-B die jeweils **nächste Stufe** – von Stufe 3 an in Abhängigkeit von ihrer Leistung gemäß § 17 Abs. 2 TVöD – nach Ablauf folgender Zeiten einer ununterbrochenen Tätigkeit innerhalb derselben Entgeltgruppe bei ihrem Arbeitgeber (Stufenlaufzeit):

- Stufe 2 nach einem Jahr in Stufe 1,
- Stufe 3 nach drei Jahren in Stufe 2,
- Stufe 4 nach vier Jahren in Stufe 3,
- Stufe 5 nach vier Jahren in Stufe 4 und
- Stufe 6 nach fünf Jahren in Stufe 5.

---

[788] TVöD-V Teil B Abschnitt XXIV der Anlage 1 – Entgeltordnung (VKA).
[789] Abweichend von dieser Regelung ist gemäß § 16 Abs. 4.1 S. 1 TVöD-V/TVöD-B bei Beschäftigten nach § 15 Abs. 2 S 2 TVöD-V Endstufe die Stufe 4 in der Entgeltgruppe S 4 bei Tätigkeiten der Fallgruppe 3 und in der Entgeltgruppe S 8b bei Tätigkeiten der Fallgruppe 3.

Hierzu enthält § 16 Abs. 4.1 S. 2 TVöD-V/TVöD-B eine abweichende Regelungen für Beschäftigte nach § 15 Abs. 2 S. 2 TVöD, die nach dem Teil B Abschnitt XXIV der Anlage 1 - Entgeltordnung (VKA) in der Entgeltgruppe S 8b bei Tätigkeiten der Fallgruppen 1 oder 2 eingruppiert sind: Sie erreichen die Stufe 5 erst nach sechs Jahren in Stufe 4 und die Stufe 6 erst nach acht Jahren in Stufe 5.

Im Rahmen der Tarifeinigung zum Sozial- und Erziehungsdienst 2022 haben die VKA und die beteiligten Gewerkschaften vereinbart, dass die Regelungen des § 16 Abs. 3.1 und 4.1 TVöD-V/TVöD-B mit Wirkung zum 1. Oktober 2024 aufgehoben werden.[790] Ab diesem Zeitpunkt gelten für die Beschäftigten des Sozial- und Erziehungsdienstes für das Erreichen der jeweils nächsten Erfahrungsstufe in der jeweiligen Entgeltgruppe im Verhältnis zu den übrigen Beschäftigen keine verlängerten Stufenlaufzeiten mehr. Auch die vorgezogenen Endstufen für bestimmte Entgeltgruppen entfallen zu diesem Zeitpunkt. Die betroffenen Beschäftigten werden gemäß § 28e des Tarifvertrags zur Überleitung der Beschäftigten der kommunalen Arbeitgeber in den TVöD und zur Regelung des Übergangsrechts (TVÜ-VKA) mit Wirkung zum 1. Oktober 2024 der dann für sie maßgeblichen Stufe zugeordnet.[791]

d) Tabellenentgelt und weitere Entgeltbestandteile

Die nachfolgende Tabelle gibt das monatliche Bruttogehalt (sog. Arbeitnehmerbruttogehalt) in den einzelnen Entgeltgruppen und Stufen wieder:

Tabelle TVöD VKA
Anlage C (Sozial- und Erziehungsdienst)
gültig ab 1. April 2022 (monatlich in Euro)[792]

Entgeltgruppe	Stufe 1	Stufe 2	Stufe 3	Stufe 4	Stufe 5	Stufe 6
S 18	4.025,78	4.133,45	4.666,83	5.066,83	5.666,85	6.033,52
S 17	3.696,23	3.966,79	4.400,13	4.666,83	5.200,16	5.513,51
S 16	3.616,47	3.880,13	4.173,46	4.533,47	4.933,48	5.173,50
S 15	3.481,65	3.733,42	4.000,14	4.306,81	4.800,16	5.013,48
S 14	3.446,47	3.695,15	3.991,52	4.292,99	4.626,36	4.859,69
S 13	3.361,11	3.603,41	3.933,46	4.200,11	4.533,47	4.700,14
S 12	3.351,74	3.593,37	3.909,61	4.189,61	4.536,30	4.682,97
S 11b	3.304,79	3.512,98	3.710,32	4.137,01	4.470,35	4.670,36
S 11a	3.242,17	3.475,77	3.641,71	4.066,80	4.400,13	4.600,14
S 9[793]	2.995,63	3.211,18	3.463,08	3.831,49	4.179,82	4.446,86

---

790 Günther ZAT 2022, 148 (156); Stier öAT 2022, 199 (200).
791 Vgl. zu den Einzelheiten Günther ZAT 2022, 148 (156).
792 Vereinigung der kommunalen Arbeitgeberverbände TVöD-V, Anlage A.
793 Im Rahmen der TVöD-Tarifeinigung zum Sozial- und Erziehungsdienst 2022 wurden für die Entgeltgruppe 9 neue Tabellenwerte vereinbart, die allerdings erst ab dem 1.10.2024 maßgeblich sein werden (vgl. zu den Einzelheiten § 28e Abs. 4 TVÜ-VKA, s. auch Günther ZAT 2022, 148 (154).

VII. Arbeitsrecht

Entgeltgruppe	Stufe 1	Stufe 2	Stufe 3	Stufe 4	Stufe 5	Stufe 6
S 8b	2.995,63	3.211,18	3.463,08	3.831,49	4.179,82	4.446,86
S 8a	2.931,61	3.142,47	3.360,03	3.566,15	3.767,64	3.979,52
S 7	2.855,54	3.060,84	3.265,12	3.469,36	3.622,58	3.853,46
S 4	2.730,63	2.926,79	3.105,53	3.226,82	3.341,72	3.520,72
S 3	2.572,41	2.756,99	2.928,70	3.086,37	3.158,51	3.244,68
S 2	2.377,38	2.490,44	2.574,07	2.664,88	2.767,00	2.869,15

Ab 1. März 2024 werden die Tabellenentgelte der Beschäftigten – somit auch die Tabellenentgelte in der SuE-Tabelle – um 200 Euro erhöht (sogenannter Sockelbetrag). Diese um 200 Euro gestiegenen Entgelte werden zusätzlich um 5,5 Prozent erhöht. Soweit hierbei keine Erhöhung um 340 Euro erreicht wird, soll der betreffende Erhöhungsbetrag auf diese Summe festgesetzt werden. Die Ausbildungsentgelte steigen ab März 2024 um 150 Euro.[794] Außerdem wurde die Regelung zur befristeten Übernahme von Auszubildenden wieder in Kraft gesetzt.

Gegenstand der Tarifeinigung war zudem die Auszahlung eines steuer- und abgabenfreien Inflationsausgleichsgeldes in Höhe von insgesamt 3.000 Euro. Einzelheiten sind im Tarifvertrag über Sonderzahlungen zur Abmilderung der gestiegenen Verbraucherpreise (TV Inflationsausgleich) vom 22. April 2023 geregelt.[795] Mit ihrem Entgelt für den Monat Juni 2023 erhielten die Beschäftigten nach § 2 Abs. 1 TV Inflationsausgleich eine einmalige Sonderzahlung (Inflationsausgleich 2023), wenn ihr Arbeitsverhältnis am 1. Mai 2023 bestand und ihnen an mindestens einem Tag zwischen dem 1. Januar 2023 und dem 31. Mai 2023 ein Anspruch auf Entgelt zustand. Die Höhe des Inflationsausgleichs 2023 betrug für Personen, für die der TVöD VKA galt, gemäß § 2 Abs. 2 S. 1 TV Inflationsausgleich 1.240 Euro. Studierende, Auszubildende sowie Praktikantinnen und Praktikanten erhielten gemäß § 2 Abs. 2 S. 2 TV Inflationsausgleich im Juni 2023 ein Inflationsausgleichsgeld in Höhe von 620 Euro, sofern für sie der TVAöD,[796] TVSöD,[797] TVHöD[798] oder TVPöD[799] galt. Personen mit Teilzeitbeschäftigung bekamen den Inflationsausgleich 2023 gemäß § 2 Abs. 2 S. 3 TV Inflationsausgleich in Verbindung mit § 24 Abs. 2 TVöD VKA in dem Umfang, der dem Anteil ihrer individuell vereinbarten durchschnittlichen Arbeitszeit an der regelmäßigen Arbeitszeit vergleichbarer Vollzeitbeschäftigter entsprach.

---

[794] Zum ganzen Absatz Vereinte Dienstleistungsgewerkschaft – ver.di, Pressemitteilung vom 22. April 2023; Vereinigung der kommunalen Arbeitgeberverbände Pressemitteilung vom 23. April 2023.
[795] Liegt eine normative Tarifbindung vor – d. h., der Arbeitgeber ist Mitglied im Kommunalen Arbeitgeberverband und die oder der Beschäftigte ist Mitglied einer der tarifschließenden Gewerkschaften – gilt der TV Inflationsausgleich gemäß § 4 Abs. 1 S. 1 TVG zwingend und unmittelbar. Andernfalls findet der TV Inflationsausgleich auf das Arbeitsverhältnis nur dann Anwendung, wenn im Arbeitsvertrag eine Bezugnahme auf den TVöD VKA und die diesen ergänzenden Tarifverträge enthalten ist.
[796] Tarifvertrag für Auszubildende des öffentlichen Dienstes.
[797] Tarifvertrag für Studierende in ausbildungsintegrierten dualen Studiengängen im öffentlichen Dienst.
[798] Tarifvertrag für Studierende in einem dualen Hebammenstudium im öffentlichen Dienst.
[799] Tarifvertrag für Praktikantinnen/Praktikanten im öffentlichen Dienst.

Außerdem werden gemäß § 3 Abs. 1 S. 1 TV Inflationsausgleich in den Monaten Juli 2023 bis Februar 2024 (Bezugsmonate) monatliche Sonderzahlungen gewährt, die mit dem Entgelt des jeweiligen Bezugsmonats gemäß § 3 Abs. 1 S. 1 TV Inflationsausgleich ausgezahlt werden. Der Anspruch auf den monatlichen Inflationsausgleich besteht nach § 3 Abs. 1 S. 3 TV Inflationsausgleich nur dann, wenn in dem jeweiligen Bezugsmonat ein Arbeitsverhältnis besteht und die Person an mindestens einem Tag im Bezugsmonat Anspruch auf Entgelt hat. Die Höhe der monatlichen Sonderzahlung beträgt für Personen, für die der TVöD VKA gilt, gemäß § 3 Abs. 2 S. 1 TV Inflationsausgleich 220 Euro. Für Studierende, Auszubildende sowie Praktikantinnen und Praktikanten betragen die monatlichen Sonderzahlungen nach § 3 Abs. 2 S. 2 TV Inflationsausgleich 110 Euro, sofern sie unter den Geltungsbereich des TVAöD, TVSöD, TVHöD oder TVPöD fallen. Personen mit Teilzeitbeschäftigung bekommen die monatlichen Sonderzahlungen gemäß § 3 Abs. 2 S. 3 TV Inflationsausgleich in Verbindung mit § 24 Abs. 2 TVöD VKA in dem Umfang, der dem Anteil ihrer individuell vereinbarten durchschnittlichen Arbeitszeit an der regelmäßigen Arbeitszeit vergleichbarer Vollzeitbeschäftigter entspricht.

Dieser Tarifabschluss tritt zum 1. Januar 2023 rückwirkend in Kraft und hat eine Laufzeit bis zum 31. Dezember 2024.[800]

Regelungen zu weiteren Entgeltbestandteilen – zum Beispiel der Anspruch auf eine Jahressonderzahlung – enthalten die §§ 18 ff. TVöD VKA.

Beschäftigte, die nach Teil B Abschnitt XXIV der Anlage 1 – Entgeltordnung (VKA) in einer der Entgeltgruppen S 2 bis S 11a eingruppiert sind, erhalten seit dem 1. Juli 2022 gemäß § 15 Abs. 2.1 S. 1 TVöD-V eine monatliche SuE-Zulage in Höhe von 130 Euro. Beschäftigte, die nach Teil B Abschnitt XXIV der Anlage 1 – Entgeltordnung (VKA) in einer der Entgeltgruppen S 11b bis S 12 sowie S 14 oder S 15 bei Tätigkeiten der Fallgruppe 6 eingruppiert sind, bekommen gemäß § 15 Abs. 2.1 S. 2 TVöD-V eine monatliche SuE-Zulage in Höhe von 180 Euro.

Außerdem erhalten Beschäftigte[801] gemäß Protokollerklärung Nr. 1 S. 1 eine Wohnzulage für die Dauer der Tätigkeit in einer besonderen Wohnform oder in der ambulant unterstützten Einzel- oder Gruppenbetreuung, wenn diese als Präsenzleistung durchgängig 24 Stunden täglich erfolgt, oder in der Heimerziehung nach § 34 SGB VIII. Die Zulage beträgt 100 Euro monatlich, wenn ein überwiegender Teil der Menschen mit durchgängigem Unterstützungs- oder Betreuungsbedarf dort untergebracht ist bzw. betreut wird. Überwiegt der Teil der Menschen mit durchgängigem Unterstützungs- bzw. Betreuungsbedarf nicht, beträgt die Zulage 50 Euro monatlich. Weitere Einzelheiten ergeben sich aus der Protokollerklärung Nr. 1.

---

800 Zum ganzen Absatz Vereinigung der kommunalen Arbeitgeberverbände Pressemitteilung vom 23. April 2023; Vereinte Dienstleistungsgewerkschaft – ver.di, Pressemitteilung vom 22. April 2023.
801 Ausgenommen sind die in Entgeltgruppe S 4 bei Tätigkeiten der Fallgruppe 2, Entgeltgruppe S 7, Entgeltgruppe S 8a bei Tätigkeiten der Fallgruppe 2 und Entgeltgruppe S 8b bei Tätigkeiten der Fallgruppe 2 eingruppierten Beschäftigten, vgl. Protokollerklärung Nr. 1 S. 1. Diese Personengruppe erhält gemäß Protokollerklärung Nr. 1 S. 3 bei einer Tätigkeit in einem Heim eine Zulage in Höhe von 65 Euro monatlich.

Im Rahmen der TVöD-Tarifeinigung zum Sozial- und Erziehungsdienst 2022 wurde die Protokollerklärung Nr. 1a aufgenommen, die einen Anspruch auf eine Zulage in Höhe von 70 Euro monatlich für die Tätigkeit als Praxisanleiterin/Praxisanleiter beinhaltet. Diese Zulage wird für die Praxisanleitung in der Ausbildung von Erziehern, Kinderpflegern, Sozialassistenten und Heilerziehungspflegern gezahlt, wenn die Praxisanleitung zeitlich mindestens 15 Prozent der Gesamttätigkeit umfasst.

e) Umwandlungstage

Auf Wunsch eines Beschäftigten kann die oben beschriebene SuE-Zulage bis zu einem Umfang von maximal zwei Arbeitstagen im Kalenderjahr in Zeit umgewandelt werden. Rechtsgrundlage hierfür ist die Regelung in Nr. 1a Abs. 3 der Anlage D, Abschnitt D.12 zum TVöD-V bzw. § 3.2a Abs. 3 TVöD-B. Möchte der Beschäftigte Umwandlungstage gewährt bekommen, hat er bis zum 31. Oktober des laufenden Kalenderjahres[802] in Textform geltend zu machen, statt der ihm zustehenden SuE-Zulage im Folgejahr bis maximal zwei Arbeitstage Arbeitsbefreiung unter Fortzahlung des Entgelts gemäß § 21 TVöD-V in Anspruch zu nehmen (Umwandlungstage). Erwirbt ein Beschäftigter erstmalig einen Anspruch auf eine SuE-Zulage gemäß § 15 Abs. 2a TVöD-V bzw. § 15 Abs. 2.4 TVöD-B, kann er nach Ablauf von drei Kalendermonaten nach Aufnahme des Arbeitsverhältnisses (Neubegründung des Arbeitsverhältnisses oder Tätigkeitswechsel) die Geltendmachung der Umwandlungstage für das laufende Kalenderjahr erklären. Die SuE-Zulage wird nach Nr. 1a Abs. 3 S. 3 der Anlage D, Abschnitt D.12 zum TVöD-V bzw. § 3.2a Abs. 3 S. 3 TVöD-B jeweils nach der erfolgten Arbeitsbefreiung gekürzt.

f) Regenerationstage

Um die Beschäftigten ein Stück weit zu entlasten, verständigten sich die Tarifvertragsparteien im Rahmen der TVöD-Tarifeinigung für den Sozial- und Erziehungsdienst 2022 auf zwei pauschale Regenerationstage innerhalb eines Kalenderjahres sowie auf die Vereinheitlichung und Erhöhung der Vorbereitungs- und Qualifizierungszeit.[803]

Beschäftigte, deren Eingruppierung sich nach dem Teil B Abschnitt XXIV der Anlage 1 – Entgeltordnung (VKA) richtet, haben ab dem 1. Januar 2022 gemäß Nr. 1a Abs. 1 S. 1 der Anlage D, Abschnitt D.12 zum TVöD-V bzw. § 3.2a Abs. 1 S. 1 TVöD-B im Kalenderjahr bei Verteilung der wöchentlichen Arbeitszeit auf fünf Tage in der Kalenderwoche Anspruch auf zwei Arbeitstage[804] Arbeitsbefreiung unter Fortzahlung des Entgelts gemäß § 21 TVöD (Regenerationstage). Wird die wöchentliche Arbeitszeit an weniger als fünf Tagen in der Woche erbracht, vermindert sich gemäß Nr. 1a Abs. 1 S. 2 der Anlage D, Abschnitt D.12 zum

---

802 Für das Kalenderjahr 2022 konnte die Geltendmachung bis zum 30.11.2022 erfolgen.
803 Stier ÖAT 2022, 199 (199).
804 Dieser Anspruch reduziert sich gemäß Protokollerklärung zu Nr. 1a Abs. 1 S. 1 der Anlage D, Abschnitt D.12 zum TVöD-V bzw. § 3.2a Abs. 1 S. 1 TVöD-B auf einen Regenerationstag, wenn in dem Kalenderjahr nicht für mindestens vier Kalendermonate Anspruch auf Entgelt bestanden hat.

TVöD-V bzw. § 3.2a Abs. 1 S. 2 TVöD-B der Anspruch auf Regenerationstage entsprechend:[805]

Verteilung der Arbeitszeit	Regenerationstag pro Kalenderjahr	Berechnung
4-Tage-Woche	2	4/5 x 2 = 1,6, gerundet 2
3-Tage-Woche	1	3/5 x 2 = 1,2, gerundet 1
2-Tage-Woche	1	2/5 x 2 = 0,8, gerundet 1
1-Tage-Woche	0	1/5 x 2 = 0,4, gerundet 0

Tabelle: Eigene Darstellung in Anlehnung an Günther ZAT 2022, 148 (148)

Die Beschäftigten haben den Regenerationstag bzw. die Regenerationstage nach Nr. 1a Abs. 2 S. 2 der Anlage D, Abschnitt D.12 zum TVöD-V bzw. § 3.2a Abs. 2 S. 2 TVöD-B spätestens vier Wochen vor dem gewünschten Zeitpunkt der Gewährung in Textform gegenüber dem Arbeitgeber geltend zu machen; somit ist eine Geltendmachung per E-Mail beispielsweise möglich.[806] Bei der Festlegung der Lage der Regenerationstage sind nach Nr. 1a Abs. 2 S. 1 der Anlage D, Abschnitt D.12 zum TVöD-V bzw. § 3.2a Abs. 2 S. 1 TVöD-B die Wünsche des Beschäftigten zu berücksichtigen, sofern diesen keine dringenden dienstlichen bzw. betrieblichen Gründe entgegenstehen. Der Arbeitgeber trifft gemäß Nr. 1a Abs. 2 S. 3 der Anlage D, Abschnitt D.12 zum TVöD-V bzw. § 3.2a Abs. 2 Satz 3 TVöD-B eine Entscheidung über die Gewährung der Regenerationstage bis spätestens zwei Wochen vor diesen und teilt seine Entscheidung dem Beschäftigten in Textform mit. Im gegenseitigen Einvernehmen ist nach Nr. 1a Abs. 2 S. 4 der Anlage D, Abschnitt D.12 zum TVöD-V bzw. § 3.2a Abs. 2 S. 4 TVöD-B unter Berücksichtigung der aktuellen dienstlichen bzw. betrieblichen Verhältnisse auch eine kurzfristige Gewährung von Regenerationstagen möglich. Regenerationstage, für die im laufenden Kalenderjahr keine Arbeitsbefreiung erfolgt ist, verfallen nach Nr. 1a Abs. 2 S. 5 der Anlage D, Abschnitt D.12 zum TVöD-V bzw. § 3.2a Abs. 2 S. 5 TVöD-B ersatzlos. Abweichend hiervon verfallen Regenerationstage, die wegen dringender betrieblicher bzw. dienstlicher Gründe im laufenden Kalenderjahr nicht gewährt worden sind, gemäß Nr. 1a Abs. 2 S. 6 der Anlage D, Abschnitt D.12 zum TVöD-V bzw. § 3.2a Abs. 2 S. 6 TVöD-B spätestens am 30. September des Folgejahres.

Die Tarifvertragsparteien haben in einer Protokollerklärung zu den entsprechenden Vorschriften ausdrücklich erklärt, dass es sich weder bei den Umwandlungstagen noch bei den Regenerationstagen um Urlaubs- oder Zusatzurlaubstage handelt.

---

805 Vgl. zu weiteren Einzelheiten Günther ZAT 2022, 148 (148f.).
806 Günther ZAT 2022, 148 (149).

g) Vorbereitungs- und Qualifizierungszeiten für Beschäftigte im Erziehungsdienst

Mit Wirkung zum 1. Juli 2022 wurde in der Anlage D, Abschnitt D.12. Nr. 2 S. 1 TVöD-V bzw. in § 5.1 Abs. 4 S. 1 TVöD-B festgelegt, dass Beschäftigte im Erziehungsdienst im Rahmen der regelmäßigen durchschnittlichen wöchentlichen Arbeitszeit im Kalenderjahr 30 Stunden für Zwecke der Vorbereitung und Qualifizierung verwenden. Bei dieser Regelung handelt es sich nicht um einen Freistellunganspruch, so dass der Arbeitgeber aufgrund Fortbestehens seines Direktionsrechts für diesen Zeitraum beispielsweise bestimmte Fortbildungsmaßnahmen anordnen kann.[807]

Im Tarifgebiet Ost[808] können diese Zeiten zur Vorbereitung und Qualifizierung auch durch gesetzliche Regelungen erfüllt sein. Im Tarifgebiet West hingegen ist die Stundenanzahl dann, wenn eine gesetzliche Regelung entsprechende Zeiten vorsieht, zusätzlich zu gewähren.[809] Für Teilzeitbeschäftigte gilt diese Regelung gemäß Anlage D, Abschnitt D.12. Nr. 2 S. 2 TVöD-V bzw. in § 5.1 Abs. 4 S. 2 TVöD-B entsprechend mit der Maßgabe, dass sich die Stundenzahl in dem Umfang, der dem Verhältnis ihrer individuell vereinbarten durchschnittlichen Arbeitszeit zu der regelmäßigen Arbeitszeit vergleichbarer Vollzeitbeschäftigter entspricht, reduziert.

Im Erziehungsdienst tätig sind gemäß Anlage D, Abschnitt D.12. Nr. 2 S. 3 TVöD-V bzw. in § 5.1 Abs. 4 S. 3 TVöD-B insbesondere Beschäftigte als Kinderpflegerin/ Kinderpfleger bzw. Sozialassistentin/Sozialassistent, Heilerziehungspflegehelferin/Heilerziehungspflegehelfer, Erzieherin/Erzieher, Heilerziehungspflegerin/ Heilerziehungspfleger, im handwerklichen Erziehungsdienst, als Leiterinnen/Leiter oder ständige Vertreterinnen/Vertreter von Leiterinnen/Leiter von Kindertagesstätten oder Erziehungsheimen sowie andere Beschäftigte mit erzieherischer Tätigkeit in der Erziehungs- oder Eingliederungshilfe. Durch die Aufnahme des Wortes „insbesondere" wird klargestellt, dass die vorgenommene Aufzählung nicht abschließend ist und Angehörige weiterer Berufsgruppen zu den im Erziehungsdienst tätigen Personen zählen können.

> **Reflexionsfragen:**
>
> 1. Wie ist der Begriff des Arbeitnehmers definiert? Aus welchen Gründen ist dieser Begriff von zentraler Bedeutung für das Arbeitsrecht?
> 2. Unter welchen Umständen finden tarifvertragliche Regelungen in einem Arbeitsverhältnis Anwendung?
> 3. Worin unterscheiden sich die ordentliche und die außerordentliche Kündigung?

---

807 Günther ZAT 2022, 148 (152).
808 Die Regelungen für das Tarifgebiet Ost gelten gemäß § 38 Abs. 1 a) TVöD VKA für die Beschäftigen, deren Arbeitsverhältnis in dem im Art. 3 des Einigungsvertrages genannten Gebiet begründet worden ist und bei denen der Bezug des Arbeitsverhältnisses zu diesem Gebiet fortbesteht.
809 Stier ÖAT 2022, 199 (200).

4. Innerhalb welcher Frist hat ein Arbeitnehmer, der die Wirksamkeit der Kündigung seines Arbeitsverhältnisses gerichtlich überprüfen lassen möchte, Klage vor dem zuständigen Arbeitsgericht zu erheben?
5. Welches Spannungsverhältnis ergibt sich daraus, dass Arbeitszeugnisse der Wahrheit zu entsprechen haben und zudem der Grundsatz der wohlwollenden Bewertung berücksichtigt werden soll?
6. Nach welchen Kriterien richtet sich die Eingruppierung und nach welchen Kriterien bestimmt sich die Stufenzuordnung für Beschäftige im Sozial- und Erziehungsdienstes, auf deren Arbeitsverhältnisse der TVöD VKA Anwendung findet?

Einführende Literaturempfehlungen:

Reinhardt, Jörg/Klose, Daniel: Grundkurs Arbeitsrecht für die Soziale Arbeit. München 2020.

Schaumberg, Torsten: Sozialrecht: Einführung, 4. Auflage, Baden-Baden 2023.

Weiterführende Literaturempfehlungen:

Dütz, Wilhelm/Thüsing, Gregor: Arbeitsrecht, 27. Auflage, München 2022.

Preis, Ulrich/Greiner, Stefan: Arbeitsrecht. Kollektivarbeitsrecht – Lehrbuch für Studium und Praxis, 5. Auflage, Köln 2019.

Preis, Ulrich/Temming, Felipe: Arbeitsrecht. Individualarbeitsrecht – Lehrbuch für Studium und Praxis, 6. Auflage, Köln 2019.

Küttner, Wolfdieter (Begr.): Personalbuch 2023: Arbeitsrecht, Lohnsteuerrecht, Sozialversicherungsrecht, 30. Auflage, München 2023.

Literaturverzeichnis

Artz, Markus/Ball, Wolfgang/Benecke, Martina u.a. (Hrsg.): beck.online.GROSSKOMMENTAR, BGB, München 2023 (zit.: BeckOGK/Bearbeiter).

Ascheid, Reiner/Preis, Ulrich/Schmidt, Ingrid (Hrsg.): Kündigungsrecht. Großkommentar zum gesamten Recht der Beendigung von Arbeitsverhältnissen, 6. Auflage, München 2021.

Beaucamp, Guy: Die Kindergartenpflicht aus grundrechtlicher Perspektive, in: LKV 2014, S. 344 ff.

Becker, Harald/Franke, Edgar/Molkenthin, Thomas: Sozialgesetzbuch VII, Gesetzliche Unfallversicherung, Lehr- und Praxiskommentar, 5. Auflage, Baden-Baden 2018 (zit.: LPK-SGB VII/Bearbeiter).

Berlit, Uwe: Kosten der Unterkunft im SGB II/SGB XII nach dem Bürgergeld-Gesetz, in: info also 2023, S. 17 ff.

Bredemeier, Jörg/Neffke, Reinhard (Begr.): TVöD/TV-L, Tarifverträge für den öffentlichen Dienst, Kommentar, 6. Auflage, München 2022 (zit.: Bredemeier/Neffke/Bearbeiter).

Bundesagentur für Arbeit: Zweites Buch Sozialgesetzbuch – SGB II. Fachliche Weisungen zu § 21 SGB II, Stand: 1.1.2023, online verfügbar unter https://www.arbeitsagentur.de/datei/dok_ba015861.pdf, (letzter Zugriff: 16.5.2023).

Butterwegge, Christoph: Das geplante Bürgergeld: Abschaffung oder Abmilderung von Hartz IV? Was die Ampelkoalition im neuen Grundsicherungssystem veränderten müsste, in: Soziale Sicherheit 2022, S. 372 ff.

Ders.: Kindergrundsicherung: Kaum angekündigt, schon demontiert?, in: Blätter für deutsche und internationale Politik 2023, Heft 4, S. 21 ff.

Derksen, Roland/Kubicki, Philipp: (Kein) Kindergeld für wirtschaftlich nicht aktive EU-Ausländer? Zu der Änderung der Kindergeldanspruchsberechtigung im Einkommensteuergesetz durch das Gesetz gegen illegale Beschäftigung und Sozialleistungsmissbrauch. in: NZS 2019, S. 651 ff.

Deutscher Verein (2020): Empfehlungen des Deutschen Vereins zur Gewährung des Mehrbedarfs bei kostenaufwändiger Ernährung gemäß § 30 Abs. 5 SGB XII, online verfügbar unter https://www.deutscher-verein.de/de/uploads/empfehlungen-stellungnahmen/2020/dv-12-20_kostenaufwaendige-ernaehrung.pdf (Abfrage: 16.5.2023).

Diering, Björn/Timme, Hinnerk/Stähler, Thomas P.: Sozialgesetzbuch X, Sozialverwaltungsverfahren und Sozialdatenschutz, Lehr- und Praxiskommentar, 6. Auflage, Baden-Baden 2022 (zit.: LPK-SGB X/Bearbeiter).

Dürig, Günter: Der Grundrechtssatz von der Menschenwürde, in: AöR 81 (1956), 117 ff.

Dütz, Wilhelm/Thüsing, Georg: Arbeitsrecht, 27. Auflage, München 2022.

Edtbauer, Richard/Rabe, Annette: Grundsicherungs- und Sozialhilferecht für soziale Berufe, 5. Auflage, München 2021.

Ehmann, Frank/Karmanski, Carsten/Kuhn-Zuber, Gabriele (Hrsg.): Gesamtkommentar Sozialrechtsberatung, 3. Auflage, Baden-Baden 2023 (zit.: GK-SRB/Bearbeiter).

Ekardt, Felix/Rath, Theresa: Gaskrise und sozialer Ausgleich als Rechtsproblem, in: Neue Zeitschrift für Sozialrecht, S. 206 ff.

Emanuel, Markus/Müller-Alten, Lutz/Rabe, Annette: Kinder- und Jugendhilfe: Das Lehrbuch über die strukturellen Arbeitsbedingungen. Das Strukturmodell der Kinder- und Jugendhilfe (SKJ), Weinheim u.a. 2017.

Epping, Volker/Hillgruber, Christian (Hrsg.): BeckOK Grundgesetz, 54. Edition, München 2023 (zit.: BeckOK GG/Bearbeiter).

Fasselt, Ursula/Schellhorn, Helmut (Hrsg.): Handbuch Sozialrechtsberatung – HSRB, 6. Auflage, Baden-Baden 2021.

Gärditz, Klaus Ferdinand: Fortpflanzungsmedizinrecht zwischen Embryonenschutz und reproduktiver Freiheit, in: ZfL 2014, S. 42 ff.

Gernhuber, Joachim/Coester-Waltjen, Dagmar: Familienrecht, 7. Auflage, München 2020.

Groth, Andy/Güssow, Kerstin: Änderungen des SGB II im Überblick – das neue Bürgergeld, in: NJW 2023, S. 184 ff.

Grüneberg, Christian: Bürgerliches Gesetzbuch, Kommentar, 82. Auflage, München 2023 (zit.: Grüneberg/Bearbeiter).

Günther, Sebastian: TVöD-Tarifeinigung zum Sozial- und Erziehungsdienst 2022, in: ZAT 2022, S. 148 ff.

Hau, Wolfgang/Poseck, Roman (Hrsg.): BeckOK BGB, 65. Edition, München 2023 (zit.: BeckOK BGB/Bearbeiter).

Herbe, Daniel/Palsherm, Ingo: Das neue Bürgergeld. Die rechtlichen Neuregelungen, Baden-Baden 2023.

Hillgruber, Christian: Wo bleibt die Freiheit der anderen?, in: FAZ v. 21.2.2014, S. 7.

Hömig, Dieter/Wolff, Heinrich Amadeus: Grundgesetz für die Bundesrepublik Deutschland, Handkommentar, 13. Auflage, Baden-Baden 2022 (zit.: Hömig/Wolff/Bearbeiter).

Jarass, Hans Dieter/Pieroth, Bodo: Grundgesetz für die Bundesrepublik Deutschland, Kommentar, 17. Auflage, München 2022 (zit.: Jarass/Pieroth/Bearbeiter).

Jauernig, Othmar (Begr.): Bürgerliches Gesetzbuch, Kommentar, 18. Auflage, München 2021 (zit.: Jauernig/Bearbeiter).

Jox, Rolf/Wellenhofer, Marina (Hrsg.): beck.online.GROSSKOMMENTAR, SGB VIII, München 2023 (zit.: BeckOGK/Bearbeiter).

Kiel, Heinrich/Lunk, Stefan/Oetker, Hartmut (Hrsg.): Münchener Handbuch zum Arbeitsrecht, Band 2: Individualarbeitsrecht II, 5. Auflage, München 2021 (zit.: MüH/Bearbeiter).

Kirchhof, Gregor: Die Kinderrechte des Grundgesetzes, Sollte die Verfassung zugunsten von Kindern geändert werden?, in: NJW 2018, S. 2690 ff.

Knickrehm, Sabine/Deinert, Olaf (Hrsg.): beck.online.GROSSKOMMENTAR (Gagel), SGB II, München 2023 (zit.: BeckOGK/Bearbeiter).

Knickrehm, Sabine/Kreikebohm, Ralf/Waltermann, Raimund (Hrsg.): Kommentar zum Sozialrecht: VO (EG) 883/2004, SGB I bis SGB XII, SGG, BEEG, Kindergeldrecht (EStG), UnterhaltsvorschussG 7. Auflage, München 2021 (zit.: Knickrehm/Kreikebohm/Waltermann/Bearbeiter).

Körner, Anne/Krasney, Martin/Mutschler, Bernd, Rolfs, Christian (Hrsg.): beck.online.GROSSKOMMENTAR, Kasseler Kommentar, SGB X, München 2023 (zit.: BeckOGK/Bearbeiter).

Dies. (Hrsg.): beck.online.GROSSKOMMENTAR, Kasseler Kommentar, SGB I, München 2022 (zit.: BeckOGK/Bearbeiter).

Kohl, Steffen: Kinderarmut, in: NZFam 2016, S. 219 ff.

Krug, Heinz/Riehle, Eckart: Kinder- und Jugendhilfe, Kommentar, Stand: 216. Ergänzungslieferung, Köln 2023 (zit.: Krug/Riehle/Bearbeiter).

Küttner, Wolfdieter (Begr.): Personalbuch 2023, 30. Auflage, München 2023.

Kunkel, Peter-Christian: Jugendhilferecht, 10. Auflage, Baden-Baden 2022.

Ders.: Sozialdatenschutz in Kindergärten, in: Textor, Martin R./Bostelmann, Antje (Hrsg.): Das Kita-Handbuch, online verfügbar unter https://kindergartenpaedagogik.de/fachartikel/recht/1064 (letzter Zugriff: 24.5.2023).

Kunkel, Peter-Christian/Kepert, Jan/Pattar, Andreas Kurt (Hrsg.): Sozialgesetzbuch VIII, Kinder- und Jugendhilfe, Lehr- und Praxiskommentar, 8. Auflage, Baden-Baden 2022 (zit.: LPK-SGB VIII/Bearbeiter).

Kutting, Isabelle M./Amin, Naziar: Mit „Rasse" gegen Rassismus?, in: DÖV 2020, S. 612 ff.

Lindner, Josef Franz: Das Problem des grundrechtlichen Status des Embryos in vitro – eine Aporie, in: ZfL 2014, S. 10 ff.

Löhnig, Martin: Umgangsrecht des leiblichen, nicht rechtlichen Vaters, Anm. zu OLG Brandenburg, Beschl. v. 24.1.2018, 13 WF 303/17, in: NZFam 2018, S. 368.

Lorenz, Annegret: Zivil- und familienrechtliche Grundlagen der Sozialen Arbeit, 4. Auflage, Baden-Baden 2022.
Luthe, Ernst-Wilhelm/Nellissen, Gabriele (Hrsg.): juris Praxiskommentar SGB VIII, 3. Auflage, Saarbrücken 2022 (zit.: JurisPK/Bearbeiter).
Marburger, Horst: Schwangerschaft – Mutterschaft – Elternzeit. 3. Auflage, Stuttgart 2017.
Maunz, Theodor/Dürig, Günter (Begr.)/Herzog, Roman/Scholz, Rupert (Hrsg.): Grundgesetz, Kommentar, Stand: 99. Ergänzungslieferung, München 2022 (zit.: Maunz/Dürig/Bearbeiter).
Maunz, Theodor (Begr.)/Schmidt-Bleibtreu, Bruno/Klein, Franz/Bethge, Herbert: Bundesverfassungsgerichtsgesetz, Kommentar, Stand: 58. Ergänzungslieferung, München 2020 (zit.: MSKB/Bearbeiter).
Menkens, Sabine: Empörung über Kita-Broschüre zu „völkischen Familien", in: Die Welt v. 30.11.2018, S. 24.
Menne, Klaus: Erziehungsberatung im Kontext der Hilfen zur Erziehung, in: Scheuerer-Englisch, Hermann/Hundsalz, Andreas/Menne, Klaus (Hrsg.): Jahrbuch für Erziehungsberatung, Band 10, Weinheim u.a. 2014, S. 224-254.
Michael, Lothar/Morlok, Martin: Grundrechte, 8. Auflage, Baden-Baden 2023.
Dies.: Staatsorganisationsrecht, 6. Auflage, Baden-Baden 2023.
Mrozynski, Peter: SGB I, Kommentar, 6. Auflage, München 2019.
Münder, Johannes/Meysen, Thomas/Trenczek, Thomas (Hrsg.): Frankfurter Kommentar zum SGB VIII, Kinder- und Jugendhilfe, 9. Auflage, Baden-Baden 2022 (zit.: FK/Bearbeiter).
Müller-Glöge, Rudi/Preis, Ulrich/Schmidt, Ingrid (Hrsg.): Erfurter Kommentar zum Arbeitsrecht, 23. Auflage, München 2023 (zit.: ErfK/Bearbeiter).
Oberloskamp, Helga (Begr.)/Dürbeck, Werner (Hrsg.): Vormundschaft, Pflegschaft und Beistandschaft für Minderjährige, 5. Auflage, München 2023 (zit.: Oberloskamp/Dürbeck Vormundschaft/Bearbeiter).
Posser, Herbert/Wolff, Heinrich Amadeus: BeckOK VwGO, 64. Edition, München 2023 (zit.: BeckOK VwGO/Bearbeiter).
Preis, Ulrich/Temming, Felipe: Arbeitsrecht. Individualarbeitsrecht – Lehrbuch für Studium und Praxis, 6. Auflage, Köln 2020.
Ramsauer, Ulrich: Die Dogmatik der subjektiven öffentlichen Rechte, Entwicklung und Bedeutung der Schutznormlehre, in: JuS 2012, S. 769 ff.
Rancke, Frieberg/Pepping, Georg (Hrsg.): Mutterschutz – Elterngeld – Elternzeit. MuSchG, BEEG, MuSchEltZV, PflegeZG, FPfZG, Kindergeldrecht, UVG, Handkommentar. 6. Auflage, Baden-Baden 2022.
Rauscher, Thomas: Familienrecht, 2. Auflage, Heidelberg u.a. 2008.
Reinhardt, Jörg/Klose, Daniel: Grundkurs Arbeitsrecht für die Soziale Arbeit. München 2020.
Renn, Heribert/Schoch, Dietrich/Löcher, Jens/Wendtland, Carsten: Grundsicherung für Arbeitssuchende (SGB II). Das Sozialleistungsrecht für erwerbstätige leistungsberechtigte Personen, 4. Auflage, Baden-Baden 2018.
Richardi, Reinhardt (Hrsg.): Betriebsverfassungsgesetz mit Wahlordnung. Kommentar, 17. Auflage, München 2022 (zit.: Richardi/Bearbeiter).
Rixen, Stephan: Das Gesetz über den Umfang der Personensorge bei einer Beschneidung des männlichen Kindes, in: NJW 2013, S. 257 ff.
Rolfs, Christian/Giesen, Richard/Meßling, Miriam/Udsching, Peter (Hrsg.): BeckOK Arbeitsrecht, 67. Edition, München 2023 (zit.: BeckOK ArbR/Bearbeiter).
Dies.: BeckOK Sozialrecht, 68. Edition, München 2023 (zit.: BeckOK SozR/Bearbeiter).
Ruland, Franz/Becker, Ulrich/Axer, Peter (Hrsg.): Sozialrechtshandbuch – SRH, 7. Auflage, Baden-Baden 2022 (zit.: SRH-Bearbeiter).
Sachs, Michael: Verfassungsrecht II – Grundrechte, 3. Auflage, Berlin u.a. 2017.

Säcker, Franz Jürgen/Rixecker, Roland/Oetker, Hartmut/Limperg, Bettina (Hrsg.): Münchener Kommentar zum Bürgerlichen Gesetzbuch, München, Band 2, 9. Auflage 2022; Band 7, 8. Auflage 2020; Band 10, 8. Auflage 2022 (zit.: MüKoBGB/Bearbeiter).

Salaw-Hanslmaier, Stefanie: Kindergartenpflicht – eine rechtspolitische Vision?, in: ZRP 2013, S. 143 ff.

Schaub, Günter (Begr.): Arbeitsrechts-Handbuch, 19. Auflage, München 2021 (zit.: Schaub/Bearbeiter).

Schaumberg, Torsten: Sozialrecht: Einführung, 4. Auflage, Baden-Baden 2023.

Schmidt, Christopher: Änderungen durch das Gesetz zur Reform des Vormundschafts- und Betreuungsrechts – Pflegschaften für Minderjährige ab dem 1.1.2023 – Einführung des zusätzlichen Pflegers und der Pflegschaft der Pflegeperson, in: NZFam 2023, S. 1 ff.

Ders.: Anwendung von § 1592 Nr. 1 BGB auf Co-Mütter?, in: NZFam 2017, S. 832 ff.

Ders.: Covid-19-Immunisierung von Kindern und Jugendlichen, in: NJW 2021, S. 2688 ff.

Ders.: Das neue Kinder- und Jugendstärkungsgesetz – Wenig Licht und viel Schatten, in: NJW 2021, S. 1992 ff.

Ders.: Der Umgang von Eltern und Kind im Existenzsicherungsrecht, in: NJW 2020, S. 812 ff.

Ders.: Die Kosten des Umgangs – SGB II-Ansprüche im Interesse des Kindes, in: NJW 2014, S. 2465 ff.

Ders.: „Ehe für alle" – Ende der Diskriminierung oder Verfassungsbruch?, in: NJW 2017, S. 2225 ff.

Ders.: Ehegattensplitting: Ungerecht und kinderfeindlich?, in: ZRP 2017, S. 134 ff.

Ders.: Familienrecht und Einführung in das Zivilrecht, Lehr- und Praxisbuch für die Kinder- und Jugendhilfe, 2. Auflage, Stuttgart 2021.

Ders.: Finanzierung von Mediation aus Mitteln der Kinder- u. Jugendhilfe, in: ZKM 2020, S. 128 ff.

Ders.: Höhe des Betrags zur Anerkennung der Förderungsleistung von Tagespflegepersonen, Anm. zu BVerwG, Urt. v. 25.1.2018, 5 C 18.16, in: NZS 2018, S. 551.

Ders.: Kinder- und Jugendhilferecht, Lehr- und Praxisbuch, 2. Auflage, Weinheim u.a. 2021.

Ders.: Konsensorientierte Ansätze von Familiengerichten und Jugendämtern, in: ZKM 2015, S. 114 ff.

Ders.: Leistungen der Jugendhilfe zum Schutz ungeborenen Lebens, Unterbringung werdender Mütter in Mutter-Kind-Einrichtungen, in: ZfL 2019, S. 175 ff.

Ders.: Recht des Kindes auf Kenntnis des leiblichen Vaters, in: NZFam 2017, S. 881 ff.

Ders.: Smartphones für Kinder und Jugendliche, Aufsichts- und Überwachungspflichten der Eltern, in: ZKJ 2020, S. 136 ff.

Ders.: Strafrechtliche Garantenpflicht von Jugendamtsmitarbeitern, Anm. zu OLG Hamm, Beschl. v. 22.10.2020, 5 Ws 279/20, in: NZFam 2020, S. 1124.

Ders.: Umfang des Betreuungsanspruchs ein- und zweijähriger Kinder, Anm. zu OVG Hamburg, Beschl. v. 28.1.2020, 4 Bs 193/19, in: NZS 2020, S. 477.

Ders.: Wohnbedarf von Kindern in Fällen des familienrechtlichen Wechselmodells, Anm. zu BSG, Urt. v. 11.7.2019, B 14 AS 23/18 R, in: NZS 2020, S. 183.

Ders.: Zur Duldung der Entnahme eines Mundschleimhausabstriches zur Vaterschaftsfeststellung, Anm. zu OLG Frankfurt a.M., Beschl. v. 2.1.2019, 6 Wf 115/18, in: NZFam 2019, S. 439 f.

Schmidt, Christopher/Morys, Regine: Kindheitspädagoginnen als Fachkräfte in der Kinder- und Jugendhilfe, in: JAmt 2023, S. 6 ff.

Schnath, Matthias: Das neue Grundrecht auf Gewährleistung eines menschenwürdigen Existenzminimums, Ein rechtspolitischer Ausblick nach dem Urteil des Bundesverfassungsgerichts vom 9.2.2010, in: NZS 2010, S. 297 ff.

Schoch, Friedrich/Schneider, Jens-Peter (Hrsg.): Verwaltungsrecht, VwGO, Band 1, Kommentar, Stand: 43. Ergänzungslieferung, München 2022 (zit.: Schoch/Schneider/Bearbeiter).

Schönke, Adolf/Schröder, Horst: Strafgesetzbuch, Kommentar, 30. Auflage, München 2019 (zit.: Schönke/Schröder/Bearbeiter).

Schulze, Rainer (Red.): Bürgerliches Gesetzbuch, Handkommentar, 11. Auflage, Baden-Baden 2021 (zit.: HK-BGB/Bearbeiter).

Spickhoff, Andreas (Hrsg.): Medizinrecht, Kommentar, 4. Auflage, München 2022 (zit.: Spickhoff/Bearbeiter).

Ders.: Grund, Voraussetzungen und Grenzen des Sorgerechts bei Beschneidung männlicher Kinder, in: FamRZ 2013, S. 337 ff.

Sozialdemokratische Partei Deutschlands (SPD), BÜNDNIS 90/DIE GRÜNEN und Freie Demokraten (FDP): Mehr Fortschritt wagen. Bündnis für Freiheit, Gerechtigkeit und Nachhaltigkeit, Koalitionsvertrag 2021 – 2025 zwischen der Sozialdemokratischen Partei Deutschlands (SPD), BÜNDNIS 90/DIE GRÜNEN und den Freien Demokraten (FDP), online verfügbar unter https://www.bundesregierung.de/resource/blob/974430/1990812/1f422c60505b6a88f8f3b3b5b8720bd4/2021-12-10-koav2021-data.pdf?download=1 (letzter Zugriff: 20.5.2023).

Spitzlei, Thomas: Das neue Bürgergeld – Paradigmenwechsel im SGB II?, in: NZS 2023, S. 121 ff.

Statistisches Bundesamt: Kinder und Jugendliche von Eltern mit niedrigem Bildungsabschluss besonders von Armut bedroht, Pressemitteilung Nr. N045 vom 26. Juli 2023, online verfügbar unter https://www.destatis.de/DE/Presse/Pressemitteilungen/2023/07/PD23_N045_63.html (letzter Zugriff: 28.7.2023).

Staudinger, Julius v. (Begr.): BGB: Kommentar zum Bürgerlichen Gesetzbuch mit Einführungsgesetz und Nebengesetzen, Buch 4: Familienrecht. §§ 1684-1717 (Elterliche Sorge, Umgangsrecht), 18. Auflage, Berlin 2019 (zit.: Staudinger/Bearbeiter).

Sternal, Werner (Hrsg.): FamFG, Gesetz über das Verfahren in Familiensachen und in Angelegenheiten der freiwilligen Gerichtsbarkeit, Kommentar, 21. Auflage, München 2023 (zit.: Sternal/Bearbeiter).

Stier, Anke: Die Tarifeinigung im Sozial- und Erziehungsdienst zwischen der Vereinigung der kommunalen Arbeitgeberverbände und den Gewerkschaften, in: öAT 2022, S. 199 ff.

Stoffels, Markus: Sozialgesetzbuch soll kein Unglück bringen, in: beck-community (Meldung v. 12.1.2019), online verfügbar unter https://community.beck.de/2019/01/12/sozialgesetzbuch-soll-kein-unglueck-bringen-die-13-wird-uebersprungen (letzter Zugriff: 24.5.2023).

Sünderhauf, Hildegund: Vorurteile gegen das Wechselmodell: Was stimmt, was nicht? – Argumente in der Rechtsprechung und Erkenntnisse aus der psychologischen Forschung (Teil 1), in: FamRB 2013, S. 290 ff.

Dies.: Vorurteile gegen das Wechselmodell: Was stimmt, was nicht? – Argumente in der Rechtsprechung und Erkenntnisse aus der psychologischen Forschung (Teil 2), in: FamRB 2013, S. 327 ff.

Trenczek, Thomas/Tammen, Britta/Behlert, Wolfgang/von Boetticher, Arne: Grundzüge des Rechts: Studienbuch für soziale Berufe, 5. Auflage, Stuttgart 2017

Vereinigung der kommunalen Arbeitgeberverbände: Durchgeschriebene Fassung des TVöD für den Bereich Verwaltung im Bereich der Vereinigung der kommunalen Arbeitgeberverbände (TVöD-V) vom 7. Februar 2006 in der Fassung der Änderungsvereinbarungen Nr. 15 bis 17, online verfügbar unter https://www.vka.de/assets/media/docs/0/Tarifvertr%C3%A4ge/TV%C3%B6D_V_%C3%84V_15-17_Lesefassung_Stand_01_01_2023(1).pdf (letzter Zugriff: 17.5.2023).

Dies.: Presseinformation vom 22. April 2023: Tarifabschluss im öffentlichen Dienst: Tarifeinigung bringt Entgelterhöhungen von bis zu 17 Prozent, online verfügbar unter https://www.vka.de/assets/media/docs/0/Pressemitteilungen/230422_PM_VKA_Tarifabschluss%20im%20%C3%B6ffentlichen%20Dienst_Tarifeinigung%20bringt%20Entgelterh%C3%B6hungen%20von%20bis%20zu%2017%20Prozent.pdf (letzter Zugriff: 20.5.2023).

Vereinte Dienstleistungsgewerkschaft – ver.di: Tarifeinigung für Beschäftigte im öffentlichen Dienst bei Bund und Kommunen erzielt. Pressemitteilung vom 22.04.2023, online verfügbar unter: https://www.verdi.de/presse/pressemitteilungen/++co++d261a3b0-e147-11ed-86d1-001a4a160129 (letzter Zugriff: 20.5.2023).

Viefhues, Wolfram (Hrsg.): juris Praxiskommentar BGB, Band 4 – Familienrecht, 10. Auflage, Saarbrücken 2023 (zit.: JurisPK/Bearbeiter).

Voigt, Philipp: Sozialversicherungswerte und andere sozialrechtliche Daten 2023, in: NZS 2023, S. 87 ff.

Voßkuhle, Andreas/Kaiser, Anna-Bettina: Grundwissen – Öffentliches Recht: Funktionen der Grundrechte, in: JuS 2011, S. 411 ff.

Wabnitz, Reinhard Joachim (Hrsg.)/Fieseler, Gerhard (Begr.)/Schleicher, Hans (Begr.): Gemeinschaftskommentar zum SGB VIII, Stand: 92. Ergänzungslieferung, Köln 2023 (zit.: GK-SGB VIII/Bearbeiter).

Wiesner, Reinhard/Wapler, Friederike (Hrsg.): SGB VIII, Kinder- und Jugendhilfe, Kommentar, 6. Auflage, München 2022 (zit.: Wiesner/Wapler/Bearbeiter; 5. Aufl. 2015 zit.: Wiesner/Bearbeiter).

Winterhoff, Christian: Rechtsgutachten zur Verfassungs- und Gesetzmäßigkeit der Erziehung von Schulkindern an öffentlichen Schulen in Schleswig-Holstein zur Akzeptanz sexueller Vielfalt, Hamburg 2016, online verfügbar unter http://www.faz.net/aktuell/politik/staat-und-recht/homosexualitaet-schutz-und-freiheit-einer-neuen-minderheit-12812195.html (letzter Zugriff: 24.5.2023).

Wolff, Hans Julius: Der Unterschied zwischen öffentlichem und privatem Recht, in: AöR 76 (1950/51), S. 205 ff.

Stichwortverzeichnis

Die Angaben verweisen auf die Seitenzahlen des Buches.

2
24-Stunden-Kita 149

5
5-Tages-Gruppen 131

A
Abänderung gerichtlicher Entscheidungen
Abstammung 28, 41
Abstammungsgutachten 43, 45, 87
Abwehrrechte 24
Adoption 41, 46
- Adoptionsverbote 52
- Altersdifferenz 52
- Antrag 47
- Aufhebung 53
- Ausforschungsverbot 53
- Bindung an Pflegeeltern 51
- Blankoadoption 48
- Eignung Adoptionsbewerber 51
- Einwilligung Ehegatten 50
- Einwilligung Eltern 48
- Einwilligung Kind 47
- Einzelannahme 46
- Eltern-Kind-Verhältnis 51
- gemeinsame Annahme 46
- Höchstalter 47
- Inkognitoadoption 48
- Kettenadoption 52
- Kindeswohl 51
- Mindestalter 47
- Name des Kindes 53
- Probewohnen 51
- Rechtswirkungen 52
- Verwandtschaftsverhältnisse 52
- Widerruf Einwilligung 48, 49
- Zwangsadoption 49
Adoptionspflege 51, 78, 160
Adoptionsverbote 52
Affektreaktionen 37
Akzeptanz 152
Alkoholentzug 129
Alkoholismus 68, 74
Alleinerziehende 125, 196

Alleinsorge, Übertragung 66
- streitige 67
- unstreitige 66
Allgemeiner Teil des SGB 101
Allgemeinverbindlicherklärung 209
Alltagssorge 64
Alter 110
Amtshaftung 39, 136, 147
Amtspflichtverletzung 39
Amtsvormundschaft
Anbrüllen 61
Andere Aufgaben (gegenüber Leistungen) 104
Anfangsverdacht 46
Anfechtung 41
Anfechtungsklage 170
Angebot 33
Angemessenheit 77
Annahme 33
Annahme als Kind 46
Anordnung, einstweilige 170
Anschauungen, religiöse und politische 28
Anschrift 110
Anspruchsgrundlagen 17
Anwalt des Kindes
Anzeigepflicht von Straftaten 117
Apps, nicht altersgerechte 75
Arbeiterwohlfahrt 138
Arbeitgeberverbände 208
Arbeitnehmer, Begriff 211
Arbeitsförderung 101, 122
Arbeitsgerichtsbarkeit 211
Arbeitsgerichtsgesetz 211
Arbeitsgesetzbuch 207
Arbeitsleben, Teilhabe 167
Arbeitsrecht 17
Arbeitsschutzrecht 210
Arbeitsvertrag 208, 211
arbeitsvertragliche Einheitsregelungen 208
Arbeitsvertragsrichtlinien (AVR) 209
Arbeitszeugnis 216

245

Stichwortverzeichnis

Ärzte 120, 154
Asthma 74
Asylrecht 23
Au-Pairs 143
Aufsätze 20
Aufsicht 56
Aufsichtspflichtige, Haftung 39
Aufwendungsersatz bei selbstbeschafftem Kita-Platz 147
Ausbürgerung 23
Auskunftsrechte von Eltern 81
– Hilfestellung 127
Ausländer, unbegleitete minderjährige 90
Ausländische Minderjährige, unbegleitete
Auslieferung 23
Außendienstmitarbeiter 131
Außengelände 39
Auswanderung 74
Autismus, frühkindlicher 167

B

Babyklappe 90
Babysitting 133, 143
Baden-Württemberg 32, 102, 132, 151
Basiselterngeld 175
Bayern 102, 132, 151
Bedarfe für Unterkunft und Heizung 198
Bedarfsanalyse 102
Bedarfsgemeinschaft 191, 192
Bedingungssatz 18
Bedürfnisse, soziale und kulturelle 109
Beförderung zur Schule 203
Befruchtung, künstliche 43
Begrüßungsschreiben 122
Behinderung 28
Beistandschaft 88
Bekenntnisfreiheit 23, 28
Bekleidung, mangelhafte 73
Bereitschaftspflege 78, 118, 160
Berufsausbildung von Eltern 128
Berufserfahrung 230
Berufsgeheimnisträger 119
– Beratungsanspruch 120
– Fahrplan bei Kindeswohlgefährdung 120

– Unterrichtung Jugendamt 121
Berufspsychologen 120
Berufsvormund
Berufswahl 60
Beschlüsse 20
Beschneidung 55
Besonderer Vertrauensschutz
Bestandsanalyse 102
Beteiligung von Kindern und Jugendlichen 108
Betreuung, überwiegende 129
Betreuungshilfe
Betreuungsunterhalt 126
betriebliche Übung 208
Betriebskosten 199
Betriebsräte 208
Betriebsvereinbarungen 210
Betroffenenerhebung
Beurkundung 43
Beziehungskompetenzen 123
Bezugspersonen 69
– Umgangsrecht 86
Bildung und Teilhabe, Leistungen 180, 186, 202
Bildung, Teilhabe 167
Bildungsmaßnahme, berufliche 147
Bindungen 69, 81, 152
Bindungsabbrüche 61, 86, 98
Bindungsstörungen 166
Bindungstoleranz 61, 67
Binnenschiffer 131
Blankoadoption 48
Bluttransfusion 77
Bluttransfusionen, Ablehnung von 73
Brief-, Post- und Fernmeldegeheimnis 23
Bundesebene 15
Bundestag 15
Bundesverfassung 15
Bürgergeld 187

C

Cannabis 166
Care-Arbeit und Erwerbstätigkeit, Teilung 82
Caritas 138

Computer 56
conditio sine qua non 38

D

Daten, personenbezogene 110
Datenminimierung 111
Definition 18
Definitionssatz 18
Delikt 37
Deliktsfähigkeit 37
Demokratieprinzip 30
Desinteresse, völliges 68
Deutscher Caritasverband
Deutsches Rotes Kreuz 138
Diakonie 138
Dienstvertrag 36
Direktionsrecht 208
Diskriminierungsverbote 28
Dissertationen 19
Disziplin, Mangel an 37
DNA-Untersuchung
Domino-Theorie
Dreiecksverhältnis, jugendhilferechtliches 105, 144
Dritterhebung von Daten
Drittwirkung, mittelbare 25
Drogen 166
Drogenabhängigkeit 68, 84
Drogensucht 74

E

E-Mail 80, 94
Ehe 23, 29
Eheberater 120
Eidesstattliche Versicherung 48
Eigenheim 199
Eigentum 23, 37
Eigentumswohnung 199
Eilrechtsschutz 170
Eingliederung in Arbeit 147
Eingliederungshilfe 71, 122, 165
– ambulante 166
– durch Pflegepersonen 167
– Eignung, Notwendigkeit 167
– Gesundheitsbeeinträchtigung 165

– Hilfeplanverfahren 168
– in Tageseinrichtungen 167
– Kostenbeiträge 165
– Leistungen 167
– persönliches Budget 167
– seelische Behinderung, drohende 166
– SGB VIII bzw. SGB IX 165
– Teilhabebeeinträchtigung 166
– teilstationäre 166
– über Tag und Nacht 167
– Zielsetzung 167
Eingriff 24
Eingriffsgrundlagen 17
Eingruppierung 220
Einkommenssteuer 179
Einrichtungsgarantien 25
Einschließen von Kindern 57
Einsichtsfähigkeit 37
Einwilligung 34, 38
Einwilligungsfähigkeit 55
Einzelvormundschaft
Einzelwohnen, betreutes 162
Elterliche Sorge 54
– gemeinsame 61
– Leitbild 61
Elterliche Sorge, Entziehung 75
Eltern-Kind-Entfremdung
Eltern-Kind-PAS
Eltern-Kind-Trennung 77
Eltern-Kind-Verhältnis 51
Elternabende 136
Elternarbeit 160
Elternausschüsse 136
Elternbeiräte 136
Elternbeiträge (Kita)
– Landesrecht 151
– Satzung 151
– Staffelung 151
– Übernahme durch Jugendamt 151
Elternbetreuung 73
Elternebene 63, 66, 67, 81, 124
Elterngeld 174
Elterngeld Plus 175
Elterninitiativen 138
Elternrecht 23, 29
Elternverantwortung 29
Embryonenspende 41

Stichwortverzeichnis

Entfremdung 85
Entgeltvereinbarung 107
Entschädigung, Soziale 101
Entscheidungen des FamG, Abänderung 87
Entwicklungsschwierigkeiten 155
Erbrecht 17, 23
Erforderlichkeit 76
Ergänzungspfleger
– Beratung und Unterstützung 126
– Bestellung 95
– Kindeswohlgefährdung 72
Ergebnissatz 19
Erheben von Daten
Erklärungen, Ersetzung 75
Erkrankung von Eltern 129
Ermittlungsverfahren 218
Ernährung, mangelhafte 73
Erprobungsdrang 37
Erreichbarkeit 192
Erstausstattungen 204
Erwerbstätigkeit 147
Erzieher 38, 120, 135, 154, 157
– als Tagespflegepersonen 142
– Beratungsanspruch 121
Erziehung 29
Erziehung, religiöse 108
Erziehung, weltanschauliche 29
Erziehungsbeistandschaft 156
– Ausgangslage 156
– Zielsetzung 156
Erziehungsberatung 154
– häufige Gründe 155
– Multidisziplinarität 154
– Niedrigschwelligkeit 155
– Schweigepflicht 155
– therapeutische Angebote 154
Erziehungsberatungsstelle 120
Erziehungseignung, fehlende 67, 68, 81
Erziehungskompetenzen 123
Erziehungspatenschaft 136
Erziehungsprimat der Eltern 59
Erziehungsstellen 161
Erziehungsstil, autoritärer 60
Essstörungen 166
Europarecht 15
Evangelisches Werk für Diakonie

Ewigkeitsgarantie 30
Existenzminimum 24, 26

F

Fachkräfte, Definition 135
Fahrlässigkeit 38
faires Verfahren 24
FamFG 97
Familie 23, 29
Familienberater 120
Familienberatung 123, 137
Familienberatungsstellen 154
Familienbesuche 122
Familienbildung 123, 131, 137
Familienerholung 123
Familienfreizeit 123, 131
Familienfreundlichkeit 30
Familiengericht 43
– Anrufung durch Jugendamt 117
– anwaltliche Vertretung 97
– Eildienst 117
– Verfahrensarten 97
Familiengruppen 162
Familienhelfer 157
Familienrecht 16, 31
Familiensachen 97
Familienstand 110
Familienwohnung 75
Feiertagsumgang 83
Ferienumgang 83
Filme, nicht altersgerechte 75
Findelkind 90
Fixierung 57
Förderungsgrundsatz 69
forum externum 28
forum internum 28
Fotoaufnahmen 112
Frau-zu-Mann-Transsexueller 41
Frauen 27
Freie Jugendhilfe
– Anerkennung von Trägern 103
– Finanzierung 105
– Funktionsschutz 104
– Pluralität 103
– Selbständigkeit 104

Freie Träger
- Hinweise auf Kindeswohlgefährdung 119
- Sozialdatenschutz 111
Freiheit 37
Freiheitsrechte 24
Fremdbetreuung 73
Fremdgefährdung 57
Fremdplatzierung 116
Frühe Hilfen
- Kindeswohlgefährdung 122
- persönliches Gespräch 122
- selektive/sekundäre Prävention 122
- universelle/primäre Prävention 122
Führungszeugnis, erweitertes 115
Funktionsschutz der freien Jugendhilfe 104
Fürsorge, öffentliche 31

G

Ganztagsplatz 148, 149
Ganztagsschulen 130
Geburt, vertrauliche 41, 48
Geburtsanzeigen, unvollständige 74
Geburtsdatum 110
Geeignetheit 76
Gefährdung des Kindeswohls 18
Gefahrenabwehr 60
Gefahrenabwehrrecht 72
Gehorsam 60
Geisteswissenschaft 19
Gemeinden 102
Gemeinderat 15
Gemeinnützigkeit 103
Gemeinsame Wohnformen 127
Gemeinsames Sorgerecht
- Alltagssorge 64
- Meinungsverschiedenheiten 64
- unverheirateter Eltern 62
- verheirateter Eltern 62
Gemeinschaft, häusliche 66
Genehmigung 34
Generationengerechtigkeit 30
Genitalverstümmelung 73
Gerichtskosten 171
Gesamtverantwortung 102

Gesamtzusagen 208
Geschäftsfähigkeit 33
Geschäftsfähigkeit, beschränkte 34
Geschenk 34
Geschlecht 28, 110
Geschwister 69
- Umgangspflegschaft 86
- Umgangsrecht 85
- Verbleibensanordnung 80
- Wohlverhaltenspflicht 86
Geschwisterbonus 177
Gesetze
- einfache 15
Gesetzgebung
- ausschließliche 31
- konkurrierende 31
Gesetzgebungskompetenz 30
Gesetzsammlungen 20
Gesundheit 37
Gesundheitsbeeinträchtigung 165
Gesundheitsfürsorge 75, 152
Gesundheitshilfe 116
Gesundheitsleistungen 122
Getrenntleben 66
Gewaltfreie Erziehung 60
Gewerkschaften 208
Gewissensfreiheit 23, 28
Gitterbett 57
Glauben 28
Glaubensfreiheit 23, 28
Glaubhaftmachung 48
Gleichheit vor dem Gesetz 23
Gleichheitsgrundsatz 27
Gleichheitsrechte 24
Großeltern 69
- als Bezugspersonen 86
- Umgangspflegschaft 86
- Umgangsrecht 85
- Verbleibensanordnung 80
- Wohlverhaltenspflicht 81, 86
Grundgesetz 15
Grundrechte 23
Grundrechte, Einschränkbarkeit 25
grundrechtsgleiche Rechte 24
Grundsicherung 187
Grundsicherungsleistungen 122

249

Stichwortverzeichnis

Gutachtenstil 17

H

Haftung von Tageseinrichtungen 136
Handbücher 20
Handlung, unerlaubte 37
Handlungsfreiheit 27
Handlungsfreiheit, allgemeine 23
Hartz IV 186
Hauptleistungspflichten 35, 36
Hausbesuch 115
Hausfrauenehe 83
Haushaltsgemeinschaft 191
Heilpädagogen 154
Heimat 28
Heimeinrichtung
- geschlossene 57, 162
Heimerziehung 70, 78, 161
- Abgrenzung zu Vollzeitpflege 161
- Bindung zu Bezugspersonen 162
- Elternarbeit 162
- Erlaubnispflicht 160
- Hilfeziel 162
- Pädagogik 162
- Taschengeld 163
- Unterhalt und Krankenhilfe 159
- zur Vorbereitung von Vollzeitpflege 162
Heizkosten 199
Herkunft 28
Hermeneutik 19
Hilfe für junge Volljährige 104
Hilfe in besonderen Lebenslagen
- Beratung Alleinerziehender 125
- Beratung über gemeinsame Sorge 126
- Betreuung und Versorgung in Notsituationen 129
- Gemeinsame Wohnformen 127
- Hilfe bei Umgang 127
- Paarberatung 124
- Unterbringung zur Erfüllung der Schulpflicht 130
Hilfe nach Maß 153
Hilfe zur Erziehung 116
- ambulante 154
- Anspruch 152
- Antrag 153
- Bedarfslage 152
- Beratung im Vorfeld 163

- Definition 151
- Geeignetheit 152
- Hilfe nach Maß 153
- Hilfeplan 163
- Kosten des Jugendamts 153
- Kostenbeiträge 154, 159
- Notwendigkeit 152
- pädagogische Intensität 154
- pädagogische Leistungen 152
- Regelbeispiele 153
- stationäre 158
- teilstationäre 158
- therapeutische Leistungen 152
- Verwaltungsverfahren 163
Hilfebedürftigkeit 190
Hilfeplan
- Beteiligung freier Träger 164
- Fortschreibung 164
- Inhalt 163
Hilfeplanverfahren 161, 163
Hochschulausbildung 147
Hochschulrecht 16
Hort
Hygienemängel 73

I

Impfschutz 65
Impfung
Inanspruchnahmepflicht 36
Individualarbeitsrecht 208
Indoktrination, Verbot 28
Inklusion 137
Inkognitoadoption 48
Inobhutnahme 117
- Beendigung 118
- Polizeiliche Hilfe 118
- Selbstmelder 118
- unbegleiteter ausländischer Minderjähriger 118
- vorläufige Unterbringung des Kindes 118
Insichgeschäfte 59
Integration 137
Integrationshelfer 167
Intensive sozialpädagogische Einzelbetreuung 70, 78
Internat 71, 131
Internettauschbörsen 56

islamische Moral und Sitte 74

J

Jugendamt 43, 102
- Personalausstattung 102

Jugendarbeit 104
Jugendberater 120
Jugendhilfeplanung 102
Jugendhilferechtliches Dreiecksverhältnis
Jugendsozialarbeit 104
Jugendwohngemeinschaften, betreute 162
Jungen 28, 109
Justizgrundrechte 24

K

Kaltherzigkeit 61
Kausalität 38
Kinder, uneheliche 23
Kinder- und Jugendpsychiatrie 57
Kinder- und Jugendschutz, erzieherischer 104
Kinderfreibetrag 179
Kindergarten
Kindergartenpflicht 30, 74, 133
Kindergeld
- Altersgrenze 178
- Anspruchsvoraussetzungen 178
- Höhe 178
- Rechtsgrundlagen 178

Kindergeldbezugsberechtigung 179
Kindergrundsicherung 173
Kinderhäuser 162
Kinderpfleger
- als Tagespflegepersonen 142

Kinderpornographie, Verbreitung 75
Kinderschutzklausel 46
Kindertagespflege
- Abgrenzung zu Tageseinrichtung 141
- Ansprüche von Kindern auf Betreuung 146
- Ausfall der Tagespflegeperson 145
- Beratung durch Jugendamt 143
- Definition 141
- Grundsätze der Förderung 132
- Höchstzahl betreuter Kinder 143
- jugendhilferechtliches Dreiecksverhältnis 144

- Vertretungsringe 145
- Wunsch- und Wahlrecht 106

Kindertagespflegevertrag 35, 105, 111, 144
Kindertagesstättenvertrag 35, 105, 111
Kinderzimmer 122
Kinderzuschlag 179
Kindesherausgabe 57
Kindeswille 69, 88
Kindeswohl 51
Kindeswohldienlichkeit
Kindeswohlgefährdung 18, 106, 112, 113
- Abänderung von Entscheidungen 88
- Abwendung durch HzE 153
- anonyme Hinweise 115
- Berufsgeheimnisträger 119
- Definition 72, 84, 114
- Einschätzung Gefährdungsrisiko 115
- Fahrplan Jugendamt 114
- Freie Träger 119
- gewichtige Anhaltspunkte 114
- Handlungsalternativen 116
- Hausbesuch 115
- Hilfe zur Erziehung 75
- Inobhutnahme 117
- Maßnahmen des FamG 75
- Misshandlung 73
- nasciturus 72
- Personensorge 71
- Selbsthilfe, elterliche 75
- Strafbarkeit von Fachkräften 114
- Umgang 84
- Umgangsvereitelung 61, 82
- Unterlassen medizinischer Maßnahmen 73
- Vermögenssorge 72
- Vernachlässigung 73

Kindeswohlprinzip 65, 82
Kindeswohlprüfung 87
Kindeswohlprüfung, doppelte 67
Kindeswohlprüfung, negative 62
Kindeswohlprüfung, positive 86
Kindheitspädagogen 38, 120, 135, 154, 157
- als Tagespflegepersonen 142
- Beratungsanspruch 121

Kindschaftssachen 97
- Beschleunigungsgrundsatz 98
- Verfahrensbeistandschaften 98

Kirchlicher Datenschutz 111

251

Stichwortverzeichnis

Klaps 60
Klassenfahrten 64, 202
Kleinstheime 162
Kollektivarbeitsrecht 208
Kommentare 19, 20
Kommunalrecht 15, 16
Kommunalverband für Jugend und Soziales 102
Kommunikation 67
Konfession 110
Konsensfindung, Verpflichtung 67
Kontaktabbrüche 69, 86
Kontaktverbot 54
Kontinuität, ertrotzte 98
Kontinuitätsgrundsatz 69
Konzeptkohärenz 137
Kooperationsfähigkeit 67
– Wechselmodell 83
Kopfteilprinzip 202
Körper 37
Körperpflege 152
Kosten des Umgangs
Kostenbeiträge 150, 154, 159, 165
Kostenbeteiligung 125, 128, 130, 131
Krabbelgruppen 138
Krankenversicherung 101
Krankheiten 110
Kreistag 15
Kriegsdienstverweigerung 23
Krippe
Kündigung 214
Kündigungsschutz 215
Kündigungsschutzklage 216
Kunst- und Wissenschaftsfreiheit 23
Kurzzeitpflege 130

L

Landesebene 15
Landesjugendamt 102
Landesrecht
– mittelbares 15
Landesverfassung 15
Landkreise 102
Lastenzuschuss 181
Laufstall 57

Leben, Recht auf 23
Lebensberatungsstellen 154
Lebensgrundlagen, natürliche 30
Lebenshilfe 138
Lebensverhältnisse, gleichwertige 31
Legaldefinition 18
Lehrbücher 19, 20
Lehrer 120
Leihmutterschaft 41
Leistungen 104
Leistungsvereinbarung 107
lex specialis derogat legi generali 98
Liebe 152
Literatur 19
Lösungsmittel 166
Loyalitätskonflikte 68

M

Mädchen 28, 109
Manipulation von Kindern 69
Mann-zu-Frau-Transsexuelle 41
Männer 27
Maßnahmeplanung 102
Mediation 124, 127
Medienfreiheit 23
Medikamente zur Beruhigung 57
Medikamentenabhängigkeit 68
medizinische Maßnahmen, Unterlassen notwendiger 73
Mehrbedarfe 193, 195
Mehrkosten, unverhältnismäßige 106
Mehrlingszuschlag 178
Meinungsäußerung, freie 23
Meinungsfreiheit 28
Meinungsverschiedenheiten der Eltern 64
Menschenwürde 23, 26
Mietzuschuss 181
Mindestbetreuungsdauer
Mindestlohn 145
Mini-Clubs 138
Missbrauch, sexueller 73, 84
Misshandlung 73
Mitarbeitervertretungen 209
Mittagsverpflegung 203

Mitwirkungsrechte 25
Monographien 19, 20
Münchhausen-by-proxy-Syndrom 74
Münchhausen-Stellvertreter-Syndrom 74
Mündel
Musikinstrument 203
Mussvorschrift 107
Mutter 41
Mütter, Schutz und Fürsorge 23
Mutter-Kind-Einrichtungen

N

Nachbetreuung 104
Nacherfüllung 35
Nachhilfeunterricht 203
nasciturus 72
– Schutz 128
Nebenkosten 199
Nebenleistungspflichten 35
Nettokaltmiete 199
Niedersachsen 102, 132, 151
Nordrhein-Westfalen 102, 132, 151
Normenhierarchie 15
Normenkontrollverfahren 151
Not- und Konfliktlage, Beratung 108
Notar 43
Notizen, handschriftliche
Notsituationen 129
Notstand 38
Notvertretungsrecht 58, 70
Notwehr 38

O

Obersatz 18
Obhutspflichten 36
Objektformel 26
öffentliche Hilfen, Vorrang 76
öffentliches Recht 16
overprotection 74

P

Paarberatung
Paarebene 63, 66, 67, 81, 123, 124

Pädagogische Prozesse, partizipative Gestaltung 106
Pädagogisches Konzept
Panikstörungen 166
Parental Alienation Syndrome (PAS) 74, 82
Parentifizierung 74
Paritätischer Gesamtverband 138
Paritätisches Wechselmodell
ParitätisDoppelresidenzmodell
Partnermonate 176
Partnerschaft 123
Partnerschaftsbonus 177
Personalräte 209
Personensorge 54, 71
– Aufenthaltsbestimmung 57
– Beaufsichtigung 56
– Berufswahl 60
– gewaltfreie Erziehung 60
– medizinische Behandlungen 55
– Pflege und Erziehung 54
– Umgang des Kindes mit Dritten 61
– Umgangsbestimmungsrecht 54
– Wertvorstellungen 54
Persönliches Budget 167
Persönlichkeit, freie Entfaltung 23, 27
Persönlichkeitsentwicklung von Eltern 128
Persönlichkeitsrecht, allgemeines 24, 27
Petitionsrecht 23
Pflege 29
Pflegeeltern
Pflegekinderdienst 94
Pflegeperson
– Beratung Alleinerziehender 126
– Entscheidungsbefugnisse 70, 77
– Gewährleistungspflich des Jugendamts 153
– Notvertretungsrecht 70
– Paarberatung 124
– Pflichten hinsichtlich Elternumgangs 83
– Rückführung zu, nach Herausnahme 78
– schwierige Aufgabe 159
– Tagesgruppe 160
– Umgangsrecht 86, 159
– Verbleibensanordnung 78
– Wohlverhaltenspflicht 81
Pflegestellen, heilpädagogische 161

253

Stichwortverzeichnis

Pflegestellen, sozialpädagogische 161
Pflegeversicherung 101
Polizei 116
Polizeirecht 16
Primäransprüche 35
Privatgeheimnisse, Verletzung von 119
Privatrecht 16
Psychologen 154
Psychotherapeuten 154
Pucken 73

Q

Qualitätsentwicklung und -sicherung
Qualitätsentwicklungsvereinbarung 107

R

Randnummer 20
Rasse 28
Raucher 74
Rauflust 37
Recht
– geschriebenes 15
– positives 15
Rechte, absolute 37
Rechtfertigungsgründe 38
Rechtsfähigkeit 33
Rechtsgeschäft 33
Rechtsgrundlagen 17
Rechtsquellen 15
Rechtsschutz, effektiver 23
Rechtsstaatsprinzip 30
Rechtsverordnungen 15
Rechtswidrigkeit 38
Regelbedarf 193
Regelbeispiele 76, 153
Regenerationstage 234
Rehabilitation und Teilhabe behinderter Menschen 101
Rehabilitation, medizinische 167
Reiten im Walde 27
Religionsausübung 23, 28
Rentenversicherung 101
Republik 30
Residenzmodell 83, 124
Richtlinien 15

Rollenklischees 66
Rollenverständnis, modernes 82
Rückgewähr 35

S

Sachverständigengutachten 87
Samenspender 43, 48, 86
Sammelbände 20
Satzungen 15
Schadensersatzansprüche 35, 36
Schausteller 131
Schenkung 59
Schlussformel 218
Schmerzensgeld 36
Schranken, verfassungsimmanente 25
Schranken-Schranken 25
Schrankenvorbehalt 25
Schulaufsicht 137
Schulausbildung 147
Schulausflüge 202
Schulbedarf 202
Schulbus 203
Schulen 137
Schulfehlzeiten, erhebliche 74
Schulpflicht 58, 75, 131
Schulphobie 167
Schulrecht 16
Schulträger 137
Schulwesen 23
Schutz vor Gefahren 152
Schutzimpfung 64, 74, 149
Schutzpflichten 25
Schutzwirkung 36
Schwangere 128
Schwangerschaftsabbruch 128
Schweigepflicht 119
Sekundäransprüche 35
Selbstachtung 61
Selbstbestimmung, informationelle 27
Selbstgefährdung 57
Selbsthilfe, elterliche 75, 116
Selbstmelder
Sexting 75
Sexualkunde 28

Sexualstraftäter 76, 115
Skripte 19
Skype 80
Smartphones, Überlassung 65, 75
Sofortvollzug 170
Sollvorschrift 107
Sonderkündigungsrecht 36
Sonderpflegestellen 161, 167
Sorgeerklärungen 62, 90
- Beratung 126
- Beurkundung 62
- pränatal 62
Sorgerecht 37
Sorgerecht, Entziehung 75
Sorgerecht, kleines 69
Sorgerechtsvollmacht 67, 76
sozial-familiäre Beziehung 86
Sozialarbeiter 120, 154, 157
Sozialassistenten 135
Sozialdaten, Definition 110
Sozialdatenschutz 101
- anvertraute Daten 113
- Betroffenenerhebung 112
- Datenerhebung 111
- Datenspeicherung 111, 112
- Domino-Theorie 112
- Dritterhebung 112
- mittelbare Geltung (freie Träger) 111
- Notizen, handschriftliche 112
- Sinn und Zweck 110
- Sozialgeheimnis 111
- Übermittlung von Daten 111, 113
- Vermerk 113
- Zweckbindung 113
Soziale Gruppenarbeit 155
- Grenzen 155
- Methodik 155
Soziale Mündigkeit, Erziehungsauftrag 56, 59, 109
Soziale Teilhabe 167
Sozialgeheimnis
Sozialgerichte 171
Sozialgesetzbuch 101
Sozialleistungsträger 110
Sozialpädagogen 120, 154, 157
Sozialpädagogische Familienhilfe 156
- Ausgangslage 157
- Familienbegriff 157

- Familienhelfer 157
- Formen der Unterstützung 157
- systemische Hilfe 157
- unzulässige Einschränkung 158
- Vertrauensverhältnis 157
- Zielsetzung 156
Sozialraumbudget 158
Sozialrecht 16
Sozialstaatsprinzip 26, 30
Sozialversicherung, gemeinsame Vorschriften 101
Sozialverwaltungsverfahren 101
Speichern von Daten
Spielplatz 56
Spielstuben 138
Sprache 28
Sprecherausschüsse 208
Staatszielbestimmung 30
Städte, kreisfreie 102
Stadtkreise 102
Standesamt 43
status activus 25
status negativus 24
status positivus 24
Sterilisation 59
Stiefeltern
- Paarberatung 124
- Umgangsrecht 86
Störungen, affektive 166
Störungen, autistische 166
Störungen, psychische 166
Strafrech 16
Straftaten 218
Stubenarrest 58
Stufenlaufzeit 230
Stufenzuordnung 230
Subjekts- oder Sonderrechtstheorie 16
Subsidiaritätsklausel 31
Substanzmissbrauchs 166
Subsumption 18
Suizidgefahr 57

T
Tabellenentgelt 220
Tagesbetreuung

Stichwortverzeichnis

Tageseinrichtung 39
- Abholung 64
- Anmeldefrist 150
- Ansprüche von Kindern auf Betreuung 146
- Ausbildungsnachweise 139
- Auswahl bei Elternstreit 65
- Beratung von Eltern 146
- Bericht für Jugendamt 112
- Betriebserlaubnis 139
- Bildaufnahmen (Fotos, Videos) 112
- Bildungspläne 133
- Datenübermittlung an Rechtsanwälte 114
- Definition 134
- Eingliederungshilfe 166
- Einrichtungscharakter 134
- Elternbeiträge 150
- Entfernung von Wohnung 149
- erweiterte Führungszeugnisse 139
- Erziehung, Bildung und Betreuung 132
- Fachberatung durch Erziehungsberatungsstellen 155
- Fachkräfte 135
- Ferienbetreuung 137
- Finanzierung 140
- Grundimmunisierung 149
- Grundsätze der Förderung 132
- gruppenpädagogischer Ansatz 135
- Information Kindeswohlgefährdung 113
- Integration und Inklusion 137
- Klage auf Betreuungsplatz 171
- Landesrecht 132, 140
- Mindestbetreuungsdauer 133
- Mindeststandards 140
- mit Tagesgruppe 160
- Obergrenze der Betreuung 148
- Öffnungszeiten 134
- pädagogisches Konzept 135
- Pluralität und Trägervielfalt 138
- privatgewerbliche 140
- Qualitätsentwicklung und -sicherung 136
- religiöser Bezug 109
- Versäumung Anmeldefrist 150
- Wartelisten 114
- Wunsch- und Wahlrecht 106
- Zusammenarbeit mit Erziehungsberechtigten 136
- Zusammenarbeit mit Kirchen u.a. 137
- Zusammenarbeit mit Schulen 137
- Zusammenarbeit mit Tagespflegepersonen 136

Tageseinrichtungen
- Eingliederungshilfe 167

Tagesgruppe 160
- Ausgangslage 160
- Formen 160
- Methodik 160

Tagespflege
- Abgrenzung zu Vollzeitpflege 143
- Erlaubnispflicht 142

Tagespflegeperson 36, 38
- abhängig beschäftigt 141
- Alterssicherung 144
- Anerkennung Förderungsleistung 144
- Eignung 142
- Fortbildung 145
- Führungszeitgnis, erweitertes 143
- kein Mindestlohn 145
- Kranken- und Pflegeversicherung 144
- laufende Geldleistung 144
- Sachaufwand 144
- selbständige 141
- Unfallversicherung 144
- Unterrichtung Jugendamt 143
- Vermittlung durch Jugendamt 144
- zusätzliche Elternbeiträge 145

Tarifvertrag für den öffentlichen Dienst (TVöD) 218

Tarifverträge 209

Taschengeld 34, 163

Taubenfüttern 27

Taufpaten 92

Teilhabe 26

Teilhabe am sozialen und kulturellen Leben 203

Teilhabebeeinträchtigung 166

Teilhaberechte 24

Telegram 80

Testament 92

Threema 80

Tierschutz 30

Tod der Eltern 130

Träger der Jugendhilfe
- Zusammenarbeit 103

Träger der Jugendhilfe, freie 103

Träger der Jugendhilfe, öffentliche
- örtliche 102
- überörtliche 102

Trennung (Eltern/Kind) 77
Trennung und Scheidung
– einvernehmliches Konzept 124
Trennungsunterhalt 126
Trennungswille 66

U

U-Untersuchungen 74, 115
Überforderung des Kindes 60
Übermaßverbot 26
Übermittlung von Daten
Überwachungsverschulden 38
Umgang 27
– Anordnung von Amts wegen 81
– Aufhebung von Einschränkungen 88
– Bedeutung 74
– begleiteter 84, 127
– Entfremdung 85
– Entscheidungsbefugnisse 64
– Grundsicherungsleistungen 85
– Hilfestellung 127
– Kosten 85
– Kriterien für Ausgestaltung 83
– mit Bezugspersonen 61
– mit den Eltern 61, 81
– mit engen Bezugspersonen 86
– mit Geschwistern 85
– mit Großeltern 85
– Obergrenze 82
– Recht des Kindes 81
– Regelung als Elternpflicht 82
– Regelung durch FamG 82
– Regelung gegenüber Dritten 83
– Sinn und Zweck 80
– telefonische Kontakte 80
– Umgangspflegschaft 83
– Unterstützung von Kindern 127
– von Eltern 80
– Wechselmodell 82
– Wohlverhaltenspflicht 81
Umgangspflegschaft 83, 85
Umgangsrecht 37
– Beratung 127
– Einschränkung oder Ausschluss 84
Umgangsverbote 55
Umgangsvereitelung 73, 74, 81
Umgangsverfahren, Anregung 81
Umwandlungstage 234
Umzug 64

UN-Behindertenrechtskonvention 138
Unfallversicherung 101
Untätigkeitsklage 170
Unterbringung, freiheitsentziehende 57
Unterforderung des Kindes 60
Unterhaltsansprüche 89
– Beratung 126
Unterhaltsvorschuss 180
Unterkunft und Heizung, Kosten 193
Unverletzlichkeit der Wohnung 23
Unversehrtheit, körperliche 23
Urheberrechtsverletzungen im Internet 56
Urteile 20

V

Vater 42
Vater, biologischer
– Auskunftsrecht 81
– Umgangsrecht 86
– Vaterschaftsfeststellung 87
Väter, frühere, Umgangsrecht 86
Vater, genetischer
Vaterschaftsanfechtung
– Abstammungsgutachten 45
– Anfangsverdacht 44
– Anfechtungsfrist 44
– Beziehung, sozial-familiäre 45
– Kind 44
– Mehrverkehr 44
– Mutter 44
– Putativvater 45
– Vater 44
– Vater, biologischer 44
Vaterschaftsfeststellung, Aufgabe des Beistands 89
Vaterschaftsfeststellung, Nichtbetreiben 74
Verantwortungs- und Einstehensgemeinschaft 193
Verbleibensanordnung
– Aufhebung 88
– Befristung 79, 80
– bei Familienpflege 78
– Maßstab 78, 80
– zugunsten Bezugspersonen 80
Verbot mit Erlaubnisvorbehalt 111
Verdienstausfall 147
Vereinigungsfreiheit 23

257

Vereinsvormund
Verfahrensbeistand 98
Verfassungsmäßigkeit, formelle 25
Verfassungsmäßigkeit, materielle 26
Verfassungsrecht 16
Verfügung, letztwillige 92
Verhaltensprobleme 155
Verhaltensstörungen 166
Verhältnismäßigkeit 26, 68, 76, 79, 80, 85, 117
Verkleben des Mundes 61
Vermerk
Vermögensgefährdung 75
Vermögenssorge 58, 72
Vernachlässigung 73
Verordnungen 15
Verpflichtungsklage 170
Verrichtungsgehilfen 38
Versagungsgegenklage 170
Versammlungsfreiheit 23
Verselbständigung 163
Versorgung 152
Verträge 33
Vertragsrecht 16
Vertretung des Kindes 58
Vertretungskörperschaft 15
Verwaltungsakt 169
Verwaltungsgerichte 171
Verwaltungsverfahren 169
Videoaufnahmen 112
Volljährigkeit 34
Vollzeitpflege 70, 160
- befristet/von Dauer 161
- bei Verwandten 161
- Erlaubnispflicht 160
- Rückkehroption 161
- Sonderpflegestellen 161
- Umgang mit Eltern 159, 161
- Unterhalt und Krankenhilfe 159
- Vorteil gegenüber Heimerziehung 161
- Wochenpflege 160
- Wohlverhaltenspflicht 81
- Zielsetzung 160
Vorbereitungs- und Qualifizierungszeiten 236
Vormund
- Beratung und Unterstützung 94, 126

- natürliche Person 91
- Pflichten 93
Vormünder
- Allzuständigkeit 89
- Kindeswohlgefährdung 72
Vormundschaft
- Amtsvormundschaft 90
- bestellte 91
- Voraussetzungen 90
Vorsatz 38
Vorsorgeuntersuchungen 74

W

Wächteramt 29, 71
Wahlrecht 24, 106
Wartelisten 114
Wechselmodell 69, 82, 124
- Rollenverständnis 82
- Vorteile 82
Weisungsrecht 208
Wertungen von Fachkräften 110
Wertvorstellungen 108
Wesensgehaltstheorie 26
WhatsApp 75, 80
Widerspruch 169
- Baden-Württemberg 170
- Bayern 170
- Niedersachsen 170
- Nordrhein-Westfalen 170
Widerspruchsbescheid 170
Widerstandsrecht 24
Willenserklärung 33
Wirkung, aufschiebende 170
Wissenschaftsfreiheit 23
Wochenendumgang 83
Wochenpflege 160
Wohlverhaltenspflicht 81
Wohnformen, sonstige betreute 162
Wohngeld 181
Wohngeld-Plus-Rechner 185
Wunsch- und Wahlrecht 106, 148
- Einschränkung 106

Z

Zentralwohlfahrtsstelle der Juden 138
Zeugniswahrheit 216

Zirkusfamilien 131
Zitierstandards 20
Züchtigungsrecht 60
Zwangsadoption 49

Zweck, legitimer 76
Zweck-Mittel-Relation 26, 77
Zweckbindung
Zwischenzeugnis 216

Bereits erschienen in der Reihe
KOMPENDIEN DER SOZIALEN ARBEIT

Das Asylbewerberleistungsgesetz für die Soziale Arbeit
Von RA Volker Gerloff
2022, 341 Seiten, broschiert, ISBN 978-3-8487-6718-2

Schuldnerberatung für die Soziale Arbeit
Von Prof. Dr. Carsten Homann und Malte Poppe
2022, 327 Seiten, broschiert, ISBN 978-3-8487-6302-3

Einladung zur Sozialen Arbeit
Von Prof. Dr. Peter Löcherbach und Prof. Dr. Ria Puhl
2. Auflage 2022, 251 Seiten, broschiert, ISBN 978-3-8487-8185-0

Migration und Integration in der Sozialen Arbeit
Von Prof. Dr. Beate Aschenbrenner-Wellmann und Lea Geldner
2022, 251 Seiten, broschiert, ISBN 978-3-8487-6832-5

Beratung und Beratungswissenschaft
Herausgegeben von Prof. Dr. Tanja Hoff und Prof. Dr. Renate Zwicker-Pelzer
2. Auflage 2022, 239 Seiten, broschiert, ISBN 978-3-8487-7846-1

Jungen als Opfer sexueller Gewalt
Von Clemens Fobian, Prof. Dr. Michael Lindenberg und Rainer Ulfers
2. Auflage 2022, 181 Seiten, broschiert, ISBN 978-3-8487-7259-9

Pflegekinderhilfe für die Soziale Arbeit
Von Prof. Dr. Klaus Wolf
2022, 227 Seiten, broschiert, ISBN 978-3-8487-6707-6

Soziale Arbeit nach traumatischen Erfahrungen
Von Prof. Dr. Julia Gebrande
2021, 245 Seiten, broschiert, ISBN 978-3-8487-6412-9

Sozialleistungsansprüche für Flüchtlinge und Unionsbürger
Von Prof. Dr. Gabriele Kuhn-Zuber
2018, 304 Seiten, broschiert, ISBN 978-3-8487-3206-7